HISTORY OF DIGITAL ECONOMY

数字经济史

易棉阳 吴伟平 ◎ 著

中国财经出版传媒集团

经济科学出版社

Economic Science Press

图书在版编目（CIP）数据

数字经济史/易棉阳，吴伟平著．--北京：经济科学出版社，2023.8

ISBN 978 - 7 - 5218 - 5030 - 7

Ⅰ.①数…　Ⅱ.①易…②吴…　Ⅲ.①信息经济 - 经济史 - 中国　Ⅳ.①F492

中国国家版本馆 CIP 数据核字（2023）第 153366 号

责任编辑：孙丽丽　纪小小
责任校对：刘　娅
责任印制：范　艳

数字经济史

易棉阳　吴伟平　著

经济科学出版社出版、发行　新华书店经销

社址：北京市海淀区阜成路甲 28 号　邮编：100142

总编部电话：010 - 88191217　发行部电话：010 - 88191522

网址：www. esp. com. cn

电子邮箱：esp@ esp. com. cn

天猫网店：经济科学出版社旗舰店

网址：http：//jjkxcbs. tmall. com

北京季蜂印刷有限公司印装

787 × 1092　16 开　15.75 印张　310000 字

2023 年 9 月第 1 版　2023 年 9 月第 1 次印刷

ISBN 978 - 7 - 5218 - 5030 - 7　定价：66.00 元

（图书出现印装问题，本社负责调换。电话：010 - 88191545）

（版权所有　侵权必究　打击盗版　举报热线：010 - 88191661

QQ：2242791300　营销中心电话：010 - 88191537

电子邮箱：dbts@ esp. com. cn）

前　言

　　"数字经济事关国家发展大局。"① 正因为如此，党的二十大对我国数字经济高质量发展做出了新部署、提出了新目标，"加快发展数字经济，促进数字经济和实体经济深度融合，打造具有国际竞争力的数字产业集群"②。

　　数字经济是"国家综合实力的重要体现，是构建现代化经济体系的重要引擎"③。当今时代，谁占据了数字经济发展的制高点谁就掌握了经济主动权。数字经济不仅是推动经济增长的新动能，而且是全球发展的稳定器，也是改变全球竞争格局的关键力量。④ 数字经济是我国经济增长的核心驱动力，据中国信息通信研究院的统计，2014 ~ 2019 年，我国数字经济对国内生产总值（GDP）增长的贡献率始终保持在 50% 以上。2019 年，农业、工业、服务业对 GDP 的贡献率分别为 3.8%、36.8%、59.4%，而数字经济对 GDP 的贡献率达到 67.7%。⑤

　　正因为数字经济如此重要，世界各主要国家纷纷出台促进数字经济发展的政策措施。美国是世界上最早布局数字经济发展战略的国家，早在 1993 年就提出并实施"信息高速公路"（即互联网）战略；1998 ~ 2003 年连续发布《浮现中的数字经济》《新兴的数字经济 1999 年》《数字经济 2000》《数字经济 2002》《数字经济 2003》等报告，持续关注数字经济的发展及其影响；2016 年发布《联邦大数据研发战略计划》，着手构建数据驱动的国家战略体系；2018 年以来，美国先后发布了《数据科学战略计划》《美国国家网络战略》《美国先进制造业领导力战略》等文件，试图继续巩固其数字经济霸主地位。欧盟着力打破各成员国之间的数字壁垒，先后出台《数字化单一市场战略》《欧盟人工智能战略》《通用数据保护条例》《非个人数据在欧盟境内自由流动框架条例》《促进人工智能在欧洲发展和应用的协调行动计划》《可信赖的人工智能道德准则草案》，从数字单一市场、数据保护、人工智能等领域来推动数字经济健康发展。英国是

---

① 习近平：《不断做强做优做大我国数字经济》，载于《求是》2022 年第 2 期。
② 习近平：《高举中国特色社会主义伟大旗帜 为全面建成社会主义现代化国家而团结奋斗》，人民出版社 2022 年版，第 30 页。
③ 《"十四五"数字经济发展规划》，中央人民政府网，2022 年 1 月 12 日，https://www.gov.cn/zhengce/content/2022-01/12/content_5667817.htm。
④ 裴长洪、倪江飞、李越：《数字经济的政治经济学分析》，载于《财贸经济》2018 年第 9 期；杨光宇、张丽琴：《把握数字经济潜能释放的关键》，载于《经济日报》2022 年 3 月 14 日第 10 版。
⑤ 《中国数字经济发展白皮书（2020 年）》，2020 年，第 11 页。

最早出台数字经济政策的欧洲国家之一；2009 年发布《数字英国》，推行"数字大不列颠"行动计划；2013 年发布《英国新兴经济战略 2013》，2015 年发布《英国数字经济战略（2015－2018）》，2017 年发布《英国数字战略 2017》，逐步形成了包括数字技能与包容性战略、数字转型战略、网络空间战略、数字政府战略和数据经济战略在内的英国数字经济发展战略。德国于 2014 年发布《数字议程（2014－2017）》，2015 年发布《德国联邦政府 ICT 战略：数字德国 2015》，2016 年发布《数字化战略 2025》，2019 年发布《国家工业战略 2030》，加快人工智能的应用，着力践行"工业 4.0"，保证德国工业在欧洲乃至全球的竞争力。① 日本于 2009 年制订《2015 年 i-Japan 战略》，提出要建立安全而充满活力的数字化社会。日本数字经济基础雄厚，但近年来的发展相对缓慢，为改变这种状况，2016 年实施《第五期科学技术基本计划》，提出要建设超智能社会；2018 年出台《集成创新战略》《综合创新战略》，2019 年内阁会议发布《综合创新战略 2019》，提出要加快实现超智能社会；2020 年，日本成立数字厅，统合数字经济领域行政管理，实现数字经济领域的集中统一领导，提高日本的数字化水平。② 俄罗斯从 2016 年起，先后发布实施《俄罗斯联邦科学技术发展战略》《俄罗斯联邦科技发展战略实施计划》《俄罗斯联邦国家科技发展计划》《关于俄罗斯人工智能》《俄罗斯 2030 年前国家人工智能发展战略》，重点支持数字经济领域的关键技术创新。③

数字经济是我国畅通内循环、强化国内国际双循环，加快构建新发展格局、实现高质量发展的重要路径。党的十八大以来，中国把发展数字经济上升为国家战略。2014 年，大数据被首次写入政府工作报告。2015 年，国务院印发《促进大数据发展行动纲要》，从国家层面对大数据应用、产业和技术发展进行统筹布局。2016 年发布的《中华人民共和国国民经济和社会发展第十三个五年规划纲要》，明确提出"实施国家大数据战略"。党的十九届四中全会首次提出把数据作为生产要素，五中全会进一步确立了数据要素的市场地位。2020 年 3 月，中共中央、国务院《关于构建更加完善的要素市场化配置体制机制的意见》明确提出了"加快培育数据要素市场"。2022 年 6 月中央全面深化改革委员会审议通过的《关于构建数据基础制度 更好发挥数据要素作用的意见》对完善数据要素市场化配置机制作出安排。党的十九大提出要"建设数字中国、智慧社会"，中央从建设数字中国的高度来部署数字经济发展。2018 年 8 月，中国共产党中央委员会办公厅（以下简称"中办"）、国务院办公厅（以下简称"国办"）印发《数字经济发展战略纲要》，从国家层面提出了数字经济整体战略。党的十九届五中全会提出，推动数字经济和实体经济深度融合，打造具有国际竞争力的数字产业集群。2021 年 3 月通过的《中华人民共和国国民经济和社会发展第十四个五年规划和 2035 年远景目标

① 中国信息通信研究院：《数字经济概论：理论、实践与战略》，人民邮电出版社 2022 年版，第 50～60 页。
② 田正：《日本数字经济发展动因与趋势分析》，载于《东北亚学刊》2022 年第 2 期。
③ 何伟、孙克、胡燕妮、张琳、续继：《中国数字经济政策全景图》，人民邮电出版社 2022 年版，第 19 页。

纲要》专设"加快数字化发展，建设数字中国"篇章，对数字技术创新、数字产业化、产业数字化转型、数字社会和数字政府建设提出了明确的目标。2021 年 12 月，国务院印发《"十四五"数字经济发展规划》，明确了"十四五"期间我国数字经济发展的指导思想、发展目标和重点任务。党的二十大再次强调要加快建设"网络强国、数字中国"。中央关于发展数字经济的政策部署由点及面、点面结合，不断深化。

正因为数字经济如此重要，数字经济成为大国竞争的焦点，是世界各国必争的新产业高地。习近平总书记深刻地指出："当今时代，数字技术、数字经济是世界科技革命和产业变革的先机，是新一轮国际竞争重点领域。"[1] 美国商务部经济分析局（BEA）发布的报告指出，1998 ~ 2017 年美国数字经济年均增速达 9.9%，同期经济增速仅为 2.3%。2016 年，美国数字经济增加值占 GDP 的比例为 6.5%。[2] 2017 年，数字经济增加值占 GDP 的比重提高到 6.9%，这一年，数字经济为美国提供了 510 万个就业岗位，占就业岗位总数的 3.3%，数字经济行业就业的员工平均年薪为 132 223 美元，是美国平均年薪的两倍。[3] 中国数字经济起步晚但发展速度快，2000 年，中国数字经济总量仅 7 954 亿美元，相当于日本的 54%、英国的 85%，到 2017 年，分别是日本的 1.32 倍和英国的 1.65 倍。[4] 中央网络安全和信息化委员会办公室（以下简称"中央网信办"）数据显示，我国数字经济规模从 2012 年的 11 万亿元增长到 2021 年的 45.5 万亿元，占 GDP 的比重由 21.6% 提升到 39.8%。[5] 2015 年以后，中国数字经济总量稳居世界第二，仅次于美国。据鲜祖德和王天琪的测算，2012 ~ 2019 年，中国数字经济规模由 5 675.31 亿美元增加到 10 644.29 亿美元，年均增长 9.4%，同期，美国数字经济规模由 13 957.54 亿美元增加到 20 515.85 亿美元，年均增长 5.66%。2012 年，中国数字经济总量占美国数字经济总量的 40.66%，2016 年，占比提高到 45.31%，2019 年，占比再提高到 51.88%。中美之间数字经济规模存在较大的差距，但因中国数字经济发展速度快于美国，差距在不断缩小。[6] 中国数字经济的飞速发展引起了美国的不安，近年来，美国对中国采取技术打压政策，中美之间在芯片、基础软件、核心算法、关键部件等数字技术领域的竞争日趋激烈。

数字经济是创新型经济。这种创新首先体现为技术创新，正如约翰逊（Johnson M. R.）指出的那样，技术创新是数字经济的发动机，数字经济的基础是思想、知识、创

---

① 《习近平在中共中央政治局第三十四次集体学习时强调：把握数字经济发展趋势和规律推动我国数字经济健康发展》，载于《人民日报》2021 年 10 月 20 日第 1 版。

② Barefoot, K., Curtis, D., Jolliff, W., Nicholson, J. R., and Omohundro, R. Defining and Measuring the Digital Economy. BEA Working Paper, 2018.

③ Jolliff, B., and Nicholson, J. R. Measuring the Digital Economy: An Update Incorporating Data from the 2018 Comprehensive Update of the Industry Economic Accounts, 2019.

④ 刘方、孟祺：《数字经济发展：测度、国际比较与政策建议》，载于《青海社会科学》2019 年第 4 期。

⑤ 《我国数字经济规模超 45 万亿元》，载于《人民日报》2022 年 7 月 3 日。

⑥ 鲜祖德、王天琪：《中国数字经济核心产业规模测算与预测》，载于《统计研究》2022 年第 1 期。

造力和创新，主要体现为能够提升生产效率的高水平成就和先进的技术。① 数字技术的显著特征是技术复杂性高、迭代速度快、领域跨度大，近十几年来，继互联网之后，出现了一批新的数字技术集群，主要是人工智能、大数据、云计算、5G、物联网、区块链、虚拟现实/增强现实、量子信息以及虚拟物理系统（CPS）等。技术与数字经济相互影响，信息和通信技术、物联网等新一代数字技术的进步改变了商业动态，数字化也在很大程度上改变了业态、制度和组织结构，结构和制度的变化又反过来对技术创新产生影响。还有学者探索了数字经济与技术创新之间的关系，认为数字经济与创新是正相关的，技术创新离不开数字化，对要素生产率有重要影响，以经济自动化和人工智能为表现形式的数字经济有助于经济和商业结构以及绩效的转变。② 数字技术与经济社会的广泛融合，引发了组织创新和商业模式创新。近年来，出现了平台、虚拟工厂、无人工厂、无人商场等新组织，这些组织模式突破了传统的工厂组织和传统的产业边界，形成新的"超级工厂""超级市场""超级农场"。③ 数字技术与传统产业的融合，涌现出电子商务、共享经济、互联网金融等新模式。

数字经济为传统经济理论、生产组织和市场组织、市场监管体系乃至社会治理形态带来了一系列颠覆性的冲击。数字经济的新实践，呼唤数字经济理论创新，因此，迫切需要"加强数字经济发展的理论研究"④。

自 1996 年美国未来学家、信息学家泰普思科（Tapscott）提出"数字经济"（digital economy）以来，各国对数字经济理论予以较多的关注。一份关于数字经济文献计量分析的研究成果显示，国际上对数字经济"最初的研究关注信息通信技术的影响，主要研究电子商务活动，后来随着数字媒体和社交平台的普遍化，数字经济则主要关注在这一应用领域中的价值创造原理，近几年，随着物联网技术的应用普及，数字经济则主要关注以数字基础设施为平台核心的物联网经济，其中，受技术发展规律的影响，共享经济是当前最为普遍的表现形式"⑤。数字经济横跨理论经济和应用经济两个层面，国内外

---

① Johnson M. R. Inclusion and exclusion in the digital economy: Disability and mental health as a live streamer on Twitch. [J]. *Information*, *Communication & Society*, 2019, 22 (4): 506 – 520.

② Yuan S., Musibau H. O., Genç S. Y., et al. Digitalization of economy is the key factor behind fourth industrial revolution: How G7 countries are overcoming with the financing issues? [J]. *Technological Forecasting and Social Change*, 2021, 165: 120533. 1 – 120533. 7.

③ 广州致景科技公司创立的百布网，以物联网、云计算、人工智能、区块链等数字技术，将全球最大的布料市场（广州中大布匹市场）一万多家布料批发商、占全国1/3 的 60 多万台分属于上千家织布厂的纺织机、几百家服装厂与新疆棉田的数据连接起来，对服装上下游产业链各环节的需求端与供给端的数据自动实时适配，形成一种颠覆于传统纺织产业生态的新的产业组织模式。这些新的企业组织模式如雨后春笋，还在快速迭代演化，我们难以用一种通用的概念来描述与定义。从创新扩散的角度来看，数字技术对经济、社会、政治、文化、生态各个领域的渗透是泛化的，我们在生活中已处处感受到这种数字化浪潮，几乎找不到哪一个领域没有被数字化所渗透。沈奎：《关于数字经济的几个理论问题》，载于《南方经济》2021 年第 10 期。

④ 《习近平在中共中央政治局第三十四次集体学习时强调：把握数字经济发展趋势和规律推动我国数字经济健康发展》，载于《人民日报》2021 年 10 月 20 日第 1 版。

⑤ 张化尧、金波、许航峰：《数字经济的演进：基于文献计量分析的研究》，载于《燕山大学学报》2020 年第 3 期。

学术界关于数字经济的研究，目前主要从应用视角展开，从理论视角展开的研究还很薄弱。迄今为止，数字经济的内涵是什么？这个最基本的理论问题尚未达成共识。正因为内涵不清，导致数字经济到底包括什么、怎么核算，这些最基本的理论问题也是众说纷纭、莫衷一是。吴承明先生提出的"经济史是经济学的'源'"的观点得到了学术界的广泛认可[1]，那么，数字经济史就是数字经济理论的源头。欲厘清数字经济的内涵，必先廓清其发展史，不知前世，焉知今生。

研究数字经济学的学者主要是两类，一是从事经济学和管理学研究的学者，二是从事信息通信技术研究的学者。也许是目前的数字经济研究方兴未艾，两类研究者都没有关注数字经济发展史，以至于没有一部数字经济史著作面世。正因为如此，数字经济发源于哪里？经历了几个发展阶段？每个阶段的特色是什么？变迁路径是什么？这些问题均未作出合意的回答。作者不揣谫陋，野人献曝，为数字经济史研究抛一砖，意在引玉。

数字经济史应该研究什么？或者说，数字经济史写什么内容？这是最基本的问题，也是本书的逻辑结构问题。下面谈谈我们的构想。

数字经济是继农业经济、工业经济之后的主要经济形态。因此，首先从大历史视角来考察数字经济史，即把数字经济置于人类经济形态演化史中去考察，以避免就数字经济看数字经济的狭隘观。本书开篇就讨论人类经济形态的演化史，试图在廓清农业经济到工业经济再到数字经济演化路径的基础上探究三种不同经济形态下人类经济活动的变迁以及三种经济形态之间的演进逻辑。接下来，叙述 20 世纪 90 年代以来各国对数字经济内涵认知的演变史，通过理论史的回顾，以廓清数字经济到底包括什么。我们发现，在不同的时期，同一国家对数字经济定义不同，在同一时期，不同国家对数字经济也有不同的定义。尽管如此，有两点达成了全球共识：其一，数字经济源于信息技术产业，即信息通信产业，包括电子信息制造业、电信业、软件和信息技术服务业、互联网行业等；其二，数字经济发展于信息技术或者数字技术与农业、工业和第三产业的融合，即产业数字化。信息通信产业萌芽于 19 世纪兴起的电话电报业，真正发展于 20 世纪 40 年代计算机的发明，这就是数字经济的起点。[2] 如此看来，数字经济已有上百年的历史。

廓清历史演进路径、认识历史规律，需要对历史进行合理的分期。或者说，唯有对历史进行科学分期，才能把握历史脉络、认清历史逻辑，否则，历史就是一盘凌乱的珍珠、杂乱无章的丛林，人们置身于其中却不知历史方位。上百年的数字经济发展史，我们将其分为兴起、升级和全面发展三个阶段。1991 年以前是第一阶段，主要体现为电

---

[1] 《吴承明全集》（全 6 卷），载于《当代中国史研究》2018 年第 5 期。

[2] 信息技术发展至今，历经了 4 代，第一代是电话电报的发明；第二代是计算机的发明；第三代是互联网的出现；新一代信息技术以人工智能、大数据、5G、云计算、区块链等技术为代表。沈奎：《关于数字经济的几个理论问题》，载于《南方经济》2021 年第 10 期。

子信息制造业、电信业、软件和信息技术服务业的发展，这便是信息经济；1991年，"商业因特网交换"（Commercial Internet Exchange，CIX）组成，网络使用开始转向商业化[1]，并于1994年登陆中国，人类开启了全新的互联网时代。互联网使信息通信技术广泛运用到社会经济生活各个领域，以信息技术为支撑、以互联网为平台，社会上的各个主体实现了互联互通，信息经济升级为网络经济，网络经济等于信息经济再加上信息技术应用所形成的经济增量（如电子商务）；2010年，以人工智能为代表的新一轮技术革命爆发[2]，新一轮技术革命的成果主要体现为新一代数字技术，数字技术包括人工智能、5G、区块链、云计算、物联网、3D打印等，其中，人工智能是引领新一轮技术革命的战略性技术，具有很强的"头雁"效应，是激活数字经济相关产业由数字化向智能化升级的核心技术。[3] 新一代数字技术加快迭代，加速了信息技术产业即数字产业化的步伐，同时，新一代数字技术与传统产业进入深度融合阶段，这种融合改变了传统产业的业态和流行千百年的商业模式，形成了新技术、新产业、新业态、新模式，数字经济发展进入新经济阶段。三个阶段分别形成了信息经济、网络经济和新经济三种形态。三个阶段、三种形态构成数字经济发展的全部历史。本书第3、4、5章分别阐述信息经济、网络经济和新经济，从而给出数字经济发展史的全貌。需要指出的是，在各类文献中，信息经济、网络经济、数字经济经常混用，譬如，在经济合作与发展组织（OECD）所编写的 *Digital Economy Papers* 中，多份论文标题出现"Digital Economy""Internet Economy"或"Information Economy"词语。有学者认为三者是同义语，也有学者认为三者有区别，如鲁春丛认为，信息经济范畴最大，数字经济次之，网络经济最小。[4] 我们认为，三者均以信息技术及其应用为根基，因此，三者在本质上是同义的。但是，三者的技术内涵和应用状况又是不相同的，因此，三者是有区别的，这种区别就体现为数字经济发展的不同阶段。

中国是数字经济发展史上后发赶超的典型。在信息经济阶段，中国远远落后于美西方发达国家。到网络经济阶段，中国全力追赶，缩小差距，在学习中创造，在电子商务领域、4G建设、电信通讯等领域取得了与美西方平起平坐的地位。到新经济阶段，中国数字经济总量稳居世界第二，在5G、卫星等数字技术领域领先全球。中国数字经济的快速发展，创造了世界数字经济发展史上的奇迹。本书辟专章分析中国数字经济的成长奇迹。

---

① 泰普思科：《泰普思科预言》，卓秀娟译，时事出版社1998年版，第30页。
② 有人认为三次工业革命以来爆发了6次技术浪潮，2010年，人工智能、生物技术为代表技术革命是第6次技术浪潮的起点，参见杨虎涛：《数字经济的增长效能与中国经济高质量发展研究》，载于《中国特色社会主义研究》2020年第3期。还有人认为，自第一次工业革命以来，发生了4次技术革命，分别是18世纪末的蒸汽革命、20世纪初的电力革命、20世纪70年代的信息革命、2010年以来的人工智能等数字技术的应用。中国信息通信研究院：《数字经济概论：理论、实践与战略》，人民邮电出版社2022年版，第76页。
③ 艾瑞咨询研究院：《2021年中国人工智能产业研究报告》，2022年，第7页。
④ 李长江：《关于数字经济内涵的初步探讨》，载于《电子政务》2017年第9期。

学术研究贵在创新，无创新便无学术。本书力图实现两个方面的创新。其一，完整叙述数字经济发展史的全过程，给出数字经济百余年发展史的全貌，从而利于人们对数字经济形成整体认识。其二，探求百年数字经济发展史的规律，总结经验和教训，为当前数字经济发展提供历史镜鉴。触目所及，本书可能是第一本以《数字经济史》命名的中文版学术著作，由于无章可循，学识有限，书稿肯定漏洞百出，尚祈识者指正。

目　录

第 1 章
人类经济形态演化史：农业经济到工业经济再到数字经济

20 世纪末，"知识经济"概念曾一度风靡全球，人们至今记忆犹新。当时，一些学者就认为知识经济是继农业经济、工业经济之后的经济形态。但这个观点仅限于学术研究层面，并未成为各界的共识。进入 21 世纪之后，知识经济概念逐渐淡出，被数字经济新概念所取代。国务院于 2021 年 12 月印发的《"十四五"数字经济发展规划》开篇即指出："数字经济是继农业经济、工业经济之后的主要经济形态。"这个新表述，从产业发展史视角勾勒了人类经济形态的演化轨迹，因此，理解数字经济发展史，需要从人类经济形态演化的大历史视角进行考察。

1.1　经济形态

在马克思主义经典作家的眼中，经济形态与社会经济形态是同一概念或者是具有高度同一性的两个概念。社会经济形态是生产关系体系或者总和，"生产关系总和起来就构成所谓社会关系，构成所谓社会，并且构成一个处于一定历史发展阶段上的社会"①。马克思提出了社会发展的五个形态，即原始社会、奴隶社会、封建社会、资本主义社会和共产主义社会，共产主义社会又可分为初级阶段和高级阶段，初级阶段是社会主义社会，高级阶段是共产主义社会。经济形态是社会形态最主要的组成部分，每一种社会形态都对应着一种经济形态，这样一来，人类社会就存在原始经济、奴隶制经济、封建地主经济、资本主义经济和共产主义经济（其初级阶段是社会主义经济）五种社会经济形态。每一种社会经济形态由具体的产业经济形态构成。农业经济产生于原始社会，根据现有的考古发掘证据，中国农业已有八九千年的悠久历史。原始社会就出现了原始农业，黄帝和炎帝是原始农业的创始者，《史记》对此有记载，"神农，因天之时，分地之利，制耒耜，教民农作，神而化之，使民宜之，故谓之神农也"。据考古发现，距今1万年，湖南道县王蟾岩就有原始人种植水稻。民以食为天，未经加工的初级形态食物如大米、小麦、蔬菜、瓜果、肉类等均来源于农业，无论社会经济形态怎么进化，农业都不可或缺，因此，农业经济贯穿于原始社会至今的全部历史过程，但这并不意味着农业的地位没有变化，在漫长的奴隶社会和封建社会，由于科技进步的缓慢，人类长期处于农业经济社会，或者说，奴隶制经济和封建经济在产业形态上主要体现为农业经济。从远古时代一直到18世纪的漫长时期，人类社会处于农业经济时代。

原始社会末期，出现了农业与手工业相分离的第二次社会大分工，此次分工使手工业成为一种相对独立的经济形态。在奴隶社会和封建社会，手工业缓慢地向前发展，但由于绝大多数手工业者是兼营者，真正脱离农业生产专务手工业的专业户居于少数，手工业是作为农业的补充而存在，手工业的产值远低于农业产值，这就决定了手工业不可能成为主要的经济形态。到封建社会末期，经过长期的技术积累和管理经验积累，手工业领域出现了一些新的变化，变化主要体现在两个方面：一是由各手工业者独来独往变成相互之间的简单协作，二是由小规模经营变成雇佣劳动力开展较大规模经营，前者是简单协作，后者是工场手工业。马克思在研究资本主义工业发展史时，把其划分为简单协作、工场手工业和资本主义大工业三个阶段，前两个均出现在封建社会末期，封建经济孕育了资本主义经济。

17世纪，英国通过"光荣革命"率先确立资本主义制度，此后，资产阶级革命在欧洲此起彼伏，资本主义制度在欧洲大陆确立。19世纪，美国、俄国、日本等相继走上资本主义道路。资本主义制度确立以后，欧洲国家以摧枯拉朽之势打破了封建愚昧，建立了近代科学体系，科学研究推动科学技术以前所未有的速度突飞猛进。从18世纪中叶到19世纪后期，资本主义国家先后完成两次工业革命，工业革命所产生的技术成果广泛应用，资本主义进入大工业时代。资本主义大工业创造价值的能力数倍甚至数十倍于农业，因此，完成工业革命的资本主义国家的工业产值很快超过农业产值，成为工

---

① 《马克思恩格斯选集》第1卷，人民出版社1995年版，第345页。

业化国家，工业随之成为这些国家的主要经济形态。没有完成工业革命的国家则沦丧为工业国家推销商品和提供原材料的殖民地或者半殖民地。第二次世界大战以后，殖民地和半殖民地国家争得了民族独立和国家解放。部分新独立国家如中国，以苏联模式为师，选择了全新的社会主义道路，社会主义新阵营矗立于世界，世界进入资本主义和社会主义两种制度并存的时代。尽管两种制度存在意识形态领域的斗争和经济领域的矛盾，但在追求工业化上却是一致的。到 20 世纪下半叶，世界上绝大部分国家完成了由传统经济向工业经济的转型，世界全面进入工业经济时代。

20 世纪四五十年代，第三次工业革命爆发，自此之后，信息技术不断迭代并向纵深领域推进。通常而言，一门工业技术可以催生一个工业门类，如以机械制造技术为基础产生机械制造业，以食品加工技术为基础产生食品工业，信息技术与其他的工业技术一样，也会形成一个工业门类，如以电子信息技术为基础形成电子信息制造业，以通讯技术为基础形成通讯业。与其他门类的工业技术不同的是，自从互联网技术产生以后，信息技术就通过互联网把人、机、物联结起来，这种联结改变了过去流传千百年的生产生活方式，产生全新的产业、模式。当信息技术应用于商业领域时，催生了电子商务新产业新模式；应用于农业和工业时，产生了数字农业和数字工业；应用于社会治理时，产生了数字化治理。进入 21 世纪之后，人工智能、大数据、区块链、数字孪生、量子计算等新一代数字技术突飞猛进，与商业、农业、工业、社会生活的融合日益紧密，产业数字化规模日益增大，数字经济成为世界上主要国家的主要经济形态。数字经济是一场由信息技术不断创新所推动的经济革命。从制造领域、管理领域、流通领域的数字化扩展到包括政府宏观调控的一切经济领域以及社会生活的方方面面，逐渐形成一个经济体系。数字经济的实质是在以创新为特征的知识社会中，以 1 和 0 为基础的数字化技术发展到一定阶段，信息数字化扩展到整个经济社会的必然趋势。与农业经济和工业经济不同的是，数字经济是基于信息技术持续迭代升级而形成的新经济形态。随着数字经济的进步，数字经济的内涵在不断丰富，数字产业化和产业数字化是其核心内涵。数字产业化主要指信息产业的增加值，主要包括基础电信、电子信息产品制造业、软件和信息服务业、互联网产业；产业数字化包括信息技术对其他产业（包括农业、工业和服务业）的边际贡献。

生产要素推动经济形态的变更，农业经济时代的生产要素以劳动力、土地、农业生产技术为主；工业经济时代，制造技术和金融资本成为主要生产要素；数字经济时代，数据成为新的生产要素。生产函数随着生产要素的变化而变化。农业经济形态下，技术（主要是农业生产技术）、劳动力、土地构成生产要素组合；工业经济形态下，技术（以工业技术为引领）、资本、劳动力、土地构成生产要素组合；数字经济形态下，技术（以数字技术为引领）、数据、资本、劳动力、土地构成生产要素组合，数据要素贯穿于数字经济发展的全过程，与其他生产要素不断组合迭代，加速交叉融合。一方面，数据要素推动技术、资本、劳动力、土地等传统生产要素优化重组，催生出新技术（人工智能)、新资本(金融科技)、新劳动力(智能机器人)、新土地(数字孪生),推动数字经济发展不断释放叠加和倍增效应;另一方面,数据赋能传统产业,推动产业数字化转型。

每一种经济形态都是建立在技术基础之上。农业经济的技术基础主要是耕作技术和手工技术;工业经济的技术基础主要是蒸汽技术、内燃技术、电气技术、机械制造技术、化工技术等。数字经济的技术基础是以信息技术为主要标志的高新技术,它主要包括信息科学技术、生命科学技术、新能源与可再生能源科学技术、新材料科学技术、空间科学技术、海洋科学技术、有益于环境的高新技术和现代管理科学技术 8 大类。[1] 信息技术的进步日新月异,到今天已发展到新一代数字技术,主要包括大数据、云计算、互联网、物联网、人工智能、智能终端;信息通信技术(ICT)、数字技术(DT)、信息物理融合系统(CPS)、虚拟现实(VR)、增强现实(AR)、区块链;识别技术(指纹、语音、人脸)、无人技术(无人驾驶、无人工厂、无人商场、无人银行、无人停车)、3D 技术等。人类经济形态从农业经济过渡到工业经济再进化到数字经济,是技术进步的结果。如果没有第一次工业革命,手工业不可能升级为大工业,人类就不可能进入工业社会;如果没有第三次工业革命,传统产业不可能实现数字化转型,人类就不可能进入数字社会。

1.2　农业经济

农业是人类社会出现最早的经济形态,它是人类赖以生存的基础,其重要性从来就没有被忽视过。中国古代以农立国,汉景帝说:"农,天下之本也,黄金珠玉,饥不可食,寒不可衣,都不如谷物和桑麻。"[2] 中国古代历代当政者都积极劝课农桑,发展农业,造就了中国古代农业的辉煌。古希腊学者色诺芬在《经济论》中指出,"农业是其他技艺的母亲和保姆"。斯密把农业置于生产序列的第一位。马克思把农业视为一切生产的基础,他在《资本论》中写道:"农业劳动生产率,是一切社会的基础,并且首先是资本主义生产的基础。"[3] 列宁提出了"农业是俄国国民经济的基础"的论断[4],他对"实验室里制造食物"的"超农业"观点进行了批判。[5]

---

[1] 简新华:《知识经济的主要特征》,载于《学习与实践》1998 年第 7 期。
[2] 班固:《汉书》卷 5《景帝纪》,中华书局 1962 年版,第 152 页。
[3] 《资本论》第 3 卷,人民出版社 1975 年版,第 885 页。
[4] 《列宁全集》第 14 卷,人民出版社 1957 年版,第 177 页。
[5] 刘炯忠:《学习马克思的社会经济形态理论》,载于《马克思主义研究》2004 年第 4 期。

农业的内涵在不断地演变，最初主要体现为养殖业和种植业，随着农业生产力的发展，其内涵不断丰富，包括种植业、林业、畜牧业、渔业和副业。在不同的地区，农业的内涵不同。譬如，在中国的南方，农业主要体现为种植业；在内蒙古等草原地区，农业主要就是畜牧业；在沿海地区和湖区，农业主要就是渔业；在山区，农业主要就是林业；在经济比较发达的城郊结合地带，土地资源有限，农业主要体现为副业。农业受制于自然条件，因此农业的内涵不能随意选择，也不能随意改变，随意的改变只会造成肆意的破坏，会受到自然规律和经济规律的惩罚。历史上这种案例层出不穷，譬如在中国元朝时期，最高统治者来自于草原，入主中原以后，统治者异想天开，在中原地区禁止种植业，圈地种草搞畜牧业，这种把草原搬到内地的做法违反了规律，最后逃不出失败的命运。

按新古典经济学的观点，技术是推动经济增长的主要动力。然而在工业革命爆发之前，农业技术进步是缓慢的。一般而言，农业技术主要表现为农耕技术，农耕技术又突出表现在农具的改进和肥料的改良。原始社会的农业技术可概括为"刀耕火种"，"刀耕"即用各种石头和动物骨头做的农具作生产工具，如石耜、石铲、石刀、石镰、骨耜、骨镰、蚌镰、蚌刀等农具，"火种"即把草木焚烧成草灰当作肥料。人类进入奴隶社会之后，农业技术有所进步。我国商周时期出现了青铜农具，但数量不多，主要的生产工具仍然是木器和石器。春秋时期，冶铁技术发明，人们用铁打造铁犁，铁犁出现，把耕地的作业方式从间断式破土转变为连续式的前进做功，大大提高了农业生产效率。铁犁所需的动力大，用畜力作动力的牛耕便应运而生。铁犁牛耕在中国持续了 2 000 多年，一直到 21 世纪才慢慢地被机械农具取代，迄今，没有实现农业机械化的农村仍在使用铁犁牛耕。由于缺乏化学技术，农业肥料长期靠草灰、人畜粪便等有机肥，清末以后才陆续引入西方的化学肥料和农药。正因为农业技术进步缓慢，由此决定亩产量长期徘徊不前。以水稻产量为例，秦汉时期亩产不过 100 斤，隋唐时期约为 150 斤，两宋大约为 220 斤，明清时期在 300 斤左右，到新中国成立之初也不过 400 斤。[①]

由于农业生产力极其低下，农民生产的产品只能满足自身消费。除了自给，基本上没有能力为社会提供可以交换的剩余产品。因此，农业经济是自给自足的自然经济。但这并不表明没有市场交换，只不过农业经济时代的交换是采取集市贸易的形式，各生产者独立从事生产，定期在固定的场所进行交易。自然经济通常是农业生产与家庭手工业的结合，男耕女织是最形象的表达。在没有战乱的农业社会，男耕女织的自然经济远离喧嚣，是生活安详的体现，甚至是部分人的生活追求，直至今日，仍有人向往安详的自给自足生活。白居易的《朱陈村》，对唐朝时期的自然经济生活作了生动的描绘："徐州古丰县，有村曰朱陈。去县百余里，桑麻青氛氲。梭杼声轧轧，牛驴走纷纷。女汲涧

---

① 《其实关于五谷的内涵一直在变化，你是否被人说过"五谷不分"？》，载于《生活报》2020 年 12 月 6 日，https：//baijiahao.baidu.com/s？id=1685301393736342507&wfr=spider&for=pc。

下水，男采山上薪。县远官事少，山深民俗醇。有财不行商，有丁不入军。家家守村业，头白不出门。生为朱陈人，死为朱陈尘。田中老与幼，相见何欣欣。一村惟两姓，世世为婚姻。亲属居有族，少长游有群。黄鸡与白酒，欢会不隔旬。生者不远别，嫁娶先近邻。死者不远葬，坟墓多绕村。既安生与死，不苦形与神。所以多寿考，往往见玄孙……"① 自然经济长驻中国农村，直至改革开放之时，广东省的农业剩余产品率，珠江三角洲为 30% ~40%，山区只有 10% ~20%。到 20 世纪 90 年代初期，广东农业发达地区农业剩余产品率达到 80% ~90%，大部分地区为 60% 左右。②

中国古近代的农业技术进步十分缓慢，但人口数量却在不断地增加，据蓝勇所著《中国历史地理学》的统计，秦朝时全国人口约 2 000 万，西汉后期增加到 6 000 万，魏晋南北朝时期的战乱使人口锐减，西晋时为 3 500 万人，隋唐时期经济繁荣、社会稳定，人口增加，唐朝开元年间达到 8 000 多万，五代十国战乱人口再度锐减到 3 000 万，两宋时期随着经济的恢复，人口增加到 1.4 亿，元朝有所减少，约为 8 500 万人，明朝时期增加到 2 亿人，到清朝中期增加到 4.3 亿人，新中国成立之初约为 5.4 亿人。中国古近代耕地数量，西汉时期约为 8 亿亩，唐朝开元年间约为 14.4 亿亩，明朝最多时为 12 亿亩，民国时期为 14 亿亩。由此看到，人口数量的增长呈几何级数但耕地数量的增长呈算术级数，人地矛盾比较尖锐。农业劳动力在无法向其他地方转移的情况下，农民只能选择精耕细作，导致单位土地上投入的劳动力不断增加，但每增加一个劳动力所带来的产出是有限的，甚至接近于零，这就导致劳动力的边际产量很低甚至接近于零，这种现象被黄宗智称为"过密化"或"内卷化"现象。

1.3　工业经济

在农业经济时代，手工业作为农业经济的重要补充不断向前发展，但是由于技术约束始终没有解除，手工业没有能够进化到机器大工业，不过，手工业为大工业积累技术和管理经验，因此，手工业也被称为原始工业化。18 世纪中叶到 20 世纪中叶的 200 年间，人类爆发了三次工业革命，工业革命在本质上是技术革命，技术创新促进了工业经济的快速增长，人类跨入工业经济时代。18 世纪 60 年代，在英国率先发生第一次工业革命，人力和畜力被蒸汽动力所取代，人类进入机械化时代，蒸汽机的发明催生了机器制造业、航运业和铁路运输业等新的业态，工业取代农业成为社会经济发展的主要支

---

① 《白居易集》，转引自白寿彝主编：《中国通史》第一卷（导论），上海人民出版社 1989 年版，第 161 ~162 页。
② 王琛：《广东农业经济形态的变化与启示》，载于《中国农村经济》1993 年第 9 期。

柱。19 世纪末 20 世纪初，以电气技术为牵引，爆发第二次工业革命，人类进入电气化时代，蒸汽动力被电力所取代，在电力的推动下，原有工业部门的生产能力大幅度提升，同时推动了电力工业、钢铁工业、汽车工业和化学工业等重化工业的发展，推动了工业经济走向繁荣。"二战"以后到 20 世纪 80 年代末，以电子计算机和集成电路为代表的第三次工业革命发生，信息产业革命推动人类进入信息化时代，进一步加快了工业经济的发展（见表 1－1）。

表 1－1 　　　　　　　　　　　三次工业革命的比较

工业革命	标志性事例	核心投入	先导产业、主导产业	技术方式
第一次工业革命	水力机械化时代：哈格里夫斯发明"珍妮纺纱机"（1764 年）	棉花、生铁	棉纺织、水车铁制品	水力机械、收费公路、运河、帆船
	蒸汽机械化时代：利物浦—曼彻斯特铁路（1831 年）	生铁、煤炭	铁路和铁路设备、蒸汽机	蒸汽动力、铁路、电报
第二次工业革命	电气化时代：卡耐基的贝西莫钢轨厂（1875 年）；爱迪生纽约珍珠发电站（1882 年）	钢、铜合金	钢制品、电力设备、重型机械	电气化、钢轨铁路、电话
	摩托化时代：福特公司海兰特公园工厂的装配线（1913 年）	石油天然气、合成材料	汽车、石油化工、家用电器	自动化、航空和高速公路、无线电
第三次工业革命	信息化时代：英特尔（Intel）处理器（1971 年）	芯片、存储器	计算机、电信设备、微电子产品	信息高速公路（互联网）、无线网络
	杰弗里·辛顿（Geoffrey Hinton）等深度学习的三位教父获得图灵奖（2017 年）	芯片、算法、数据	机器人、智能电信设备、智能装备制造	人工智能、区块链、物联网

资料来源：转引自杨虎涛：《数字经济的增长效能与中国经济高质量发展研究》，载于《中国特色社会主义研究》2020 年第 3 期。

农业生产，主要靠劳动力、土地两大要素的投入，资本和技术要素的作用并不显著。工业生产则不同，除了需要投入劳动力、土地两大要素之外，资本和技术是重要的要素。随着工业经济的发展，技术要素的作用越来越显著，每一次技术革命都会推动经济向前发展一大步。第一次工业革命之后，人类进入了机械化时代，生产率大幅度提高，1770～1840 年，英国工人的劳动生产率平均增长了 20 倍。[①] 1790 年，塞缪尔·施莱特把制造新型纺纱机的技术带到美国，揭开了美国工业革命的帷幕，到 1900 年，美国工业产值是农业产值的 2 倍多，美国由农业国变成了工业国。进入 20 世纪之后，美国技术走在世界前列，推动着美国制造能力和经济总量的快速增长，1913 年，美国工业总产量占世界工业总产量的 1/3 以上，超过了英国、法国、德国、日本四国工业总产

---

① 袁正光：《数字革命：一场新的经济战——世界数字技术发展的趋势及我们的对策》，载于《自然辩证法研究》1993 年第 4 期。

值之和。① 18 世纪 60 年代以后，接连不断的技术革命使世界经济发生了翻天覆地的变化。马克思在《共产党宣言》中说："资产阶级在它的不到一百年的阶级统治中所创造的生产力，比过去一切世代创造的全部生产力还要多，还要大。"② 以研究世界长期发展著称的经济史学家麦迪森在其《世界经济千年史》中提出，18 世纪工业革命之前的一两千年，欧洲国家年均 GDP 的增长率仅为 0.05%，这就是说，在农业经济社会，人均收入翻一番需要 1 400 年。工业革命之后，经济增长速度加快，18、19 世纪人均收入年均增长 1%，人均收入在 70 年内可以翻一番。到 20 世纪，人均收入年均增长 2%，是工业革命前的 40 倍，人均收入只需 35 年就可翻一番。③ 第三次工业革命所创造的生产力远非第一、二次工业革命所能比拟，正如一位希腊学者所言："在人类 6 000 年的历史中，近 30 年开发出来的知识、技术、信息的总量，与前 5 970 年的总量相等。这说明，近 30 年内正以从前 199 倍的速度进行着新技术开发，过去需 200 年才能开发的技术，现在 1 年。"④

尼古拉斯·克拉夫茨分别就蒸汽机、电力、计算机对英国和美国经济增长的贡献度进行了测算，结果显示，蒸汽动力对人均 GDP 的贡献率低于电力，电力又低于算力。蒸汽、电力和信息通信技术（Information and Communications Technology，ICT）对人均 GDP 增长的贡献率，在巅峰时期分别达到 23.6%、47.0% 和 56.3%，如表 1-2 所示。

表 1-2   蒸汽机、电力、计算机对英国和美国经济增长的贡献度（年均百分比）

蒸汽动力时代	年份	1760~1800 年	1800~1830 年	1830~1860 年
	蒸汽动力总贡献	0.008	0.012	0.26
	对人均 GDP 增长的贡献率	3.8	2.4	23.6
电力时代	年份	1899~1929 年	1919~1929 年	
	电力时代总贡献	0.56	0.98	
	对人均 GDP 增长的贡献率	28.2	47.0	
信息通信时代	年份	1974~1990 年	1991~1995 年	1996~2000 年
	ICT 对经济增长的总贡献	0.69	0.79	1.86
	对人均 GDP 增长的贡献率	30.4	54.6	56.3

资料来源：Crafts N. The Solow Productivity Paradox in Historical Perspective [J]. *Social Science Electronic Publishing*, 2002（4）：561-562. 转引自杨虎涛：《数字经济的增长效能与中国经济高质量发展研究》，载于《中国特色社会主义研究》2020 年第 3 期。

---

① 石光宇、孙群郎：《美国去工业化与后工业经济的形成》，载于《辽宁大学学报》2013 年第 3 期。
② 《共产党宣言》，中央编译出版社 2021 年版，第 16 页。
③ 林毅夫：《中国经济专题》第 2 版，北京大学出版社 2012 年版，第 10 页。
④ 转引自袁正光：《数字革命：一场新的经济战——世界数字技术发展的趋势及我们的对策》，载于《自然辩证法研究》1993 年第 4 期。

在农业经济时代，由于经营规模有限，它对组织形式的要求并不高，数千年来，主要体现为家庭农场。工业经济时代则不同，由于经营规模不断扩大，它对组织形式的要求非常高。企业是发展工业生产的组织载体，300多年来，企业形式不断创新，主要有三种形式。业主制企业是最初的组织形式，这种形式适合于小规模经营，难以满足规模扩大对资金、技术的需求，于是出现了第二种组织形式——合伙制企业，但这种组织形式对资金、技术的吸纳能力毕竟有限。为了满足不断扩大的经营规模对资金、技术的需求，公司制企业应运而生。公司作为一种全新的组织形式，可以适应大小不同的企业规模。公司的类型随着时代发展和人们认识的进步不断创新，人们创造了无限责任公司和有限责任公司。由于公司制企业大都实行所有权和经营权分离，所有者不直接参与经营，因此其应负的责任应该是有限的，有限责任公司逐渐成为主要的公司形式。一个有一定规模的公司，只有对其进行最有效的管理，才能实现成本最小、效益最大，这就要求对企业进行管理创新和商业模式创新。自工业革命以来，企业管理创新和商业模式创新一浪接一浪，公司治理结构、生产管理模式、人力资源管理模式、财务管理制度等，应接不暇，推动了人类文明大踏步地前进，这在农业经济时代是不可想象的。

由于农业经济是自给自足的经济，经济行为主体之间发生经济交往的频次低，又由于市场规模十分有限，一般很难出现市场风潮，正因为如此，规制经济行为的经济法规很少。例如，古代中国是世界上典型的农业国家，历朝历代所制订之法律多为刑法，很少制订经济法。工业经济时代则不同，各种市场主体之间互相依赖、互相渗透，没有哪一个企业可以离开上游的供货商和下游的销售商而独立生存，企业之间的经济交往十分频繁，由于各个经营主体之间互相交互在一起，一家企业倒闭可能会引发其他企业"吃倒账"，多米诺骨牌效应作用下的市场风险巨大，正因为如此，政府必须制订经济法规规范经营主体的经营行为以促使经济健康稳定发展，工业经济时代建立了完整的经济法规体系。工业化水平越高的国家，经济法规越完善，经济运行越有序，社会交易成本越低；反之亦反。

农业经济时代也存在市场，"日中而市"便是对古代市场交易的直观描述，因交易物多为新鲜的动植物，不利于长途贩运，同时受制于交通运输，农业经济时代的市场多为农村集市或圩场，集市的交易半径一般在5~10千米，也就是，每隔5~10千米就有一个集市，当然，人口稀少的山区和沙漠地区除外。工业经济时代则不同，市场交易突破了区域界限和时间限制，市场规模因交易额的扩大而扩大，还出现了专门从事某一种或某一类商品交易的专业市场。工业革命之后，没有哪一个国家可以离开别的国家而独立开展生产，国际市场把各国连接在一起，这种连接的不断深化与广化就形成了经济全球化的格局。融入和拥抱国际市场，是任何一个国家的不二选择，闭关锁国只会被世界所抛弃。工业化水平越高的国家，市场化水平也越高，社会越有活力和创造力；反之亦反。

1.4 数字经济

第三次工业革命的重要成果是信息技术的兴起，与前两次工业革命不同的是，蒸汽机和电力的发明只是极大地提高了有形物质的生产能力，信息技术不仅加快了有形物质的生产，更重要的是创造了人类生产生活的一个全新空间，这个空间就是网络空间，人类进入从未经历过的网络社会。对于这种由网络托起的新型经济形态，从 20 世纪八九十年代起，社会各界对此进行了各种各样的定义，称谓五花八门，如新经济、知识经济、数字经济、网络经济、因特网经济、智能经济、精神经济、眼球经济、注意力经济、直接经济、透明经济等。[①] 1996 年，OECD 在《以知识为基础的经济》报告中采用了"知识经济"概念并对其进行了定义，它"是反映建立在知识和信息生产、分配和使用之上的经济。它以高技术产业为支柱产业，以创造性知识的智力资源为首要依托，是可持续发展的新型经济"[②]。1998 年，时任美国总统克林顿（Bill Clinton）在国情咨文中提到美国经济正得益于知识经济。这样一来，知识经济在 20 世纪末 21 世纪初成为一个广为传播的新概念。当时有不少学者把知识经济视为继农业经济、工业经济事之后的一种新的经济形态。或许是因为当时信息技术对经济的影响力还很有限从而导致知识经济还不足以对人类生产生活产生颠覆性影响，也或许是知识经济无法直接体现当时一骑绝尘的电子商务和数字内容产业发展，知识经济这个概念在热闹了数年之后，离奇地归于沉寂，取而代之的是数字经济新概念。事实上，在 20 世纪末期，数字经济、知识经济、网络经济都是混用的概念，其内容大同小异。

数字经济是基于信息技术不断发展推动的数字化经济形态。数字化经济肇始于信息技术及其产业化，然后应用到流通业、农业、制造业等各产业领域，再融入经济社会各个领域，逐渐形成一个涵盖全社会各领域的数字化经济体系。作为一种全新经济形态的数字经济，从产生到现在，其本身形态也在不断演化，这就如同农业经济可分为传统农业经济与现代农业经济两种形态一样。国内外普遍都认为，数字经济是一种基于信息技术而进行的经济活动。数字经济形态无论怎么演化，其基础是信息技术，其发展是信息技术的应用。信息技术本身是产业，信息技术的不断进步，信息技术产业不断壮大，信息技术的进步又推动其应用面不断扩大。信息技术的进步和应用面的扩大，推动着数字

---

① 王湘东：《从信息经济到生物经济：经济形态变革的比较与对策》，载于《上海经济研究》2003 年第 6 期。
② 张敬水：《从农业经济、工业经济到知识经济——浅析知识经济的巨大影响》，载于《财贸研究》1999 年第 5 期。

经济形态不断升级。因此，数字经济本质上是信息技术及其应用所形成的经济形态，如美国商务部认为，"数字经济是一种以信息技术生产行业为基础的经济，该经济中充满了影响着经济方方面面的、数字化的技术性变革，基于信息技术的数字经济相比以往的经济有更高的长期生产率和总增长率"①。

数字经济的演化经历了三个阶段。第一阶段是信息技术的出现及其产业化。第二阶段是信息技术依托网络广泛应用到传统产业领域，促使传统产业发生量变，这个"量"主要体现在商贸流通领域，涉及工农业生产领域，但农业和工业领域的"量"还很少，因而对农业和工业没有根本的影响。信息技术应用到生产领域②，并迅速地与产业、社会生活、社会治理全面融合，传统产业、社会生活在融合中慢慢地发生质变，出现了新业态、新模式、新技术，推动数字经济进入第三阶段。"过去20年提到的新经济、互联网经济、信息经济、网络经济等，主要还是局限于一种新的经济领域，或一种新的产业，而数字经济不仅是数字产业而是一种新的经济型态。"③

信息经济是数字经济的最初形态。信息经济的发展经历了从信息产业到信息经济的发展过程，信息产业是信息技术的产业化，信息技术主要包括微电子技术、计算机及其软件技术、通信技术和自动控制技术等。数字经济的本质是用数字表达信息，因此，信息技术是数字经济的技术底座，没有信息技术，数字经济就没有根基。④ 所有的数字经济大国、强国，无一不是信息技术大国、强国；数字经济发展水平低的国家，都是信息技术落后，信息产业不发达所致。信息产业的主要代表是信息通信技术，它孕育于20世纪四五十年代，1946年，第一台通用电子数字计算机"埃尼阿克"（ENIAC）在美国宾夕法尼亚大学诞生，极大地提升了计算速度，随后发明的晶体管和程序存储机，为计算机的推广普及奠定了基础。1951年，世界上首台商用数字计算机出现，标志着电子数字计算机开始在经济活动中真正发挥作用。计算机诞生以后，信息通信技术飞速发

---

① 转引自佟家栋、张千：《数字经济内涵及其对未来经济发展的超常贡献》，载于《南开学报》2022年第3期。
② 麦肯锡咨询公司和美国经济分析局的数据都表明，2012年以来，机器人出货量快速上升，2004～2016年，机器人出货量从10万上升到了30万，尤其值得注意的是，机器人应用部门主要集中于自动化生产过程，尤其是在汽车制造领域中。2016年，美国近一半机器人的出货量都用在了美国的汽车制造领域当中，而这一比例在2006年只有20%。转引自杨虎涛：《数字经济的增长效能与中国经济高质量发展研究》，载于《中国特色社会主义研究》2020年第3期。
③ 沈奎：《关于数字经济的几个理论问题》，载于《南方经济》2021年第10期。
④ 信息的传输，无论是电话还是广播、电视，其信息量都与传播的频率有直接的关系，频率越高，传播的信息量就越大。例如，频率在4千赫以下的电话，只能传输缓慢的话音；从300千赫、3000千赫到30兆赫以下的长波、中波、短波广播，只能传输更清晰的声音；50～1 000兆赫的微波，可以传送有声、有像、有色的电视，但图像并不清晰，而且易干扰；频率高到上亿兆赫时，或者说每秒有上亿兆个振荡、上亿兆个波形时便能传输足够多的0和1。但是，自然光在传输过程中四面散射，传输距离短，也容易受阻，因此不实用。这就需要一种特殊的、被驯服的光，即激光。激光技术的发明，使通信从电通信发展到光通信。激光必须在透明度极高的管道即光导纤维中传播，光导纤维与铜线相比，体积小、轻便、便宜、节能，但它却能传输大得难以想象的信息量。参见袁正光：《数字革命：一场新的经济战——世界数字技术发展的趋势及我们的对策》，载于《自然辩证法研究》1993年第4期。光导纤维的发明，推动通信从无线发展到有线。一根头发大的纤维质，在1秒之内传输10 000整份《华尔街日报》，一条光纤能同步传送100万个电视频道，比双绞铜线要快20万倍。参见〔美〕泰普思科著，卓秀娟译：《泰普思科预言》，时事出版社1998年版，第17、19页。

展，先后经历了电子管、晶体管、集成电路和大规模集成电路阶段，数据存储和信息处理能力大幅提升。随着 ICT 产业的快速发展及其信息通信技术与社会经济的不断融合，"信息经济"模式应运而生。1961 年，斯蒂格里茨（Stigler）放宽传统经济学中完全信息假设条件，第一次确立了信息经济学在经济研究中的地位，信息经济将信息作为经济活动的关键要素，探究信息在经济活动中的贡献和价值。1962 年，马克卢普（Machlup）首次提出，"向市场提供信息产品或信息服务的企业"是一种重要的经济部门，并且提出了"知识产业"这个全新的概念，认为知识产业是信息技术和社会发展的理论基础。① 1977 年，集成电路技术由大规模向超大规模迈进，光纤通信首次实现商用，加速了移动通信网络和互联网的来临。1977 年波拉特（Porat）在《信息经济》中提出，除了"第一信息部门"（即信息技术产业）外，还存在"第二信息部门"（融合信息产品和服务的其他经济部门），他明确界定了信息活动、信息资本、信息劳动者等与信息经济相关的基本概念和范畴，首次将信息业上升为与农业、工业、服务业并列的产业。② 至 20 世纪八九十年代，信息经济趋于成熟。据统计，到 20 世纪末，信息经济对全球经济增长的贡献率达到 40%，在美国、日本、欧洲等发达国家和地区，信息经济产值占其 GDP 的比重在 45% ~65%，成为其国民经济的第一大产业。③ 20 世纪末 21 世纪初，各主要国家对信息经济的内涵进行界定。美国 1987 年《标准产业分类》（SIC）的类别定义了信息技术产业。该定义认为信息技术产业由硬件业、软件和服务业、通讯设备制造业、通讯服务业四部分内容组成。其中硬件业除了包括计算机、办公机器、电子元器件测量和实验分析工器具的制造外，还包括了计算机及其设备的批发和零售；在软件和服务业中，除了计算机和有关的服务外，还包括了软件的批发和零售。日本科学技术与经济协会认为，信息经济包括信息技术产业及信息产品化，由软件产业、数据库业、通讯产业和相应的信息服务业构成。国内学者乌家培认为信息产业有广义和狭义之分，狭义的信息产业是指与电子计算机有关的生产部门，广义的信息产业是指一切与收集、存贮、检索、组织加工、传递信息有关的生产部门。信息产业主要包括三个产业部门：一是信息处理和服务产业，该行业的特点是利用现代的电子计算机系统收集、加工、整理、储存信息，为各行业提供各种各样的信息服务，如计算机中心、信息中心和咨询公司等；二是信息处理设备行业，该行业的特点是从事电子计算机的研究和生产（包括相关机器的硬件制造）、计算机的软件开发等活动，计算机制造公司、软件开发公司等可算作这一行业；三是信息传递中介行业，该行业的特点是运用现代化的信息传递中介，将信息及时、准确、完整地传到目的地点。因此，印刷业、出版业、新闻广播业、通讯邮电业、广告业都可归入其中。

---

① 弗里茨·马克卢普：《美国的生产与分配》，孙耀君译，中国人民大学出版社 2007 年版。
② 许宪春、张美慧：《中国数字经济规模测算研究：基于国际比较的视角》，载于《中国工业经济》2020 年第 5 期；佟家栋、张千：《数字经济内涵及其对未来经济发展的超常贡献》，载于《南开学报》2022 年第 3 期。
③ 王湘东：《从信息经济到生物经济：经济形态变革的比较与对策》，载于《上海经济研究》2003 年第 6 期。

网络经济是数字经济的第二种形态。20世纪60年代，计算机网络技术在美国产生，其标志是加州大学洛杉矶分校于1969年实现了计算机终端之间的数据传输。当时，网络技术仅用于军方。20世纪80年代，网络技术开始转向民用。90年代，互联网技术逐步成熟，其主要标志是万维网（WWW）和Mosaic浏览器（NCSA Mosaic）的创建，接入互联网的个人计算机数量快速增加，互联网从早期的国防军事和学术研究等领域的信息传输迈向提供商业化服务。1991年，互联网（Internet）首次商用，这意味着以互联网为代表的信息通信技术促使全球经济进入新的时代。信息技术通过信息高速公路迅速地应用到产业领域特别是商业领域，改变了原有的商业模式，一种全新的交易模式——网络交易产生，以网络交易为基础形成了电子商务。计算机网络把一台台单个计算机、一户户单个企业和一个个单个消费者联结起来，通过计算机网络生产者和消费者可以线上交易，为了使消费者能更充分地了解企业和产品信息，企业必须对其流程进行电子化改造，从而推动企业利用网络开展业务。一些经营视听产品的企业，利用网络技术把书籍、歌曲、电影、电视剧转化成为数字产品，并在互联网上传播、销售，消费者不必购买磁带就可以通过网络听歌，不必去电影院就可以在网络上看电视剧，不必买书就可以在网上下载电子书阅读，数字内容产业在20世纪90年代迅速发展。尽管网络技术已经应用到商业、农业、工业、金融、政府、科研、教育、娱乐等各个领域，但主战场是商业领域，因此电子商务构成了网络经济的主体。美国统计局于1999年明确给出了数字经济的定义，指出数字经济是电子商务及电子化企业进行网络交易等流程重组的结果，并根据交易的结构主体划分为四个部分，即基础建设、电子化企业、电子商务、计算机网络，如表1-3所示。

表1-3　　　　　　美国统计局所定义的数字经济四个组成部分

	基础建设	电子化企业	电子商务	计算机网络
定义	电子化企业流程和电子商务交易运作基础	企业或组织通过计算机网络所进行的任何交易工作流程	通过计算机网络进行的货物或服务交易	经由计算机操控的电子设备所组成的网络
范畴	硬件、软件、通信网络、支持服务及人力资本	生产、顾客及内部管理方面的企业流程	在特定电子化企业流程（如销售）中发生的教育	包括所使用的硬件、软件及使用者发出的操控命令

资料来源：Mesenbourg, T. L. Measuring electronic business：definitions, underlying concepts, and measurement plans [R]. New York：US Bureau of the Census, 1999.

2010年，OECD发布《互联网经济展望》，以此代替《信息技术展望》，系统地阐释了互联网的发展趋势、使用情况、具体内容以及安全与隐私等问题，这意味着，信息经济时代已经过渡到网络经济时代。与信息经济相比，网络经济更能反映出信息通信技术的跃迁及其与经济社会的融合，集中表现在以电子商务为代表的全新商业模式的快速发展，与此同时，以互联网为媒介进行传播的电影、音乐、新闻、游戏、广告等虚拟服务产品大量产生，大大拓展了信息产品的范围。[①]

新经济是数字经济的最新形态。[②] 新经济中的"新"只是一个相对概念，任何一个经济时代都有新经济，当然，各个时代新经济的含义不一致。当人类经济形态从农业经济向工业经济转型时，出现了机器制造替代手工操作、现代工厂替代手工作坊、规模经营取代小农经营等一系列变革，这些变革不是对农业经济的修补，而是对农业经济的革命，产生了完全有别于且高于农业经济的经济形态，因此，相对于农业经济而言，这些变革就是新经济。这里的新经济，毫无疑问是指工业经济。计算机、集成电路、光纤通信、互联网等信息通信技术的飞速发展，极大促进了数字技术在之后经济活动中的推广与应用，并加速了数字技术的迭代，形成了以大数据、云计算、人工智能、区块链、数字孪生、3D、5G为主的新一代数字技术，新一代数字技术与传统产业、社会生活、社会治理的深度融合，形成了"四新经济"，即新技术、新业态、新模式、新产业。"四新经济"并非对传统农业、工业的修补而是全面超越，这种全面超越把数字经济推向一个新的阶段——新经济阶段。新一代数字技术的价值被不断深入挖掘，数字产业化规模不断扩大，核心产业包括三大部分，一是传统的电子信息制造业、电信业；二是以数据要素为基础开展生产经营的产业，如数字产品制造业；三是为数字化企业提供数字技术等基础设施、中间产品或服务和解决方案的产业。涉及的行业涵盖了《国民经济行业分类》中的26个大类、68个中类、126个小类。数字技术在与传统工业、农业和服务业的融合过程中改变了既有的生产方式，创造了数字技术融入而产生的增加值部分，重构传统产业涉及的数字新兴领域以及形成了创新性的新兴产业形态，数字化是当前数字经济的主要部分。产业数字化涵盖了智能制造、智能交通、智慧物流以及数字政府等大部分产业与数字化融合的应用场景，对应于《国民经济行业分类》中的91个大类、431个中类、1 256个小类。[③] 产业数字化使得传统的产业边界不再明显，譬如，在工业经济时代，传统的出版、广播电视、电信（电话）分属三个不同的产业门类，数字技术赋能这三个产业之后，三个产业都被归入数字内容产业的范畴。

众所周知，相对于工业和第三产业，农业领域的数字化转型相对缓慢，尽管如此，农业数字化仍可圈可点。譬如，改革开放前，农民处于"全耕"状态，改革开放以后，农民一边务农一边到工厂打工，形成"半耕半工"模式，数字技术与农业结合以后，形成了"半耕半网"。所谓"半耕半网"，就是农民一边务农，一边创作以"三农"为题材的短视频，短视频收益补充农业收入，农业生产和农村生活亦为

① 许宪春、张美慧：《中国数字经济规模测算研究：基于国际比较的视角》，载于《中国工业经济》2020年第5期；佟家栋、张千：《数字经济内涵及其对未来经济发展的超常贡献》，载于《南开学报》2022年第3期。
② "新经济"最初是用以形容20世纪90年代在美国发生的、不同于以往的高增长、低通货膨胀、低失业率的经济景象，后来这个概念被不同的人在不同场合中使用，大多是指高新科技带来的经济现象。
③ 崔邦军：《数字经济的概念后认识与基本面向》，载于《新经济》2022年第7期。

短视频提供素材。① 数据成为能创造重大价值的重要生产要素。宏观层面，数据成为推动经济增长的主要动力。麦肯锡研究院分别对 2005～2014 年全球商品流、资本流、数据流进行了统计，结果如下：商品流从 10.6 万亿美元增至 19.0 万亿美元，增长了 1.8 倍；资本流从 1.4 万亿美元增至 1.6 万亿美元，增长了 1.1 倍；数据流从 4.8Tbps 增至 211Tbps，增长了 44 倍。2014 年，数据跨境流动所创造的价值为 2.8 万亿美元，对全球 GDP 增长的贡献率达到 36%，资本、劳动力、商品三者对全球 GDP 增长的贡献率之和为 64%。可见，数据已经取代传统生产要素成为拉动世界经济增长的主要力量。② 微观层面，企业以数据为中心构建产业生态圈，在这方面，阿里是典型。阿里所创办的"三宝"（淘宝、支付宝、余额宝），成为汇聚海量数据的平台，利用这些数据，阿里创办了蚂蚁金服、芝麻信用、阿里健康、阿里娱乐、阿里休闲、阿里教育等，逐渐形成了阿里事业群、阿里生态圈，推动阿里集团快速发展。

通俗地讲，数字经济，就是将现代信息技术广泛应用于人类生产、生活各个领域，使得人类的生产生活更加便捷化、科学化、精细化。因此，数字经济就是信息技术进步及其应用所形成的经济形态。列斯尼科夫等（Kolesnikov A. V., et al.）指出，数字经济并不意味着经济建设经典原则的改变，它甚至不涉及改变经济机制。数字经济只意味着古典经济学中数字技术的使用，这本质上是第四技术秩序的工具。③ 普拉丹（Pradhan R. P.）认为，信息和通信技术可以通过三条渠道促进经济增长，一是作为一个经济体中重要的创收部门；二是通过改善市场对资源的覆盖来实现规模经济；三是通过改进产品和服务，使公司能够追求规模经济。同时研究也表明，经济增长将增加对 ICT 服务的需求，从而增加 ICT 基础设施。④ 数字经济有三个层次，最基础的层次是信息技术的进步，没有技术基础，数字经济就没有根基。第一层次的信息经济即 ICT 核心产业，信息技术应用于农业、工业、服务业、日常生活、社会管理等各个领域，促使各个领域发生智能化、智慧化革命，这种革命提升了农业、工业、服务业的价值，提高了生活质量、促进了管理现代化，这是数字经济的第二个层次。第二层次的网络经济，其内涵除了信

① "幸福"博主家庭经济形态系典型"半耕半网"模式，公公婆婆为农耕主力，丈夫外出从事暖通工作，博主居家照管子女。"幸福"视频场景主要为乡村生产生活，与其他乡村短视频区隔度不大，但其主要人物形象有着极高的辨识度。账号上线半年，粉丝数量已逾百万，且维持了较高的粘性与变现率。博主以每月一至数次不等的频率作直播专场，仅2020年8～11月，直播销售额即达360.2万元，按照行业惯例，佣金收入在50万元以上，2020年11月，博主丈夫辞职回家与妻子一道专营视频账号。据统计，2021年，抖音"三农"创作者中返乡青年占比54%，创作者多来源于山东、河南、四川等传统农业大省，表明"半耕半网"已经成为一种新的业态。李竹筠：《"半耕半网"经济形态与传统价值伦理复兴》，载于《云南社会科学》2022年第3期。
② 李海舰、朱芳芳、李凌霄：《对新经济的新认识》，载于《企业经济》2018年第11期。
③ Kolesnikov A. V., Zernova L. E., Degtyareva V. V., et al. Global trends of the digital economy development [J]. Opción: Revista de Ciencias Humanas y Sociales, 2020 (26): 523 –540.
④ Pradhan R. P., Arvin M. B., Nair M., et al. Short-term and long-term dynamics of venture capital and economic growth in a digital economy: A study of European countries [J]. Technology in Society, 2019, 57: 125 – 134; Pradhan R. P., Arvin M. B., Norman N. R. The dynamics of information and communications technologies infrastructure, economic growth, and financial development: Evidence from Asian countries [J]. Technology in Society, 2015, 42: 135 –149.

息经济之外，再加上生产数字产品和服务的数字部门所创造的价值，主要包括电子商务、数字媒体、电子政务、平台经济、共享经济等。随着信息技术在各个领域应用的日益广泛，再加上信息技术的不断进步，海量数据的处理，使得生产者、消费者、治理者等各个社会主体之间的相互认知更加精准，基于个性化的需求的生产模式、消费模式、社会治理模式不断出现，于是各种新业态、新模式不断涌现，新业态、新模式与实体产业的融合不断加深，数字技术产业化过程中不断壮大，不断走向产业集群，新业态、新模式＋数字产业集群化构成了数字经济的第三个层次。第三层次的新经济，其内涵在第二层次基础上再加上数字产业化部分（即数字技术在农业、工业、第三产业中的边际贡献）和数字化治理所带来的经济规模（数字化公共服务）。三个层次也是数字经济发展的三个阶段，三个阶段构成了数字经济发展的历史脉络。

在这里，有必要陈述学者关于数字经济发展史分期的观点。许宪春和张美慧认为，数字经济的发展经历了从数字化技术演变到数字化产业，更进一步形成数字化经济活动的过程，目前已经逐渐趋近于成熟。作者还认为，国际上对数字经济的研究经历了信息经济、互联网经济以及数字经济的探索过程，信息经济、互联网经济和数字经济，是对不同时期新型经济业态的描述，三者发展的核心驱动力是信息技术。[①] 石勇认为，数字经济这一专有名词出现于 21 世纪初，但以数字技术为支撑的经济活动起源于 20 世纪 50 年代，其历史沿革大致经过了三个阶段：20 世纪 50 年代至 2000 年是"技术准备期"。这个时期，IBM 个人电脑、微软操作系统等创新产品的出现，为发展数字经济提供了技术准备。数字化服务开始出现，如美国第一资讯公司基于上千家银行数据，开展信用卡发行、收单、支付、信用评分等服务；美国三极通信公司用光纤构建的骨干网，奠定了互联网的雏形。2000～2012 年是"快速繁荣期"。电子商务、搜索引擎、社交媒体等新商业模式迅速崛起，诞生了亚马逊（Amazon）、谷歌、脸书、贝宝等互联网科技巨头，为数字经济提供了海量数据，进一步拓展了应用场景。2012 年至今是大数据与人工智能时代。这个阶段的突出特征是数字产业化快速推进。奥巴马政府将大数据定义为"未来的新石油"，出台了《大数据研究和发展计划》和《国家人工智能研发战略计划》，并将大数据与人工智能提升至国家战略高度。美国、西欧、日本等先进经济体积极将现代信息技术应用于传统行业，产业数字化进程也得到快速发展，使得数据分析成为开展各项业务的基础支撑。[②] 佟家栋和张千认为，数字经济兴起于 20 世纪 40 年代，其发展过程主要分为三个阶段，分别是数字经济的萌芽时期（20 世纪 40～90 年代初）、诞生时期（20 世纪 90 年代）和发展时期（新世纪以来）。在萌芽阶段，信息技术取得突破性进步为数字经济发展提供了技术支撑；20 世纪 90 年代，随着互联网技术的进步，数字经济正式登场；进入新世纪以来，信息通信基础设施不断完善，网络传输速率和计算

① 许宪春、张美慧：《中国数字经济规模测算研究：基于国际比较的视角》，载于《中国工业经济》2020 年第 5 期。
② 石勇：《数字经济的发展与未来》，载于《中国科学院院刊》2022 年第 1 期。

机运算能力持续提升，大数据、人工智能、云计算、物联网、区块链等数字技术加速迭代，推动数字经济进入新的发展时期。[1] 自 20 世纪 90 年代末以来，OECD 一直在关注数字经济内涵的演变。OECD 认为数字经济是一个动态概念，是经济社会发展的数字化转型，OECD 对数字经济的认识，经历了信息经济、互联网经济和数字经济三个阶段。（1）信息经济。1998 年，OECD 把信息经济界定为信息产业，信息产业又主要体现为信息制造业；到 2002 年，OECD 将信息产业拓展为 ICT 产业和信息内容服务业两部分。2011 年，OECD 将信息经济定义为包括 ICT 供给、需求、基础设施、产品在内的概念体系。（2）互联网经济。2012 年，OECD 提出互联网经济概念，将其界定为"由互联网及其相关信息、通信技术支持的所有经济、社会和文化活动"。认为互联网经济包括三个层次：第一层次是互联网经济的直接影响，互联网经济即相关企业部门增加值之和；第二层次增加了互联网经济的动态影响，即互联网对所有产业的生产率增加和 GDP 增长的影响；第三层次考虑了互联网的间接影响，例如对消费者剩余和社会福利的影响等。（3）数字经济。2014 年，OECD 出版《衡量数字经济：一个新的视角》研究报告，该报告阐述了 ICT 和互联网在经济和社会中的应用，该报告从不同角度来反映数字经济的影响，但并未形成统一的数字经济概念界定。[2]

1.5　三种经济形态下经济活动的演变

从农业经济到工业经济再到数字经济，人类的经济活动处在不断的演变之中，这种变化主要体现在五个方面。

第一，经济活动从物质化到去物质化或减物质化。从产品形态来看，"农业经济和工业经济的产品以物质形态为主，以物质实体作为载体的使用价值是价值的物质承担者，离开了物质形态，产品的使用价值将难以存在"[3]。农业经济和工业经济都属于物质经济。首先，工农业生产资源是物资资源，如劳动资料、劳动力、劳动工具都是物资资料，绝大多数物资资源具有稀缺性和不可再生性，消耗一部分就减少一部分；其次，所生产的产品是物资资源，农业经济时代的产品主要体现为初级农产品，属于自然物质型产品，工业经济时代的产品是制造型产品和加工型产品，农业经济和工业经济时代产品的共同点是物质性、有形性。农业和工业经济时代，注重物质产品

① 佟家栋、张千：《数字经济内涵及其对未来经济发展的超常贡献》，载于《南开学报》2022 年第 3 期。
② 刘伟、许宪春、熊泽泉：《数字经济分类的国际进展与中国探索》，载于《财贸经济》2021 年第 7 期。
③ 裴长洪、倪江飞、李越：《数字经济的政治经济学分析》，载于《财贸经济》2018 年第 9 期。

生产忽视非物质产品生产，第一次和第二次工业革命都是围绕如何以更快的速度和更高的效率推动物资生产来进行技术创新。以电子计算机和原子能为主要内容的第三次科技革命，则是围绕如何以更快的速度和更高效率推动信息产品的储存、加工和传播进行。[①] 第三次科技革命把人类经济形态推到数字经济时代。数据成为数字经济时代的新生产要素，与劳动力、资本等生产要素不同，数据要素不再以物资形态存在，所生产的产品特别是数字内容产品也以非物质化形式存在，生产重心由物质产品生产转向非物质产品生产。"在数字经济时代，数字信息产品以非物质性形态为主，具有可复制性、可变性、不可破坏性等特点，其使用价值不再以物质形态为载体，而是以数据库等为依托。"[②] 譬如，纸质版《不列颠百科全书》，总共32卷，收录了8万词条，全书重约60千克，每隔3年更新一次，售价高达数千美元。而网络版的维基百科全书，收录的词条多达2 000万个，可以实现即时更新，由于全书不以实物形式存在，因而没有重量，读者可以免费使用。数字化的百科全书出现以后，创刊于1768年的纸质版《不列颠百科全书》于2012年停刊。音乐经过数字技术处理之后，磁带这种有形的物资产品消失，代之而起的是非物质化的网络音乐。数字形态的"谷歌地图""百度地图"出现以后，取实物形态的"导航仪"成为历史。智能手机出现以后，电报、电话、传真、照相机、摄像机等物资产品的用途逐渐减少。人类生活方式也出现了减物质化或非物质化，比如，农业和工业经济时代的支付方式是现金支付和刷卡支付，数字经济时代是移动支付和刷脸支付；农业和工业经济时代，人们出行、入住，需要携带身份证等各种证件，数字经济时代，"脸"就是身份证、通行证、公交卡、火车票、登机牌，刷脸入住、刷脸进站、刷脸乘车、刷脸登机、刷脸开门已经普及，一"脸"走遍天下。[③] 数字经济是轻型化的"无重量"经济，经济重量在减少但产值和价值却大幅提升。一个创意、一个专利、一个品牌、一项技术的价值可达数百万，美国的GDP，如果用吨来计量，与100年以前并无太大的差别，但实际价值却增长了20多倍。[④]

第二，经济活动空间从有形到无形。人类的经济活动是在一定的空间范围内进行。空间可分为有形空间和无形空间，有形空间由陆地、海域和天空，即陆海空三维空间组成；无形空间即虚拟空间。农业经济时代，人类的经济活动在陆地和海域展开，如在陆地上的种植、养殖，在海域上的捕鱼；工业经济时代，随着航空航天技术的出现，人类经济活动扩展到天空；数字经济时代，随着网络技术的出现，产生了一个与实体空间并行的虚拟空间，人类经济活动从有形实体空间扩展到无形的虚拟空间，"实中有虚、虚

---

①④ 张孝德：《主导21世纪的三大经济形态：信息经济、知识经济与生态经济》，载于《内蒙古社会科学》1998年第6期。

② 裴长洪、倪江飞、李越：《数字经济的政治经济学分析》，载于《财贸经济》2018年第9期。

③ 李海舰、朱芳芳、李凌霄：《对新经济的新认识》，载于《企业经济》2018年第11期。

中有实、虚实结合、融为一体。"① 如果把有形空间看作实体的物理中介，数字经济则是把经济活动移到互联网数据平台上处理，从而形成线上虚拟活动，这样一来，经济活动就有效地突破了时空限制。农业和工业经济时代的产品主要是有形产品，有形产品的物理及化学属性决定其交换不能摆脱有形空间的限制。数字经济时代，相互交换的是以比特或者比特流形式存在的数字产品，这种产品看不见、摸不着，不能被感知，只能通过终端设备才能被识别。数字产品的特性"决定了其交换主要在互联网上进行，交换双方可以打破时间、空间的限制，随时随地进行交换。这意味着数字信息产品交换的市场是无形的、不固定的虚拟市场"②。在虚拟市场上交易的数字产品，卖方并未向买方让渡使用价值，由于卖方仍可保留产品的使用价值，数字产品可以以近于零的低成本被复制。当经济活动处在有形空间状态下时，劳动、土地、资本是最主要的生产要素，农业和工业经济时代的生产函数是 $Y = f$（L、K、T…）（其中，L 为劳动，K 为资本，T 为土地）。劳动、资本、土地具有稀缺性，从长期趋势看，使用时间越长，耗损越多，呈现边际成本递增的趋势。所生产的工农产品，大部分满足需求曲线向下的规律，因此，产品的边际收益是递减的。但在数字经济时代，数据、信息技术成为最主要的生产要素，这些要素一旦开发出来，其使用不具有排他性，因而边际成本不但不递增，反而会递减，当然也有可能为零，而数字产品的边际收益却在不断的递增。例如，数字内容产业呈现出显著的边际成本为零但边际收益递增的特征，以中国知网为例，该平台在把每一篇论文转化为电子读物时，需要付出一笔固定的成本，读者每下载一次，需要付一次费，对于中国知网平台而言，边际收益递增，但其边际成本几乎可以忽略不计。腾讯公司开发的《王者荣耀》游戏，可供数百万人同时在线玩，虽然各玩家玩的级别不一样，但的确是在线消费同一款游戏。在有形空间下开展的经济活动，一般离不开人，没有人就无法开展农业生产经营活动，没有人也无法开展工业生产经营活动。但在数字经济时代，随着智能制造、3D 打印的兴起，黑灯工厂、无人工厂成为现实。商品零售业大量转移到网络空间，实体商店面临倒闭，商业交易越来越趋向无人化。随着人工智能和机器人技术的广泛应用，无人商场、无人银行、无人驾驶、无人收费场景日益增多，这是人类经济生活的一个革命性变化。例如，随着证券经纪业务的数字化升级，香港交易所（以下简称"港交所"）交易大厅于 2017 年 10 月关闭。2018 年 4 月，中国建设银行在上海设立国内第一家"无人银行"，在这家银行里，没有柜员、保安、大堂经理，由机器人办理银行业务，客户只需戴上耳机和眼镜就可办理业务，这家"无人银行"还兼具"图书馆""游戏厅"和"小超市"功能。有形空间下的大部分经济活动都受时间限制，晚上 10 点商场打烊以后到次日未开门之前，消费者

① 李海舰、李文杰、李然：《新时代中国企业管理创新研究：以海尔制管理模式为例》，载于《经济管理》2018 年第 7 期。
② 裴长洪、倪江飞、李越：《数字经济的政治经济学分析》，载于《财贸经济》2018 年第 9 期。

无法从事购物活动，在数字经济时代，人们的购物活动不再受时间限制，随时随地可以开展线上购销活动。

第三，经济活动从独享到共享。农业经济和工业基于所有权规则，而数字经济则是基于使用权规则。在所有权规则下，某一种资源一旦被某人占有，就具有了排他性和竞争性。所有权主体之外的任何人再去使用这种资源，就必须争得所有者的同意并且付出相应的代价。在使用权规则下，人们对资源共用而不单独占有，这样一来，人类的经济活动从独享过渡到共享。正如杰里米·里夫金在《零边际成本社会》一书中所指出的，"我们正在进入一个超脱于市场经济的全新经济领域——共享经济，即从迷恋所有权转向追求使用权，不求所有但求所用，而且随时随地使用"①。需要指出的是，数字经济时代出现了共享经济，但不意味着各个领域都是共享经济。因为共享经济的维系，需要满足如下条件：它的前提是生产力高度发达，资源极大丰盈；它的基础是互联互通，人与人之间没有信息的联通，不可能共享；它的保障是契约精神，只有人人都遵守契约，人与人之间才能共享；它的最终目的是实现协同共赢，节约社会资源。2010 年前后，随着优步（Uber）和爱彼迎（Airbnb）等共享平台的出现，共享经济破土而出，国内一度甚嚣尘上，共享单车、共享汽车、共享充电宝、共享篮球、共享雨伞等新形态争奇斗艳。滴滴通过共享汽车盈利，美团通过共享厨房赚钱，淘宝通过共享别人的产品做大。共享经济使经济活动实现了线上线下的交叉同步，利用智能制造、智慧管理、大数据技术、3D 打印等新一代数字技术，加速了资源的集聚。过去整个邮政系统处理的包裹每年最多不过 10 亿件次，2017 年，整个电商平台处理的包裹达 300 亿件次。过去全国出租行业约有 200 万名的出租汽车司机，2017 年，滴滴平台的注册司机超过 1 500 万名。②据阿里研究院微信公众号 2017 年 9 月 13 日报道，广州妇女儿童医疗中心通过线上挂号、候诊、检查收费、取报告单、药品缴费、医患互动，加之线下问诊、检查、治疗、取药，平均缩短就医时间 60%。

第四，经济活动由生产者占优转变为消费者统治。在农业经济时代，产品普遍短缺，产品一上市就可能被购销一空，因此，在人类经济活动中，生产者数量少，他们之间容易"团结"起来，形成对市场的控制力，消费者通常没有多大话语权，只能被动接受生产者所制订的交易规则和价格。人类迈入工业经济时代之后，因生产能力的大幅提升，产品逐渐丰富，工业化水平高的国家逐渐告别短缺，进入产品过剩时代。产品一旦过剩，生产者能不能生存，取决于消费者是不是把手中的"货币选票"投给他。譬如，市场上存在两家生产电视机的厂商，两种产品的替代性又很强，当消费者把"货币选票"投给甲厂商，甲厂商就可能获利。得不到"货币选票"的乙厂商，产品就会积

---

① 杰里米·里夫金著，赛迪研究院专家组译：《零边际成本社会：一个物联网、合作共赢的新经济时代》，中信出版社 2014 年版，第 76 页。
② 李海舰、朱芳芳、李凌霄：《对新经济的新认识》，载于《企业经济》2018 年第 11 期。

压，回不了本更盈不了利。此时，消费者实际上已经具有一定的主动性，但是这种主动性能不能转化为现实，取决于消费者能不能联合起来，与生产者形成势均力敌状态，即"消费者优势"。消费者的联合，既需要依托一定的平台又需要信息的互联互通。这两个条件，在工业经济时代并不容易实现，至少，消费者之间的联合面不可能很宽广，与生产者讨价还价的能力十分有限，因此，消费者统治的局面难以形成。在数字经济时代，消费者通过网络汇聚在一起，联合起来与生产者进行博弈，生产者一方面怯于群体的力量，另一方面又有团购多销的吸引，愿意降低价格，加强售后服务。消费者得到了实实在在的好处，大众热衷于拼多多平台购物便是最好的例证。在生产者占优的状态下，因商品短缺，生产者通常不会也不必过多地考虑消费者的诉求，这就导致生产和消费的分离，两者之间互不相干。进入数字时代以后，生产者为了赢得消费者的"货币选票"，利用各种智能手段，千方百计把消费者吸纳到生产过程中，开展个性化订制和针对性生产，生产和消费逐渐融合。两者的融合就是体验经济，通过亲身体验，让消费者获得一种独一无二的、难以忘怀的精神感受，从而满足人的精神需求。① 体验经济已在农业、工业和服务业中广泛应用，消费者在体验中获取了效用，也愿意支付费用，体验经济提升了产品和服务的价值。②

第五，经济活动由低效率向高效率迈进。在农业经济时代，生产效率平均 100 年可以提高 4% 左右。工业革命以后，人类劳动生产率比农业经济时代有大幅度的提高，平均每年可以提高 1% ~3% 。在数字经济时代则遵循摩尔法则，每 18 个月微机处理功能翻一番但其价格不变，或者说，相同功能的计算机，其价格每隔 18 个月降低 50% 。③ 1983 年，我国第一台每秒钟运算达 1 亿次的计算机——"银河"在国防科技大学成功研制。1992 年，"银河 - II"成功研制，运算能力增加至每秒 10 亿次。1997 年，"银河 - III"成功研制，并行巨型计算机，基本字长 64 位，峰值性能为 130 亿次。④ 2008 年，中国第一台超百万亿次超级计算机"曙光 5000A"产生，运算峰值速度达每秒 230 万亿次。⑤ 2009 年，"天河一号"研制成功，中国高性能计算机的峰值性能提升到了每秒 1 206 万亿次，"天河一号"计算一天，相当于一台当时的主流微机运算 160 年。"天河一号"的存储量，相当于 4 个国家图书馆藏书量之和。2014 年，"天河二号"超级计算机成功研制，以峰值计算速度每秒 5.49 亿亿次，相当于全国 13 亿人连续计算 88 年。⑥ 人类经济活动效率的提高是技术进步的结果。经济效率的提高降低了经济活动的成本。譬如，商务交易过程分为交易前、交易中和交易后三个阶段，每一阶段都要付出相应的成本。同农业

---

① 约瑟夫·派恩、詹姆斯·吉尔摩著，毕崇毅译：《体验经济》，机械工业出版社 2002 年版，第 34 页。
② 汪秀英：《体验经济与非体验经济的比较分析》，载于《中国工业经济》2003 年第 9 期。
③ 黄焕山、刘帆：《知识经济与农业工业经济的区别》，载于《经济问题》1998 年第 7 期。
④ 《银河计算机》，族谱网，2020 年 10 月 16 日，https：//www.zupu.cn/renwu/20201016/564030.html。
⑤ 《中国第一台超百万亿次超级计算机曙光 5000A 下线》，中国政府网，2008 年 9 月 16 日，https：//www.gov.cn/jrzg/2008 -09/16/content_1096746.htm。
⑥ 李莉：《中国超算 40 年：挑战世界速度极限》，载于《中国科技奖励》2019 年第 8 期。

经济和工业经济时代的传统商务相比较，电子商务极大地提高了交易效率从而降低了交易成本。在交易开始之前，消费者需要获取与所需商品有关的信息。网络出现之前，消费者可能通过阅报、看广告、电话咨询、亲友交流等方式搜寻信息，获取信息资源的效率低下。数字经济时代，消费者无须出门，通过网站的搜索引擎就可搜寻到比过去更多、更准确的消息，还可以通过智能型代理人软件搜寻所需信息，大幅度降低消费者搜寻商品信息的成本。交易过程中，厂商利用信息不对称对消费者采用价格歧视，在数字经济时代，消费者通过网络进行充分比价，商家不敢轻易对消费者实行价格歧视。网络出现之前，消费者必须前往门店才能完成交易，电子商务出现以后足不出户就可在网上完成商品交易。交易完成后还需要交货与售后服务，这就产生了交易后成本。过去，大量商品以实物形式存在，需要付出不菲的运输成本，数字经济时代，大量商品以数字化形式存在，数字化商品可以直接通过网络进行传输，节省了运输费用。数字产品具有非排他性、复制成本低、方便存储传播等特性，其边际成本可能较低甚至可能为零，很多传统产品将会被数字产品所取代，迄今为止，电话已经被在线即时通信替代、VCD已被在线视频取代、纸质媒体也被在线新闻取代。[1] 中国95%的物流企业是中小企业，在传统的单车货物运输经营模式下，中小物流企业的货源组织能力差，导致物流行业高度碎片化，物流成本高，效率低。据麦肯锡全球研究院的统计数据，中国的物流费用占GDP的比重约为美国的2倍，中国公路货车空载率高达40%，是美国、德国的3~4倍。[2] 互联网平台出现以后，物流企业和其众多服务对象汇聚在平台上，通过平台直接沟通，有效缓解了信息不对称的问题，大幅度降低了交易成本。贵州"货车帮"运用大数据、云计算和互联网技术，将全国的货物和货车情况进行精准匹配，降低了空载率，有效地解决了车货不匹配的难题。2016年，"货车帮"节省了燃油615亿元，减少3300万吨碳排放。[3] 当然，数字经济时代经济活动的交易成本不可能完全消失，而且，数字经济还会产生农业经济时代和工业经济时代所没有的交易成本，如网络空间净化、电商行为监管等均是新出现的交易成本。但无论如何，数字经济时代的交易成本比过去确有降低。

1.6 三种经济形态的关系

在世纪之交，知识经济在全球甚嚣尘上，当时，部分学者就知识经济与农业经济和

① 续继、唐琦：《数字经济与国民经济核算文献评述》，载于《经济学动态》2019年第10期。
② 麦肯锡全球研究院：《中国与世界：理解变化中的经济联系》，2020年，第17页。
③ 裴长洪、倪江飞、李越：《数字经济的政治经济学分析》，载于《财贸经济》2018年第9期。

工业经济之间的关系进行了讨论。简新华认为，人类从农业时代跨入工业时代，社会经济由以农业经济为主导上升为以工业经济为主导，工业不仅没有取代农业，而且改造了农业；知识经济时代，社会经济以工业为主导上升为以知识产业为主导，知识经济不仅不可能取代工农业，而且要用现代高新技术去改造工农业。[①] 吕政也认为，把知识经济同传统的农业经济、工业经济割裂开来的认识是形而上学的。事实上，脱离物质生产过程的、独立的经济形态是不存在的。不管现代科学如何发达，人们都得穿衣、吃饭、居住和行路。要满足人类社会的这些需求，就得有提供这些物质产品的农业生产部门、工业生产部门、建筑业和交通运输业等。无论信息技术和信息产业如何发展，人们不可能靠打电话、发传真和上网过日子。信息产业首先是为物质生产过程的信息传递和人际交往的信息传递服务，脱离了物质生产的服务经济、网络经济就是泡沫经济。知识经济与农业经济、工业经济之间不是替代与被替代的关系，而是渗透、融合的关系，以及改造与被改造的关系。[②]

很显然，农业经济、工业经济和数字经济在产生的时间上是继起的，也就是，先有农业经济，再有工业经济，然后有数字经济；三种经济形态又是并举的，人类进入数字经济之后，农业经济和工业经济不但继续存在而且比过去发展得更好。三者之间是传承与创新的关系，并非相互割裂的关系。

前一种经济形态孕育后一种经济形态，后一种经济形态提升前一种经济形态。在原始农业阶段，农业与手工业分离，尽管农业经济时代的手工业多为农户兼业，但是也有极少数专营者，在上千年的进化过程中，有些手工业专营者为了利润最大化，注重技术革新和制度创新，慢慢地出现了简单的协作，在此基础上又出现工场手工业。工业革命之后，新的工业技术赋能工场手工业，手工工场直接过渡到资本主义机器大工业。由此可见，农业经济时代的手工业孕育了资本主义大工业。人类进入工业时代之后，技术水平得到极大的提高，生产力突飞猛进，此时，尽管农业已把国民经济的主导地位让位于工业，但农业的基础地位不能动摇，工业经济时代不但要发展农业而且要更加重视农业发展，因为，在农业经济时代，农业的功能是满足人类的食品需求，到工业经济时代，还要为工业提供原材料。工业应该也必须反哺农业，通过向农业追加资本、技术投入来提高农业生产力，带动农业升级。事实也是如此，美国 1800～2000 年的农业发展史，经历了三个发展阶段。第一个阶段为 1800～1900 年，在这 100 年中，劳动力增长在经济增长中的贡献率在 60% 以上，为典型的劳动力经济；1900～1950 年的 50 年中，资本增长在经济增长中的贡献率平均为 67%，同时科技的贡献率平均为 49%，因而是典型的资本—技术双重推动的经济；1950～2000 年则是技术—资本密集型经济。中国农业在 1952～1976 年主要靠劳动力推动，劳动力对农业增长的贡献率在 50% 以上，是典型

① 简新华：《知识经济的主要特征》，载于《学习与实践》1998 年第 7 期。
② 吕政：《正确认识知识经济与传统产业的关系》，载于《光明日报》2000 年 10 月 17 日。

的劳动力经济。1976~1998 年，中国工业经济快速发展，在工业的助推下，农业经济实现了向劳动力推行向资本—技术推动的转型。[①]

第三次工业革命产生了信息技术，信息技术直接推动了数字经济的成长，因此，数字经济是工业经济孕育的结果。德国学者克劳斯·施瓦布（Klaus Schwab）认为，人类已经进入第四次工业革命阶段。工业 1.0 是蒸汽机机械化时代，工业 2.0 是电气化大规模生产时代，工业 3.0 是信息化自动化生产时代，工业 4.0 则是智能化，利用信息化技术升级促进产业变革的时代。在克劳斯·施瓦布看来，经济中的数字化现象就是新工业革命，他将自 20 世纪中叶以来发生的第三次工业革命到本世纪初开始的第四次工业革命称为数字革命，他认为工业 3.0 是简单的数字化，工业 4.0 是在第三次工业革命的基础上基于技术组合的创新而产生的更高级的智能化，与以前的工业革命相比，数字革命的发展速度是指数级的，而不是线性的，它将颠覆每个国家的几乎所有行业发展，预示着整个生产、管理和治理体系的变革。数字革命的特点是各种技术的融合，模糊了物理、数字和生物领域之间的界限。[②]

计算机制造、电信、网络设备制造属于数字经济的底层，这些产业均属于工业经济范畴，可以说，工业经济构成数字经济的底座，没有高度发达的工业经济不可能有快速发展的数字经济。此外，没有农业和工业提供丰富的产品，电子商务平台可交换的商品就少。中国电子商务尽管起步远远晚于美国但却在短期内迅速超越美国，一个重要的原因就是中国拥有庞大的市场容量，可以想象，没有丰富的产品供应、没有数以亿计的市场主体，中国电子商务不可能快速发展。网络技术和网络平台如果脱离了传统产业，只会制造泡沫经济。[③] 数字经济崛起之后，它不仅是新的经济增长点，而且是改造提升传统产业的加速器，推动传统产业升级并提升其市场竞争力。"工业、农业和服务业依托大数据分析，逐步实现精细管理、精益生产、精准营销、精确规划，并进一步优化产业供应链和资源配置效率。"[④] 数字技术赋能农业，推动传统农业向智慧农业、数字农业转型升级，数字技术与工业的深度融合，推动工业的数字化转型；数字技术渗透到商业领域之后，新的商业模式——电子商务成为现代商业活动的主要形式，既便利了消费者也拉动了全社会的消费需求，促进了商业的繁荣。数字技术对传统产业的重要性日益凸显，在制造业利润持续走低之后，如果传统产业不完成数字化转型，制造型企业就面临被淘汰的风险。21 世纪初，比尔·盖茨就预测今后微软 80% 的利润将来自产品销售后的各种升级换代和维修咨询等服务，只有 20% 的利润来自产品制造，提供全球范围内高水准售后服务，必须以数字化为基础，也就是只有对所销售的设备实施智能化监控，

---

① 陈悦、姜照华：《比较中美农业经济：看知识与经济形态的历史演变》，载于《科学学与科学技术管理》2001 年第 3 期。
② Klaus Schwab. *The Fourth Industrial Revolution* [M]. Currency，2017.
③ 王湘东：《从信息经济到生物经济：经济形态变革的比较与对策》，载于《上海经济研究》2003 年第 6 期。
④ 中国信息通信研究院：《中国信息经济发展白皮书（2016 年）》，2016 年，第 2 页。

才有可能第一时间掌握设备的运行状况，第一时间提供优质的售后服务。

"数字经济，不是数字的经济，是融合的经济，实体经济是落脚点。"[①] 数字经济如果不与实体经济深度融合，就会导致国民经济脱实向虚，或者说，不以农业、工业为支撑，数字经济就是不可持续的虚拟经济。美国的去工业化就是在信息技术大发展的背景下开始的，20 世纪 90 年代起，随着美国"信息高速公路"迅猛发展，经济结构从实业型向信息型转变，制造业被视为"夕阳产业"而不受投资者重视，信息产业被视为"朝阳产业"而被投资者追捧，资本逃离实体经济，制造环节向海外转移，美国一步步走向"空心化"。[②] 这个历史教训必须吸取。因此，发展数字经济，不是以数字经济取代实体经济，而是利用数字技术提升农业和工业的生产效率，提高实体经济的竞争力。事实证明，数实融合发展，一方面有利于数字技术多领域多场景应用，在实践中发现和解决重大科学问题，从而促进数字技术创新进而不断提高数字产业化水平；另一方面，加快数字技术在实体经济的应用步伐，加速传统产业的数字化转型，有利于提高传统产业的生产效率进而提高产业数字化水平。党的十八大以来，我国坚持把发展经济的着力点放在实体经济上，以此为遵循，数字经济发展始终坚持走数实融合发展的道路。习近平总书记反复强调要"促进数字技术和实体经济深度融合"[③]，"推动实体经济和数字经济融合发展。"[④] 《"十四五"数字经济发展规划》明确将"以数字技术与实体经济深度融合为主线"确立为"十四五"时期数字经济发展的指导思想。党的二十大报告明确提出要"促进数字经济和实体经济深度融合"[⑤]。数实融合由数字技术水平和产业发展水平共同决定，一方跛脚就不能顺利行进。近年来，我国数实融合不断向纵深推进但远未达到颠覆传统产业价值创造模式的程度。据有关机构的测算，2019～2020 年，金融、零售、文娱、教育、医疗、物流、制造七大行业的产业互联网指数分别为 30.2、21.5、19.5、16.1、15.5、11.2、5.5，制造业是实体经济的核心部分，产业互联网指数得分仅 5.5，从设计到生产到销售再到运维，全过程互联网渗透率低于 15%。[⑥] 这就说明，数实融合的路还很漫长，5G、机器人、工业互联网、云计算等数字技术与制造业融合的空间广大。坚定不移地走数实融合发展道路，促进了中国数字经济和整个国民经济的高质量发展，这是新时代探索出来的一条宝贵经验。未来，我们要进一步加快企业数字化转型升级，推动产业园区数字化转型，深化重点产业特别是高端制造业的数字化转型，构建技术、资本、人才、数据等多要素支撑的数字化转型服务生态。

---

① 中国信息通信研究院：《中国数字经济发展白皮书（2020 年）》，2020 年，第 6 页。
② 斯泽夫：《从美国去工业化过程看中国数字经济发展》，载于《人民政协报》2022 年 10 月 13 日第 2 版。
③ 习近平：《不断做强做优做大我国数字经济》，载于《求是》2022 年第 2 期。
④ 中共中央党史和文献研究院：《习近平关于网络强国论述摘编》，中央文献出版社 2021 年版，第 134 页。
⑤ 《促进数字经济和实体经济深度融合》，中国共产党新闻网，2022 年 11 月 18 日，http://cpc.people.com.cn/n1/2022/1118/c64387-32568985.html。
⑥ 清华大学互联网产业研究院：《中国产业互联网发展指数（2019-2020）》，2020 年，第 48 页。

1.7 小 结

迄今为止，人类先后出现了农业经济、工业经济和数字经济三种经济形态。农业经济建立在人力的基础上，工业经济建立在电力的基础上，数字经济则建立在算力的基础上。就对经济发展的推动能力而言，人力低于电力，电力低于算力，因此，农业经济时代的生产力水平低于工业经济时代，工业经济时代的生产力水平又低于数字经济时代。在农业经济时代，人们出行靠脚力，效率十分低下；到工业经济时代，人们出行靠动力交通工具，效率大为提高，但人们获取交通信息的途径依然有限，导致出行仍不方便；到数字经济时代，人们利用网络购票、约车，既可轻松地获取信息还能得到快捷服务。滴滴公司利用分布式计算技术对司机和乘客进行匹配，迅速安排距离乘客最近的车辆前往接客，极大地方便了人们出行。滴滴公司对海量行驶数据进行深度挖掘和学习，设计出智能路径规划算法，运算出从司机实时所在位置到乘客所在位置以及到达乘客目的地的最优路径，极大地节约了出行时间。据滴滴 2017 年的年报数据，滴滴公司每天为济南市市民节约 3 万多个小时的出行时间，全年累计节约 1 158 万个小时。数字经济"在资源配置、渗透融合、协同等方面的能力空前提升，促进了全要素生产率的提升，已成为推进产业结构调整和实现经济可持续发展的强大力量"[①]。尽管经济形态在不断地向前演进，但人力贯穿始终，电力是算力的基础，或者说算力是智能时代信息加工的电力，这就决定三种经济形态是互相衔接的。作为当今时代主要经济形态的数字经济，经历了信息经济到网络经济再到新经济的演变，信息经济就是信息技术产业，网络经济是以互联网、计算机等信息通信技术为基础的数字经济，新经济是以人工智能为代表的新一代数字技术为基础的数字经济。可以预见，随着数字技术的不断进步，数字经济的形态也会不断地演化。

---

① 裴长洪、倪江飞、李越：《数字经济的政治经济学分析》，载于《财贸经济》2018 年第 9 期。

第 2 章
30 年来数字经济内涵认知的演变

    据王元地和卢洋的文献计量统计，与数字经济相关的研究文献最早出现于 1992 年，迄今已有 30 年。30 年来，国内外对数字经济的研究不断深入，研究历程大体可分为三个阶段：1992～1999 年是第一阶段，属于预热或者萌起时期，国内外发布的论文总数在 10 篇以下；2000～2015 年是平稳增长阶段，国内外发文量缓慢增加但总数仍不到 50 篇；2016 年二十国集团（G20）峰会以来，数字经济研究引起中外学者的广泛关注，发文量呈爆发式增长，而且增速逐年加快。[①] 随着研究的深入，中外对数字经济内涵的认知不断广化、深化。

2.1　数字经济内涵认知的演变

    30 年来，中外对数字经济内涵认知的演变大体经历了三个阶段，1997 年之前是模糊认知阶段；1999～2015 年是初步认知阶段，2016 年以来是认知成熟阶段。

---

① 王元地、卢洋：《基于文献计量分析的中外数字经济研究评述》，载于《中国矿业大学学报》2022 年第 4 期。

2.1.1 模糊认知阶段的认知

在这个阶段，尽管提出了数字经济的概念，但是人们对数字经济的认知尚未深入内涵层面，没有对数字经济给出一个明确的定义。20世纪80年代，数字技术的作用已露端倪，一些眼光敏锐的企业家预感到一场新的技术革命即将来临。1988年，日本电气总裁关本忠弘在东京大学的演讲中提出"数字革命"的概念，他说："所谓数字革命就是指从模拟向数字转化"，数字化就是"用0和1来表示所有的信息"，"这是一种理想的通讯方式"。[①] 1992年，赫德森研究所高级研究员吉尔德在英国《经济学史》周刊发表文章指出："数字技术，将是带动今后十年经济增长的火车头。"1993年5月《美国新闻与世界报导》周刊撰文称："今天，电话、电视和个人计算机的结合已经引发了一场生机勃勃的数字技术革命，这场革命有可能彻底改变世界各地人们的生活工作和活动方式。"[②]

1993年12月13日，托马斯·斯图尔特在美国《幸福》杂志撰文指出，世界正在发生一场"出乎意料"的"革命"，这场革命就是数字革命。同年，中国学者袁正光前瞻性地指出，文字、图表、声音、形象、色彩、书、报、刊、电话、电影、电视等视听产品用0和1表达，"涉及到数字的转换、存取、处理、传输、控制等一系列的高技术。例如，提高信息存取能力的半导体技术，提高信息传输能力的光纤技术，提高信息传输灵活性的无线电技术，提高信息转换和控制能力的计算机及其软件技术等等"[③]。1994年，"数字经济"一词首次出现于报纸 *The San Diego Union - Tribune* 的一篇报道中。[④]

1996年，美国IT咨询专家泰普思科（Don Tapscott）出版《数字经济：网络智能时代的承诺与危机》一书，首次提出数字经济概念，他认为，数字经济是一个广泛运用信息通信技术（ICT）的经济系统，这个新的经济系统包含两大块内容，一是信息基础设施（高速的互联网接入、计算能力与安全服务），二是信息通信技术通过互联网运用于商业交易中所形成的电子商务交易模式（在前端与后端大幅利用ICT的商业模式）以及运用ICT的企业对企业（B2B）、企业对个人（B2C）和个人对个人（C2C）交易模式等。他意识到，承载于网络之上的数字经济，消除了介于生产者与消费者之间的传统中间人，同时，网络载体又为生产者和消费者创造了新的中间人，前者是去中介化，后者是再生中介。"一去一生"使得经济发生了新的变化。作者尽管没有对数字经济进行明确定义，但指出了数字经济的12个特征：知识驱动、数字化、虚拟化、分子化、集成/

---

①② 转引自袁正光：《数字革命：一场新的经济战——世界数字技术发展的趋势及我们的对策》，载于《自然辩证法研究》1993年第4期。

③ 袁正光：《数字革命：一场新的经济战——世界数字技术发展的趋势及我们的对策》，载于《自然辩证法研究》1993年第4期。

④ 韩凤芹、陈亚平：《数字经济的内涵特征、风险挑战与发展建议》，载于《河北大学学报》2022年第2期。

互联工作、去中介化、聚合、创新、消费者也是生产者、及时、全球化、不一致性。①
泰普斯科被称为"数字经济之父"。1997 年，尼古拉·尼葛洛庞第（Negroponte）出版
《数字化生存》一书，此书甫一上市，就在国际上引起了广泛关注。作者认为，数字时
代与之前所有时代之间的根本区别在于信息由"原子"形态向"比特"的转变；作者
把数字经济描述为"利用比特而非原子"的经济，并且预测，人类的生产生活方式将
走向数字化、信息化和网络化，而且不可逆转。该书所描述数字时代的社会生活场景引
起了人们的兴趣，但作者并没有对数字经济给出明确的定义。②

2.1.2　初步认知阶段

由于信息技术的应用集中在商业领域，因此，人们对数字经济的理解停留在电子商
务层面。这个时期的电子商务既包括商品与服务的线上交易，又包括数字内容产业的交
易。1997 年 5 月，日本通产省对数字经济的特征做出如下概括：（1）没有人员、物体
和资金物理移动的经济是可能的；（2）合同签订、价值转移和资产积累可用电子手段
完成；（3）作为"数字经济"基础的信息技术将高速发展；（4）电子商务将广泛拓展，
数字信息将渗入人类生活的各个方面。很明显，日本政府将数字经济描述为广义的电子
商务。③ 1998 年 7 月，美国商务部发布《浮现中的数字经济》，认为数字经济主要由电
子商务和支撑电商的相关技术产业构成，并决定将数字经济纳入国民经济统计范畴，这
个报告的发布意味着数字经济得到美国官方的认可。1998 年，泰普斯科特（Tapscott）
出版《数字经济蓝图》和《数字化成长：网络世代的崛起》，在前书中，作者认为数字
经济的未来主要体现为电子商务，或者说电子商务的发展决定数字经济的未来；在后书
中，作者提出了"网络新生代"（net-generation）的概念，在两本书中，作者仍然没有
对数字经济进行定义。④ 布伦特、莫尔顿（Brent R. Moulton，1999）通过分析数字经济
与信息技术和电子商务的相互关系，认为数字经济从范围上包括信息技术和电子商务，
信息技术主要包括信息处理和相关的设备、软件、半导体和电信设备，电子商务指采用
互联网销售产品和服务。⑤ 布伦特·莫尔顿（Neal Lane，1999）对数字经济概念做出解
释，认为数字经济是计算机技术和通信技术在因特网中的融合，并且，其引发的信息与
技术交流促进了所有的电子商务与大量的组织变革。⑥ 从 1998 年开始，美国经济和统计
管理局（ESA）连续 5 年发布了数字经济研究报告，该局把电子商务和信息技术产业视

① Tapscott, T. *The Digital Economy: Promise and Peril in the Age of Networked Intelligence* [M]. New York: McGraw - Hill, 1996.
② ［美］尼古拉·尼葛洛庞帝著，胡泳、范海燕译：《数字化生存》，海南出版社1997年版。
③ 易兰：《日本数字改革及数字化举措研究》，黑龙江省社会科学院硕士学位论文，2023年，第11页。
④ 美国商务部报告：《浮现中的数字经济》，姜奇平译，第2~3页。
⑤ Moulton B. GDP and the Digital Economy: Keeping up with the Changes [R/OL]. 1999 [2017 - 07 - 26]. http://bea. gov/papers/pdf/03. moulton. pdf.
⑥ 何枭吟：《美国数字经济研究》，吉林大学博士学位论文，2005年，第17~18页。

为数字经济的核心，1998 年发布的《新兴的数字经济》把数字经济定义为电子商务和数字化交付等；1999 年发布的《新兴的数字经济 Ⅱ》报告，将电子商务划分为零售电子商务和 B2B 电子商务两种类型，并把数字经济内涵扩大到"IT 使用行业"；2000 年发布的《数字经济 2000》提出，应把包括软件在内的无形资产纳入系统网络体系结构（SNA）。① 此后发布的《数字经济 2002》和《数字经济 2003》，把新兴的电子学习、生物信息等均纳入了数字经济范围。美国人口普查局对数字经济的范围界定与统计局不一致，该局把数字经济分为电子业务基础设施、电子业务（如何进行商务活动）和电子商务（在线销售商品和服务）。电子业务基础设施是指用于支持电子业务和电子商务的经济基础设施，包括硬件、软件、电信网络、支持服务、用于电子业务和电子商务的人力资本；电子业务是指以计算机网络作为媒介的活动；电子商务是指通过计算机网络进行的产品和服务的销售。这个表述通过对各部分的测量达到对数字经济的整体理解，对各国政府测算数字经济产生了较大影响。②

到新世纪，人们对数字经济的理解更深入一层，泰奥（Teo）指出数字经济属于电子商务应用的经济形态，该形态是互联网融合计算机技术和通信技术的结果。③ 梅森伯格（Mesenbourg）认为数字经济分为三个部分：电子商务基础设施（硬件、软件、网络、系统等）、电子商务流程（主要通过计算机网络进行商务活动，如电子邮件、视频会议等）和电子商务（主要基于计算机网络进行商品交易的过程，如在线售书和 CD 等）。④ 基姆（Kim）也提出数字经济主要指以虚拟的数字化形式进行商品或服务的交易方式。但仅以技术支撑和数字化商业模式来定义数字经济，虽然其构成较为明确，却没有完全表达出数字经济的经济规模和主要特征。⑤ 随着新的信息技术与传统经济的融合加速，国外学者对数字经济的内涵突破了电子商务的局限，从技术支持和数字化的商业模式来对数字经济加以更宽泛的定义，如保罗·米勒和詹姆斯·威尔斯顿（Paul Miller and James Wilsdon，2001）认为数字经济代表信息技术改变人们工作和生活而出现的各种新的商业经济活动，不应当仅仅局限在电子商务层面。他们认为，数字经济代表一场技术革命——改变了商业、工作和生活的因特网革命；数字经济代表创新行为——驱动新经济的动力；数字经济代表可持续发展——运用数字化技术来减少我们对环境的影响；数字经济代表平等——因特网一定程度上加强社区合作和社会联系性。显然，保罗·米勒和詹姆斯·威尔斯顿对数字经济的理解突破了技术和电子商务的局限

① Mesenbourg, Thomas L. Measuring electronic business: definitions, underlying concepts, and measurement plans. US Bureau of the Census, 2001.
② 刘伟、许宪春、熊泽泉：《数字经济分类的国际进展与中国探索》，载于《财贸经济》2021 年第 7 期。
③ Teo, T. S. Understanding the Digital Economy: Data, Tools, and Research [J]. *Asia Pacific Journal of Management*, 2001 (18): 553－555.
④ Mesenbourg, T. L., Measuring the Digital Economy [EB/OL]. 2001, http://www.census.gov/econ/estats/papers/umdigital.pdf, April 11, 2022.
⑤ Kim, B. Virtual Field Experiments for a Digital Economy: A New Research Methodology for Exploring an Information Economy [J]. *Decision Support Systems*, 2002 (32): 215－231.

性，更广泛地将其理解为一种新的经济形态的出现。① 在21世纪的头十年，数字技术与农业和工业的融合并不深入，数字技术与商业融合而成的电子商务一直是数字经济的主要表现形式，因此，不少研究者坚持认为数字经济即电子商务。经济学人智库（EIU）发布的《2010年数字经济排名》报告称，一个国家的数字经济实质上就是衡量其电子商务环境的指标，很显然，该报告把数字经济看作电子商务。②

国外出版一系列关于数字经济的书籍之后，国内学者开始翻译引介国外数字经济著作。1998年，姜奇平翻译出版《浮现中的数字经济》，在这本书中，译者提出了对数字经济的看法，认为数字经济体现在微观、中观和宏观三个层面，在微观层次，以数字技术不断创新为推动力的数字经济重塑商业、市场和企业模式，形成电子商务、数字市场和数字企业，构成整个数字经济的微观运行基础。在中观层次，数字技术广泛渗透到传统产业，逐步形成新型数字产业，构成数字经济的重要内容。在宏观层次，一方面，数字经济带来深刻经济社会变革，包括私密性、标准、数字鸿沟等；另一方面，政府与相应政策等是数字经济健康发展的有效保障。③ 1999年，胡曙光对《浮现中的数字经济》一书进行评介，作者认为，凯恩斯主义宏观经济学忽略了迂回生产所造成的资源浪费和环境污染，信息技术的应用，减少了管理级层从而节约了管理成本，促进了生产效率的提升，作者敏锐地意识到，数字经济将对传统经济学造成颠覆性冲击，信息技术将对国民经济产生越来越重要的影响。④ 同一年，涂勤对《新兴的数字经济Ⅱ》进行评介，作者指出，计算机和通信硬件技术的进步以及软件的发展，为电子商务的大发展奠定了技术基础，作者预测，以电子商务为主要内容的数字经济将成为新的经济形态。⑤

世纪之交，我国数字经济发展尚未起步，因此，国内对数字经济的认识处于概念辨析和发展预测的层面。比较一致的看法是，人类正在进入一个由信息技术驱动的新经济时代，数字经济、信息经济、网络经济、知识经济是新经济的具体称谓，尽管称谓不同，但本质并无大的区别。值得一提的是，1999年，李京文对知识经济的分析具有很强的前瞻性："人类从农业社会向工业社会及后工业时代向知识经济时代的转变，是高技术及其产业化不断增强的结果……由于通信、生物技术、新材料、新能源、新的制造技术及其他高技术的迅猛发展，使知识产业成为下一个世纪发展的主导产业，并创造出许多过去无法想象的新产业、新产品、新服务。产品和服务越来越知识化、智能化、数字化；生产模式正从大批量的规模生产向个性化产品的规模生产转变；生产工艺越来越智能化，其经济效益越来越依赖于知识和创新而不再是有形的资源（如厂房和资本），

① Miller, P., Wilsdon, J. Digital Future: An Agenda for a Sustainable Digital Economy [J]. *Corporate Enviromental Strategy*, 2001, 8 (3): 275–280.
② Economist Intelligence Unit (EIU). Digital economy rankings 2010 [EB/OL]. http://www–935. ibm. Com/services/us/gbs /bus/html/ibv-digitaleconomy2010. html.
③ 转引自何枭吟：《美国数字经济研究》，吉林大学博士学位论文，2005年，第23页。
④ 胡曙光：《〈浮现中的数字经济〉评介》，载于《经济理论与经济管理》1999年第1期。
⑤ 涂勤：《新兴的数字经济Ⅱ》，载于《世界经济》1999年第8期。

消费者的需求将得到越来越大的满足，将会出现真正的'按需生产'的局面。"[1] 这个认识在当时是很具有前瞻性的。何枭吟（2005）对数字经济进行了明确定义，认为它是"以知识为基础，在数字技术（特别是在计算机和因特网）催化作用下制造领域、管理领域和流通领域以数字化形式表现的一种新的经济形态"[2]。

2.1.3 认知成熟阶段

随着新的信息技术与传统经济融合的加速，众多新产业、新业态相继涌出，但信息技术与产业融合程度不尽相同，单纯从商业模式上来定义数字经济无法表达出数字经济的经济规模。在数字技术没有出现之前，全球经济联系通过物理手段进行，数字技术出现之后，全球经济通过网络实现了比过去任何时代都更加紧密的联系，因数字技术而生的数字经济，是一个复杂的经济结构。正因为如此，有些国家从结构角度定义数字经济。澳大利亚政府认为，数字经济是发展生产、提高综合国力和改善社会福利的必然途径，在其发布的《澳大利亚的数字经济：未来的方向》报告中提出，数字经济是通过互联网、移动电话等数字技术实现经济社会的全球网络化。[3] 欧洲议会将数字经济描述为通过无数个且不断增长的节点连接起来的多层级或层次的复杂结构。[4] 这种看法有一定的道理，但没有抓住数字经济的本质，因此，结构视角的定义并非主流。

数字经济是一种全新的产业，因此，国际上有一种流行的看法，即把数字经济视为产业经济，即数字化产业。数字化产业主要包括以信息为加工对象，以数字技术为加工手段，以数字化产品为结果，以国民经济各领域为流通市场，其本身没有明显的利润，但可提升国民经济其他行业利润的公共性产业。[5] 尼克莱姆等（Knickrehm et al.）从产出的视角定义数字经济，认为数字经济是各种数字化投入所带来的全部产出之和，具体而言，数字化投入包括数字技能、数字设备（软硬件和通信设备）以及用于生产环节的数字化中间品和服务。[6] 巴克特和海克斯（Bukht and Heeks）延续产出角度，指出数字经济属于部分或全部数字技术带来经济产出的一系列活动，认为数字经济的核心是生产基础数字产品和服务的 IT/ICT 部门，狭义的数字经济可以定义为经济产出当中完全或主要来源于以数字技术为基础的数字商品或服务，包括因 ICT 而产生的新的商业模式，如平台经济、共享经济、数字服务等。而广义的数字经济可以定义为信息通信技术在所有经济领域的使用，或者是广义的数字经济即数字化经济，包括一切基于数字技术

① 李京文：《关于知识经济的六个问题》，载于《经济学家》1999 年第 1 期。
② 何枭吟：《美国数字经济研究》，吉林大学博士学位论文，2005 年，第 45 页。
③ 逄健、朱欣民：《国外数字经济发展趋势与数字经济国家发展战略》，载于《科技进步与对策》2013 年第 8 期。
④ DBCD. Advancing Australia as a Digital Economy：An Update to the National Digital Economy Strategy. Canberra，2013；European Parliament. Challenges for Competition Policy in a Digitalized Economy. Brussels，2015. 转引自裴长洪、倪江飞、李越：《数字经济的政治经济学分析》，载于《财贸经济》2018 年第 9 期。
⑤ 许宪春、张美慧：《中国数字经济规模测算研究：基于国际比较的视角》，载于《中国工业经济》2020 年第 5 期。
⑥ Knickrehm, M., Berthon, B., Daugherty, P. *Digital Disruption：The Growth Multiplier* [M]. Dublin：Accenture，2016.

的经济活动，即除了狭义的数字经济外，还包括工业 4.0、精准农业、电子商务等，将以数字技术为基础的所有新业态都纳入数字经济范畴。[1] 美国 BEA（2018）将数字经济定义为数字基础设施、电子商务和付费数字服务三大类，其中，基础设施是支撑计算机网络、数字经济存在及使用的计算机网络和组织架构，包括硬件、软件、结构三部分；电子商务是基于专门为接收和发送订单所设计的计算机网络进行的产品远程销售，包括企业与企业之间的电子商务（B2B）和企业与消费者之间的电子商务（B2C）；付费数字服务是与计算机和通信有关的、并向消费者收取费用的服务，包括计算机维修服务和数字咨询服务等。该分类由云服务、通信服务、互联网和数据服务、数字中介服务和其他付费数字服务五部分组成。[2] 法国数字经济监测中心认为，数字经济是依赖于 ICT 的行业，认为数字经济是电信行业、视听行业、互联网行业、软件行业以及需要利用上述行业来支持自身运行的行业的集合。网络经济产业、通讯产业、软件产业、卫星产业等均属于数字化产业的范畴。英美两国从产出角度理解数字经济。英国研究委员会认为数字经济是通过人、过程和技术发生复杂关系而创造社会经济效益。英国经济社会研究院认为数字经济是指各类数字化投入带来的全部经济产出。[3] 阿法纳索娃（Afonasova M. A.）认为，数字经济指的是基于专业和市场知识、创造力和创新社会的经济，通过电子商务促进商品和服务贸易。近年来数字部门的扩张一直是经济增长的主要驱动力。[4]

广义的理解将数字经济看作基于互联网等现代信息技术进行的经济活动的总和，中国、俄罗斯和韩国持这一类观点。[5] 2016 年举行的 G20 杭州峰会通过了《G20 数字经济发展与合作倡议》（以下简称《倡议》），这是全球首个由多国领导人共同签署的数字经济政策文件。《倡议》阐述了数字经济的概念、意义和指导原则，对数字经济做如下定义，"数字经济是指以使用数字化的知识和信息作为关键生产要素，以现代信息网络作为重要载体、以信息通信技术的有效使用作为效率提升和经济结构优化的重要推动力的

---

[1] Bukht, R., Heeks, R. Defining, Conceptualising and Measuring The Digital Economy [D]. Manchester: University of Manchester, 2017.

[2] 中美两国对数字经济的界定从表述上有所不同，但界定原则是一致的，都是从产品（货物或服务）角度出发，判断产品是否具有数字特征，如果具有数字特征，就属于数字经济范畴。国家统计局于 2021 年 6 月公布的《数字经济及其核心产业统计分类（2021）》更具有全面性，包括数字经济核心产业和产业数字化两部分。其中数字经济核心产业与美国数字经济统计分类有较好的对应关系。具体来说，中国数字产品制造业大类和数字技术应用业大类中的软件开发中类大致对应美国的数字基础设施分类；中国数字要素驱动业大类中的互联网批发零售中类大致对应美国的电子商务分类；除软件开发、互联网零售外，中国数字产品服务业、数字技术应用业和数字要素驱动业大致对应美国的付费数字服务分类。《数字经济及其核心产业统计分类（2021）》更具有融合性，产业数字化部分包含整个宏观经济中数字技术与实体经济融合形成的新产业、新业态、新商业模式，而美国数字经济分类中并未对大量融合的、部分数字化的新产业新业态进行识别，也就是说，美国没有把产业数字化部分计入数字经济总量之中。鲜祖德、王天琪：《中国数字经济核心产业规模测算与预测》，载于《统计研究》2022 年第 1 期。

[3] 田丽：《各国数字经济概念比较研究》，载于《经济研究参考》2017 年第 40 期。

[4] Afonasova M. A., Panfilova E. E., Galichkina M. A., et al. Digitalization in economy and innovation: The effect on social and economic processes [J]. Polish Journal of Management Studies, 2019, 19.

[5] 许宪春、张美慧：《中国数字经济规模测算研究：基于国际比较的视角》，载于《中国工业经济》2020 年第 5 期。

一系列经济活动"①。在这里，把数字经济定义为经济活动，这种经济活动以数字化的知识和信息作为关键要素，以网络为载体，以信息技术为手段，以提升生产效率和优化经济结构为目标。这是世界上首次对数字经济提出一个能广为接受的概念，尽管这个定义还比较模糊但却指明了方向，沿着这个方向，各国对数字经济的内涵定义不断丰富，使之不断接近实际。2017 年 1 月，俄罗斯联邦政府下属专家委员会提交了一份关于发展"数字经济"项目的提议，将数字经济定义为：以保障俄罗斯联邦国家利益为目的的，在生产、管理和行政活动等过程中普遍使用数字化或信息化技术的经济活动。韩国将数字经济定义为以互联网等信息通讯产业为基础而进行的所有经济活动的总和，包括电子交易、互联网购物、搜索服务等。② 在莱因斯多夫和奎洛斯（Reinsdorf and Quirós）看来，数字经济包括所有利用数字化数据信息的经济活动，这些活动涉及人类经济活动的全部。③ 巴克特和海克斯认为数字经济是全部或者主要以数字产品或服务的数字技术为基础的商业模式形成的产出，他们把数字经济划分为三个层次：第一层次是核心部门，即数字部门，包括软件开发、信息服务等行业；第二层次是狭义的数字经济，数字部门再加上基于信息通信技术而产生的其他商业模式（如平台经济、共享经济等）；第三层次是指广义的数字经济，包括所有基于数字技术的经济活动，即在狭义数字经济的基础上，再加上"工业 4.0"、智慧农业、电子商务等新业态。④

G20 杭州峰会之后，数字经济成为推动我国经济高质量发展的重要动力，从中央到地方都出台措施促进数字经济发展。数字经济成为国内的一个新的研究热点，业界、学界和政界都纷纷加入数字经济的研究之中，对数字经济内涵的认识日益清晰。研究机构和论坛对数字经济的敏感度最高，研究成果也较为丰硕。杭州峰会之后不久，中国信息化百人会召开，会议对数字经济给出如下定义："数字经济是全社会信息活动的经济总和。数字经济以数字化信息为关键资源，以信息网络为依托，通过信息通信技术与其他领域紧密融合，形成了基础型、融合型、效率型、新生型、福利型五个类型的数字经济。"⑤ 特别值得一提的是，中国信息通信研究院对数字经济内涵的研究颇具连贯性，先后提出了"两化""三化""四化""五化"说。《中国数字经济发展白皮书（2017年）》从生产力角度提出了数字经济"两化"框架，即数字产业化和产业数字化，数字产业化是数字经济基础部分，主要体现为信息产业，具体包括电子信息制造业、信息通信业、软件服务业等；产业数字化，即使用部门因使用数字技术而带来的产出增加和效

① 二十国集团领导人杭州峰会公报 [EB/OL]. http://www.g20chn.org/dtxw/201609/t2016 0906_3394_4.html.
② 田丽：《各国数字经济概念比较研究》，载于《经济研究参考》2017 年第 40 期。
③ Marshall Reinsdorf and Gabriel Quirós. Measuring the Digital Economy [R]. IMF Staff Report, Washington, D. C., February, 2018.
④ Rumana Bukht and Richard Heeks, Defining, Conceptualising and Measuring the Digital Economy [J]. *International Organisations Research Journal*, 2018, 13 (2)：143 – 172.
⑤ 中国信息化百人会：《2017 年中国数字经济发展报告》，2018 年，第 11 页。

率提升，也称为数字经济融合部分，构成数字经济的重要组成部分。[①]《中国数字经济发展白皮书（2018 年）》在延续以往概念内涵、规模测算、运行机理的基础上，加强了数字经济就业方面的理论研究，认为数字经济是以数字化的知识和信息为关键生产要素，以数字技术创新为核心驱动力，以现代信息网络为重要载体，通过数字技术与实体经济深度融合，不断提高传统产业数字化、智能化水平，加速重构经济发展与政府治理模式的一系列经济活动。数字经济包括两大部分：一是信息通信产业部分，即电子信息制造业、电信业、软件和信息技术服务业、互联网行业等；二是数字经济融合部分，即传统产业由于应用数字技术所带来的生产数量和生产效率提升，其新增产出构成数字经济的重要组成部分。[②]《中国数字经济发展指数白皮书（2019 年）》提出，"数字经济是以数据资源为重要生产要素，以现代信息网络为主要载体，以信息通信技术融合应用、全要素数字化转型为重要推动力，促进公平与效率更加统一的新经济形态"。从生产力和生产关系的角度提出数字经济"三化"框架，即数字产业化、产业数字化和数字化治理，认为数字经济不仅推动了经济变革，还带来了政府、组织、企业治理模式的深刻变革，体现了生产力与生产关系的辩证统一。[③]《中国数字经济发展白皮书（2020 年）》对数字经济内涵的认识又进一步，将"三化"扩展为"四化"，即数据价值化、数字产业化、产业数字化、数字化治理，数字产业和产业数字化正在加速重塑人类经济生产和生活形态，是数字经济发展的核心；数字化治理引领生产关系深刻变革，是数字经济发展的保障。数字经济促进国家治理体系和治理能力现代化水平提升。在治理主体上，部门协同、社会参与的协同治理体系构建，数字化提升治理能力；在治理方式上，数字经济推动治理由"个人判断""经验主义"的模糊治理转变为"细致精准""数据驱动"的数字化治理；在治理手段上，云计算、大数据等技术在治理中的应用，增强态度感知、科学决策能力；在服务内容上，数字技术与传统公共服务多领域、多行业、多区域融合发展，加速推动公共服务均等化进程。[④]《中国数字经济城市发展白皮书（2021 年）》把数字经济的内涵扩展为"五化"，即数字化基础设施、数据价值化、数字产业化、产业数字化、数字化治理。数字化基础设施是数字经济发展的底层支撑，数据价值化盘活数字经济核心生产要素，是数字经济发展的关键和活力源泉；数字产业化和产业数字化代表了数字经济时代生产力发展的新形态，是数字经济的核心，其中，数字产业化是数字经济发展的先导力量；数字化治理引领生产关系新变革，是数字经济持续发展的保障，也是实现数字成果普惠共享的重要途径。[⑤] 沈奎将数字经济内涵概括为"四化一基"，即数字产业化、产业数字化、数字价值化和数字化治理，加上数字基础设施，

① 中国信息通信研究院：《中国数字经济发展白皮书（2017 年）》，2017 年，第 3 页。
② 中国信息通信研究院：《中国数字经济发展白皮书（2018 年）》，2018 年，第 3 页。
③ 中国信息通信研究院：《中国数字经济发展白皮书（2019 年）》，2019 年，第 3 页。
④ 中国信息通信研究院：《中国数字经济发展白皮书（2020 年）》，2020 年，第 3 页。
⑤ 赛迪顾问数字经济产业研究中心：《中国数字经济城市发展白皮书（2021 年）》，2012 年，第 2 页。

其中，数字产业化与产业数字化是数字经济的核心，数字价值化是数字经济的驱动力，数字化治理与数字基础设施是数字经济的保障。① 《中国数字经济发展报告（2022 年）》指出，数字经济是以数字化的知识和信息作为关键生产要素，以数字技术为核心驱动力量，以现代信息网络为重要载体，通过数字技术与实体经济的深度融合，不断提高经济社会的数字化、网络化、智能化水平，加速重构经济发展与治理模式的新型经济形态。包括四大部门：一是数字产业化，即信息通信产业，包括电子信息制造业、电信业、软件和信息技术服务业、互联网行业等；二是产业数字化，即传统产业应用数字技术所带来的产出增加和效率提升部分，主要是工业互联网、智能制造、车联网、平台经济等融合型新产业新模式新业态；三是数字化治理，主要体现为多元治理、以"数字技术 + 治理"为典型特征的技管结合，以及数字化公共服务等；四是数据价值化，主要是数据采集、数据标准、数据标注、数据定价、数据交易、数据流转、数据保护等。② 国家统计局于 2021 年 6 月发布的《数字经济及其核心产业统计分类（2021）》，将数字经济划分为"数字产品制造业""数字产品服务业""数字技术应用业""数字要素驱动业""数字化效率提升业"五大类进行统计。其中，前四类被称为"数字经济核心产业"，大体对应"数字产业化"；第五类则大致对应于"产业数字化"。③ 研究机构的研究结论得到了官方的认可。

相对而言，国内学术界对数字经济的关注主要集中在实证层面，对其内涵的研究关注度远低于研究机构。裴长洪等从技术属性的视角定义数字经济，认为数据信息及其传送是一种决定生产率的技术手段，是先进生产力的代表。数字技术手段通过渗透到工农业生产，以及服务业劳动，形成"互联网 +"，虽然它与其他技术手段在各种生产活动中共同使用并同时发挥作用，但对于这些生产过程来说，决定生产率高低的是数字技术，因此，数字经济是数字技术所决定的经济。作者还认为，数字经济具有规模经济、范围经济以及长尾效应等特征。④ 在钟敏看来，数字经济是将使用的数据作为主要生产要素，以信息网络为重要载体，以信息通信技术和人工智能的有效使用作为效率提升与结构优化的一系列经济活动。⑤ 刘方等认为，数字经济是数字化、智能化的信息技术与传统的生产和消费等经济活动的深度融合，数字化方式改变社会运行流程的同时也使得现代经济的适应性更强，"数字化"成为数字经济中生产及应用的技术手段，成为互联网时代先进生产力的代表。⑥ 伍晓鹰赞同数字经济是经济活动，但他认为数字经济不是通过数字技术平台进行的任何经济活动，而是国民经济中那些生产电子信息与通信技术（ICT）的硬件（零部件、设备等）和软件部门，以及在生产中集约使用 ICT 硬件和软

① 沈奎：《关于数字经济发展的几个理论问题》，载于《南方经济》2021 年第 10 期。
② 中国信息通信研究院：《中国数字经济发展报告（2022 年）》，2022 年，第 1 页。
③ 《数字经济及其核心产业统计分类（2021）》，国家统计局网站，2021 年 6 月 3 日，http：//www.stats.gov.cn/sj/tjbz/gjtjbz/202302/t20230213_1902784.html。
④ 裴长洪、倪江飞、李越：《数字经济的政治经济学分析》，载于《财贸经济》2018 年第 9 期。
⑤ 钟敏：《国际数字经济测度的实践经验及中国的战略选择》，载于《经济体制改革》2021 年第 3 期。
⑥ 刘方、孟祺：《数字经济发展：测度、国际比较与政策建议》，载于《青海社会科学》2019 年第 4 期。

件部门的生产活动。① 许宪春和张美慧认为，数字经济是现代数字化技术与国民经济运行各方面紧密结合的产物，数字经济代表着以数字化技术为基础、以数字化平台为主要媒介、以数字化赋权基础设施为重要支撑进行的一系列经济活动。广义的数字经济不仅包括数字化交易，还应将保障数字化交易能够顺利进行的基础设施、数字化媒体以及数字化货物与数字化服务等包含在内，进而构成多层次全面的数字经济运行系统。② 王玉等认为，数字经济是将互联网平台（经济载体）、信息通信技术（推动力）、知识和信息（关键生产要素）相结合的一系列经济活动。③ 陈晓红等从技术应用、价值创造、经济业态等多维视角对数字经济进行定义，认为数字经济是以数字化信息（包括数据要素）为关键资源，以互联网平台为主要信息载体，以数字技术创新驱动为牵引，以一系列新模式和业态为表现形式的经济活动。包含四个核心内容：一是数字化信息，指将图像、文字、声音等存储在一定虚拟载体上并可多次使用的信息；二是互联网平台，指由互联网形成，搭载市场组织、传递数字化信息的载物，如共享经济平台、电子商务平台等；三是数字化技术，是能够将数字化信息解析和处理的新一代信息技术，如人工智能、区块链、云计算、大数据等；四是新型经济模式和业态，表现为数字技术与传统实体经济创新融合的产物，如个体新经济、无人经济等。作者还指出，数字经济具有数据支撑、融合创新和开放共享三大特征。④ 石勇对数字经济做如下定义：它"是以大数据、智能算法、算力平台三大要素为基础的一种新兴经济形态，它以算力平台为基础，运用智能算法对大数据进行存储、处理、分析和知识发现等，进而服务于各行业的资源优化配置和转型升级，促进经济的高质量发展"。作者还认为，数据、算力、算法对于数字经济缺一不可：没有大数据，数字经济便是"无米之炊"；没有智能算法，数字经济不能"创造价值"；没有算力平台，数字经济将"不复存在"。⑤ 吴静和张凤则认为，数字经济的内涵应包括技术与基建、经济与社会、规则与治理三个维度。其中，技术与基建是数字经济发展的根本支撑，经济与社会是数字经济发展的重要载体，规则与治理是数字经济发展的必要保障，三大维度相互依存，形成技术经济范式下的有机整体。⑥

为全面加快数字经济发展，2021 年 12 月 12 日，国务院印发《"十四五"数字经济发展规划》（以下简称《规划》），对数字经济做出了定义。《规划》指出，数字经济是继农业经济、工业经济之后的主要经济形态，它"是以数据资源为关键要素，以现代信息网络为主要载体，以信息通信技术融合应用、全要素数字化转型为重要推动力，促进公平与效率更加统一的新经济形态"。《规划》指出了数字经济的巨大影响，认为数字

---

① 《伍晓鹰：数字经济对中国经济增长的贡献有多大？》，界面新闻，2022 年 7 月 19 日，https://www.jiemian.com/article/7772332.html。
② 许宪春、张美慧：《中国数字经济规模测算研究》，载于《中国工业经济》2020 年第 5 期。
③ 王玉、张占斌：《数字经济、要素配置与区域一体化水平》，载于《东南学术》2021 年第 5 期。
④ 陈晓红、李扬扬、宋丽洁、汪洋洁：《数字经济理论体系与研究展望》，载于《管理世界》2022 年第 2 期。
⑤ 石勇：《数字经济的发展与未来》，载于《中国科学院院刊》2002 年第 1 期。
⑥ 吴静、张凤：《智库视角下国外数字经济发展趋势及对策研究》，载于《科研管理》2022 年第 8 期。

经济"正推动生产方式、生活方式和治理方式深刻变革，成为重组全球要素资源、重塑全球经济结构、改变全球竞争格局的关键力量"①。这是目前国内最具权威性的定义。

综上可见，迄今为止，国内外关于数字经济内涵的理解尚无统一的看法，尽管国内外各家对数字经济的定义各异，但数字经济的基本特性已成为共识：

第一，数据是数字经济的关键要素。人类95%以上的信息以数据形式存储、传输和使用，数据成为基础性战略资源。② 数字经济时代，数据成为最重要的生产要素。习近平总书记明确指出要积极"构建以数据为关键要素的数字经济"③。2019年党的十九届四中全会通过的《中共中央 国务院关于构建更加完善的要素市场化配置体制机制的意见》，首次把数据资源上升为第五大生产要素，党的十九届五中全会进一步确立了数据要素的市场地位。2020年3月，中共中央、国务院《关于构建更加完善的要素市场化配置体制机制的意见》明确提出了"加快培育数据要素市场"。国家统计局于2021年6月发布《数字经济及其核心产业统计分类（2021）》，将"以使用数字化的知识和信息作为关键生产要素"进一步凝练为"以数据资源作为关键生产要素"。以"数据资源"取代"数字化的知识和信息"，突出了数据要素的关键作用。同时，数字化技术推动技术和劳动等生产要素的数字化发展，为经济发展注入新的动力。2021年12月，国务院印发的《"十四五"数字经济发展规划》提出了要"加快构建数据要素市场规则，培育市场主体、完善治理体系，促进数据要素市场流通"的战略任务。2022年3月，中共中央、国务院《关于加快建设全国统一大市场的意见》提出了"加快培育数据要素市场，建立健全数据安全、权利保护、跨境传输管理、交易流通、开放共享、安全认证等基础制度和标准规范"的要求。2022年6月，中央全面深化改革委员会审议通过了《关于构建数据基础制度更好发挥数据要素作用的意见》，该意见对于完善数据要素市场化配置机制、打造数字经济发展新动能具有举旗定向的重要意义。

第二，数字技术是数字经济的推动力。自第一次工业革命以来，发生了4次技术革命，分别是18世纪末的蒸汽革命、20世纪初的电力革命、20世纪70年代的信息革命、2010年以来的新一代数字技术（又称新一代信息技术）创新。④ 数字经济以新一代数字技术为支撑，新一代数字技术是以人工智能为"头雁"、以5G为依托、以大数据为基础的技术群。数字技术群是国家科技实力的重要体现，是新一轮国际竞争的焦点。⑤ 数字技术的创新异常活跃，呈现指数级增长，离开了数字技术，就没有数字产业的出现，也没有传统产业的数字化。数字产业就是数字技术物化到数字产品服务中所形成的，是数字技术的价值实现，数字技术赋能传统产业，实现产业数字化。国务院于2021年公

---

① 《"十四五"数字经济发展规划》，中央人民政府网，2022年1月12日，http：//www.gov.cn/zhengce/content/2022-01/12/content_5667817.htm。
② 中国信息通信研究院：《中国数字经济发展白皮书（2017年）》，2017年，第6页。
③ 习近平：《不断做强做优做大我国数字经济》，载于《求是》2022年第2期。
④ 中国信息通信研究院：《数字经济概论：理论、实践与战略》，人民邮电出版社2022年版，第76页。
⑤ 中国信息通信研究院：《G20国家数字经济发展研究报告（2017年）》，2017年，第36页。

布的《"十四五"数字经济发展规划》把"信息通信技术的使用"延伸为"信息通信技术融合应用、全要素数字化转型",更加强调技术与产业的结合,凸显技术的底座作用。数字技术具有渗透性、替代性和协同性三大特征。数字技术渗透到传统产业之后会产生新的价值,新价值即产业数字化部分,目前已经成为数字经济的主要部分。数字技术渗透到传统产业形成新产品和新服务,即数字技术产品和数字技术服务,新产品出现以后老产品就会退出,这就是数字技术的替代性。数字技术对传统产业的渗透可以增加经济活动中其他要素之间的协同性,进而提高经济效率和经济发展水平。[①] 在微观层面,数字技术促进各行业实现规模经济,优化各企业供需匹配,完善价格机制,提高经济效益;在中观层面,数字技术促进传统产业转型升级,促进产业融合;在宏观层面,数字技术可以重组生产函数,催生生产效率更高和经济效益更好的新兴产业,可以升级产业结构、提升产业在全球价值链中的位置,还可以提高资源利用水平,提升全要素生产率,催生平台经济、共享经济、零工经济等新业态、新模式。

第三,数字平台是数字经济的载体。平台是集合买卖双方的交易场所,百货商店就是平台,但这种实体平台受时空的限制,所汇聚的用户有限。数字平台是将买卖双方网络用户群体集合在一起的产品或服务。[②] 依托信息技术的互联网数字平台,则打破了实体平台的限制。平台企业是数字经济的神经中枢。数字经济之所以对生产生活具有强大渗透力,就是依靠强大的平台企业整合各种市场主体和资源,如果没有创新能力强的平台企业为牵引,数以亿计的消费者、生产者就难以汇聚,就不可能形成新模式新业态,这是数字经济与农业经济、工业经济最显著的不同。通常而言,数字平台主要有四种类型,即交易平台(淘宝、Uber 等)、创新平台(微软、英特尔等)、复合型平台(谷歌、亚马逊等)和投资型平台(软银、Naspers 等)。[③] 数字化的数据资源通过存储和分析,转化成为"数字智能",平台利用这些有价值的数据对生产者和消费者进行在线匹配,供需双方直接对话,生产者能精准了解消费者的需求,消费者能了解生产者的状况,有效地解决了生产者和消费者信息不对称的问题,提高了资源利用效率和增加了社会福利,从而推动国民经济的高质量发展。

2.2 数字经济领域重要术语的认知

为了便于理解,有必要对与数字经济有关的重要术语如数据、数据价值化、数字内

---

① 蔡跃洲、牛新星:《中国数字经济增加值规模测算及结构分析》,载于《中国社会科学》2021 年第 11 期。
② Eisenmann, T., Parker, G. G., and Van Alstyne, M.. Strategies for Two – Sided Markets [J]. *Harvard Business Review*, 2006, 84 (10): 92 – 101.
③ 裴长洪、倪江飞、李越:《数字经济的政治经济学分析》,载于《财贸经济》2018 年第 9 期。

容产业、数字产业化、产业数字化、数字化治理等重要概念作出说明。

（1）数据。

数据（data）是事实或观察的结果，是对客观事物的逻辑归纳，是用于表示客观事物未经加工的原始素材。数据是信息的表现形式和载体，可以是符号、文字、数字、语音、图像、视频等。数据和信息是不可分离的，数据是信息的表达，信息是数据的内涵。正因为如此，世界银行认为，数据是未经组织的数字、词语、声音、图像等；信息是以有意义的形式加以排列和处理的数据。[①] 数据本身没有意义，只有对实体行为产生影响时才成为信息。数据可以是连续的值，比如声音、图像，称为模拟数据，也可以是离散的，如符号、文字，称为数字数据。在计算机系统中，数据以二进制信息单元 0 和 1 的形式表示。在计算机科学中，数据是指所有能输入到计算机并被计算机程序处理的符号的介质的总称，是用于输入电子计算机进行处理，具有一定意义的数字、字母、符号和模拟量等的通称。

据国际数据公司的统计，2011 年全球数据总量为 1.8ZB（1ZB = 1 万亿 GB，1.8ZB 相当于 18 亿个 1TB 硬盘），2015 年为 8.61ZB，是 2011 年的 4.78 倍。[②] 由网络所承载的数据，经提取后成为信息，由信息升华而来的知识，成为企业经营决策的依据、社会治理的新手段、商品服务的新内容，带来了新的价值增量。正因为如此，2017 年 5 月初，英国《经济学人》封面文章《世界上最宝贵的资源》指出，数据是数字时代的石油。与劳动、资本、土地等其他生产要素相比，数据要素具有可复制性，可以无限供给，这就打破了传统要素有限供给对增长的制约，为持续发展提供了可能。

数据种类繁多，涵盖了社会生活的方方面面，如健康、基因、通信、气象、信用、社交大数据等。数据分类标准并未统一，存在多种划分标准。从性质来看，数据可划分为生产经营数据与社会管理数据，前者具有盈利性，通常被企业经营使用，后者为政府部门和公共管理服务，通常收费低或者免费。按照产权，数据可被划分为私人数据和公共数据，私人数据产权归独立的经济主体享有，公共数据则归政府所有，面向社会开放，免费提供使用服务。按照功能划分，数据包括综合性数据和专业数据，综合性数据覆盖面广，专业数据只为特定领域和用户提供服务。按照加工程度，可以分为原始数据和衍生数据，衍生数据是在原始数据的基础上，经过加工形成有价值的数据。[③]

（2）数据价值化。

价值化的数据是数字经济发展的关键生产要素。数据价值化主要体现为数据采集、数据标准、数据确权、数据标注、数据定价、数据交易、数据流转、数据保护等。从产

---

① 《信息系统分析与设计 第二章 信息、管理与信息系统》，CSDN，2020 年 12 月 21 日，https：//blog. csdn. net/LoraRae/article/details/111471596。

② 《2021 年全球行业大数据市场现状及发展趋势分析 2025 年市场规模将达 920 亿美元》，前瞻网，2021 年 2 月 23 日，https：//www. qianzhan. com/analyst/detail/220/210223 – 14308168. html。

③ 马费成、卢慧质、吴逸姝：《数据要素市场的发展及运行》，载于《信息资源管理学报》2022 年第 12 期。

业角度来看，我国已形成较为完整的数据要素供应链，而且已在数据采集、数据标注、时序数据库管理、数据存储、商业智能处理、数据挖掘和分析、数据安全、数据交换等环节形成了数据产业体系，数据管理和数据应用能力不断提升。但是在数据确权、数据定价、数据交易等数据要素市场化、流通机制设计等方面依然存在很多空白，确权、定价、交易等环节滞后成为制约数据要素价值化进程的关键"瓶颈"。

对价值化的数据进行交易就形成了数据要素市场。数据要素的运行包括生产、流通、分配和消费四个阶段。在流通阶段，数据要素的产权在各市场主体之间流通，初次流通时，来源不同的数据汇聚在一起，运用数据技术进行开发和处理，此时数据要素具备初始生产价值。之后，数据要素还需经过多次流通配置，进行数据的共享和交易，才能实现价值最大化。初次分配时，市场主体根据数据要素投入生产获得的报酬分配，这是对数据所有权或使用权转移的价值实现。数据要素参与收入分配必须依据市场机制，基于其生产投入对经济增长的贡献，合理分配收益。再分配要发挥政府监管作用，通过税收的形式，弥补数据要素初次分配中的缺陷，对原始数据来源者进行收益补偿，利用财政政策，维护数据要素市场收入分配的公平公正。在消费阶段，数据要素的价值得以实现。

科学地发现数据价格是数据要素市场有效运行的关键。数据的定价建立在数据价值评估的基础上。当前数据资产的价值评估方法不定，数据定价机制仍是未解的难题。数据价值评估方法主要从四个层面展开：一是基于价值基本维度，根据数据的效用和质量对数据价值进行公评估；二是建立数据价值评估模型，利用数学模型对数据资产评估；三是着眼于具体的场景，根据不同的需要和应用领域对数据价值进行评估；四是基于财税管理，从经济学角度进行计量。数据价值难以衡量，增加了数据要素定价的难度。无论是成本法、市场法和收益法这三种传统的资产价值评估方法，还是基于博弈模型、隐私计算和机器学习等新式定价方法，都存在一定的缺点，无法完全解决数据要素价格机制中的问题。[1]

（3）数字内容产业。

20 世纪 90 年代初，随着互联网的普及和信息不断数字化，人们用 1 和 0 构成的数字串对出版物、音乐、电影等进行数字化处理，数字内容产业产生。1995 年举行的"西方七国信息会议"首先提出"内容产业"的新概念。1998 年，OECD《作为新增长产业的内容》专题报告指出，内容产业是"主要生产内容的信息和娱乐业所提供的新型服务产业"，包括出版和印刷、音乐和电影、广播和影视传播等产业形态。该报告首次对传统内容产业和数字内容产业进行了区分，传统内容产业是传统的视听和音乐内容，以"一对多"形式由单一生产者向众多消费者传播，数字内容产业是对传统内容产业经过数字化处理之后，通过 CD 播放器或因特网传送。数字内容产业包括八大类：

---

① 马费成、卢慧质、吴逸姝：《数据要素市场的发展及运行》，载于《信息资源管理学报》2022 年第 12 期。

一是数字游戏，包括家用游戏机软件、个人计算机游戏软件、掌上型游戏软件、大型游戏机台游戏等；二是计算机动画，即运用计算机产生制作的具有娱乐效果的连续影像；三是数字学习，以计算机等终端设备为辅助工具进行线上或离线学习活动；四是数字影音应用，运用数字化拍摄、传送、播放数字影音内容，如数字音乐、数字KTV、互动随选影音节目与播放服务等；五是移动应用服务，如导航、手机通讯地理信息等；六是网络服务，提供网络内容、联机、储存、传送、播放服务；七是内容软件，提供数字内容应用服务所需的软件工具及平台；八是数字出版，主要体现为数字典藏、电子数据库。

（4）数字产业化。

数字产业化即数字技术通过市场化应用所形成的相关产业。具体包括电子信息制造业、软件和信息技术服务业、电信广播电视卫星传输服务业、互联网和相关服务业等产业。[①] 电子信息制造业是硬件，其余是软件，数字经济基础部分内部结构持续软化，2008年以后，电子信息制造业占比持续下降，软件和互联网行业产值上升，2016年信息通信服务业收入和基于互联网的业务收入超过3.4万亿元，占行业比重由2010年的21%上升到2016年的63%。[②] 数字产业化是数字经济的基础部分，其产值占GDP的比重在6%~7%。随着网络强国建设步伐的加快，我国电信业快速发展，2020年，电信业务收入达1.36万亿元。[③] 电信业的发展带动通讯设备制造业、电子元件及电子专用材料制造业、电子器材制造业、计算机制造业等电子信息制造业的发展。以E级超级计算机为代表的高性能计算是科技创新的重要动力源，2020年，我国超级计算机数量居全球第一，占全球市场的总额超过40%。[④] 软件和信息技术服务业主要是工业软件产品开发、信息技术服务、信息安全产品和服务，2020年，全国软件和信息技术服务业规模以上企业超过4万家，累计完成软件业务收入8.2万元。[⑤] 2020年，我国规模以上互联网和相关服务企业完成业务收入总计高达1.3万亿元，其涉及的细分领域则包括互联网企业的信息服务、互联网平台服务（在线教育服务、直播带货、社交团购）、互联网接入服务、互联网数据服务（云服务和大数据服务）等。[⑥]

---

① 数字产业的内涵不断变化，按照2002年美国商务部对数字产业的分类标准，硬件制造业包括计算机及计算机设备、办公用计算设备、计算机批发及零售贸易、电子管、印刷电路板、半导体相关设备、各种电子元件、工业测量仪器、电流测量仪器、实验室分析仪器；通信设备制造业包括视听设备、电话设备、广播和电视通信设备、光纤、软件复制、光录和磁录设备；软件及计算机服务业包括软件出版商、因特网服务提供商、软件批发及零售贸易、计算机编程服务、计算机系统设计、计算机数据处理、计算机设备管理、计算机租赁及维修、办公计算设备租赁及维修、其他计算机相关服务；通信服务业包括有线电信运营商、蜂窝和其他无线运营商、电信和转售商、电缆和其他系统销售、人造卫星和其他通信、通信设备修理和维护。与1998年美国商务部确定的数字产业分配标准相比较，新增了光纤、软件出版、软件复制、编程服务、设备管理、电缆、人造卫星通信等行业，广播、电视、信息检索服务等行业则被去除。Digital economy 2002. Washington, DC: US Department of Commerce, 2002.
② 中国信息通讯研究院：《中国数字经济发展白皮书（2017年）》，2017年，第20页。
③ 中国信息通讯研究院：《中国数字经济发展白皮书（2021年）》，2021年，第11页。
④ 中国信息通讯研究院：《中国数字经济发展白皮书（2021年）》，2021年，第15页。
⑤ 中国信息通讯研究院：《中国数字经济发展白皮书（2021年）》，2021年，第13页。
⑥ 中国信息通讯研究院：《中国数字经济发展白皮书（2021年）》，2021年，第14页。

（5）产业数字化。

产业数字化是利用数字技术对农业、工业和服务业进行全方位改造，推动数字技术与实体经济深度融合，促进工业、农业、服务业的数字化转型，从而提升传统产业的生产效率。产业数字化是数字经济的融合部分，其新增产出构成数字经济产值，它是数字经济发展的主阵地。产业数字化具体包括农业数字化、工业数字化和服务业数字化。农业数字化的重点是农业生产的智能化和农村数字化基础设施建设，目前，我国农业总体上仍处于分散的小农生产阶段，农业生产技术装备水平低下，数字技术的应用十分有限，农业数字化水平还很低。工业数字化主要体现为设计过程、制造过程和制造装备的数字化、网络化、智能化，2019 年，全国 31 个省份的工业数字化平均指数达到 34.1，企业资源管理（ERP）、供应链管理（SCM）等软件普及率较高，总体而言，工业数字化水平与发达国家仍有一定的差距。服务业数字化就是使服务实现精准化、个性化和体验式，服务业数字化在全球和国内都是一马当先，经过数十年的发展，服务业数字化从电商、金融领域走向服务业全域，数字技术已经渗透到消费、娱乐、教育等各个生活领域，形成了诸如电商网购、远程办公、线上教育、在线问诊等无接触经济新业态。

（6）电子商务。

各国对电子商务的内涵界定并不一致。OECD 在其数字卫星账户中没有单列电子商务，而是分散在数字中介平台、电子销售商、其他数字企业、独立于中介平台的企业这四个分类中。BEA 认为电子商务是指所有通过互联网进行的产品购买和销售行为，电子商务分为 B2B、B2C 和 P2P 三类，但在实际测算中没有包含 P2P 部分。在中国《国民经济行业分类（2017）》中，对电子商务界定如下："交易双方通过计算机网络所进行的所有交易活动，即通过交易发生实物性商品所有权的转移，或实现了服务性商品的有偿消费（提供），包括电子商务平台经营活动、通过电子商务平台销售货物或者提供服务的平台内经营活动、通过自建网站或其他网络服务销售货物或者提供服务的电子商务经营活动。"①

（7）数字化治理。

数字化治理是运用互联网、大数据、云计算、人工智能、区块链等数字技术，建立健全行政管理的制度体系，以数字化手段推进政府决策科学化、社会治理精准化、公共服务高效化，创新服务模式，加强科学监管，创新服务监管方式，实现行政决策、行政执行、行政组织、行政监督等体制更加优化的新型政府治理模式。数字化治理是数字经济创新发展的保障。建设数字政府是实现数字化治理的关键一招，即以数据集中和共享为途径，通过推行电子政务和建设智慧城市，把数字技术广泛应用于政府管理服务，构建全国信息资源共享体系，推进政府决策科学化、社会治理精细化、公共服务高效化，

---

① 《国民经济行业分类（2017）》，国家统计局，2017 年 9 月 29 日，http：//www.stats.gov.cn/tjsj/tjbz/hyflbz/201710/t20171012_1541679.html。

推动政府数字化、智能化运行，从而让百姓少跑腿、信息多跑路，更好地解决企业和群众反映强烈的办事难、办事慢、办事繁的问题。

（8）信息技术。

信息技术是信息和通信技术的简称，是对信息进行采集、传输、存储、加工、表达等相关技术的总称。广义的信息技术涵盖农业经济时代出现的文字、壁画，工业经济时代的计算尺、机械计算机；20 世纪 40 年代后电子技术特别是半导体集成电路技术快速发展，信息技术范围逐步缩小为对 0 和 1 比特形式的数码信息（数据）进行转换、采集、传输、存储、运算、加工、还原的技术，因此也被称为"数字技术"或"数码技术"。[①] 按使用的信息设备不同，信息技术可分为电话技术、电报技术、广播技术、电视技术、复印技术、缩微技术、卫星技术、计算机技术、网络技术等。新一代信息技术主要包括互联网、大数据、云计算、人工智能、物联网、3D 打印等，其中，人工智能成为引领新一轮科技革命和产业变革的战略性技术，具有溢出带动性很强的"头雁"效应。人工智能等新一代信息技术具有较强的数字性、网络性和智能性，技术标准在其发展中的作用十分突出。量子信息技术近年来方兴未艾，具体包括量子通信、量子计算机、量子信息存储、量子传感器、量子成像、量子导航、量子系统软件、量子网络等细分领域。信息技术具有如下特征：一是高速化，计算机每秒可运算上千万次；二是网络化，新型网络分为电信网、广电网和计算机网，三网互为交叉，经历了从局域网到广域网再到国际互联网及有"信息高速公路"之称的高速信息传输网络；三是数字化，将信息用电磁介质或半导体存储器按由 0 和 1 两个基本符号组成的二进制编码的方法进行处理和传输；四是个人化，满足个人需要的通信方式，充分体现可移动性和全球性；五是智能化，人工智能逐渐普及。

（9）数字技术。

数字技术（digital technology）是指借助一定的设备将图、文、声、像等各种信息，转化为电子计算机能识别的二进制数字 0 和 1 后进行运算、加工、存储、传送、传播、还原的技术。从技术内涵看，数字技术与信息技术大体相同。数字技术即信息技术，信息技术即数字技术。如新一代信息技术包括云计算、大数据、移动互联、物联网、人工智能、区块链、量子计算、脑机接口，这些同样是新一代数字技术的内涵。数字技术或信息技术是数字经济的支撑，在数字技术或信息技术没有产生之前，不会有数字经济，当未来数字技术或信息技术被新的技术取代时，数字经济也会被新的经济形态取代。[②]

新一代数字技术主要包括：①工业软件研发。突破容器、微服务、服务网络等云原生核心分支技术，夯实通用组件和低代码开发应用。加强人工智能先进技术赋能工业软件应用创新，打造高度人工智能化的一体化工业软件，提高工业生产决策的科学性、可

---

① 蔡跃洲、牛新星：《中国数字经济增加值规模测算及结构分析》，载于《中国社会科学》2021 年第 11 期。
② 李长江：《关于数字经济内涵的初步探讨》，载于《电子政务》2017 年第 9 期。

行性和实效性。围绕软件和算法开源，打造形成一批独立自主、全球领先的开源生态产品。②云原生和智能计算。突破容器、微服务、服务网络等云原生核心分支技术，夯实通用组件和低代码开发应用，提高企业业务云原生化转型效率。加快发展智算产业，建设覆盖人工智能训练、推理等关键领域的云端智能算力集群，以及覆盖计算机视觉、自然语言处理、智能语音等重点技术方向的先进算法模型集群。③新一代网络技术。前沿探索多平台数字身份识别框架（OpenID）、分布式数据存储、去中心化域名解析系统（DNS）、端到端加密通信等第三代万维网（Web3.0）关键技术，加快突破分布式网络核心技术，强化6G、互联网协议第6版（IPv6）、第六代无线网络技术（Wi-Fi6）、量子通信等前瞻研发和部署，构建数据互联互通的第三代互联网技术应用生态。建设空天一体的卫星互联网，瞄准中低轨路线，完善卫星制造、卫星发射、卫星运营及服务产业链，探索天地一体化商业运营新模式。④区块链技术。创建区块链与前沿技术多学科交叉的组合型科学技术创新体系，推动"区块链+"技术研发和应用落地，构建具有较强创新能力和自主可控的区块链发展生态。推动数字可信交易，支持推进基于区块链、电子身份确权认证等技术的可信交易。⑤推动大数据可信交易，运用共识算法实现信任和交易确权，重点发展智能合约管理与运营平台。发展区块链商业模式，着力发展区块链开源平台、非同质化代币（Non-Fungible Tokens，NFT）等商业模式，加速探索虚拟数字资产、艺术品、知识产权、游戏等领域的数字化转型与数字科技应用。⑥元宇宙技术。发展人机交互技术，加快智能人机交互、虚拟数字人等核心技术攻关，开展扩展现实（XR）、脑机接口等更具沉浸式体验的终端技术研制，培育虚拟演唱会、虚拟偶像、虚拟体育等数字娱乐消费新业态。加快虚拟现实生态布局，突破低时延快速渲染、虚拟仿真引擎等关键技术，发展软硬一体新型虚拟现实（VR）/增强现实（AR）、3D扫描等产品。⑦智能网联汽车技术。加快核心部件和系统研制，推动激光雷达、毫米波雷达、车载芯片、车载操作系统和车用无线通信技术（V2X）设备等领域取得突破，培育一批智能网联整车生产及电子核心零部件龙头企业和"隐形冠军"。⑧智能穿戴产品技术。加快智能穿戴产品研发和产业化，重点发展智能手表、智能手环、智能头盔等主流产品，支持发展工业仿真终端、智能配饰、智能眼镜、智能服装等未来新型产品，重点突破低功耗芯片、轻量级操作系统和生物传感、智能控制以及端云协同等智能软硬件技术。⑨智能机器人技术。突破服务机器人关键核心技术，加快服务机器人行为类人化，提升服务机器人高端产品供给。加强核心技术攻关，集中攻克智能芯片、伺服电机、智能控制器、智能一体化关节、新型传感器等关键零部件核心技术，加快研发仿生感知与认知、生机电融合、人机自然交互等前沿技术。提升高端产品供给，重点发展手术机器人、陪伴机器人、智能护理机器人、智能型公共服务机器人等。⑩智能家居设备技术。支持下一代家庭网络、多协议多平台网关、多模态生物识别、空中下载技术（OTA）、无线充电、人机交互等技术研发，大力发展智能门锁、智能家具、智能家电、智能音响、智能安防等新型产品，推进智能家居产品研发和产业化。

2.3 小　　结

　　由于数字经济是一种全新的经济形态,人类对其内涵的认知至今仍在不断地丰富。数字经济概念于 1996 年被提出,但数字经济到底是什么,人们并不知晓。随着数字技术在商业领域的成功应用,全新的商业模式——电子商务迅速风靡全球,并在很多领域取代了流传千百年的线下商业模式。1998 年以后的一段时间里,人们把电子商务视为数字经济,从电子商务视角对数字经济进行定义。随着数字技术的进步以及在产业领域应用的推广,人们对数字经济的认识突破电子商务,从经济结构、产业视角对其进行定义。近年来,数字技术的应用以始料未及的速度从经济领域推广到全社会各个领域,对经济社会产生了前所未有的影响,人们从经济活动视角对数字经济进行定义。时至今日,世界上对数字经济尚无统一的定义,正如列斯尼科夫等所言,"数字经济"在世界上还没有一个统一的概念,大部分谈论的是数字技术及其对各国经济的影响,很大程度上将数字经济作为一个工具。[①] 尽管如此,人们对数字经济的认识越来越接近数字经济的本质。

---

① Kolesnikov A. V., Zernova L. E., Degtyareva V. V., et al. Global trends of the digital economy development [J]. *Opción*: *Revista de Ciencias Humanas y Sociales*, 2020 (26): 523 – 540.

第 3 章
数字经济的第一种形态：信息经济

　　数字经济在本质上是信息技术的进步及其应用。以 1991 年互联网技术商用为界，此前的信息技术进步及其产业化所形成的经济形态，即本书所言的信息经济，它是数字经济的第一种形态。按照波拉特（Porat）的解释，信息经济是第一信息部门与第二信息部门之和。其中，第一信息部门即信息技术产业，第二信息部门即融合信息产品和服务的其他经济部门。在 1991 年之前，信息技术产业已有较为充分的发展，但信息技术与第一、第二、第三产业的融合才刚刚起步。因此，本章重点阐述信息技术产业的兴起与发展，扼要介绍信息技术与传统产业的融合。

3.1　信息、信息技术与信息经济

　　信息是现代社会使用最多、最广、最频繁的字眼，且有着多样化的定义。[①]　其中，英文、法文、德文、西班牙文中"information（信息）"均来源于拉丁文"Informatio"，意为陈述或解释、理解。在中文中，"信息"一词则可追溯至一千多年前。据《辞源》

---

① 周荣庭、张燕翔：《信息技术及其应用》，中国科学技术大学出版社 2006 年版，第 2 页。

考证，南唐诗人李中早在《暮春怀故人》的诗句中对"信息"有描述，其意为音信、消息。但是，作为科学术语的"信息"直到 1928 年才有正式表述，哈特莱（L. P. Hartlry）在《贝尔系统电话》杂志上发表的《信息传输》（Transmission of Information）一文中，首次提出信息是代码、符号的论断。[1] 具有现代科学技术意义的"信息"则出现在 20 世纪 40 年代，这与现代通信技术的产生和发展有直接关联。信息论的奠基者香农（Shannon）在 1948 年发表的《通信的数学理论》和 1949 年发表的《在噪声中的通信》两篇重要论著中，给出了"信息"的经典性定义并被后人广泛引用，即信息是用来消除随机不确定性的东西。[2] 同时，香农还提出了通信系统模型以及编码定理等方面的信息理论问题，并把数理统计方法应用到通信领域，从量的维度阐述信息传输与提取问题。美国数字家维纳（R. Wiener）则从控制和通信的角度研究信息问题，提出了信息的概念及其测量公式（如信息传输率），并基于通信理论设计和优化了信息传输系统、信息调节控制系统。维纳的研究对信息理论的发展和信息技术的进步起了一定的促进作用。[3] 20 世纪 70 年代，英国哲学家卡尔·波普尔将信息从现实世界中分离出来，称信息为除物质和意识之外构成世界的第三要素，从哲学的高度证实了信息技术革命带来的深远影响。[4]

信息技术（information technology）也被称为信息和通信技术，是指在管理和处理信息过程中所采用的各类技术的总称，主要包括信息采集技术、信息存储技术、信息检索技术、信息处理技术和信息控制技术。[5] 在人类发展史上，信息作为一种资源，是社会经济活动中的重要组成部分，是知识和智慧产生的源泉。但是，信息本身不是实体，只有经过有组织地采集、有目的地加工、有计划地编码、有效地传播，才能发挥其重要价值。在农业经济和工业经济时代，囿于信息加工和处理技术手段的限制，信息对人类社会发展的重要作用没有得到完全体现。到了 20 世纪中叶，有线和无线通信技术、雷达技术、卫星技术、计算机技术、互联网技术等基础技术和支撑技术的革新与广泛应用，才使得信息技术发展进入了高速化、网络化、数字化和综合化时代，信息经济应运而生。信息经济（information economics）也被称为资讯经济或 IT 经济，最早由美国学者马克卢普（F. Mahchlup）教授在其经典论著《美国的知识生产与分配》中提出，是指信息技术向经济、社会、生活各领域渗透形成的，以现代信息技术等高科技为物质基础，以信息产业为主导，以信息产品生产与服务为主体的新经济模式。

20 世纪中叶后，信息技术与经济发展呈螺旋式上升和波浪式前进，带来了信息数

---

① 何玉德：《信息研究中的几个问题》，载于《内蒙古社会科学》1985 年第 5 期。
② 吴伟陵：《通信系统的优化理论基础——纪念 Shannon 信息论四十周年》，载于《电子学报》1990 年第 3 期；周理乾：《西方信息研究进路述评》，载于《自然辩证法通讯》2017 年第 1 期。
③ 邵水浩：《信息论、控制论、系统论的若干哲学问题》，载于《社会科学》1982 年第 10 期。
④ 师宏睿：《关于波普尔三个世界理论的信息学阐释》，载于《图书馆理论与实践》2022 年第 2 期；孙昌璞：《量子力学诠释与波普尔哲学的"三个世界"》，载于《中国科学院院刊》2021 年第 3 期。
⑤ 宋万女：《信息技术应用研究》，中国商业出版社 2018 年版，第 2 页。

据量的迅猛增长，同时对信息的针对性、时效性、有效性、灵活性要求也愈来愈高。尤其是 20 世纪 70 年代至今，从第一代支持语音通话的移动通信系统 1G（包括美国的 AMPS 先进移动电话系统、英国的 TACS 全接入通信系统、加拿大的 MTS 移动电话系统、北欧的 NMT 移动通信网、中国的 TACS 移动通话系统等）面世，到第二代移动通信系统 2G（包括 GSM 系统、IS – 95 码分多址 CDMA、PDC 个人数字蜂窝系统）技术成熟和广泛应用，到第三代移动通信系统 3G（包括欧洲和日本提出的 WCDMA、美国提出的 CDMA2000、中国提出的 TD – SCDMA 三种主流标准）实现多种信息一体化，再到第四代移动通信系统 4G（主要由中国引领的 LTE 时分双工 TDD 制式标准和美国主导的频分双工 FDD 制式标准构成）改进并增强了传统的无线空中接入技术，以及第五代移动通信系统 5G 实现了高速率、低时延和大连接特点的新一代宽带移动通信技术发展，标志着由数字传输和分时交换技术组成的数据通信网完全建成。总之，信息技术融入传统产业并为传统产业变革带来了动力源，使得信息经济成为除农耕经济、工业经济外，推动世界发展的第三次浪潮。

3.2　信息技术发展及其产业化

在人类社会发展历史中，信息技术进步是一个漫长而曲折的过程。在农业经济时代，人类的通信方式主要是狼烟烽火、击鼓鸣金、飞鸽传书、驿站传信和邮寄，前两种方式主要用于军事，后三种方式为军民两用。[①] 回顾信息技术发展史，通信技术在发展初期主要被应用于军事领域，这与古代时期以"鼓、金、旗"和烽火台等传递军事信息有异曲同工之效。20 世纪中叶以前，信息技术受制于生产力的发展水平一直没能得到长足的发展。第二次世界大战后，在第三次工业革命的驱动下，形成了具有现代化意义的广播、电视、电话、电报、雷达、无线电通信、卫星通信、光纤通信、计算机通信等新型的通信技术，从而构成了现代信息技术的基石。不同于传统通信方式，现代信息技术实现了电信技术与计算机技术的有机融合，能够将文字、数字、声音、图像及各类传感信号等信息进行有效捕捉、加工、处理、使用、传播和存储。[②] 这一时期，有线和无线通信技术、雷达技术、卫星通信技术、电子计算机技术和软件技术在以美国为代表的发达国家迅速发展起来且得到广泛应用，并在这场划时代的"信息革命"中将信息产品制造、信息开发及信息服务等孵化成为一个相对独立的全新产业——信息技术

---

① 王洪：《大气层通信技术在军事通信中的应用》，载于《国防科技》2004 年第 11 期。
② 袁霞：《刍议现代通信技术与计算机技术的融合》，载于《信息通信》2015 年第 4 期。

产业。

3.2.1　有线和无线通信技术发展及其产业化

有线和无线通信技术作为发展历史最久远的通信技术之一，成为现代生活中必不可少的沟通媒介，推动人类进入虚拟时代、数字时代。有线通信技术（wire communication）是指利用金属导线、光纤等有形媒质传送信息的技术。无线通信技术（wireless communication）则是利用电磁波信号可以在自由空间中传播的特性进行信息交换的一种通信方式。在移动中实现的无线通信被统称为移动通信，人们把两者合称为无线移动通信。近年来，在信息通信领域中，发展最快、应用最广的就是无线通信技术。有线通信信号稳定，传输速度快，出现故障后可以及时高效予以排除，为用户带来更加安全稳定的信息传输体验。[①] 但是实体光缆线路铺设的成本较高且受传播线路的影响，灵活性相对较差。无线通信无须有形的媒介连接，灵活性较高，信号覆盖范围较广且造价成本较低，但容易受到外界干扰，通信信号稳定性相对较差，安全性也相对较低。有线和无线通信技术一经发明便应用于军事通信，而后由于社会发展需要逐渐应用于民用领域。第二次世界大战则加速了有线和无线通信技术的发展与应用。

19 世纪末至 20 世纪中期，有线、无线通信技术处于军事应用阶段。1854 年，美国在克里米亚战争中为了达到军事通信的目的建立了电报线路，标志着有线电开始正式用于军事通信。到了 1899 年，无线电通信技术也已逐步成熟，美国陆军在纽约建立舰—岸无线电通信线路，开始将无线电应用到军事通信。20 世纪初，野战无线电台开始应用于军事活动，并在两次世界大战中被广泛装备部队。在第二次世界大战中，坦克普遍装备无线电台和车内通话器，并在坦克部队中组建通信分队。同时，许多新式电子通信装备也被广泛应用于战场，如短波、超短波电台、无线电接力机等。20 世纪 50 年代，联邦德国正式加入北大西洋公约组织，成立了军用电子技术研究机构。在通信设备方面，德国西门子公司研制了 FM12/800 移动式无线电中继系统等；通用电气—德律风根公司研制了 FM120/500 无线电中继系统等。20 世纪 50 年代末，美国海军为解决舰机协同问题，研制并装备了第一代战术数据链系统（Link - 4），并用新型的数据通信替换指挥引导能力有限的话音通信，后续又发展出 Link - 10、Link - 11、Link14 等系列战术数据链，且在各军种进行装备。20 世纪 80 年代末，美国国防部第一次提出了超宽带（Ultra Wide Band，UWB），这种技术是一种能在短距离内通过极低的功率实现数据的快速传输的无线载波通信技术。超宽带技术在接收信号方面具有非常高的技术功能，能够实现通信的扩频，而且能够通过无线短波对数据进行传输，同时能兼顾数据传输的速度性与完整性。

抗战时期，国民党部分军队装备了无线通信设备。无线通信技术和通信装备在中国

---

① 王艺：《有线通信技术和无线通信技术的对比探析》，载于《电子测试》2022 年第 5 期。

军队的正式列装则始于 20 世纪 50 年代，初期的军队无线通信装备以仿苏体制的电子管通信装备为主。60 年代末到 70 年代中期，随着中国通信技术的快速崛起，自主研制生产的、以半导体器件为主要特征的对流层散射机、短波单边带电台等相继面世，初步实现了装备的系列化、小型化和国产化。70 年代末到 80 年代中期，基于中小规模集成电路的超短波、微波、保密机和各种经过统型的通信车辆陆续在军队列装，同时从西方引进了少量先进通信装备，我国军事通信装备日趋完善。

20 世纪中期至 70 年代末期，有线、无线通信技术发展至民用公共移动通信阶段。有线和无线通信技术的进步以及全球经济的蓬勃发展带动了信息通信产业的快速发展。由于进一步加强了社会信息交流，公用移动通信和移动通讯系统成为 20 世纪下半叶通讯产业的重要创新。40 年代中期至 60 年代初期，公用移动通信业务开始问世，正式开启信息通信产业化道路。1946 年，按照美国联邦通信委员会（FCC）的计划，世界上第一个公用汽车电话网（也被称为"城市系统"）在圣路易斯城建立，由美国贝尔电话公司领导的贝尔系统（Bell System）具体负责。[①] 当时的主要通信方式为单工，所使用的频道有三个，间隔为 120kHz。在此基础上，美国贝尔实验室还完成了对人工交换系统接续问题的探索。随后，公用移动电话系统在欧洲国家相继研制成功，诸如西德（1950 年）、法国（1956 年）和英国（1959 年）等。这一阶段公用移动通信产业的特点是从专用移动网向公用移动网过渡，接续方式为人工，网的容量较小。[②] 50 年代至 60 年代末，由于半导体技术的使用，移动通信开始广泛公用。

20 世纪 70 年代末期至 20 世纪末期，有线和无线通信技术进入现代移动通讯阶段。现代移动通讯以第一代移动通信技术（简称"1G"）的发明为标志，经过三十多年的爆发式增长，极大地改变了人们的生活方式，并成为推动社会发展的最重要动力之一。[③] 1G 系统采用模拟信号传输，其原理是对电磁波进行频率调制后，将语音信号转换到载波电磁波上，载有信息的电磁波发布到空间后，由接收设备接收，并从载波电磁波上还原语音信息，完成一次通话。1978 年底，美国贝尔试验室研制成功先进移动电话系统（Advanced Mobile Phone System，AMPS），建成了全球第一个蜂窝状移动通信网络，大大提高了系统容量。20 世纪 80 年代，1G 系统的广泛商业化应用，推动着移动通信产业发展开始步入"快车道"。1983 年，AMPS 在美国芝加哥正式投入商用，随后，其服务区域在美国逐渐扩大。到 1985 年 3 月，该系统已覆盖至 47 个地区，约 10 万移动用户使用。美国之外的其他发达国家也相继开发了蜂窝式公用移动通信网。诸如，日本于 1979 年推出 800MHz 汽车电话系统（HAMTS），随后在东京、大阪、神户等地投入商用。北欧四国芬兰、丹麦、瑞典、挪威于 1980 年开发了频段为 450MHz 的 NMT - 450 移

① 袁霞：《刍议现代通信技术与计算机技术的融合》，载于《信息通信》2015 年第 4 期。
② 刘婧：《移动通信技术演变史》，山西大学硕士学位论文，2010 年。
③ 《移动通信技术发展史，从 1G 时代到 5G 万物互联的时代》，电子发烧友网，2018 年 6 月 20 日，https：//www.elecfans.com/application/Communication/620322.html。

动通信网并投入使用。西德于 1984 年完成 C 网（C – Netz），频段为 450MHz。英国在 1985 年开发了频段为 900MHz 的全地址通信系统（Total Acce Communications System, TACS），首先在伦敦投入使用，之后覆盖至英国全国各地。法国开发了 450 系统。加拿大推出 450MHz 移动电话系统 MTS。中国的第一代移动通信网络建成于 1987 年，珠三角模拟基站在广东第六届全运会上开通，由此拉开了中国移动通信 1G 系统发展序幕。直至 2001 年 12 月 31 日关闭模拟移动通信网，1G 系统在中国的应用长达 14 年。由于中国在 1G 系统领域没有相关的专利，且相关技术尚处于"一片空白"，所以完全无法参与全球竞争。总的来讲，在 1G 时代，由于只能在第一代模拟手机上进行语音通话，所以存在容量有限、通话质量较差等显著缺点。这一时期的移动通信并未形成全球统一标准，且不同技术间互不兼容。

20 世纪 80 年代后期，世界发达国家就已经开始了第二代移动通信系统的研发工作。第二代移动通信技术（简称"2G"）以数字语音传输技术为核心，将 1G 的模拟信号调制转变为数字信号调制，实现通信技术的根本性变革。因此，与 1G 系统相比较，2G 系统具有保密性更强、系统容量更大的优势。这一时期，世界市场的 2G 系统标准有 GSM、IS – 95CDMA、D – AMPS 以及日本数字蜂窝系统（PDC）等，但以 GSM 和 CDMA 占主导。其中，CDMA 是以摩托罗拉为代表的美国标准，GSM 是以诺基亚为代表的欧洲标准。GSM 采用 EDGE 增强型数据速率技术，其数据传输速率可达 384kbit/s。2G 时代的另一大特色就是用户可以使用手机上网，虽然数据传输的速度较慢，但文字信息的传输由此开始，所以 2G 系统也被称为当今移动互联网发展的基础。进入 90 年代后，第二代移动通信系统在欧美等发达国家快速进入商业运营，使得移动通信产业呈现出蓬勃发展的景象。1996 年，美国对信息技术和产业的投资是对其他工业设备投资的 1.6 倍，占美国企业固定投资总额的 35.7%，占世界同类投资的 40%。巨额的投入使得美国在信息和通信技术领域取得一大批重大创新成果，特别是计算机、电视、电话、网络等技术的融合，以及通信技术的"数字革命"与"无限革命"，掀起了信息技术广泛应用的高潮。[1] 公用移动通信和移动通讯系统的广泛应用也极大地助推了韩国信息通信产业的快速崛起。90 年代末期，韩国已在全国 107 个地区建立起超高速通信网，光缆建设超 8 万余千米，信息通信产业创业投资企业增至 1 800 家，信息通信产品出口额达 399 亿美元。2G 时代，全球移动通讯核心技术、专利和标准虽被欧美等发达国家的企业所掌控，但中国也建立了相应的移动网络，并形成了自己的通信设备制造商和手机制造商。1995 年，中国联合网络通信集团有限公司（简称"中国联通"）率先在京津沪穗建设 GSM 数字移动电话网。[2] 因此，中国在 2G 时代整体上处于"跟跑进步"阶段。

中国在 1G 和 2G 时代历经了从"一片空白"到"跟跑进步"阶段。改革开放初期，

---

① 翟秀文、郭萍、杨玉修：《21 世纪的全新经济形态》，军事科学出版社 2003 年版，第 175 页。
② 吕廷杰、王元杰、迟永生、张解放：《信息技术简史》，电子工业出版社 2018 年版。

中央政府就推出了一系列促进通信产业发展的政策，推动了通信产业的快速发展，1980年实现了全行业扭亏为盈的历史性转变。[1] 1979～1981 年间，通信产业发展取得了一些标志性成果。诸如，长途电路增加 5 486 条，超出计划增长额的 9.72%；大中城市市内电话增加 27.6 万门；国际电话总数增长近 3 倍。[2] 1983 年，国家邮电部与比利时政府经过谈判，合作成立了上海贝尔电话设备制造公司（以下简称"上海贝尔"），引进了国内第一条程控电话交换机生产线。在 1986 年投产以后的 10 余年间，上海贝尔累计生产世界先进的 S1240 程控交换机达 5 600 万线，成为亚洲乃至世界最大的交换机生产基地之一。统计数据显示，自 1984 年起，邮电通信业的发展速度连续 15 年超过国民经济增长速度。进入 20 世纪 90 年代后，中央政府通过实施初装费政策、加收附加费政策来大力扶持电信业的发展。[3] 据统计，1996 年我国电话主线数世界排名第 3 位，相较 1985年攀升了 14 位。[4] 1998 年，我国公用电话网已经成为仅次于美国的世界第二大通信网络。在网络传输方面，我国建成了具有相当规模、多种先进手段并存的国家公用通信网，长途光缆突破 100 万千米。并且，全国电话普及率迅速上升，移动电话实现全国联网，并与世界上 12 个国家和地区实现自动漫游，用户数突破 4 000 万户。[5] 在电话交换方面，直接采用了数字程控交换机，跨越了纵横制交换机和模拟电子交换机两个技术阶段，电话程控化和长途电话电路数字化比重都在 99% 以上。

3.2.2　雷达技术发展及其产业化

雷达自 20 世纪 30 年代末被发明并投入应用以来，一直是人类进行遥感探测的最重要的工具之一，在城市管理、气象监管、资源勘查等方面发挥了重大作用。雷达传感器已成为物联网和嵌入式设计中的重要设计单元。[6] 雷达意为"无线电探测和测距"，是利用电磁波探测目标的电子设备，可利用无线电方法发现目标并测定它们的空间位置。因此，雷达也被称为"无线电定位"。雷达发射电磁波对目标进行照射并接收其回波，由此获得目标至电磁波发射点的距离、距离变化率（径向速度）、方位、高度等信息。雷达技术作为一项探测技术，在军事作战中起到先行作用，能够有效提高军事作战中的探测精度与抗干扰能力。在民用领域，雷达科技正以"百变"的样貌，出现在社会经济生活的方方面面，助力现代智慧城市建设。[7]

1864 年，詹姆斯·克拉克·麦克斯韦（James Clerk Maxwell）提出了电磁场理论，

[1][2]　王鸥：《中国电信业的发展与体制变迁（1949—2000）》，中国社会科学院研究生院博士学位论文，2001 年。

[3]　《通信 70 年发展大事记》，通信世界全媒体，2019 年 10 月 1 日，http：//www.cww.net.cn/article？id=458617。

[4]　《中国通信行业的发展历史以及目前现状》，电子发烧友网，2018 年 1 月 22 日，https：//www.elecfans.com/d/620618.html。

[5]　董婷婷：《中印信息服务业比较研究》，载于《江苏教育学院学报》（社会科学版）2009 年第 2 期。

[6]　《雷达技术原理与雷达的应用》，传感器专家网，https：//www.sensorexpert.com.cn/article/1149.html，2020 年 2 月 22 日。

[7]　《你没见过的"百变雷达"，其实就在我们身边…|足迹》，央广网，http：//m.cnr.cn/news/yctt/20190604/t20190604_524638091.html，2019 年 6 月 4 日。

预见了电磁波的存在。1886 年，海因里希·鲁道夫·赫兹（Heinrich Rudolf Hertz）成功地完成了产生电磁波的实验，从而证实了"无线电"的存在。1922 年，伽利尔摩·马可尼（Guglielmo Marconi）主张用短波无线电来探测物体，确定另一船舶的存在，这是对雷达概念的最早描述。[①] 雷达技术形成于 20 世纪初期，在第二次世界大战中得到快速发展，与导弹、原子弹一起被称为第二次世界大战中的三大新武器。[②] 第二次世界大战初期，德国最先研制出大功率三、四极电子管，把频率提高到 500 兆赫以上。这不仅提高了雷达搜索和飞机引导的精度，而且也提高了高射炮控制雷达的性能，使高射炮具有更高的命中率。因为军事作战的需要，雷达技术发展极为迅速，雷达的战术使用也由单一的对空警戒拓展为引导、截击、火控、轰炸瞄准、导航、探测潜艇及水面舰艇等多个方面。[③] 1939 年，英国科学家发明了 3 000 兆赫的大功率磁控管，并在地面和飞机上装备了这种磁控管的微波雷达，使盟军在空中作战和空—海作战方面获得绝对优势。第二次世界大战中期，英国防空网络采用了先进的低空搜索雷达和远程警戒雷达，并将上述雷达技术应用于指挥、控制和通信系统，形成了"道丁系统"（Dowding System）。该系统以对空雷达网提供的空情为主，以遍布英国各地的近距离对空观察哨网络提供的空情为辅，将所有的一切都融合在一起，成为最精巧的战争机器。第二次世界大战后期，美国进一步把磁控管的频率提高到 10 吉赫，实现了机载雷达小型化并提高了测量精度。在高射炮火控方面，美国研制的精密自动跟踪雷达 SCR—584 使高炮命中率从第二次世界大战初期的数千发炮弹击落一架飞机提高到数十发炮弹击中一架飞机。

到了 20 世纪 40 年代后期，动目标显示技术的发明与应用，极大地增强了雷达在地杂波和云雨等杂波背景中捕捉目标的概率。由于高性能的动目标显示雷达必须发射相干信号，相应的功率行波管、速调管、前向波管等器件被陆续研制出来。20 世纪 50 年代是雷达技术理论发展的鼎盛时期，雷达技术进入了以理论为基础，结合实践应用的阶段。这一时期产生的主要理论有动目标显示理论、模糊图理论等。雷达新体制、新技术得到进一步发展，动目标显示、单脉冲测角和跟踪以及脉冲压缩技术被广泛应用。50 年代中后期，美国装备了超距预警雷达系统，可以探寻超音速飞机。1959 年，美国通用电气公司研制出弹道导弹预警雷达系统，可发跟踪 3 000 英里外、600 英里高的导弹，预警时间为 20 分钟。[④]

20 世纪 60～90 年代是雷达技术发展的快速成长和成熟阶段。雷达系统发展以数字处理技术革命和相控阵雷达为主要标志。雷达信号和数据处理的数字化革命、半导体元件和超大规模集成电路的应用，使雷达技术的发展日趋完善。60 年代起，相控阵雷达、固态相控阵雷达和脉冲多普勒雷达相继问世，开启了数字雷达技术发展新趋势。这一时

---

① 张连仲、王炳如、陈玲、张光义：《军用雷达技术在现代战争中的应用》，载于《现代雷达》2008 年第 4 期。

② 郭建明、谭怀英：《雷达技术发展综述及第 5 代雷达初探》，载于《现代雷达》2012 年第 2 期。

③④ 《雷达发展史》，电子科技博物馆，2019 年 2 月 13 日，https://www.museum.uestc.edu.cn/info/1184/2243.htm。

期，美国、德国、英国、法国、日本、瑞典、荷兰等发达国家先后开展了接收数字波束形成雷达的研究与开发。德国的 ELRA 相控阵雷达则是最早的接收数字波束形成的雷达。70 年代，德国通用电气—德律风根公司研制了飞行安全控制雷达、机载和舰载雷达、防空雷达；西门子公司研制了移动式多普勒雷达（MPDR）；标准电气洛伦茨公司研制了毫米波雷达等；加拿大伊朱卡等 3 人于 1971 年发明了全息矩阵雷达，利用双阶段法获得目标的雷达立体图像。进入 80 年代以后，无源相控阵雷达研制成功，超高速集成电路技术的发展，使雷达信号处理能力继续提升的同时显著缩小了处理机体积。20 世纪 90 年代则是雷达技术发展的成熟时期，各种新技术的应用以及数字技术的进一步发展，促进了雷达技术日趋成熟。诸如，1993 年，美国曼彻斯特市德雷尔·麦吉尔发明了多塔查克超智能雷达，将雷达技术推向了新高度。另外，有源相控阵雷达的成熟应用、毫米波雷达的成熟、机载雷达与多传感器的数据融合等，使得雷达的多功能、综合化、高可靠、抗干扰和多目标等先进性特征越来越凸显。[①]

雷达所具有的全天候、全天时工作特点，使其应用面迅速地由军事领域拓展到民用领域。从全球雷达应用市场结构来看，雷达技术应用的主战场仍是军用领域，但民用雷达的市场份额比重也在不断提升，并不断蚕食军用雷达市场份额。民用雷达主要应用于城市交通、气象监管、资源勘查和空中交通管理等领域。其中，雷达技术在城市交通中可以应用于车辆测速、汽车防撞等方面。广域雷达交通路网感知系统是基于一种大区域跟踪的检测方式，其雷达天线将雷达波以极小的周期投射在路面上，遇到物体反射回来连续回波信号。经过分析，系统在得出准确的目标信息后开始对这些目标进行测量和跟踪，直至目标离开检测区域。交通雷达能够准确检测道路上被跟踪物体的二维坐标、速度、大小，并对数据进行实时处理，输出相关即时数据、统计数据和事件报警数据等。[②] 除此之外，还有应用于高级驾驶辅助系统、自动驾驶领域的毫米波雷达传感器技术，这项雷达技术在 L2 以上自动驾驶系统中已成为标配。

天气雷达是气象雷达的一种，是监测和预警强对流天气的主要工具，其工作原理是通过发射一系列脉冲电磁波，利用云雾、雨、雪等降水粒子对电磁波的散射和吸收，探测降水的空间分布和垂直结构，并以此为警戒跟踪降水系统。天气雷达在灾害性天气尤其是突发性的中小尺度灾害性天气的监测预警中发挥着重要的作用。雷达系统由于能够利用自动化系统进行全方位最佳角度摄影，且不受天气条件、云层和光度影响，已成为不可缺少的资源勘查工具。[③] 探地雷达是近几十年发展起来的一种探测地下目标的有效手段，是一种无损探测技术，与其他常规的地下探测方法相比，具有探测速度快、探测

---

① 骆志伟：《雷达电子行业专题报告：军队信息化核心系统，数字相控阵已成方向》，未来智库，https://new. qq. com/rain/a/20221021A014AE00，2022 年 10 月 21 日。
② 《雷达技术在智能交通领域的应用——广域雷达技术与应用》，赛文交通网，2016 年 12 月 13 日，https：//sai-wen. bingdianyun. com/index. php？ m = home&c = View&a = index&aid = 15169。
③ 张锡潮：《应用空中雷达勘探矿产和能源资源》，载于《国外地质勘探技术》1991 年第 1 期。

过程连续、分辨率高、操作方便灵活、探测费用低等优点，在工程勘察领域的应用日益广泛。① 由于探地雷达探测的高精度、高效率以及无损的特点，目前主要被用于考古、矿产勘查、灾害地质调查、岩土工程勘察等众多领域。航空管制雷达，是一种为确保飞机飞行安全和提高飞行效率而建立的雷达系统，包括一次监视雷达（PSR）、二次监视雷达（SSR）、精密进场雷达（PAR）、场面监视雷达等类型。航空管制员通过空管雷达可以看到整个空域的情况，从而根据实际情形引导飞机做有利的机动飞行，减少飞机的滞空时间。同时，也可以向驾驶员提供此时在空中飞行的其他飞机的位置、航向、速度等信息，以便驾驶员采取更加主动有利的措施，维护空中交通安全和秩序。近年来，运输和通用航空迎来快速发展期，工业无人机或成为通航发展新动力，配套空管雷达及系统需求旺盛。②

从全球市场来看，民用雷达行业主要由国际传统民用雷达领先公司和国际新兴民用雷达领先公司构成。其中，国际传统民用雷达领先公司主要以美国雷神公司、意大利Selex ES 公司、法国泰雷兹集团 Thales 等企业为龙头，而国际新兴民用雷达领先公司则是以美国 Metawave 公司、美国 Uhnder 公司、以色列 Vayyar 公司等为龙头企业。目前，全球雷达市场规模呈现逐年扩大趋势。美国市场研究公司 Grandview Research 的公开数据显示，2020 年全球雷达市场规模约为 314 亿美元，而全球民用雷达市场规模达到了122 亿美元，占全球市场份额的 39%。③

中国的雷达技术发展肇始于 20 世纪 50 年代初。1949 年 5 月，中国人民解放军接管了国民党的雷达研究所，正式拉开了中国雷达工业发展的序幕。1956 年，中国人民解放军自行设计、研制了第一部 406 米波远程警戒雷达，标志着中国雷达从装配仿制正式进入了自主设计阶段。1976 年，7010 战略预警相控阵雷达屹立于燕山余脉黄羊山上，标志着中国开始掌握了相控阵雷达尖端技术。1989 年，机载脉冲多普勒雷达取得突破，为中国"战鹰"擦亮了双眼。④ 并且，中国研制的大型雷达还用于观测中国和其他国家发射的人造卫星，研制成的机载合成孔径雷达已能获得大面积清晰的测绘地图。中国研制的新一代雷达均已采用计算机或微处理器，并应用了中、大规模集成电路的数字式信息处理技术，频率已扩展至毫米波段。我国的民用雷达研制则始于 20 世纪 80 年代末期，气象雷达和航管雷达作为民用雷达的典型代表均兴起于 80 年代末和 90 年代初，属于雷达技术商业化发展的新兴产业。其中，气象雷达领域的代表有脉冲多普勒天气雷达

---

① 卢开艳，李金鹿，马承禹：《雷达探测结合地表沉降分析在道路下方穿越施工中应用研究》，载于《大陆桥视野》2022 年第 11 期。

② 《空管雷达及系统报告——空中管制的"千里眼"》，电子工程世界网，2021 年 5 月 27 日，http：//news. eeworld. com. cn/mp/ICVIS/a109496. jspx。

③ 《2021 年全球民用雷达行业市场发展现状和前景趋势》，前瞻产业研究院，2021 年 4 月 6 日，https：//www. qianzhan. com/analyst/detail/220/210406 – 1b044f06. html。

④ 《贲德院士：要吃得了生活的苦》，载于《中国青年报》2018 年 7 月 16 日，http：//zqb. cyol. com/html/2018 –07/16/nw. D110000zgqnb_20180716_1 – 11. htm。

等；航管雷达领域的代表有近程远程交通管制雷达、着陆雷达、成像雷达等。① 自 20 世纪 90 年代开始使用多普勒天气雷达以来，我国已将新一代多普勒天气雷达确立为气象监测的主导方向，并制定了相应的功能规格和标准。②

　　中国从事雷达整机和零部件研制的单位主要有三个梯队企业：一是作为国家队代表的央企研究所，是国内高端雷达制造的中流砥柱，掌握着国内最核心最先进雷达技术。二是前身为兵工厂的地方国企，这些企业在民用雷达技术及产品领域具有一定的优势。三是作为央企研究所和地方国企补充的民营企业，其雷达技术研发队伍主要来源于高校或海外技术团队，其产品多专注于特定的细分行业。

3.2.3　卫星通信技术发展及其产业化

　　卫星通信技术是一种利用人造地球卫星作为中继站来转发无线电波而进行的两个或多个地球站之间的通信技术。它既是建立全球个人通信必不可少的一种重要手段，也是实现网络信息地域连续覆盖普惠共享的有效补充③，还有助于维护国家通信网络安全和降低网络通信成本。卫星通信具有覆盖范围广、通信容量大、传输质量好、组网方便迅速、便于实现全球无缝连接等众多优点。近年来，随着火箭发射成本的降低和通信技术的进步，建设大规模卫星通信星座，使得形成覆盖全球的卫星通信网络成为可能，并具有广阔的应用前景。④

　　20 世纪 50 年代，世界第一颗人造地球卫星发射升空，正式开启卫星通信的新里程碑。不过，早期的卫星通信主要应用于军事领域，是军事通信网的重要组成部分，具有实现远距离的话音、数据、图像、视频传输等业务功能。1957 年，苏联率先发射第一颗人造地球卫星之后，军事通信便进入了卫星太空通信时代，并被立即应用于军事领域。⑤ 1965 年 4 月 6 日，美国军方委托伍德里奇公司研制的"国防通信卫星 I"（Intelsat – I）进入地球同步轨道并正式投入使用。该卫星的投发为美国国防部各部门提供通信连接，并为全球军事通信与指挥系统提供直接支援。⑥ 17 天后，即 4 月 23 日，苏联发射了第一颗"闪电 – 1"，这颗通信卫星功率为 460 瓦，约为美国"国际通信卫星 I"功率的 11.5 倍，质量也超过了美国卫星的 10 倍以上。并且，这颗卫星成功实现了苏联远东地区民众首次观看至莫斯科红场"胜利日"阅兵式的现场直播。70 年代后期，苏联又相继发射了改进的"闪电 – 2""闪电 – 3"卫星近 50 颗。

① 《2021 年中国民用雷达行业市场现状和发展前景预测 2026 年市场规模将达 1247 亿元左右》，前瞻产业研究院，2021 年 4 月 18 日，https://www.qianzhan.com/analyst/detail/220/210416 – 83a21608.html。
② 杜岳山、张朝明：《雷达技术在城市管理中的应用》，载于《科技资讯》2012 年第 12 期。
③ 赛迪顾问物联网产业研究中心与新浪 5G：《"新基建"之中国卫星互联网产业发展研究白皮书》，2020 年 5 月 29 日，第 4 页。
④ 李文军、赵天昊：《中国卫星通信产业发展的意义与建议》，载于《价格理论与实践》2021 年第 6 期。
⑤ 耿艳栋、杨娟、罗小明：《争夺信息化战争第一制高点——卫星军事应用系统参战的作用》，载于《中国国情国力》2002 年第 3 期。
⑥ 王硕、赵梦：《美国军事卫星通信系统应用机制研究》，载于《航天器工程》2018 年第 1 期。

自 1971 年美国"国防通信卫星Ⅱ"替代"国防通信卫星Ⅰ"到 1989 年 9 月，美国共发射了 16 颗更为先进的"国防通信卫星Ⅱ"。第二代卫星不仅能用于远程战略通信，还可支援突发事件等作战活动。[①] 美国"国防通信卫星Ⅲ"从 1982 年 10 月起开始服役，总计部署 14 颗，其管理单位和用户是美国国防通信局和陆海空三军。[②] 与此同时，美国还发展了各军兵种使用的通信卫星，包括 1978~1989 年发射的 8 颗由 TRW 公司研制的舰队通信卫星。该舰队通信卫星系统由美国海军负责管理，可为约 800 艘舰船、100 艘潜艇和空军的数百架飞机和一些地面终端提供通信保障。1976 年，美国开始部署空军通信卫星系统，1979 年投入使用，1981 年开始全面工作，系统连接包括预警机、侦察机、战略轰炸机、洲际导弹指挥所在内的地面和机上终端。[③] 20 世纪 90 年代后期，美国针对抗核加固问题，研制和发射了具有较强的抗干扰能力，能保证在战争条件下通信顺畅的新一代军用通信卫星战略战术和中继卫星（MILSTAR）。

除了美国，世界多国和国际军事组织也大力发展军事卫星通信技术。例如欧洲国家于 20 世纪 60 年代初涉足通信卫星。1974 年，欧洲国家首次研制的通信卫星（德国、法国联合研制的交响乐通信卫星和英国在美国协助下研制的天网 2B 通信卫星）发射成功，对整个欧洲的卫星通信产生了很大的影响。北约组织于 20 世纪 70 年代初发射了 3 颗"纳托"通信卫星（纳托-2A、纳托-2B、纳托-3A）。法国在 1984 年 8 月将"电信-1A"（Telecom-1A）通信卫星发射到地球同步轨道，随后又在 1985 年 5 月将"电信-1B"（Telecom-1B）发射到地球同步轨道，1986 年 7 月将"电信-1C"（Telecom-1C）发射到地球同步轨道，这三颗卫星构成了法国全国卫星通信网。[④] 中国在 20 世纪 60 年代发射"东方红"地球卫星后，也发展了军事卫星通信。[⑤] 总之，利用人造地球卫星开展军事通信具有通信距离远、传输容量大、可靠性高、灵活性强和造价便宜等优点，卫星通信成为当代军事通信的理想模式之一。

军事目的是卫星通信技术产生和发展的源动力，而商业应用和产业化则是卫星通信技术腾飞的"助推器"。卫星通信技术的商业化始于 20 世纪 60 年代中期。1965 年 4 月，西方发达国家财团组成的"国际卫星通信组织"将第 1 颗国际商业通信卫星（INTELSAT-Ⅰ，简称"IS-Ⅰ"，代号晨鸟）发射至地球同步轨道，用于承担欧美大陆之间商业通信和国际通信业务，标志着卫星通信时代的到来。2 周以后，苏联也成功地发射了第一颗非同步通信卫星"闪电-1"，对其北方、西伯利亚、中亚地区提供电视、广播、传真和一些电话业务。20 世纪 70 年代初期，卫星通信技术开始应用于一国内部的通信业务。诸如，加拿大于 1972 年首次发射了国内通信卫星"ANIK"，率先开展了国

① 中和：《美国最后 1 颗国防通信卫星-3 升空》，载于《国际太空》2003 年第 11 期。
② 陈大庆：《一颗国防通信卫星-Ⅲ发射成功》，载于《国外空间动态》1983 年第 1 期。
③ 郭伟民、赵新国、李强：《卫星军事应用系统支援常规导弹作战 Petri 网建模》，载于《系统工程与电子技术》2009 年第 2 期。
④ 钱继祖：《法国电信-1 卫星控制系统》，载于《中国航天》1986 年第 4 期。
⑤ 徐福祥：《中国 48 颗人造卫星的成长历程》，载于《中国国情国力》2001 年第 4 期。

内卫星通信业务，取得了显著的经济效益。20 世纪 80 年代，VSAT（Very Small Aperture Terminal）卫星通信系统问世，标志着卫星通信进入突破性的发展阶段。VSAT 是集通信、电子计算机技术于一体的固态化、智能化的小型无人值守地球站。VSAT 卫星通信系统从单一窄带业务的卫星电信网，向一个融合电信、广播、计算机的宽带卫星网络发展，为大量专业卫星通信网的发展创造了条件，开拓了卫星通信应用发展的新局面。它既可以应用于发达国家，也适用于技术不发达和经济落后的国家，尤其适用于地形复杂、不便架线和人烟稀少的边远地区。[1] 此外，中、低轨道移动卫星通信的出现和发展开辟了全球个人通信的新纪元，大大加速了社会信息化的进程。到 20 世纪 90 年代，通信卫星从政府主导的军事科研项目逐渐转向民用商业领域，不断显示出其先进性和商业价值。欧美商业卫星制造业在激烈的市场竞争中逐渐形成五大卫星制造公司，即美国的波音卫星系统公司、洛克希德·马丁商业空间系统公司和劳拉空间系统公司，欧洲的阿斯特里姆公司和阿尔卡特空间工业公司。[2]

中国卫星通信技术的商业使用始于 20 世纪 70 年代初。1972 年，我国租用国际第 4 代卫星（IS-Ⅳ），引进国外卫星通信设备，在北京和上海建立了 4 座大型地球站，首次开展了商业性的国际卫星通信业务。[3] 从 20 世纪 80 年代中期开始，我国开始利用国内外通信卫星，发展卫星通信技术，以满足日益增长的通信、广播和教育事业的发展需求。1984 年 4 月 8 日，我国成功地发射了第一颗试验通信卫星（STW-1）。1988 年 3 月 7 日和 12 月 22 日，我国又相继成功发射了 2 颗经过改进的实用通信卫星"东方红-2A"。1990 年 2 月 4 日，我国成功发射了东方红-3 卫星，主要用于国内通信、水利、交通、广播、电视等业务。同年 4 月 7 日，使用自行研制的长征三号火箭将亚洲一号卫星（24 个转发器）成功送入了预定轨道。亚洲一号卫星的在轨运行，对亚洲各国、各地区的卫星通信和广播电视事业发展发挥了重要的推动作用，对于亚洲地区卫星通信产业发展具有重要历史意义。1997 年 5 月 12 日，我国成功发射了第 3 代通信卫星"东方红三号"（DFH-3）卫星，主要用于电视传输、电话、电报、传真、广播和数据传输等业务。

3.2.4 电子计算机技术发展及其产业化

电子计算机技术是指计算机领域中所运用的技术方法和技术手段，或指其硬件技术、软件技术及应用技术。计算机技术具有明显的综合特性，它与电子工程、应用物理、机械工程、现代通信技术和数学等紧密结合。作为 21 世纪应用最为广泛的高新技术，电子计算机技术以更加多样化的形式渗透到社会各行各业，加速了社会资源信息的

---

① 李婵：《分散式工程项目通信系统探讨》，载于《信息通信》2012 年第 5 期。
② 临风：《欧美通信卫星的发展简史和市场竞争现状（一）》，载于《中国航天》2001 年第 7 期。
③ 郝为民：《蓬勃发展中的中国卫星通信事业》，载于《世界电信》1994 年第 6 期。

流动，成为社会发展的强大推动力。尤其是个人计算机的研制成功具有划时代的特征，对于推进信息经济、网络经济以及新经济发展具有里程碑意义。在大数据时代，计算机技术正以其便捷性、高效性、准确性著称，实现资源的全面共享和有机协作。

20世纪40~70年代，电子计算机开始萌起。19世纪，英国杰出的数字家乔治·布尔（George Boole）利用数字方法研究人类思维规律，并成功将形式逻辑归为一种代数演算，即布尔代数。1940年，美国麻省理工学院（MIT）的克劳德·香农（Claude El-wood Shannon）在其硕士论文《继电器开关电路之符号分析》中，表明了电气线路可用以实现布尔代数思想，从而奠定了计算机科学基础。1946~1958年，具有划时代意义的第一代电子计算机EDVAC（Electronic Discrete Variable Automatic Computer）和ENIAC（Electronic Numerical Integrator and Computer）在冯·诺依曼（John von Neumann）、"莫尔小组"工程师以及华人科学家朱传榘的共同领导下完成，它的结构与现代计算机的结构基本一致，由运算器、控制器、存储器、输入设备和输出设备五大部分构成。第一代电子计算机不仅占地面积大、能耗大，而且运算速度有限，但有效解决了美国陆军导弹研制中的常规数学计算以及原子弹研制中的大量复杂计算问题。[1] 而在1959~1964年研制的第二代电子计算机、1965~1970年研制的第三代电子计算机、1971年后研制的第四代电子计算机则极大地改进了机器体积、能耗以及运算效率，为军事装备研发以及作战效率改进奠定了坚实基础。[2]

20世纪70年代，电子计算机技术进入广泛的军事应用阶段。电子计算机技术在军事领域中的应用从根本上改变了传统战争模式、演练手段和作战效率，推进了武器装备的信息化。20世纪70年代初，英特尔等公司推出大规模集成电力计算机后很快就应用于武器装备中。这一阶段主要有军用CPU芯片8080、Z-80等型号。20世纪70年代，美国提出了"信息战"概念，并开始大力发展军用电子设备并广泛应用于国防信息化建设。1977年，美国首次把"情报"作为自动化指挥的重要因素与C3系统（指挥、控制、通信）相结合，形成C3I系统。并且，随着计算机技术和电子设备在军事装备中的应用范围扩大，指挥自动化系统进一步演变成为C4I系统。"信息化战争"的形势使军队认识到掌握战场态势的重要性，于是战场"态势感知"概念被提出，并演变出C4ISR系统。计算机技术的运用促进了一体化军事指挥系统的发展，从而提高了信息收集、传递和处理的自动化水平。

20世纪70年代以来，随着军事电子技术的迅速发展，特别是微电子技术在军事电子装备和武器系统中的应用，军事电子装备发生了革命性的变化，[3] 电子计算机技术与电子设备在军事领域的广泛应用不胜枚举。1979年法国航空导航设备公司采用5台

---

[1] ENIAC全称为Electronic Numerical Integrator and Computer，即电子数字积分计算机，被誉为"巨型大脑"，1个小时就可以取代当时2 400个人类工时的计算。

[2] 周荣庭、张燕翔：《信息技术及其应用》，中国科学技术大学出版社2006年版，第23页。

[3] 薛炎华：《微型机在军事方面的应用》，载于《火力与指挥控制》1989年第3期。

8086 微型机构成飞机飞行控制系统。两年后，法国军队运用 MITRA – 15M/125 计算机和各种终端设备组成了第二代地炮射击系统"阿迪拉"，实现了设计指挥过程的自动化。类似的还有美国的"阿法兹""AN/GYK – 19"连级计算机、德国的"阿德勒"等射击指挥系统。20 世纪 70 年代中期，德国开始加快军用电子计算机等电子设备的研制和生产，加强与国外的合作，实现了军用电子产品的国产化。为了实现军队指挥自动化、现代化，德国发展了综合军用电子系统，并在这期间研制了"莱姆斯特"M 型和 FLT2 型坦克火控系统。

中国将电子计算机技术与电子设备应用于军事装备和军事训练，极大地提升了军事对抗能力和军事现代化水平。1964 年 11 月，在当时国际环境非常困难的情况下，中国人民解放军军事工程学院成功研制了 441 – B 机，该机是用国产半导体元器件研制成功的中国第一台晶体管通用电子计算机。1965 年 6 月，中国科学院自主研发并基于国产器材制造了 109 乙晶体管大型通用数字计算机。该机与此前研制的 119 型电子管计算机相比，不仅运算速度提高，机器的器件损坏率和耗电量均降低很多，计算机的平均连续稳定时间也有所延长。该机在国民经济和国防部门得到广泛应用。1975 年 3 月，解放军通信兵部改为总参谋部通信部，由军委所属的兵种改为总参谋部管理全军通信工作的业务部门。同一时期，解放军通信兵电子对抗部队正式成立，后发展成为陆军中一个独立兵种。80~90 年代中期，随着微电子技术的快速发展和电子对抗的需求，中国研制出以大规模集成电路为主的一批具有自适应、跳频、扩频功能的抗干扰通信装备，极大地提高了我军无线通信装备的作战能力和现代化水平，实现了装备的标准化、系列化。[1]

20 世纪 50 年代起，随着电子信息技术的快速发展，电子计算机产业在全球迅速崛起。这一时期，最具典型意义的是，晶体管开始逐渐替代真空电子管，最终实现了集成电路和微处理器的大批量生产，为微型计算机和个人计算机（PC）的研发与制造奠定了重要基础。1965 年，美国数字设备公司（DEC）生产出全球首台微型计算机 PDP8，创造了大型计算机未曾触及的新领域和新需求群体（中型研发实验室、广大的制造业企业以及一些小型商家）。1968 年，罗伯特·诺伊斯、戈登·摩尔和安迪·格鲁夫创办了英特尔，他们起初瞄准了可以存储更多比特信息的半导体存储器，并用它来替换磁芯存储器。1969 年，英特尔推出了第一个芯片产品 3101，这是一种用于高速随机存取存储器（RAM）的肖克利双极型 64 比特存储芯片。20 世纪 70 年代，第四代超大规模集成电路计算机研制成功，在办公自动化、数据库管理、图像处理、语言设计和专家系统等各个领域得到应用，电子计算机开始进入家庭，衍生出个人计算机（PC）。

个人计算机的研制成功为计算机产业创造了更大的发展空间，极大地促进了计算机技术的更新迭代，为数字经济快速发展奠定了关键性技术基础。1970 年，英特尔推出

① 杨永军：《人民解放军通信事业发展简况》，载于《军事历史》1995 年第 3 期。

了 1103 产品，这是一个 1 024 字节（1KB）容量的动态随机存取存储器（DRAM），也是第一个商业上可用的芯片。1971 年，Kenbak Corporation 推出了世界公认的第一部个人计算机 Kenbak－1，售价 750 美元。Kenbak－1 由约翰·布兰肯巴克（John V. Blankenbaker）使用标准的中规模和小规模集成电路设计，存储容量为 256 字节。另一款早期的个人计算机是 Computer Terminal Corporation 推出的 Datapoint 2200。1973 年，法国工程师夫朗索瓦·热尔内尔（François Gernelle）和安德烈·特鲁昂（André Truong）发明了世界上第一款使用英特尔微处理器的商业个人电脑，简称"Micral"。这款电脑并非简单组装件，而是形成一套完整系统，基于英特尔 8008 微处理器设计。

对于早期的个人计算机而言，1977 年是意义非同寻常的一年。这一年，个人电子处理器 Commodore PET 和 Apple Ⅱ 相继问世，实现了个人计算机的革命式发展。1980 年，IBM 推出以英特尔 x86 为硬件架构以及以微软公司 MS－DOS 为操作系统的个人电脑，并制定以 PC/AT 为 PC 的规格。1981 年，IBM 公司推出 IBM 5150，为快速发展的个人计算机市场推波助澜。IBM 5150 使用英特尔 8088 微处理器、微软 MS－DOS 操作系统。1983 年 11 月，苹果公司的乔布斯（Steve Jobs）在 Comdex 大展上首次展示了 Macintosh 计算机，从此，个人计算机千篇一律的字符界面逐渐被生动、极富个性的图形界面所取代。1985 年，东芝采用 x86 架构开发出世界第一台真正意义的笔记本电脑。

中国的计算机研制起步于 20 世纪 50 年代，相较国外同级别先进计算机的研制则晚了约 10 年。我国自 1957 年在中国科学院计算技术研究所（以下简称"中科院计算所"）开始研制通用数字电子计算机，1958 年 8 月 1 日该机成功运行了四条指令的短程序，标志着我国第一台电子数字计算机诞生，命名为 103 型计算机（简称"DJS－1 型"）。1958 年 5 月，我国开始了第一台大型通用电子数字计算机（104 机）的研制。1964 年，我国第一台自行设计的大型通用数字电子管计算机（119 机）研制成功。1965 年，中科院计算所成功研制了我国第一台大型晶体管计算机（109 乙机）。这两种电子管计算机的相继推出，为中国解决了大量过去无法计算的经济和国防等领域的难题，填补了中国计算机技术的空白，成为中国计算机事业起步阶段的重要里程碑。[①] 两年后，中科院计算所对 109 乙机加以改进，并推出了 109 丙机。该机在我国两弹试制中发挥了重要作用，被用户誉为"功勋机"。不过，70 年代以前研制第一代和第二代计算机主要侧重于硬件研发，系统软件大多为自行开发且早期主要以苏联算法为指导思想。70 年代后就开始集中力量进行自行设计和制造攻关。1974 年 8 月，DJS－130 小型多功能计算机分别在北京、天津通过鉴定，中国 DJS－100 系列机由此诞生。100 系列计算机的研制对于"文革"期间坚持中国计算机事业的发展具有重要的意义，它带动了中国的计算机产业、计算机器件和计算机应用的发展。1975 年，清华大学等单位又开始自行

---

① 陶建华、刘瑞挺、徐恪、韩伟力、张华平、于剑、田丰、梁晓辉：《中国计算机发展简史》，载于《科技导报》2016 年第 34 期。

设计国产中规模集成电路，重点突破磁盘等外部设备。随后，131、132、135 等共 13 个机型先后研制成功，这标志着我国系列化计算机产品逐步形成，推动我国计算机工业走上系列化批量生产的道路。

20 世纪 80 年代中期，我国意识到发展计算机行业应该从过去的以研究制造计算机硬件设备为中心，转向以普及应用为中心，以此带动研究发展、生产制造、外围配套、应用开发等信息制造产业。当时，计算机与大规模集成电路产业是影响"四个现代化"建设进程的重点领域。到 90 年代初，中国电子工业依靠国产电子元器件已经能够生产二十多类、数千种整机设备，许多精密复杂的产品达到了较高水平。并且，逐步形成了雷达、通信导航、广播电视、电子计算机、电子元器件、电子测量仪器与电子专用设备六大产业。为了振兴计算机与大规模集成电路产业发展，计算机与大规模集成电路领导小组于 1985 年 5 月 15 日在北京召开会议，提出把发展中小型机，特别是微型机、单板机作为重点方向，以应用为导向大力加强计算机软件研发，迅速形成软件产业。[①] 自 80年代中期以来，中国的 PC 产业一直紧跟国际步伐，与国际同步推出每一代集成最新技术的个人计算机。中国微机的雏形是 1983 年 12 月电子部六所开发成功的微型计算机长城 100。1985 年，中国成功研制出第一台具有字符发生器汉字显示能力、具备完整中文信息处理功能的国产微机长城 0520CH，标志着中国微机产业进入了一个飞速发展的时期。[②] 同年 11 月，中科院计算所成功研制联想式汉字微型机 LX – PC 系统。在长城、联想等龙头企业的带动下，国内涌现出一大批电脑制造企业，如四通、方正、同创、实达等，成为带动中国计算机制造业发展的主力军。

3.2.5 软件技术发展及其产业化

软件技术是新一代信息技术产业的灵魂，引领新一轮科技创新的群体突破，催生网络化协同、智能化生产、个性化定制、服务型制造等制造业的新模式、新业态，是建设制造强国和网络强国的关键支撑。[③] 软件技术是指为计算机系统提供程序和相关文档支持的技术。所谓程序，是指为使计算机实现所预期的目标而编排的一系列步骤。没有软件，计算机就没有存在的必要，也就没有蓬勃发展的计算机应用产业。作为 21 世纪的朝阳产业，软件是全球最具发展前景与开发潜力的产业之一，已成为全球经济的新增长点，逐渐成为世界各国竞相占领的战略制高点。[④] 软件市场大致可以分为应用软件、系统软件和工具软件。

20 世纪 50 ~ 60 年代中期，软件技术处于程序设计阶段。软件技术的主流是以 Algo

① 红亮：《国内外计算机软件行业，应用软件发展道路研讨会》，载于《计算机应用研究》1984 年第 1 期。
② 陶建华、刘瑞挺、徐恪、韩伟力、张华平、于剑、田丰、梁晓辉：《中国计算机发展简史》，载于《科技导报》2016 年第 34 期。
③ 苗圩：《软件是新一代信息技术的灵魂》，澎湃新闻网，2019 年 7 月 1 日，https：//www. thepaper. cn/newsDetail_forward_3789879。
④ 任小燕：《中美计算机产业发展比较》，载于《中国国情国力》2000 年第 1 期。

Fortune 等编程语言为标志的算法技术。那时，程序设计是一种任人发挥创造才能的活动，写出的程序只要能在计算机上得出正确的结果，程序的写法可以不受约束，程序往往是一件充满了技巧和窍门的"艺术品"。基于这种算法技术的软件生产率非常低，程序很难看懂，这给软件的修改、维护带来极大的困难。20 世纪 60～70 年代中期，软件技术发展至程序系统阶段。多道程序设计、多用户系统引入了人机交互的新概念。这时候出现了实时系统和第一代数据管理系统。① 随着计算机软件规模越来越大，应用范围越来越广，软件的升级维护依然没有解决许多程序的个人化特性问题，出现了"软件危机"。20 世纪 70 年代，以 Pascal、Cobol 等编程语言和关系数据库管理系统为标志的结构化软件技术面世，强调数据结构、程序模块化结构，采用自顶向下逐步求精的设计方法和单入口单出口的控制结构，大大改善了程序的可读性。

从 20 世纪 70 年代开始，软件技术进入软件工程阶段。随着分布式系统、高宽带数字通信系统等应用技术的迅速发展，人们对计算机软件的需求变得更大，人们愈发关注软件开发的效率和质量。20 世纪 80 年代，软件技术进一步发展为以 Smalltall、C＋＋等为代表的面向对象技术。对象技术的最大优点是帮助分析者、设计者及用户清楚地表达概念，互相进行交流，并作为描述、分析和建立软件文档的一种手段。经过十余年的发展，面向对象技术演变为以 CORBA 等为代表的分布式面向对象技术。20 世纪 90 年代中期至今，以 COM、COR－BA3.0、EJB 和 Web Service 为代表的软件构件技术弥补了先前软件技术的不足。软件构件技术的突破，在于实现对软件可执行二进制码的重用。这样，一个软件可被切分成一些构件，这些构件可以单独开发、单独编译，甚至单独调试与测试。② 软件技术的成熟使得国际计算机产业结构逐渐从以硬件为核心向软件主导的方向过渡。③ 开源软件是软件技术的支撑，开源即开放源代码。开源软件的发展与互联网的发展密不可分。20 世纪 90 年代之前，开源软件主要以个人和大学为主，由于发布条件的限制，仅仅流传于互相熟悉的程序员和老师、学生之间。这个阶段的典型开源软件为 BSD。在互联网开始兴起的 90 年代，真正有规模的开源软件才进入公众视线。理查德·斯托曼（Richard Stallman）自由软件基金会在 1983 年发起的 GNU 项目于 90年代随 Linux 普及，成就了 Linux 操作系统。阿帕奇（Apache）基金会维护的 Apache Web 服务器在互联网上几乎占据了统治地位。

从 20 世纪 90 年代开始，软件信息产业进入快速发展阶段，软件与信息服务业表现出巨大发展潜力，涌现出一大批信息技术服务企业。美国是现代信息技术革命的发源地，现代电子计算机、半导体技术，电子技术均发源于美国。美国早在 20 世纪 80 年代就提出了发展信息产业的战略计划；1992 年提出了建设"信息高速公路"战略计划；

① 瞿中、吴渝、刘群、刘冰：《软件工程》，机械工业出版社 2007 年版，第 29 页。
② 晏敏：《软件技术的发展历程和发展趋势》，载于《今日科技》2003 年第 2 期。
③ 吕廷杰、王元杰、迟永生、张解放：《信息技术简史》，电子工业出版社 2018 年版，第 33 页。

1993 年提出了"国家信息基础结构"行动计划；继而又提出了建设"全球信息基础设施"的主张。这些战略有力地推动了美国信息服务业的发展。[①] 美国形成了一批享誉世界的现代信息技术产品生产企业，如 IBM、Intel、苹果、惠普等信息产品生产企业。与此同时，也产生了一批世界顶级的软件、信息技术服务企业，如微软、甲骨文（Oracle）、谷歌（Google）、脸书（Facebook）以及雅虎等。这些软硬件生产企业不仅仅满足于美国本土市场，更重要的是面向全球市场，并且表现出强大的市场竞争力。例如，微软开发的 Windows 系列操作系统占据了全世界操作系统市场 80% 以上的份额，影响了操作系统的标准和技术演进方向。同时，美国的信息服务业又表现出庞大的市场需求，美国上至联邦政府下至地方政府、企业集团的一些重要政治、经济决策，往往依靠产业化的信息服务公司提供决策支持。[②] 甚至一些重大的区域性战争，也是由这些信息服务公司提供信息支持。

与美国类似，西方多国的信息技术服务业也在 20 世纪 90 年代得到快速发展，并致力于提振国家信息服务能力。诸如，欧盟委员会于 1999 年提出"电子欧洲——全民参与信息社会"计划（简称"eEurope 计划"）。该计划意在利用网络发展带来的机会，助推欧盟在信息技术领域全面追赶美国。日本政府在 2000 年提出 e – Japan 战略，并在 2004 年 6 月升级为 u – Japan。与此同时，隶属于日本首相官邸的 IT 战略本部也将 2000 年提出的"IT 基本法"升级为"e – Japan 战略"，致力于提升日本 ICT 整体基础建设水平，"e – Japan 战略"目标在 2003 年提前实现。韩国先后制定了"e – Korea"和"u – Korea"战略，其目的是通过加紧建设 IT 基础设施，推动韩国产业发展在尖端科技的助力下跨上新发展台阶。另外，韩国还于 1995 年实施国家信息基础结构建设计划，并制订了《促进信息化基本法》和《促进信息化基本计划》，以提供全社会最普遍需要的信息服务。[③] 新加坡也陆续出台信息化发展措施以推行 IT 兴国，先后出台的信息化战略包括 1992 年提出的"智能岛"计划、2000 年制定出台的"21 世纪资讯通信技术蓝图"以及 2003 年制定的"Connected City（连城）"计划，等等。

软件和信息技术服务业是引领科技创新、驱动经济社会转型发展的核心力量，是建设制造强国和网络强国的核心支撑。[④] 中国软件产业始于 20 世纪 80 年代中期，在中央政府的高度重视和大力扶持下，软件行业规模不断扩大，在国民经济中的战略地位进一步提升。[⑤] 中央政府在经济、科技、统计、银行邮电、电力、铁路、民航、气象和人口等 12 个国家信息服务领域共投入 200 多亿元人民币，着力建设信息服务机构。90 年代初期，中央政府还启动了金卡、金桥和金关等重大信息化工程，拉开了国民经济信息化

---

① 刘芃：《论美国信息服务业的发展特色》，载于《秘书》2002 年第 3 期。
② 崔旭、邵力军：《美国地方政府在电子政务建设中的困境与出路》，载于《图书馆理论与实践》2009 年第 4 期。
③ 翟秀文、郭萍、杨玉修：《21 世纪的全新经济形态》，军事科学出版社 2003 年版，第 186 页。
④ 吉林省工业和信息化厅：《软件和信息技术服务业发展规划（2016 – 2020 年）》解读。
⑤ 孙玉芳：《软件——21 世纪信息技术的基础》，载于《中国信息导报》2001 年第 1 期。

序幕。[①] 例如，80 年代初围绕信息产业发展起来的咨询业，历经十余年的发展已形成咨询企业或机构 3 万余家，从业人员 70 多万人，注册资金 82 亿多元的规模。而从事综合咨询研究的软科学研究机构也达到了 900 多家，从业人员近 3 万人，服务范围涉及科技、贸易、金融、法律、税务等诸多领域。据统计，我国信息咨询服务业的产值在 1993 年已达到 30 多亿元人民币，信息技术和信息市场已达 250 亿元人民币并以净增 50 亿元的速度发展。1996 年 5 月，推进信息化建设被纳入了"九五计划"战略目标，为信息化产业的快速腾飞奠定了坚实基础。[②]

3.3　信息技术与传统产业的初步融合：工业制造自动化

制造业作为人类社会赖以生存和发展的基础性产业，是一国或地区经济的支柱，是社会物质财富的主要来源。在工业化国家中，约有 1/4 的人口从事制造业，70%～80% 的物质财富来自制造业。[③] 19 世纪 60 年代以来，伴随着信息技术的兴起与成熟，信息技术开始被应用于工业制造领域，推进了工业制造革命。尤其是进入 20 世纪 40 年代后，信息技术向工业制造领域的深入渗透，衍生出计算机数字控制，工业制造自动化程度越来越高。在其后的近 50 年时间里，以计算机技术、通信技术等为代表的信息技术广泛应用于制造业的各个领域，对制造业的渗透、支持与服务引发并加速了制造业全新的变革进程。信息技术之所以首先融入与其联系紧密的工业制造业，是因为信息技术发展所需要的巨额资金主要来自工业化积累的资本，而工业又能为信息技术发展提供半导体、计算机、通信设备等物质支持，信息技术研发所需要的专业人才也要靠工业部门输送。因此，信息技术与工业制造本身就是相辅相成、密不可分的关系。回顾工业制造自动化发展史，信息技术向工业制造领域的渗透与融合主要涉及工业设备自动化、工业设计自动化、工业制造自动化及制造管理自动化四个方面。

3.3.1　工业设备自动化

信息技术融入传统产业最先体现在生产工具的改进上，其中最具代表性的当属数控机床。机床（machine tools）又被称为"工业母机"，是用来制造机器的机器，最早出现在 15 世纪。[④] 1774 年，具有"斯塔福德郡的铁匠大师"之称的英国人约翰·威尔金

①② 高吉涛、李军：《我国电子政务发展概况分析》，载于《现代经济信息》2009 年第 18 期。
③ 齐从谦：《制造业信息化导论》，中国宇航出版社 2003 年版，第 40 页。
④ 邓美州、孙江宏、王军见：《高铁机械可加工零部件机床应用现状综述》，载于《制造技术与机床》2022 年第 10 期。

森（John Wilkinson）发明世界上第一台真正意义上的机床，即炮筒镗床。炮筒镗床的研制成功有效地解决了瓦特蒸汽机的气缸加工问题。到了 18 世纪，螺纹车床、卧式铣床、滚齿机床、龙门式机床等多种类型的机床相继问世，并作为生产工具被快速、广泛地应用于机器制造，为工业革命和建立现代工业奠定了重要基础。① 美国的机床发展相较工业革命的发源地英国晚半个世纪，但在数控机床的研制方面则实现了"弯道超车"，先于英国。在 18 世纪后半期，美国还是一个农业国，其纺织工业发展所需的机器及各种机床都需从英国购买。但自 19 世纪后半期起，因飞机制造复杂零件和加工特殊材料的需要，美国对自动化机床和自动生产线进行了大量的原理性和应用性技术试验。1952 年，世界上第一台带有控制器的三轴铣床在美国麻省理工学院问世，标志着世界上第一台数控机床的诞生，由此拉开了机床数控时代的序幕。

数控机床顾名思义就是在传统机床中嵌入一种数字控制系统，从而使得机床能够完全按照零件图样编制的数字化加工程序实现运动轨迹和加工过程的自动化控制。数控机床所采用的数字控制 NC（Numerical Control）技术包括数字编程、程序执行、伺服控制等，数控技术的有效融入使得机床与电子、计算机、控制、信息等技术的发展密不可分。数控机床早期主要被用于加工金属材料，随着汽车、飞机、航空发动机等复杂产品生产及其新型材料应用的不断扩大，数控机床的应用范围已被拓展至复合材料、陶瓷材料等非金属材料加工领域，其加工工艺的复杂程度也日益增加。数控机床的研制成功并在工业制造领域的广泛应用，极大地提升了制造业加工效率和加工精度。统计数据显示，自 20 世纪 50 年代开始应用数控机床至 90 年代的 40 余年间，工业制造生产中的总加工时间（含切削、辅助、准备时间）平均减少了 75%②，平均普通加工精度约由 100 微米提高至 3 微米，平均精密加工精度约由 1 微米提高至 0.05 微米，平均超精密加工精度约由 0.07 微米提高至 0.002 微米。③ 另外，在工业制造生产中，数控机床通过调整加工命令和加工策略可以提前消除潜在故障，降低了停机损失，提高了生产效率，也为高新技术的应用与发展提供了动力，创造了难以计数的经济效益。④

制造数字化肇始于数控机床及其核心数控技术的诞生与发展，而数控机床与数控技术的重大进步又与信息技术的发展直接关联。⑤ 回顾世界数控机床发展史，可以依据数控技术的演进过程将数控机床发展划分为三个阶段，即早期基于分立元件的硬件数控 NC 阶段、计算机数控 CNC（Computer Numerical Control）阶段、赛博物理融合的新一代

① 沈福金：《国外发展模块化机床的趋势值得关注》，载于《制造技术与机床》2011 年第 3 期。

② Mckeown P. A. The Role of Precision Engineering in Manufacturing of the Future [J]. *CIRP Annals – Manufacturing Technology*，1987（2）.

③ Byrne G., Dornfeld D., Denkena B. Advancing Cutting Technology [J]. *CIRP Annals – Manufacturing Technology*，2003（2）.

④ Xu X. Machine Tool 4.0 for the new era of manufacturing [J]. *The International Journal of Advanced Manufacturing Technology*，2017（5）.

⑤ 刘强：《数控机床发展历程及未来趋势》，载于《中国机械工程》2021 年第 7 期。

智能数控阶段（见图 3-1）。其中，赛博物理融合的新一代智能数控主要是指在 21 世纪以来，大数据、物联网、云计算、人工智能、数字孪生、智能传感等新一代信息技术与数控技术的深度融合，形成的新型智能化数控技术。由于本章仅探讨 1991 年之前的信息技术发展及其与传统产业的融合，故下列内容重点总结硬件数控 NC 阶段、计算机数控 CNC 阶段的数控机床及数控技术演进特征。

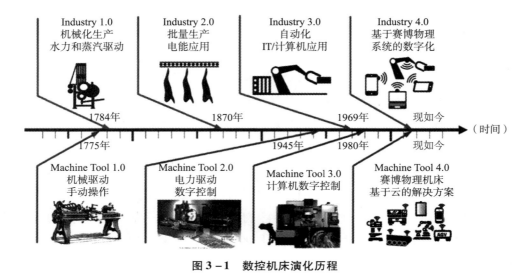

图 3-1 数控机床演化历程

资料来源：刘强：《数控机床发展历程及未来趋势》，载于《中国机械工程》2021 年第 7 期。

20 世纪 50～60 年代是数控机床发展的初始阶段，即基于分立元件的硬件数控 NC 阶段。这一阶段的数控技术和装置尚处于发展初期，主要包括电子管元件数控装置、晶体管分离元件数控装置、小规模集成电路数控装置。电子管元件数控装置被应用于 1952 年由美国麻省理工学院生产的第一台三坐标数控铣床。1955 年，麻省理工学院研制的自动编程工具 APT（Automatically Programmed Tools）解决了手工进行数控编程的难题，终于使数控机床走出实验室投入实际生产和应用。晶体管分离元件数控装置被应用于 1959 年由美国克耐社列克公司（K&T）生产的第一台卧式镗铣加工中心。小规模集成电路数控装置被应用于 1967 年由英国莫林斯（Molins）公司建造的首条柔性制造系统（FMS）。这一阶段的数控机床属于信息技术与传统机床的初步融合，所以相应的数控技术和装置的先进程度较低，建造的数控机床也具有体积大、功耗大、可靠性低、实用性差等特点。

20 世纪 60 年代末，大规模集成电路电子计算机的问世，极大地提升了数控装置的运算处理能力和可靠性，为数控机床技术和装置发展带来了重要拐点——基于分立元件的硬件数控 NC 阶段转向计算机数控 CNC 阶段。[①] 这一阶段的数控技术和装置逐步成

---

① 王先逵、刘强：《机床数字控制技术手册·技术基础卷》，国防工业出版社 2013 年版。

熟，不仅使数控机床真正地进入广泛的工业生产应用阶段，同时也加快了数控机床的迭代和发展。1969 年，小型电子计算机数控装置研制成功，其运算速度高、专业性强、可靠性大等特征推动着数控机床进入计算机数控新轨道、新阶段，衍生出直接数控（Direct Numerical Control，DNC）和柔性制造系统（Flexible Manufacturing System，FMS）等新理念新概念。20 世纪七八十年代，微处理器数控装置被应用于机床硬件平台，大大提高了生产制造效率和经济效益，受到工业界的普遍青睐，这一时期的日本企业数控机床占有率高达 70%。[1] 20 世纪 90 年代，IBM 公司推出采用 16 位微处理器的个人电子计算机 PC，给数控装置发展带来了新的助推剂，标志着数控装置由过去专用厂商开发走向采用通用的 PC 化计算机数控。基于 PC 的数控装置可借用 PC 的丰富应用资源、成熟的软硬件平台、通用的网络化接口等优势，推动数控机床向更高层次的数字化、网络化、开放化发展。于是，高速机床、虚拟轴机床、复合加工机床等开放式结构的计算机数控机床应运而生并快速迭代。[2]

中国机床工业萌芽于 19 世纪 60 年代的洋务运动。洋务派代表曾国藩欲"觅制器之器与制器之人"，故从西方国家采购第一批现代机床。民国时期先后成立中央机床厂、重庆机床厂、长沙机床厂等"母机厂"，致力于自制机床。[3] 新中国成立后，大规模的工业建设对机床的需求更大，"一五"时期，第一机械工业部在苏联专家指导下，布局了 18 个国有机床厂（又称"机床十八罗汉"）和 8 个综合性机床研究院所（又称"七所一院"），为中国机床工业的发展奠定了基础。1958 年，中国第一台国产数控铣床面世，仅比世界上第一台数控机床晚了 6 年。但随后的 20 年间，因受到国内外形势的限制，我国数控机床工业发展缓慢。1972 年，我国仅能生产劈锥铣、数控线切割机、非圆插齿机等少数机床品种。从第一台数控机床研制成功至 20 世纪 70 年代中期，我国数控机床仅开展了少量产品调制，而在关键技术攻关和工业化开发生产领域尚处空白，故这一阶段被称为数控机床的初期技术研究探索阶段。[4] 改革开放为我国数控机床研制带来了新机遇。我国一方面从西方国家引进数控系统和主机技术；另一方面与国外先进公司联合，共同研制和生产数控机床。[5] 比较有代表性的是北京机床所、青海第一机床厂分别与日本 FANUC 合作研制了第一台卧室数控加工中心 XH745、第一台回转体加工柔性制造系统。在"六五""七五""八五""九五"时期，我国数控机床研制实现了从引进技术"消化吸收"向持续攻关、自主开发和产业化发展的华丽转变，初步建立起国产数控机床产业体系并向产业化推进。

---

① 张岩：《谁说只有"大牌"才是好系统》，载于《微型机与应用》2006 年第 11 期。
② 鄢萍、阎春平、刘飞、何龙、蒋林：《智能机床发展现状与技术体系框架》，载于《机械工程学报》2013 年第 21 期。
③ 《制器之器和制器之人》，青岛新闻网，2004 年 10 月 21 日，https：//www.qingdaonews.com/content/2004 – 10/21/content_3790369.htm。
④ 中国机床工具工业协会：《中国机床工具工业 70 年巨变》，载于《世界制造技术与装备市场》2019 年第 5 期。
⑤ 中国机床工具工业协会：《浅谈中国数控机床行业发展历程》，载于《今日制造与升级》2018 年第 9 期。

3.3.2　工业设计自动化

信息技术融入传统产业的另一个体现是工业设计的自动化，即通过实现产品设计手段与设计过程的数字化和智能化，以此来达到缩短产品开发周期和提高企业创新能力的目的。设计自动化发端于 20 世纪 50 年代，彼时各国学者围绕自动化设计综合过程进行深入研究。设计自动化在工业制造业领域的应用始于 20 世纪 60 年代计算机辅助设计 CAD（Computer Aided Design）技术的诞生。狭义的 CAD 技术是指以具有图形功能的交互计算机系统为基础，利用计算机及其图形设备辅助设计人员进行设计工作的技术。

20 世纪 50 年代初，根据数控机床的基本原理，第一台平板式数控绘图机在美国研制成功，标志着具有简单绘图输出功能的被动式计算机辅助技术开始出现。50 年代末，美国 Calcomp 公司研制出第一台滚筒式数控绘图机，开创了计算机辅助绘图仪代替人工绘图的新历史阶段。60 年代初，CAD 技术首次出现在美国麻省理工学院提出的交互式图形学研究计划中。但囿于当时技术的不成熟及昂贵的造价，仅有波音航空公司和通用汽车公司两家大型工业制造商将其自行开发的交互式绘图系统应用于生产过程。直到 70 年代，随着完整的 CAD 系统逐步成型以及小型计算机费用的下降，交互式绘图系统才开始被美国工业界广泛使用。进入 80 年代后，随着计算机技术突飞猛进，特别是 PC 与工作站的发展和普及，再加上大型图形显示器、绘图仪、激光打印机等功能强大外围设备的问世，CAD 技术得到了快速的发展并进入实用化阶段。在机械、电子、宇航、建筑、纺织等产品的总体设计、造型设计、结构设计、工艺过程设计等各制造环节，均可以看到 CAD 技术广泛服务和应用。CAD 将工程设计人员从繁重的绘制工程图的工作中解放出来，更多地把精力用于方案构思、创造发明、检查修改设计方案，以便能快速得到满意的设计结果。特别是按照零件成组分类原则建立的参数图形库，可以直接调用参数图形，代入参数值即可得到设计结果。

广义的 CAD 则包括设计和分析两个模块内容。其中，设计是指构造零件的几何形状、选择零件的材料以及为保证整个设计的统一性而对零件提出的功能要求和技术要求等。分析是指利用数学建模技术（如有限元、优化设计技术等），从理论上对产品的性能进行模拟、分析和测试，以保证产品设计的可靠性。20 世纪 60 年代初期的 CAD 系统只是极为简单的线框式系统，不能有效表达几何数据间的拓扑关系。进入 70 年代，CAD 在飞机和汽车工业的实际运用中，遇到了大量的自由曲面问题，为此，法国达索飞机制造公司推出三维曲面造型系统 CATIA（Computer Aided Three – dimensional Interactive Application）。该系统改变了以往只能借助油泥模型来近似表达曲面的落后方式，实现了第一次 CAD 技术革命。但 CATIA 只能表达形体的表面信息，难以准确表达零件的质量、重心、惯性矩等特性。对此，美国 SDRC（Structural Dynamics Research Corporation）公司于 1979 年发布了基于实体造型技术的软件——I – DEAS。该软件能够精确表达零件的全部属性，其应用与普及带来了 CAD 第二次技术革命。

20世纪80年代中期，CV（Computervision）公司的一个团队提出了基于特征、全尺寸约束、全数据相关、尺寸驱动设计修改的参数化实体造型算法。不过，由于该算法的开发投入过大，CV公司内部否决了该项研发。后来，策划参数技术的团队集体离开了CV公司，成立了PTC（Parametric Technology Corporation）公司，并于1988年推出参数化软件——Por/ENGINEERR。该软件虽然性能很低，但是实现了尺寸驱动零件的设计修改，其应用主导了CAD发展史上的第三次技术革命。进入90年代，SDRC公司尝试采用变量化技术重新改写软件，并于1993年推出全新体系结构的I-DEAS Master Series软件。变量化技术的成功应用为CAD技术发展提供了更大的空间和机遇，实现了CAD技术第四次技术革命（见图3-2）。[①]

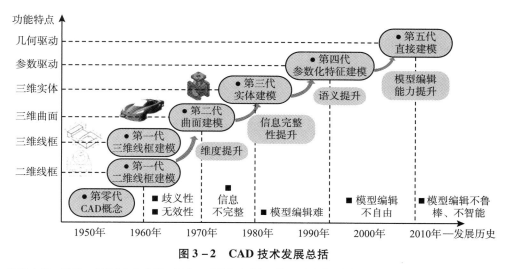

图3-2　CAD技术发展总括

资料来源：邹强：《浅谈实体建模：历史、现状与未来》，载于《图学学报》2022年第10期。

CAD技术作为杰出的工程技术成就，到目前为止仍广泛地应用于工程设计的各个领域。在产品设计过程，信息技术依托计算机辅助工程分析软件，对零件、部件以及产品的受力、受热、受振等各种情况进行工程分析计算，进而达到优化设计的目的。此外，可以借助计算机技术辅助编制工艺规划、选择刀具、设计卡具，利用软件技术产生刀具轨迹的数控代码，经过前、后置处理，解决诸如刀具磨损补偿等问题。信息技术在工业设计过程中的另一重要应用体现在，产品设计中的各种零部件可以按成组技术存放在数据库中，针对不同材料及刀具等的切削加工参数也可存放在数据库中，便于下一个不同产品的变形设计使用，进一步提高设计效率。总之，CAD技术的发展和应用使传统的产品设计方法与生产模式发生了深刻的变化，有效推动了工业生产效率的提高，产生了巨大的社会经济效益。目前，CAD技术研究热点有计算机辅助概念设计、计算机

---

① 常国新、彭晓南：《I-DEAS软件应用研究》，载于《机械》2005年第1期。

支持的协同设计、海量信息存储、管理及检索、设计法研究及其相关问题、支持创新设计等。随着人工智能、多媒体、虚拟现实、信息等技术的进一步发展，CAD 技术必然朝着集成化、智能化、协同化的方向发展。

3.3.3 工业制造自动化

根据工业产业的生产流程，信息技术融入传统产业的另一个表现是制造自动化。制造自动化是指利用计算机按照产品设计方案，完成从生产准备到产品制造整个过程的活动。换言之，通过直接或间接地把计算机与制造过程和生产设备相联系，用计算机系统进行制造过程的计划、管理以及对生产设备的控制与操作的运行，处理产品制造过程中所需的数据，控制和处理物料的流动，并对产品进行测试和检验。该环节最具代表性的当属物料需求计划 MRP（Material Requirements Planning）系统、计算机辅助制造 CAM（Computer Aided Manufacturing）技术（见图 3 – 3）。

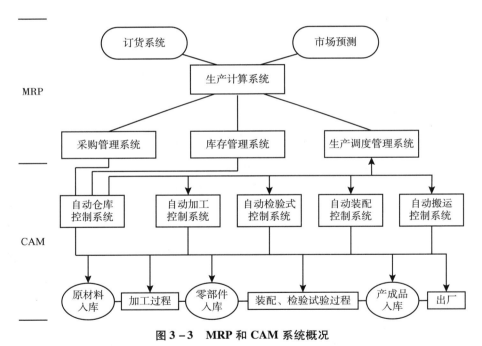

图 3 – 3　MRP 和 CAM 系统概况

资料来源：齐从谦：《制造业信息化导论》，中国宇航出版社 2003 年版，第 117 页。

1965 年，MRP 首次出现在奥利弗·怀特、乔·奥利基和乔治·普洛斯（Oliver Wight，Joe Olicky and Georger Plossl）提出的供应链计划理论中，次年由 IBM 公司在计算机上实现应用。该系统把企业产品中的各种物料分为独立需求和相关需求两类，并按时间段确定不同时期的物料需求，而物料的订货计划则由主生产计划（Master Production Schedule，MPS）依据最终产品生产中各物料的从属关系和数量运算确定。MRP 通过编排好加工和采购计划，保证在加工需要时物料配套齐全，能按期装配或交货，又不过量压库，极大地提升了资源利用效率。因此，美国生产与库存管理协会（American Production and Inventory Control Society，APICS）在 20 世纪 70 年代极力推广 MRP，不仅组织了各种研讨会和学习班宣传 MRP，还组织会员深入企业宣讲 MRP 思想和使用方法。1977 年，美国著名生产管理专家奥利弗·怀特提出了制造资源计划倡议，通过信息集成对企业有限的各种制造资源（如人力、物力、资金、时间等）进行周密计划和合理利用，以提高企业的竞争能力。上述模式被命名为制造资源规划 MRP－Ⅱ。MRP－Ⅱ是以生产计划与控制为主线的一种计算机辅助企业管理模式，是 MRP 的新发展。

CAM 泛指从产品设计到加工制造之间包括 CAPPNC 编程、工时定额的计算、生产计划的制订、资源需求计划的制订在内的一系列生产准备活动。1955 年，麻省理工学院研制的自动编程工具（Automatically Programmed Tools，APT），解决了手工数控编程的难题，推动数控机床从实验室走向生产车间。20 世纪 50 年代后期，苏联学者米特洛凡诺夫提出成组技术（Group Technology，GT）。该技术用于加工工艺，将零件按某些工艺共性和结构共性归类分组，以便采用共同的工艺装备。成组技术还可以在工序相同的前提下，集中大批量加工，采用大批量生产的工艺和设备，从而取得很好的效益。1976 年，美国计算机辅助制造国际组织推出了计算机辅助工艺过程设计（Computer Aided Process Planning，CAPP）系统，该系统借助计算机程序生成零件加工工艺过程文件，从而取代工艺师手工编制的烦琐、重复劳动，大幅度地提高工艺过程设计的效率、工艺规程的质量以及加快生产准备的进度。进入 80 年代，CAPP 因为其在提高机械制造的经济效益和推动工业生产自动化方面的突出表现，受到世界各国的广泛重视。但因为计算机辅助制造技术的独立性，导致独立系统之间不能自动传递并转换信息，CAD 的系统设计结果，不能直接为 CAPP 系统所接受，需要人工将 CAD 设计输出的图样、文档等信息转换成 CAPP 系统所需要的数据。[①] 这样一来，工作流程便受到了影响，准确率也由此而降低。为了适应设计与制造自动化的要求，需进一步加强这项技术的集成化。于是，就有了计算机辅助设计与辅助制造的集成（CAD/CAM）。集成系统开发之后，使数控加工过程更为完善，产品设计和工艺得以统筹，提高了生产的效率。

CAD 和 CAM 具有各自的功能软件系统，采用不同的方法描述数据，其内部数据管理系统也不尽相同。传统的 CAD 系统采用的是几何模型，而 CAM 需要的则是面向制造的工艺和几何特征数据（如公差、表面粗糙度、材料特性和热处理等信息），以进行计算机辅助工艺过程设计。因此，需要将 CAD 有关数据转换成各种加工与管理信息。目前，全球应用最多的是美国国家标准局颁布的初始图形交换规范（Initial Graphics Exchange Specification，IGES），许多商品化的 CAD/CAM 系统都含有 IGES 接口，其特点是所有系统的数据传输都采用标准的数据格式，这样就简化了数据转换接口程序的编写流程。在前、后置处理程序的编写上也非常类似，但缺点是运行效率不高、集成困

---

① 唐荣锡、王亚平：《对 CAD/CAM 软件产业的再认识》，载于《航空制造工程》2010 年第 10 期。

难。为了有效地进行产品数据交换，欧美和日本等国积极开展数据交换标准的研究。1983 年，国际标准化组织（International Organization for Standardization，ISO）就开始制定产品模型数据交换标准（Standard for Exchange of Product Model Data，STEP）。其目标是建立贯穿产品整个生命周期各阶段的统一的产品定义模型，包括零件设计、制造过程中所有信息与信息之间的关系，以进行统一的产品数据管理，进而达到无须将产品信息转换成数据文件，以使各系统之间可以直接进行信息交换。STEP 标准研究工作于 1986 年初步完成，但作为一个理想的标准，目前仍在开发完善之中。

3.3.4　制造管理自动化

信息技术融入工业制造企业日常生产管理，进而构成了制造管理自动化。管理自动化的核心是管理信息系统，通过采用多台计算机和智能终端构成包含人、计算机技术设备和管理控制对象的系统网络，并结合系统工程方法实现最优控制与最优管理目标。在实际应用中，制造管理自动化主要有计算机辅助生产管理系统（Computer Aided Product Manufacturing System，CAPMS）、计算机集成制造系统（Computer Integrated Manufacturing System，CIMS）以及企业资源规划（Enterprise Resource Planning，ERP）等。计算机辅助生产管理系统 CAPMS 是指依托信息技术合理安排各级生产计划，有效缩短采购和生产提前期，提高生产设备利用率，实现制造业企业的均衡生产。CAPMS 中建立有集中、统一、准确的企业生产经营数据库，畅通整个企业信息传递的同时，也为各级管理人员的经营决策和日常管理决策提供了可靠依据，赋予企业生产复杂产品和多品种小批量生产的组织能力，综合提高制造业企业的产品质量、管理水平、生产效率和经济效益。

信息技术融入工业制造管理的典型应用还有计算机集成制造系统 CIMS。20 世纪 50 年代末 60 年代初，电子计算机控制的化工厂开始出现，开启了制造管理自动化的新纪元。[1] 60 年代末，自动生产线在制造工业中被广泛应用，标志着工业生产开始由局部自动化向全面综合自动化升级。1973 年，由于能源危机和公害处理等问题，日本政府开始规划建立无人化工厂。同年，美国约瑟夫·哈灵顿针对这一现状提出了利用计算机集成制造系统 CIMS 来组织企业生产的主张。1981 年，美国国家标准局（National Bureau of Standards，NBS）正式提出了 CIMS 发展战略，并于 1983 年建成了自动化制造研究实验基地（Automated Manufacturing Research Facility，AMRF）。经过近十年的试验，CIMS 已发展成为一个工厂内部实现信息集成和功能集成的工程化系统，从系统工程和资源共享出发，把企业生产经营的各种单项技术功能和管理功能集成起来，以提高企业的整体效益。现代 CIMS 由中国学者李伯虎等提出[2]，在继承 CIMS 优秀成果的基础上不断吸收先进制造技术中的相

---

① 刘敏、严隽薇：《智能制造：理念、系统与建模方法》，清华大学出版社 2019 年版。

② 李伯虎、吴澄、刘飞、戴国忠、张申生、齐二石、李华、张霖、田雨华、李永戎：《现代集成制造的发展与 863/CIMS 主题的实施策略》，载于《计算机集成制造系统 – CIMS》1998 年第 5 期。

关思想精华，适应集成过程从信息集成、过程集成向企业集成方向迅速发展。

20 世纪 90 年代初，美国高德纳咨询公司（Gartner Group）提出的企业资源规划 ERP 也是信息技术在制造业管理中的典型应用。ERP 是在信息技术基础上，以系统化的管理思想，为企业决策层及员工提供决策运行手段的管理平台。ERP 发展主要历经了四个阶段：60 年代开环的物料需求计划 MRP、70 年代闭环的物料需求计划 MRP、80 年代的制造资源计划 MRP-Ⅱ 和 90 年代的企业资源计划 ERP。开环的物料需求计划 MRP 主要围绕物料转化组织制造资源，实现按需要准时生产。其主要任务是从最终产品的生产计划导出相关物料的需求量和需求时间，并根据物料的需求时间和生产周期来确定其开始生产的时间。闭环的物料需求计划 MRP 则是在物料需求计划 MRP 的基础上，增加对投入与产出的控制，也就是对企业的生产能力进行校检、执行和控制。与此同时，闭环 MRP 系统还将生产能力需求计划、车间作业计划和采购作业计划纳入 MPR，以此来形成一个完整的、封闭的生产计划与控制系统。制造资源计划 MRP-Ⅱ 是指在考虑企业实际生产能力的前提下，以最小的库存保证生产计划的完成，同时对生产成本加以管理，从而实现企业物流、信息流和资金流动的统一。从开环 MRP 经过闭环 MRP 直到 MRP-Ⅱ，其发展基本上沿着资源不断扩大、计划闭环的形成两个方面延伸，但没有突破存在于企业内部的资源以及结构化决策等局限。企业资源计划 ERP 已不局限在企业内部，而是把供应链内的供应商等外部资源也看作受控对象而集成起来。因此，ERP 实现了对整个供应链的有效管理。目前在我国，ERP 所代表的含义已经被扩大，它跳出了传统企业边界，从供应链范围去优化企业的资源，改善企业业务流程并增强企业核心竞争力，成为网络经济时代的新一代信息系统。

信息技术广泛应用于制造管理自动化，使得制造业呈现出蓬勃生机。并且，在保证生产负荷均衡、不窝工又不至于制品过多而积压流动资金等方面发挥了重要作用。随着信息技术的不断发展，各种优化生产技术应运而生，但仍有较大改进的空间，特别是信息技术广泛进入制造业带来的障碍，即各种自动化孤岛①以及旧的生产模式对生产效率的拖累。随着信息技术的继续发展，该问题将在后续得到解决。

3.4 小 结

作为数字经济的第一种形态，信息技术的发展历程漫长而曲折。在农业经济时代，

---

① 信息技术在工业化国家的制造业中是不可能在统一的规划下实施的，因此不同的研究单位和公司采用的是不同的标准，形成了各种不同的封闭系统，可以称为"自动化孤岛"（刘敏、严隽薇：《智能制造：理念、系统与建模方法》，清华大学出版社 2019 年版）。

人类主要通过烽火、鼓声、铤声、飞鸽、驿站等媒介进行军事信息传递。第二次世界大战后，出于军事作战的需要，包括通信技术、雷达技术、卫星通信技术、电子计算机技术和软件技术在内的信息技术得到长足发展。电信技术与计算机技术的有机融合，对文字、数字、声音、图像及各类传感信号等信息进行有效捕捉、加工、处理、使用、传播和存储，使得信息的采集、传播的速度和规模达到空前的水平，进一步推动信息技术产业的发展。除了软件技术，其他的技术均起源于军用领域，而后逐步渗透至民用领域。

伴随着信息技术的兴起与成熟，信息技术开始被应用于工业制造领域。一方面，信息技术发展所需要的巨额资金、半导体、计算机、通信设备等物质支持均由工业部门提供，研发所需要的专业人才也要靠工业部门输送。另一方面，以计算机技术、通信技术等为代表的信息技术广泛应用于制造业的各个领域，对制造业的渗透、支持与服务引发并加速了工业制造领域的变革进程。回顾工业制造自动化发展史，信息技术向工业制造领域的融合主要涉及工业设备自动化、工业设计自动化、工业制造自动化及制造管理自动化四个主要领域。随着信息技术的不断进步，工业制造的形态也会不断演化。

第4章
数字经济的第二种形态：网络经济

　　万维网的诞生开启了网络技术革命新征程。网络技术的最大特征在于其对实体经济具有巨大的渗透力。20世纪90年代至21世纪的头十年，数字技术亦因之进入转折阶段。网络技术突飞猛进，依托网络平台，数字技术与实体经济的融合不断加深，网络经济快速发展。网络经济是数字经济的第二种形态，是信息经济的升级版。在信息经济时代，信息技术产业化发展以及信息技术与工业制造的初步融合已基本完成。1991年之后，互联网技术所提供的信息范式从物质意义上把网络扩展到整个社会，逐步形成了"互联网＋农业""互联网＋工业制造""互联网＋商业"。因此，本章重点阐述网络技术演进脉络以及网络经济从兴起走向腾飞的发展历程，并解读以网络技术为核心的数字技术与农业、工业、商业融合的过程。

4.1　网络、网络技术与网络经济

　　人类关于"网"的最早描述始见于商代甲骨文及商代金文，其本义是指一种用绳线编织成的捕鱼工具，后来引申为一种纵横交错的系统或组织。"网络"一词的出现，是人类发展史上最伟大的发明之一，将"网"的内涵与现代文明相结合，突破了传统意义上的思维局限，推动了科技和人类社会发展。在维基百科中，"网络"常被用于道路系统、交通系统、通信系统建模。[1] 现代汉语关于"网络"的描述最早见于电学。《辞海》将网络归结为电学的专用词，定义为电路或其一部分的总称。[2] 《现代汉语词典》作出这样的解释：在电的系统中，由若干元件组成的用来使电信号按一定要求传输的电路或这种电路的部分，叫网络。百度百科则将网络定义为由若干节点和连接这些节点的链路构成，表示诸多对象及其相互联系。不同领域关于网络的认识各有不同：数学领域的网络专指加权图；物理领域的网络是从某种相同类型的实际问题中抽象出来的模型；计算机领域的网络则是指一个把各个点、面、体的信息联系到一起的虚拟平台，进而实现信息资源的传输、接收与共享。[3] 因此，网络也被认为是互联网发展的第三阶段。一直以来，人们普遍认为网络的结构是随机的。但在 1999 年，鲍劳巴希（Barabasi）和沃茨（Watts）分别发现了网络的无标度和小世界特性，并将该发现发表在世界著名杂志《科学》（Science）和《自然》（Nature）后，人们才开始意识到网络的复杂性。世界著名信息社会学家曼努埃尔·卡斯泰尔（Manuel Castells）在其提出的网络社会观中，将网络描述为"相互联结的节点的整体"。[4] 按照他的观点，"网络建构了我们社会的新社会形态，而网络化逻辑的扩散实质性地改变了生产、经验、权力与文化过程中的操作和结果"[5]。

网络技术（network technology）是 20 世纪 90 年代发展起来的新技术，是通信技术与计算机技术结合的产物。[6] 在一定的通信协议下，网络技术能将互联网上独立且分散的高性能计算机、传感器、信息资源、数据资源和大型数据库、存储资源、专家资源等资源连接成为一个有机整体，实现不同元件与资源的有效融合、充分协作与全面共享，使得人们能够最大化获取信息、利用资源，增强对资源的配置能力以及利用资源提升生产效能。[7] 可见，网络技术的根本特征并不一定是它的规模，而是消除资源孤岛，实现资源与服务的共享。网络技术的互联通道或连接介质可以是有线的电缆、光纤和双绞线，也可以是无线的微波、载波和通信卫星。[8] 网络技术具有很强的应用潜力，能同时将数百万台高性能计算机连成线以完成某项具体计算任务，能将分散在世界各地的人们汇聚在一个虚拟环境中进行面对面交流，还能将数千名科学家组织成一个集合体来完成某项关键性科学试验。[9] 网络技术同时也具有较广的应用范围，最初被应用于军事和国

① 毛光烈：《网络化的大变革》，浙江人民出版社 2015 年版。
② 夏征农：《辞海》，上海辞书出版社 1989 年版。
③ 尹锋、许向阳、李学勇：《网络技术的发展及其对信息资源管理的影响》，载于《图书馆》2007 年第 3 期。
④ 陈卫星：《网络传播与社会发展》，北京广播学院出版社 2001 年版。
⑤ 陈联俊：《网络社会道德认同的变化与引导》，载于《首都师范大学学报》（社会科学版）2016 年第 3 期；曼纽尔·卡斯特著，夏铸九、王志弘等译：《网络社会的崛起》，社会科学文献出版社 2006 年版。
⑥ 李腊元：《信息高速公路网络技术》，载于《电信科学》1995 年第 2 期。
⑦ 刘韵洁、黄韬、汪硕：《关于未来网络技术体系创新的思考》，载于《中国科学院院刊》2022 年第 1 期。
⑧ 李必成：《计算机网络技术概述》，载于《中国计算机用户》1994 年第 9 期。
⑨ 华为技术有限公司：《数据通信与网络技术》，人民邮电出版社 2021 年版。

防领域，后来又被拓展到学术研究领域，并迅速应用到全球各个领域。网络技术的运营性质也不再局限于科研和教育范畴，网络技术的商业化、产业化发展也快速崛起。

迅猛发展的网络技术造就了数字经济的第二种形态——网络经济，创造了一种有别于信息经济的新发展模式。网络经济（network economy）是一种以现代信息技术为核心，建立在计算机网络基础之上的经济发展形态，是在信息网络化时代形成的一种新经济现象、新经济业态和新产业模式。[①] 英国学者维克托·基根（Keegan）在《信息高速公路经济学》（1997 年）一文中，将网络经济看作网络技术引起的经济革命。在他看来，网络经济的产生是在不同技术领域同时发生三场革命的结果，第一是数字化革命，第二是光导纤维在电话网主干线中的使用，第三是计算成本的大幅下降。[②] 网络经济以知识为核心，以信息产业为基础，以网络信息为依托，立足于传统经济又助力传统产业、传统经济部门深度变革和飞跃发展。[③] 其典型表现就是经济主体的生产、交换、分配、消费等行为越来越依赖信息网络以进行运行、决策与预测。[④] 在网络经济形态下，互联网成为传统经济行为的承载体和实现场所，成为企业价值链上各环节的主要媒介，因此网络经济也被称为互联网经济。作为知识经济的一种具体形态，网络经济正以极快的发展速度影响着经济社会进步、全球化网络化进程以及人们生活模式变革，具有直接性、快捷性、高渗透性、外部经济性和可持续性等典型特征。[⑤]

4.2　网络技术发展及其商业化

网络技术是信息技术发展的新阶段，对于实现信息和资源的全面共享和有机协作具有重要意义。网络技术一直处在快速发展演变之中，在不同的历史时期和不同层面，呈现出不同的阶段性特征。[⑥] 以 1991 年诞生的万维网（World Wide Web，WWW）为界，之前的 30 年属于互联网形成的史前阶段，是相关网络技术积累、沉淀、孕育的 30 年。这长达 30 年的"寂寞期"尚未产生任何有轰动效应的技术成果，但为互联网的诞生以及网络经济的厚积薄发积蓄了巨大能量。1991 年，Web 1.0 兴起以及万维网产生以后，

① 纪玉山：《网络经济》，长春出版社 2000 年版，前言第 1～2 页。
② 徐忠爱、刘东：《网络经济条件下的柔性组织：企业与市场的融合》，载于《晋阳学刊》2004 年第 11 期。
③ 莫道明、肖林森：《网络经济与社会发展》，中国经济出版社 2004 年版。
④ 吴忱：《论网络经济的形成、特点、表现及其影响》，载于《世界经济与政治》1999 年第 3 期。
⑤ 乌家培：《发展网络经济　改进经济治理——"网络经济与经济治理国际研讨会"综述》，载于《经济学动态》2001 年第 7 期；郭桐兴：《网络技术发展关系国计民生——中国科学院、中国工程院院士陈俊亮访谈》，载于《中国人才》2008 年第 15 期。
⑥ 祝尔坚、屠梅曾：《从网络技术到网络经济的演进》，载于《上海经济研究》2001 年第 4 期。

推动网络经济快速发展。网络技术是网络经济的载体，网络经济因网络技术的社会化而发端，因网络技术的主流化而腾飞。本章节重点回顾的是自 1991 年互联网正式开启直至 2010 年移动互联网全面崛起前，这一段时期的网络技术发展脉络及其商业化历程。根据网络技术演进过程中的关键事件与节点，我们又将这一时期的网络经济历史年表进一步细分为网络经济兴起阶段（即 Web 1.0 开启网络技术商业化阶段）和网络经济腾飞阶段（即 Web 2.0 加速网络技术商业化阶段）。

4.2.1 网络经济兴起：Web 1.0 开启网络技术商业化

从古至今，只有商业化、市场化才具有改变世界的强大力量。世界上普遍认同的网络早在 1969 年 10 月 29 日就已出现，名为阿帕网（ARPA），但真正具有商业性质的互联网直到 20 世纪 90 年代才正式形成。[1] 以万维网为标志的 Web 1.0 正式诞生，打破了互联网史前阶段网络由政府出资建设，仅面向科学研究和军事目的而致使网络用户规模小、数据传输速率低等系列局限，实现了网络技术的社会化和商业化，大大降低了资源共享的技术门槛和信息交流成本，为互联网的迅速普及和网络技术的商业化奠定了技术基础。[2] 互联网完成了从学术网络向商业网络的蜕变，成为变革时代的创新力量。[3]

（1）互联网史前阶段。

要廓清 Web 1.0 时代的互联网发展史及其商业化应用情况，就必先了解互联网史前阶段的发展状况。普遍认为，互联网史前阶段的发展有三个标准属性。一是 20 世纪 60 年代包交换技术的出现，二是 70 年代 TCP/IP 协议的诞生，三是 80 年代的基础网络应用。其中，包交换技术和 TCP/IP 协议是奠定互联网的两大关键核心技术。

包交换技术（packet switching technology）也称为分组交换技术，最早由英国国家物理实验室（NPL）的唐纳德·戴维斯（Donald Davies）提出，这项技术构成了当今计算机通信网络的基础。包交换技术原理是指将用户传送的信息分解成一系列单独发送的离散"包"，然后由交换机根据每个"包"的地址标志，将其发送至目的地，再由接收端重新组合成完整的信息。1966 年，担任 NPL 负责人的唐纳德·戴维斯提出了一种基于包交换的全国性数据网络。1969 年，美国国防部高级研究计划署（Advanced Research Project Agency）开发了世界上第一个运营的封包交换网络阿帕网（ARPAnet），以便各高校能在国防部高级机密的保护下进行联接并共享宝贵的资源。阿帕网是网络技术应用的首例，也是全球互联网的始祖，但该网络因不具备向外推广的技术条件而在成立初期仅有 4 个节点，分布在加州大学洛杉矶分校、加州大学圣巴巴拉分校、斯坦福大学、犹他大学的 4 台计算机。

---

[1] 思益：《国际互联网的发展简史》，载于《光通信技术》2001 年第 3 期；魏钢：《信息网络技术的发展与思维方式的嬗变》，载于《探索》2003 年第 4 期。

[2] 刘剑波：《有线网络与网络技术发展趋势浅析》，载于《广播与电视技术》2000 年第 11 期。

[3] 《全球互联网 50 年：发展阶段和演进逻辑》，载于《新闻记者》2019 年第 7 期。

阿帕网实现了计算机与计算机之间的通信联网，标志着人类社会从此跨进了 20 世纪网络时代。但要成为汇聚全球资源的网络系统，还需要在协议上取得关键性突破，所以，70 年代形成的 TCP/IP 协议为后续的互联网形成与发展奠定了坚实基础。[①] 1970 年 12 月，由史蒂夫·克洛克（Steve Crocker）领导的国际网络工作小组（International Network Working Group，INWG）开始开发用于阿帕网通信的主机一级协议。1973 年，文顿·瑟夫和鲍勃·卡恩（Vinton Gray Cerf and Bob Kahn）开始在阿帕网进行网络互连的研究，并在年底完成了论文《关于包网络相互通信的一个规范程序》。该论文针对 TCP 传输控制协议设计进行了详细描述，后发展成为 TCP/IP 协议。[②] 根据 TCP/IP 协议，TCP 与 IP 协同工作，IP 负责计算机之间的通信，而 TCP 则负责网络软件与应用软件之间的通信。[③] 1975 年，伦敦大学与斯坦福大学进行了两个网络之间的 TCP/IP 通信测试。1977 年，美国、英国、挪威进行了三个网络之间的 TCP/IP 通信测试。1978 年，TCP 又分解成 TCP 和 IP 两个协议。

如果说 20 世纪 70 年代 TCP/IP 协议的发明开启了不同网络之间的互联，那么 20 世纪 80 年代 TCP/IP 协议的广泛应用则将网络联网技术发展推向了新高潮，为互联网的正式面世积蓄了强大力量。20 世纪 80 年代初，各国、各机构、各高校关于计算机网络、规范、协议的研究与应用实践呈现百家争鸣景象，但全球网络尚未统一到互联网。1983 年，阿帕网军用部分已脱离母网，阿帕网分裂为 ARPAnet 和纯军事用的 MILNET 两部分。1986 年，由美国国家科学基金会设计的 NSFNET 主干网基本建成，在美国高校间掀起了联网的高潮，部分得到美国国家科学基金会支持的教育与区域研究网络均可连接到 NSFNET，一定程度上扩充了网络互联使用规模。而阿帕网在采用了 TCP/IP 标准后，也打破了因协议限制而导致的仅能互连 1 000 台计算机这一上限，联网的动机得到不断加强。1988 年，NSFNET 主干网速率提升至 T1（1.544Mbps）。1989 年，接入 NSFNET 的国家已扩展至加拿大、英国、德国、法国、澳大利亚、意大利、日本、荷兰、瑞典、挪威、丹麦、芬兰、冰岛、墨西哥和以色列，联网的主机数已超过 10 万台，全球联网的新格局基本形成。阿帕网逐步被 NSFNET 所替代，1990 年正式停止使用，完成历史使命。

（2）互联网诞生及其商业化浪潮。

20 世纪 90 年代是互联网的辉煌时代，万维网的诞生标志着互联网发展正式进入 Web 1.0 阶段，互联网开始进入大众视野。同时，浏览器、门户、电子邮件的应用则开启了互联网发展的首次投资热潮，拉开了互联网商业化序幕。[④] 哈佛商学院教授谢恩·

---

① 徐军：《也谈多用户使用一个 IP 地址上因特网》，载于《图书馆杂志》2001 年第 4 期。
② 史琳：《在 TCP/IP 协议网络中实现任务间的数据通讯》，载于《计算机应用与软件》1995 年第 2 期。
③ 郑衍衡、孟克楠：《在以太网上 TCP/IP 协议下实现多媒体信息的实时通信》，载于《计算机应用与软件》1997 年第 4 期。
④ 方兴东、钟祥铭等：《全球互联网 50 年：发展阶段与演进逻辑》，载于《新闻记者》2019 年 7 月。

格林斯坦（Shane Greenstein）在 2020 年出版的《互联网的商业化路径：创新与新型网络的诞生》中评价道，"互联网的商业化进程值得我们关注，还因为它凸显了创新和产业结构变革之间的重要关联"[1]。

1991 年，万维网诞生，它是基于 1989 年蒂姆·伯纳斯（Tim Berners）和其他欧洲核子研究组织研究者共同提出的一个分类互联网信息的协议而建立的，是基于客户机/服务器方式的信息发现技术和超文本技术的综合。可通过超文本标记语言（HTML）把信息组织成为图文并茂的超文本，再利用链接从一个站点跳到另一个站点。[2] Web 1.0 时代，网络技术快速发展并逐步成熟，但应用技术相对单一，多以文件传输与电子邮件为主。这一时期的网站多以静态的 HTML 页面构建，是只读的，仅具有显示信息的能力。并且，只有极少数的用户具有发布内容的权限，绝大多数用户无法更改其数据，致使用户与网页内容的交互较少。1991 年除了诞生了万维网外，还有一些有关网络技术发展的重要事件。诸如，美国政府正式宣布因特网（Internet）向社会公众开放，允许在网上开发商业应用系统。美国明尼苏达大学保罗·林德纳和马克·麦卡希尔（Paul Lindner and Mark McCahill）教授开发了首个能同时查找文件内容或文件名称的搜索协议 Gopher，这意味着第一个供学术界人士使用的搜索引擎工具正式面世。美国内华达州立大学雷诺分校创造的 VERONICA（通过 Gopher 使用的一种自动检索服务）加大了 Gopher 的可用性，遍布世界的 Gopher 像网一样搜集网络连接和索引，伴生了 VERONICA 及类似的单用户索引软件。这一时期，Gopher 成为因特网上最主要的信息检索工具，但在 WWW 出现后，Gopher 失去了昔日的辉煌。同年 12 月 1 日，美国国会通过了由参议员戈尔（Gore）起草的《高性能计算与通讯法案》（简称《戈尔法案》），该法案拨款 6 亿美元用于资助美国互联网发展。次年，戈尔顺利成为美国副总统，其对互联网的梦想也感染了时任总统比尔·克林顿。

受美国互联网发展的影响，北美、欧洲和东亚等地区迎来了网络建设的高潮，国际互联网在基础设施领域的商业化进程开始步入快车道。[3] 1992 年，美国国家科学基金会为了推进国际互联网的商业化进程，宣布几年后将停止营运 NSFNET，鼓励和资助各类商业实体建立主干网。通过引导一个新的互联网架构，来支持新兴网络的商业应用。1993 年 9 月，时任美国总统克林顿和副总统戈尔发布报告，制定并实施世界上第一个"信息高速公路"战略。[4] 随后，欧洲、日本、加拿大等发达国家也纷纷提出相应支持政策和激励政策来推进"信息高速公路"建设。[5] 这一时期，我国也积极推进国民经济信息化进程，批准成立了国家经济信息化联席会议，统一领导和组织协调政府经济领域

① 谢恩·格林斯坦著，张晓健、刘越译：《互联网的商业化路径：创新与新型网络的诞生》，人民邮电出版社 2020 年版。
② 员佩刚、程建国、王洪滨：《计算机网络技术发展趋势的分析与探讨》，载于《山西财经大学学报》1999 年第 1 期。
③ 方兴东、钟祥铭等：《全球互联网 50 年：发展阶段与演进逻辑》，载于《新闻记者》2019 年 7 月。
④ 刘长敏：《论美国的信息高速公路》，载于《国外社会科学情况》1997 年第 4 期。
⑤ 袁学明：《信息高速公路与未来社会》，载于《中国行政管理》1997 年第 9 期。

信息化建设工作。① 在 1992 年和 1993 年国际互联网年会等场合，中国计算机界的专家学者曾多次提出接入国际互联网的要求，并得到国际同行们的支持。1993 年 3 月 2 日，中国科学院高能物理研究所租用美国电报电话公司（AT&T）的国际卫星信道，并建立了接入美国国家实验室的 64K 专线，成为我国连入世界互联网的第一根专线。正如原中国科学院副院长胡启恒院士所言，"互联网进入中国，不是八抬大轿抬进来的，是羊肠小道走出来的"②。

　　1993 年，浏览器的问世成为互联网发展史上具有里程碑意义的新坐标。而网络技术的新发展又极大地激活了商业化需求，使得 1993 年的网站数量达到 600 个，与 NSFNET 连接的计算机数量增长到 200 多万台，约为 20 世纪 80 年代中期 NSFNET 成立时的 2 000 倍。③ 各种新型的浏览器如雨后春笋般不断涌现。诸如，CompTek 创始人开发出 Yandex，作为俄语的搜索机制。美国伊利诺伊州的伊利诺伊大学的国家超级计算机应用中心（National Center for Supercomputing Applications，NCSA），开发了第一个面向公众的图形网络浏览器——Mosaic1.0。Mosaic 浏览器甫一产生，就受到大众追捧，是点燃后来因特网热潮的火种之一。1994 年 1 月，美国斯坦福大学的两位研究生大卫·费罗（David Filo）和杨致远（Jerry Yang）创建了一个名为"杰瑞的网络指南"的网站信息索引，旨在满足成千上万的、刚刚开始通过互联网社区使用网络服务的用户需要，帮助他们有效地查找、识别和编辑互联网上存储的资料。同年 3 月，"杰瑞的网络指南"更名为"Yahoo！"（雅虎），其含义来源于《格列佛游记——"慧骃"国游记》中 Yahoo（耶胡）的解释，表示"由有着智能的马所饲养着，与人类长得一模一样的牲畜"之意，全球第一门户由此起步。

　　如果说浏览器的面世将网络技术推向了新高潮，那么，1994 年 4 月诞生的网景公司（Netscape）则正式激发了互联网商业化浪潮，网站服务不再局限于搜索引擎，而是逐渐蔓延至购物、广告、拍卖、邮件、新闻、虚拟社区等诸多领域。1994 年，网景浏览器 1.0 正式版发布，软件改名为网景导航者（Netscape Navigator）。④ 网景导航者以共享软件的方式贩卖，由于其功能追加速度快，所以当时占有率相当高。经历后续版本的用户积累，网景导航者成为浏览器市场占有率的首位。同年，微软为 Windows 95 创建了一个 Web 浏览器。同时，具有远见的杰夫·贝索斯（Jeff Bezos）看到了网络的潜力和特色，当实体的大型书店提供 20 万本书时，网络书店能够提供比 20 万本书更多的选

① 包弼德、夏翠娟、王宏甦：《数字人文与中国研究的网络基础设施建设》，载于《图书馆杂志》2018 年第 11 期；江涛：《我国信息网络基础设施建设规模已居世界第三》，载于《情报资料工作》2003 年第 4 期。
② 《中国互联网诞生缘起：20 年前如何从羊肠小道走出来互联网？》，第一财经网，2014 年 4 月 20 日，https：//www.yicai.com/news/3725379.html。
③ 《全球互联网 50 年（1969 - 2019）：发展阶段与演进逻辑》，博客，2019 年 7 月 17 日，https：//fxd.blogchina.com/838888597.html。
④ 吉静娴：《Internet 信息检索中使用 Netscape 的检索策略》，载于《现代图书情报技术》1996 年第 1 期。

择给读者，因此成立了网上书店亚马逊（Amazon），这是成立最早的电子商务公司。[①]
这一年，美国副总统戈尔还为当年的《互联网指导大纲》撰写序言，成为美国历史上
第一位通过国家互联网举办互动式新闻发布会的美国副总统。因此，1994 年也被称为
"国际网络年"。

一般而言，人们以 1995 年 8 月 9 日网景（Netscape）公司首次公开发行股票（Initial Public Offering，IPO）作为互联网商业化热潮的起点标志。[②] 网景公司的股票开盘仅
1 分钟，就由开盘价 28 美元冲至 70 美元。《华尔街日报》评论说，美国通用电气公司
花了 43 年才使市值达到 27 亿美元，而网景公司只花了 1 分钟。[③] 20 世纪 90 年代中期，
互联网创业和投资的第一个热潮已开启，开始出现购物、广告和拍卖网站，商业开始在
网络中占主导地位。1995 年，美国国家科学基金会的 NSFNET 宣布停止操作，由美国
指定 3 家私营企业来经营，互联网的商业化基本完成。同年，克雷格·纽马克（Craig
Newmark）创立克雷格列表网（Craigslist），这是一个网上大型免费分类广告网站并且很
快就取代了报纸分类广告，使报纸经济发生了天翻地覆的变化。同年，全球第一个在线
约会网站 Match. com 正式发布。同年 9 月 4 日，彼埃尔·奥米迪亚（Pierre Omidyar）以
拍卖网站（Auctionweb）的名称创立易贝（eBay）。这是一个可让全球民众在网上买卖
物品的线上拍卖及购物网站，人们可以在易贝上通过网络出售或者购买商品。1996 年，
吉米·威尔士（Jimmy Wales）和蒂姆·歇尔（Tim Shell）共同创立 Bomis 公司，其主
要营业内容是经营 Bomis 搜索门户网站，并使用这个网站来贩卖广告。1996 年 2 月，为
回应美国国会颁布的"电信法案"，电子前线基金会（Electronic Frontier Foundation，
EFF）创始人约翰·巴洛发表了著名的《赛博空间独立宣言》，充分彰显了互联网公民
的自由以及无政府主义的黑客理想。自此，商业开始在网络中占据主导地位。

随着时间推移，世界各地越来越多的门户网站被建立，网站服务范围逐渐扩展至电
邮、虚拟社区、娱乐等领域。1996 年 4 月 12 日，雅虎公司首次公开募股，成为美国著
名的互联网门户网站，也是 20 世纪末互联网奇迹的创造者之一。[④] 1996 年 11 月，以色
列人维斯格、瓦迪和高德芬格开发了软件 ICQ（ISEEKYOU），它能使人们在互联网上进
行快速直接的交流。1997 年，里德·哈斯汀（Reed Hastings）和马克·兰道夫（Marc
Randolph）成立了美国奈飞公司（Netflix，简称"奈飞"），最初只是通过邮寄的方式租
赁和销售实体光盘 DVD。在当时，互联网界没有人关注它，更不会有人预测到它会在

① 赵洗尘：《面向网络的图书馆——Amazon. com 的启示》，载于《图书情报工作》1999 年第 10 期；张宁映：
《Amazon 个性化推荐系统的文本组织结构研究》，载于《图书与情报》2013 年第 5 期。
② 方兴东、钟祥铭等：《全球互联网 50 年：发展阶段与演进逻辑》，载于《新闻记者》2019 年 7 月。
③ 《全球互联网 50 年（1969 - 2019）：发展阶段与演进逻辑》，博客，2019 年 7 月 17 日，https：//fxd. blogchina.
com/838888597. html。
④ 《历史上的今天：雅虎正式成立；PC 设计先驱诞生；Excite@ Home 破产》，CSDN，2022 年 3 月 2 日，https：//
blog. csdn. net/csdnnews/article/details/123243961。

20 年后成为全球在线视频的第一巨头。[1] 2018 年，奈飞的市值已达到了 1 526 亿美元，登顶全球市值最高的媒体公司，超过了创立 95 年且市值为 1 518 亿美元的迪士尼。[2] 1997 年，Yandex 公司正式创立，率先在俄罗斯互联网引入关联广告。随后，Yandex 自 2000 年开始引入了新闻和购物搜索能力，所提供的服务已经扩大到对新闻、地图、商品、本地地址、博客、图片等进行专业化、平行搜索。1998 年，Napster 公司首创了点对点（Peer – to – Peer，P2P）音乐共享技术和服务，打开了音频文件共享的大门，在最高峰时拥有 8 000 万注册用户。[3] Napster 的出现改变了整个互联网的格局，开始掀起互联网领域的强化版权保护进程。1998 年，谷歌（Google）诞生，但因其仅能提供搜索引擎服务而在行业内不被重视。2000 年，雅虎向谷歌支付了 720 万美元合作费用，以获得谷歌的搜索服务。当年，雅虎兼并了不少网络技术公司，但因谷歌开价 60 亿美元而未能成功收购谷歌，而谷歌在 15 年后的市值已超过 6 000 亿美元。为把零售金融业务推向全球化同时扩展分销渠道，花旗集团于 2000 年 11 月收购了第一联合资本（Associates First Capital）设于 15 个国家的 2 600 家分行，成为全球首屈一指的零售金融企业。

这一时期，中国的电邮、虚拟社区、娱乐、电子商务类网络公司也不断兴起，加快了中国网络经济发展步伐。1995 年，中国电信开始通过电话网、DDN 专线、X. 25 网等方式向社会提供因特网服务，中国联通在北京、天津、上海、广州开通了 GSM 移动通信网。[4] 同年，马云创办中国黄页，开启了为企业提供网页创建服务的互联网公司的先河。1997 年 6 月，中国网易公司成立，并在两年内陆续推出中国第一家全中文搜索引擎、第一家免费个人主页、第一家免费电子贺卡站、第一个网上虚拟社区和第一家网上拍卖平台，网易在开发互联网应用、服务及其他技术方面始终保持国内业界的领先地位。同年 12 月，国内瀛海威信息通信有限责任公司（以下简称"瀛海威"）的 8 个主要节点建成开通，形成了全国性初步主干网，为中国互联网商业化打下基础。到了 1998 年，瀛海威已发展成拥有 37 000 家客户的全国知名网络业务提供商（Internet Service Provider，ISP）公司和除邮电系统之外中国最大的一家电信网络公司，建立了中国第一个公司网和电子商务。1998 年，张朝阳成立搜狐网，王志东创立新浪网，搜狐网和新浪网均于 2000 年在美国纳斯达克证券市场上市。[5] 1999 年 2 月，腾讯自主开发了 QQ，这是基于因特网的即时通信网络工具。至此，四大门户网站——网易、搜狐、新浪和腾讯正式形成。1999 年 9 月，马云带领 18 位创始人成立了阿里巴巴集团，并以

---

① 杜艳艳、王芬：《技术创新与品牌化：Netflix 海外拓展的逻辑》，载于《传媒》2021 年第 8 期。

② 杨迪雅、刘旸：《以美国 Netflix 为例看大数据时代视频网站内容布局》，载于《现代传播》（中国传媒大学学报）2013 年第 12 期。

③ Napster，TechTarget 信息化，2008 年 6 月 18 日，https://searchcio.techtarget.com.cn/whatis/8 - 24311/。

④ 丁海东：《风险投资与中国 Internet 服务》，载于《计算机与网络》1999 年第 9 期。

⑤ 乔文军：《中国互联网企业美国借壳上市的研究》，载于《经济体制改革》2016 年第 2 期；谭扬芳：《互联网企业纷纷海外上市的利弊分析》，载于《红旗文稿》2011 年第 14 期；谭扬芳：《对我国互联网海外上市潮的几点思考》，载于《北京行政学院学报》2011 年第 4 期。

"阿里巴巴"的英文全拼作为集团的首个网站名。同年，阿里巴巴集团推出专注于国内批发贸易的中国交易市场（现称"1688"）。1999 年 11 月，上海盛大网络发展有限公司（简称"盛大"）成立，推出中国领先概念的图形化网络虚拟社区游戏"网络硅谷"。2001 年，盛大正式进军在线游戏运营市场，并推出大型网络游戏《传奇》，该网游迅速登上各软件销售排行榜首。

发展与竞争同在。当网络经济发展到风生水起时，互联网商业化的第一场大战——浏览器大战在 20 世纪 90 年代末期打响。为占领市场份额，PC 行业巨头微软投入重金抢占浏览器市场，产品疯狂更新换代。因担心网景导航者可能会对微软的操作系统和应用程序市场产生威胁，微软于 1995 年从望远镜娱乐公司（Spyglass Entertainment）买下 Mosaic 的授权，并以此为基础开发了 Internet Explorer，进军浏览器市场，双方的"浏览器大战"由此展开。1996 年 7 月，由杰克·史密斯（Jack Smith）和印度企业家沙比尔·巴蒂亚（Sabeer Bhatia）创建的电子邮件 Hotmail 正式开始商业运作，世界上的任何人都可以通过网页浏览器对其进行读取和收发电子邮件。1997 年，美国微软公司以 4 亿美元收购 Hotmail，并借助 Hotmail 的巨大人气一跃成为全球注册用户最多和访问量最大的三大网站之一。1998 年 1 月，网景在与微软的浏览器大战中失利后，公布旗下所有软件以后的版本皆免费，并开放网景通信家（Netscape Communicator）4.0 的源代码，成立了非正式组织 Mozilla，以此来挽回市场，但终难逃被收购和解散的命运。同年 11 月 24 日，美国在线以 42 亿美元、免税换股的方式收购网景，而美国在线又在 2000 年与时代华纳合并。[1] 2003 年 7 月 15 日，美国在线正式解散网景公司，网景的标志也被去除，网景只作为一个商标存在。美国微软在一次次"攻城略地"中取得胜利和进步，但也受到了一场场来自全球多个国家和地区轰轰烈烈的反垄断诉讼。[2] 1997 年 10 月，美国司法部指控微软垄断操作系统，将浏览器软件与视窗操作系统软件非法捆绑销售。[3] 1998 年 10 月，微软垄断案开始在美国审理。同年 12 月，欧盟对微软公司的反垄断调查也因美国太阳微电子公司的投诉正式开启。2000 年 6 月，美地方法院作出判决，拟对微软进行拆分。2001 年 6 月，上诉法庭推翻地方法院的裁决，微软躲过被拆分的命运，但违反反垄断法罪名成立。同年 11 月，微软和美国司法部达成妥协，和解协议在 2002 年被美国联邦法院批准，微软面临 5 年惩罚性措施。[4]

20 世纪末期毫无疑问是互联网史上最辉煌也是最疯狂的时刻之一。[5] 以美国为例，

---

① 雷达、于春海：《美国政府干预的新动向——从"微软"、"美国在线—时代华纳"两件事看美国政府的反垄断策略》，载于《国际经济评论》2000 年第 2 期。
② 盛郁旻、牛露华：《网络经济的产业结构特征——微软反垄断案及其启示》，载于《中国工业经济》2001 年第 6 期。
③ 王妮妮：《互联网搭售行为的反垄断规制——"3Q 案"与"微软案"的比较》，载于《江西社会科学》2015 年第 4 期；陶开宇：《微软反垄断案的典型特点及启示》，载于《商业时代》2003 年第 18 期。
④ 夏大慰：《从微软案看美国反垄断政策取向》，载于《财经研究》2000 年第 8 期。
⑤ 陈浩、马建军：《网络经济泡沫的成因分析》，载于《商业研究》2002 年第 6 期。

1999 年约有 1 000 多亿美元的风险投资投向互联网，占其全国风险投资总额的 70% 以上，这一数额超过了以往 15 年的投资总和。美国 371 家上市的互联网公司得到快速发展，总体市值已突破 1.3 万亿美元，约为美国股市的 8%。到 2000 年 3 月，美国互联网公司总体市值到达其在纳斯达克的最高点时，互联网上市公司的市盈率已达到 107%，是当今的 4 倍多。不过，泡沫总会被刺破。网络经济泡沫破灭的大崩溃自 2000 年 4 月正式开始。4 月 3～4 日两日内，纳斯达克指数暴跌 924 点，跌幅超过 20%，创造纳斯达克历史上的跌幅之最。一年之后的 3 月 12 日终于跌破了 2 000 点的防守大关，一年时间跌幅高达 62%。2000 年 6 月 29 日，中国领先的互联网技术公司——网易公司（NTES）成功登陆纳斯达克，但在上市首日便跌破发行价，紧接着第二个月迎来了美国资本市场史上最大的一场互联网泡沫危机。美股市值蒸发近 2/3，众多互联网上市公司命悬一线，面临资产贬值、股价断崖式下跌、濒临破产倒闭的风险。① 2001 年发生的"9·11"恐怖袭击事件将纳斯达克指数又一步推进了深渊，连续阴跌至 825.8 的历史最低点。网络经济泡沫破灭，直接将美国经济拖入了衰退，而美国经济的转弱引发全球经济进入衰退。②

网络经济泡沫的破灭，为全球网络经济发展带来了威胁，但也燃起了新发展机遇，尤其对于后发国家。③ 2000 年 1 月 1 日，李彦宏看到了中国互联网及中文搜索引擎服务的巨大发展潜力，携搜索引擎专利技术，在北京中关村创建了百度公司。"百度"二字来自于八百年前南宋词人辛弃疾的一句词"众里寻他千百度"，描绘了李彦宏对理想的执着追求。2000 年 5 月，由金山与联想共同投资的卓越网正式上线，成为中国电子商务领域的先驱之一。卓越网主营音像、图书、软件、游戏、礼品等产品，并探索了"全场库存 + 快捷配送"的模式，致力于给消费者带来了很好的体验。2000 年 7 月，华彩公司在中国大陆发行了第一款多人在线角色扮演类游戏《万王之王》，这是第一款真正意义上的中文网络图形 Mud 游戏，也是第一款中国自主开发的 3D 网络游戏，开启了中国网游的新篇章。2002 年，网易与九城的魔兽世界代理权之争受到业界的广泛关注，并且牵动着 500 万中国玩家不安的心，网络游戏产业产生了巨大的影响力。2001 年，中国联通投资 209 亿元，并用时半年建成具有国际先进水平的 CDMA 移动通信网络，网络总容量为 1 581 万户，覆盖全国 31 个省份的 330 个地市。④ 第二年，CDMA 网络正式开通运营，此后经过扩容，成为全球最大的 CDMA 网络。2001 年，维基百科（Wikipedia）启动，这是由 Bomis 网站的总裁吉米·威尔士发起创立的以"向全人类提供自由"为目标的百科全书，并开启多语言百科全书协作计划。2002 年，谷歌引入了 AdWords（按

---

① 薛伟贤、冯宗宪：《网络经济泡沫解析》，载于《财经研究》2004 年第 1 期。
② 萧琛：《从网络经济看当前美国的"准衰退"与"新周期"》，载于《世界经济与政治》2001 年第 8 期。
③ 萧琛：《美国"新经济"正在重新崛起？——论网络经济的衰退、复苏和高涨》，载于《世界经济与政治》2003 年第 7 期。
④ 《运营商投资逻辑再梳理》，知乎，2023 年 3 月 13 日，https://zhuanlan.zhihu.com/p/613539641。

点击付费的第三方广告平台）。2002 年初，Yandex 公司和 PayCash 集团引入一种数字货币新系统 Yandex. Money，为俄罗斯互联网提供通用的在线支付环境。2002 年底，Yandex 又推出虚拟购物服务 Yandex. Market，虚拟购物环境更加完备。

4.2.2　网络经济腾飞：Web 2.0 加速网络技术商业化

Web 2.0 是相对于 Web 1.0 的新的时代，是一次从核心内容到外部应用的网络技术革命，也是网络技术新发展引发网络经济革命的典型体现。[①] Web 2.0 技术在社交、购物等领域的应用，便捷了用户之间的交流与沟通，开启了网络购物新时代。尤其是智能手机从商业应用到全民普及，促使"网民"数量急速增长，互联网的商业价值得以充分实现。从此，网络经济步入快速发展期，开始由最初的单一化走向多元化。[②] 根据美国市场研究机构 Royal Pingdom 发布的《2010 全球互联网发展报告》，截至 2010 年底，全球网站数量达 2.55 亿个，较 2003 年增长了 2.15 亿个，年均增长 30.29%。[③] 截至 2010 年 6 月，全球网民数量达 19.7 亿人，约为 2003 年的 3.16 倍。[④] 足以见得，Web 2.0 加速了全球网络经济发展，将网络经济推向了新高潮。本部分重点梳理自 Web 2.0 正式诞生直至 2010 年新经济形成之前这一阶段，新一代网络技术发展演进与应用过程，以及网络经济从泡沫破灭正式转向复苏甚至腾飞的发展历程。

（1）Web 2.0 技术演进与应用。

Web 2.0，又称为第二代万维网、社交网络，是相对 Web 1.0（2003 年以前的互联网模式）的新一类互联网应用的统称。[⑤] 达西·迪努奇（Darcy DiNucci）最早创造了"Web 2.0"这个词语，并在 1999 年发表的文章《支离破碎的未来》（Fragmented Future）中将 Web 2.0 描述为"传输机制，即交互发生的以太"[⑥]。不过，关于 Web 2.0 的正式表述和深入人心则始于 2004 年 3 月互联网发展先驱奥莱利媒体出版集团（O'Reilly Media, Inc.）与 MediaLive 国际公司的一次头脑风暴会议，这次研讨会被定义为"Web 2.0 大会"（Web 2.0 Conference）。奥莱利媒体出版集团创始人蒂姆·奥莱利（Tim O'Reilly）和戴尔·多尔蒂（Dale Dougherty）认为，互联网泡沫已破灭，但互联网比其他任何时候都更重要，新技术和应用程序等正在以令人惊讶的规律性涌现出来。而且，互联网泡沫破灭也标示着网络技术和网络经济的一种转折，使得 Web 2.0 的行动有了实质意义。随后，蒂姆·奥莱利在发表的《什么是 Web 2.0》（What Is Web 2.0）一

---

① 彭兰：《WEB 2.0 在中国的发展及其社会意义》，载于《国际新闻界》2007 年第 10 期。

② 中原：《未来网络技术发展五大趋势》，载于《经济世界》2002 年第 1 期；王秋文、郑建明：《Web 2.0 环境下网络信息消费行为模式研究》，载于《新世纪图书馆》2012 年第 5 期。

③ 金裔婕：《网络经济发展对我国国民经济影响的研究》，上海师范大学硕士学位论文，2011 年。

④ 钟奋生：《网海风云》，远方出版社 2005 年版。

⑤ 《Web2.0 的概念》，博客，2009 年 10 月 1 日，https：//blog. csdn. net/iteye_18731/article/details/81768708。

⑥ What Is Web 2.0? Definition, Impact, and Examples. Investopedia, 2022 - 12 - 29, https：//www. investopedia. com/terms/w/web - 20. asp.

文中对 Web 2.0 概念进行了正式界定，并给出了描述 Web 2.0 的框图——Web 2.0 MemeMap，该文后来成为 Web 2.0 研究的经典文章。此后，关于 Web 2.0 的相关研究与应用得到迅速发展。Web 2.0 的理念与相关技术也日趋成熟和完善，推动了网络技术变革与应用创新。[1]

Web 2.0 是网络技术自身进化的结果，注重去中心化、聚合与共享，相比较 Web 1.0 有显著变化。Web 2.0 概念的提出者蒂姆·奥莱利认为，Web 2.0 的经验是有效利用消费者自助服务和算法上的数据管理，便于扩展到整个互联网，从各个方向延伸到边缘乃至中心。因此，Web 2.0 技术应用的关键原则是：用户越多服务越好。[2] 从 Web 2.0 与 Web 1.0 的技术逻辑对比来看，Web 1.0 的主要特点在于用户通过浏览器获取信息，而 Web 2.0 则更加注重用户的交互作用，其在模式上由单纯的"读"向"写"以及"共同建设"发展（见图 4–1）。由此可见，Web 2.0 时期的网络用户由被动地接收互联网信息向主动创造互联网信息发展，使得人性化水平更高。[3] 换言之，这一时期的网络用户既是网站内容的浏览者，同时也是网站内容的创作者。[4] 从技术构成来看，Web 2.0 的技术基础包括 RSS 技术、AJAX 技术、Tag 技术、Web Service 技术和 P2P 技术。

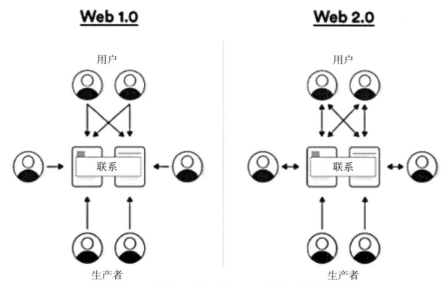

图 4–1　Web 2.0 与 Web 1.0 的技术逻辑对比

资料来源：《互联网的发展简史——Web》，CSDN，2022 年 12 月 2 日，https://blog.csdn.net/yj11290301/article/details/127049538。

1997 年，网景公司开发了 RSS 技术，"推"技术的概念随之诞生。RSS 技术是各个

---

[1] 段寿建、邓有林：《Web 技术发展综述与展望》，载于《计算机时代》2013 年第 3 期。
[2] 覃冬华：《Web 2.0 技术应用研究综述》，载于《广西广播电视大学学报》2013 年第 3 期。
[3] 张立彬、瞿清剑、卢冶、王科理：《网络技术发展及其对互动交流的影响探析》，载于《情报科学》2010 年第 2 期。
[4] 杜超：《基于 Web 2.0 技术的网络教学平台的分析与研究》，载于《电脑知识与技术》2016 年第 31 期。

网络站点之间共享资源的一个聚集方式，它在门户网站中被得到广泛运用与推广。当遇到大量数据信息无法筛选时，运用 RSS 技术只需要在网络上下载安装一种小程序即可找到所需数据信息。RSS 技术具有强大的收集及组织信息功能，它会自动地将用户所需要的地点、格式、时间直接传送到计算机上，为网络提供大量资源共享。^① 然而，RSS 技术的风行并非当即出现，而是若干年之后的事了。2003 年，随着博客（blog）技术的迅速普及，在 Useland、雅虎等大牌公司的支持之下，RSS 技术一时形成了新技术的某种垄断，并被视为可以免除垃圾邮件干扰的替代产品。同年，为了打破这种垄断，Atom 技术应运而生。谷歌对于 IBM 软件工程师萨姆鲁比（SamRuby）研发该技术的支持，使得 Atom 技术迅速走红。与此同时，由 Useland 公司的戴夫·温那（Dave Winner）研发的 RSS 技术 2.0 版本迅速诞生，两大阵营并立的局面正式形成。之后，RSS 技术与 Atom 技术合并，多数版本的阅读器都可以同时支持这两种标准的文件阅读。另外，使用 RSS 技术还可以订阅工作中所需的技术文章，也可以订阅与用户有共同爱好的作者的 blog。总之，用户对什么感兴趣就可以订什么。并且，只要将用户所需要的内容订阅在 RSS 阅读器中，这些内容就会自动出现在用户的阅读器里。一旦有了更新，RSS 阅读器就会自动通知用户。

AJAX（Asynchronous Javascript And XML，即异步 JavaScript 和 XML）一词是杰西·詹姆斯·加雷特（Jesse James Garrett）提出的新术语，最早出现在《Ajax：网络应用的新技术》（Ajax：A New Approach to Web Applications）一文中，用于描述一种使用现有技术集合的"新"方法。^② 诸如，JavaScript、XML、XMLHttpRequest、HTML、DOM、CSS 以及 XSLT 等。使用 AJAX 技术网页应用使得程序能够更快地回应用户的操作，不需要重载（刷新）整个页面而将增量更新快速呈现在用户界面上。^③ 它主要的作用是创建各种交互式网页，其工作原理是利用网络中的远程脚本进行技术的调用，从而使 XML Http Re－quest 和网络服务器之间形成异步的数据交换，通过此技术可以将数据处理从服务器端转到客户端，实现资源共享及传播（见图 4－2）。应用 AJAX 技术及时将处理数据传送给客户端，减少了服务器的数据累积量，提高了整个网络的软件处理速度。^④《Ajax：网络应用的新技术》一文的迅速传播加强了人们应用 AJAX 这一技术的意识，杰西·詹姆斯·加雷特因此被称为 AJAX 之父。尽管 AJAX 技术被大众正式接受始于 2005 年，但关于 AJAX 技术的最早应用则出现在 1998 年前后。Outlook Web Access 是第一个成功应用 AJAX 技术开发的商业应用程序，该程序组件允许客户端脚本发送 HTTP请求，后来发展成为 Internet Explorer 4.0 的一部分，也成为包括 Oddpost 等网络邮件产

---

① 任超：《浅析 Web 2.0 技术的应用》，载于《信息通信》2013 年第 7 期。
② Ajax：A New Approach to Web Applications. Adaptive Path，2005－02－18，https：//courses. cs. washington. edu/courses/cse490h/07sp/readings/ajax_adaptive_path. pdf.
③ Ajax. MDN，2023－07－16，https：//developer. mozilla. org/zh－CN/docs/Web/Guide/AJAX.
④ 任超：《浅析 Web 2.0 技术的应用》，载于《信息通信》2013 年第 7 期。

品在内的许多产品的"领头羊"。[①] 2005 年后，AJAX 技术得到进一步发展与应用，谷歌在它著名的交互应用程序中使用了异步通讯，如谷歌、谷歌地图、谷歌搜索建议、Gmail 等。另外，对 Mozilla Gecko 的支持使得 AJAX 技术走向成熟，变得更为易用。[②]

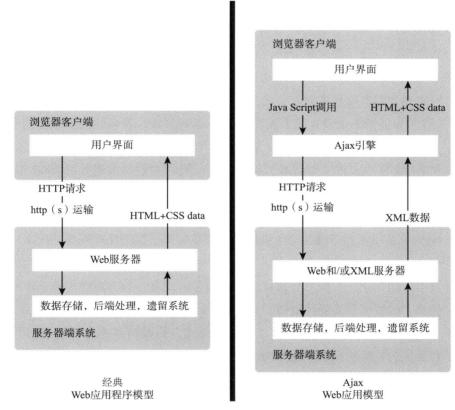

图 4 - 2 Ajax 模型（右）与 Web 应用传统模型（左）比较

资料来源：Ajax：A New Approach to Web Applications. Adaptive Path，2005 - 02 - 18，https：//courses. cs. washington. edu/courses/cse490h/07sp/readings/ajax_adaptive_path. pdf.

　　Tag 技术是 Web 2.0 的重要元素，也是 Web 2.0 网站的常用技术。[③] Tag 技术最早出现在美国，1998 年，约舒亚·沙科特（Joshua Schachter）在做一个网站时，发现有大量的网页链接需要保存。起初，他把链接存放在同一个文件。但随着时间的推移，需要保存的链接越来越多，想要迅速找到某个链接越来越难。因此，为了能更便捷地找到需要的链接，他为每个链接添加了一个关键词来做备忘，即标签（tag）。[④] 网摘服务是 tag

① 贺涛、缪淮扣、钱忠胜：《基于 Ajax 技术的 Web 应用的建模与测试用例生成》，载于《计算机科学》2014 年第 8 期。
② Mozilla Gecko 是由 Mozilla、高通和西班牙电信国际集团（Telefonica）于 2011 年开始合作研发的全新智慧型手机平台。
③ 夏天、杨瑛霞、田爱奎、张际平：《Tag 和现代教育技术》，载于《中国电化教育》2006 年第 9 期。
④ 朱征宇、朱庆生、王茜：《基于扩展标记图的虚拟网页技术》，载于《计算机科学》2001 年第 11 期。

技术最常见的应用。2002 年，为保存被标签的链接，约舒亚·沙科特创建了一个基于 Web 的数据库，最早的网摘模型开始出现。2003 年，约舒亚·沙科特重写了这个 Web 数据库系统，并开始支持多用户访问，这就是现在的书签分享网站 Del. icio. us。[①] 约舒亚·沙科特曾经在网上提到他这么做的动机："我解决了一个我遇到的问题，那么同时就解决了每个人都可能遇到的同样的问题。"[②] 因此，tag 技术的目的在于便利网民对网络内容（包括文字、图片、视频和音频等）进行协作管理或分类。它帮助人们轻松地描述和分类内容，以便于检索和分享，它鼓励网民从自己的需要出发，用个性化的"关键词"来标记网络内容。网站则可以通过互联网用户的大量交互以及相关内容匹配，最终实现对网络内容的有效检索和社会化传播，充分体现了 Web 2.0 自下而上、用户参与的特点。[③] 除了目前网络上最大的书签类站点 Delicious 外，著名的网摘服务网 Furl、图片分享服务网 Flickr（雅虎旗下图片分享网站）也支持 Tag 技术功能。[④] 有文章认为是 Delicious 和 Flickr 在一定程度上引爆了 tag 的流行。[⑤] 国内的网摘服务以 2004 年 10 月开始上线运行的 365Key 为标志，并迅速普及，随后发展起来的网摘服务还有和讯网摘、博采中心以及新浪 ViVi 等。

Web Service 技术是由 20 世纪 90 年代软件开发框架分布式计算环境（DCE）中的远程过程调用（RPC）机制发展而来的。[⑥] 进入 21 世纪后，随着互联网在生产生活各领域的不断普及与应用深化，人们对分布式计算提出了新要求，迫切需要实施互联网上跨平台、语言独立、松散耦合的异构应用的交互和集成。于是，Web Services 技术应运而生，并提出了一种全新的、面向服务的分布式计算模式，通过构建一个通用的、与语言无关、与平台无关的技术层来实现各类平台的彼此连接与集成。[⑦] 也就是说，依据 Web Service 技术规范，无论各应用所使用的语言、平台或内部协议是什么，都可以进行数据交换。另外，Web Service 技术也很容易部署且应用接口的成本更低，因为它们基于一些常规的产业标准以及已有的一些技术，诸如标准通用标记语言下的子集 XML、HTTP 等。[⑧] 因此，Web Service 技术的诞生被称为继 PC 和互联网后信息技术的第三次革命，并对企业共享信息和线上业务方式产生巨大影响。[⑨] 根据 Forrester 调研公司在 2007 年

①　袁昊：《基于"美味书签"的网络资源导航建设》，载于《图书馆学研究》2010 年第 2 期。
②　《TAG 的历史和 TAG 盛行的原因分析》，2005 年 5 月 30 日。https：//www. cnblogs. com/Mozier/articles/ 164894. html。
③　王旭艳、徐薇、黄闯：《Internet 上个人地址资源的"网络书签"管理》，载于《现代图书情报技术》2002 年第 5 期。
④　黄晓斌：《社会书签与网络信息推荐服务》，载于《情报理论与实践》2006 年第 1 期。
⑤　《标签 Tag 的相关研究和应用简介》，2005 年 10 月 2 日。http：//www. 360doc. com/content/05/1002/05/1927_ 16455. shtml。
⑥　李莉、高峰：《WEB Service 技术综述》，载于《信息系统工程》2014 年第 1 期。
⑦　杨涛、刘锦德：《Web Services 技术综述——一种面向服务的分布式计算模式》，载于《计算机应用》2004 年第 8 期。
⑧　吴迪、陈钢：《新一代的 Web Services 技术》，载于《计算机应用研究》2003 年第 3 期。
⑨　胡方霞、曾一、高昊：《Web Services 技术应用与探讨》，载于《计算机科学》2007 年第 3 期。

12 月发布的调查报告，北美地区约 52% 的企业或组织已经使用 Web 服务或者正在推出 Web 服务。[①] 并且，已经使用 Web 服务的企业证实，Web 服务节约了大量的时间和投资，Web 服务安全标准也使得交易与数据共享变得更安全。

P2P 技术是英文 Peer – To – Peer 的大写缩写，即"点对点"技术，又被称为对等联网，是一种资源分布利用与共享的网络体系架构。[②] P2P 技术可应用于传送或共享控制信令、信息和其他数据文件，也可用于即时信息、语音、视频等流媒体通信以及音乐文件搜索与共享。[③] 回顾网络技术发展史，TCP/IP 协议解决了异机种计算机互联问题，C/S（Client/Server）网络架构使得人们能通过浏览器操作或访问远程网站上的服务器。但随着计算机与网络技术应用的进一步普及，集中计算与存储的 C/S 网络架构在网络开放和能力扩展上的"瓶颈"日益凸显，为对等网络 P2P 技术的发展与应用提供了新契机。[④] 在 P2P 网络架构中，由于不存在中心节点，所以各节点之间（peer）可进行对等通信和资源共享，每台计算机都可充当形成的网络资源共享的节点。因此，网络资源不再需要集中在中央服务器，而是可以分布在各节点上，使得网络能力和资源是 P2P 各节的总和，进而提升了网络的可拓展性以及网络与系统设备的利用效率。[⑤] P2P 理论与技术的起源最早可追溯至 20 世纪七八十年代，但真正作为有用的社交应用程序始于 1999 年美国波士顿大学学生肖恩·范宁（Shawn Fanning）开发的一个音乐共享软件 Napster。该软件在最高峰时拥有 8 000 万的注册用户，是其他所有网络望尘莫及的数字，成为 P2P 技术成功融入人们生活的重要标志。[⑥] 自此，P2P 技术在计算机网络技术研究与应用领域掀起了一股风潮，正因为如此，《财富》杂志将 P2P 技术列为改变互联网未来的四大新技术之一。

从 P2P 技术应用的先驱——音乐共享软件 Napster，到后续流行的文件共享软件 BitTorrent、Gnutella 以及 KaZaA 等，再到语音传输软件 Skype 和网络电视软件 PPLive，P2P 技术不断进步且应用越来越广泛，成为网络技术和网络经济中的重点内容。P2P 技术发展与应用经历了三个阶段，即中央控制网络体系结构、分散分布网络体系结构、混合网络体系结构。[⑦] 第一个阶段，中央控制网络体系结构也被称为集中目录式结构或者中心化拓扑结构，属于最早形成的 P2P 技术和应用模式，最为典型的应用案例就是 MP3 音乐共享软件 Napster。[⑧] 第二个阶段，分散分布网络体系结构也被称为广播式的 P2P 模型或者纯 P2P 网络结构，最典型的应用是 Gnutella 系统。这一阶段的 P2P 技术去除了集

---

① 覃肖云：《Web 服务技术及其发展趋势》，载于《广西医科大学学报》2008 年第 S1 期。
② 董军、张凯皓：《浅谈 P2P 网络技术的现状与展望》，载于《通讯世界》2017 年第 21 期。
③ 陈妹、方滨兴、周勇林：《P2P 技术的研究与应用》，载于《计算机工程与应用》2002 年第 13 期；李祖鹏、黄建华、黄道颖、庄雷：《P2P 网络技术的发展与展望》，载于《电信科学》2003 年第 3 期。
④ 薛红芳、禹继国：《P2P 网络技术优势及其发展趋势探析》，载于《科技信息》2009 年第 35 期。
⑤ 黄海、庞涛、武娟：《P2P 网络技术研究现状与展望》，载于《计算机科学》2012 年第 1 期。
⑥ 刘莹：《P2P 网络技术应用中常见问题的分析和解决》，载于《计算机光盘软件与应用》2012 年第 3 期。
⑦ 韩涛、耿玉水：《P2P 技术的发展与应用》，载于《电脑与信息技术》2009 年第 3 期。
⑧ 侍霞：《构建 P2P 技术创新应用模式研究》，载于《情报杂志》2006 年第 6 期。

中的中央目录服务器，解决了网络结构中心化的问题，所以其扩展性和容错性较好，但也容易造成网络拥塞和不稳定问题，甚至会受到病毒的恶意攻击。[①] 第三个阶段，混合网络体系结构进一步发展了 P2P 技术，综合了中央控制网络体系结构和分散分布网络体系结构的优势，同时消除了两类网络体系结构存在的劣势与不足，一定程度上提升了整个网络的负载平衡与利用效率。混合网络体系结构的典型应用有 Kazaa 模型、BitTorrent 以及 eMule 等。[②]

（2）Web 2.0 引燃网络经济新"爆点"。

2003 年是 Web 2.0 网络时代的新纪元，也是网络经济由泡沫破灭开始走向复苏的开启年。自此开始，具有共建、共享、互动特征的新一代网络技术与网络经济模式开始渗入生产和生活的各领域，人们在消费信息的同时也产生了新网络内容。这种互动性较强的全新模式为网络用户带来了新功能和全新体验，极大地提升了受众的自主性、关联性和满足感。随着 Web 2.0 技术的日益成熟与广泛应用，形形色色的网络产品和互联网企业不断涌出，尤其是以谷歌、TOM 集团、百度、腾讯、盛大网络、前程无忧网以及第九城市等为代表的互联网企业挂牌上市，引燃了网络经济新"爆点"，彻底告别了泡沫经济的阴霾，为网络经济腾飞注入了新活力。这一阶段，较为典型的网络经济模式有社交平台、图片和视频共享平台、电子商务、托管服务网站、信息与广告服务、网络游戏等，下面将细数各类典型模式的发展脉络。

网络用户对便捷社交形式的需求首先推动了社交软件和平台的蓬勃发展。自 2003 年起，Skype、Myspace、百度贴吧以及脸书等新型浏览器和社交软件纷纷登场，开创了网络社交新模式。2003 年 8 月 29 日，Skype 发布首个公众测试版，正式推出互联网语音协议（Voice over Internet Protocol，VoIP），支持围绕固定电话和蜂窝计划的标准方法进行通信，最先实现了人们能免费使用软件和网络进行文件传送、文字聊天、视频聊天、多人聊天、多人语音会议等。[③] Skype 是一款即时通信应用软件，是 P2P 技术应用的典型代表，拥有超过 6.63 亿的注册用户，同时在线人数超过 3 000 万。2003 年 9 月，MySpace 正式成立，自成立起便积极寻求年轻人的加入，很快变成了联系摇滚乐队与歌迷的会场，成为全球第二大的社交网络并引领主流。MySpace 成立后 4 年，就已拥有超过 2 亿名注册用户，平均每天新增注册用户达 23 万人。[④] 以多元兴趣和不同社区为区域的百度贴吧于 2003 年 12 月 3 日上线，成为百度推出的全新社交产品。2005 年 8 月，百度在美国纳斯达克挂牌上市，首日股价涨幅达到 354%，成为美国历史上上市当天收益最多的十只股票之一，市值跃升至 40 亿美元，成就了中国股票在纳斯达克的一个神话。

① 汪凤兰、杨晓华、苏艳：《P2P 网络技术的研究与应用》，载于《信息与电脑》（理论版）2011 年第 4 期。
② 张永军：《P2P 技术应用创新建构探究》，载于《现代情报》2006 年第 8 期。
③ 王蕊、张顺颐：《基于 P2P 的 Skype 与常规业务的流量分析和识别》，载于《通信技术》2007 年第 5 期；蔡方萍、许榕生：《Skype 安全性分析》，载于《计算机工程》2006 年第 13 期。
④ 详见《商业周刊：MySpace 兴衰沉浮启示录》，CSDN，2011 年 6 月 24 日，https：//blog. csdn. net/hanxin/987216/article/details/6565451。

2004 年 2 月 4 日，社交网络服务网站脸书（Facebook）正式创建，并以爆炸性的速度席卷全美大学，在短短 3 年内就发展成为全球第一大图片共享网站、美国第二大社交网站。2005 年是博客元年，全球各门户网站原不看好博客业务，但也纷纷加入博客阵营，诸如 SEO Book（2003 年）、MOZ（2004 年）、Search Engine Land（2006 年）、SEMrush Blog（2008 年）、新浪微博（2009 年）等。博客成为继门户、搜索引擎之后的互联网新入口，其关于信息的即时分享改变了信息传播方式。① 而且，博客不再是精英阶层的特权，而是草根人群在互联网上的一种生活方式，实现了从"小众"走向"大众"的跨越。②

伴随着社交软件和平台的快速崛起，图片、音频、视频共享网站和平台也应运而生。尤其是全球互联网视频容量在 2003～2010 年以 30% 的年均速度高速增长，几乎是全球互联网带宽总容量增长的 10 倍以上，成为网络经济的典型模式之一。③ 2003 年，照片托管和照片分享网站 Photobucket 正式创立，2005 年被评为发展最迅速的网站之一，拥有超过 3 800 万注册用户。凡是存放在 Photobucket 上的照片，均可根据用户需求链接至任何一个网页。2004 年，加拿大 Ludicorp 公司开发设计 Flickr 网站，致力于提供图片的上传与存放、分类、加标签（tag）、图片搜索等服务，是当时世界上最好的线上相片管理与分享应用程序之一。同年，中国第一个音乐网站"酷狗（KuGoo）音乐"诞生，是基于中文平台专业的 P2P 音乐及文件传输软件。在 KuGoo 平台上，用户可以方便、快捷、安全地实现国内最大资源的音乐搜索与视听。④ 2007 年 8 月，德国艺术家瓦勒弗斯（Wahlforss）创建 SoundCloud 在线音频分享平台，允许用户开展音频合作与共享。2008 年 10 月，流媒体音乐服务平台 Spotify 在瑞典首都斯德哥尔摩正式上线，为用户提供免费和付费两种服务。付费服务没有广告且拥有更好的音质，免费服务则将插播一定的广告且音质效果略差。在视频共享平台领域，Vimeo、YouTube、推特（Twitter）等成为助力网络经济腾飞的典型代表。Vimeo 成立于 2004 年，是第一个支持高分辨率视频的视频分享网站，用户可在网站内观看、上传、分享视频。2005 年 2 月 15 日，世界上最大的视频网站 YouTube 正式推出，其创办原意是为了方便朋友之间分享录影片段，后来逐渐成为网民的回忆储存库和作品发布场所，大众可以免费分享网络在线视频。2006 年，推特诞生，这是一个供朋友或家人随时分享自己目前状态的站点，是世界上发展最快的交流媒体。推特的成功，推动互联网信息传播模式开始走向"零时延"，推特的中国版"微博"在 3 年后爆发。

这一时期，新型电子商务模式和电子支付逐步形成并得到快速发展，为网络经济注入了新动能。2003 年 5 月，亚太地区最大的网络零售电商淘宝网由阿里巴巴集团创立，

---

① 白云：《博客：专业化研究进程的展开——2006 年博客研究综述》，载于《新闻实践》2007 年第 3 期。
② 马晓亮：《谁是博客时代的主导——浅谈微型博客与传统博客的发展趋势》，载于《新闻知识》2010 年第 6 期。
③ 朱文利、曹增光、张晓华：《2010 年全球互联网容量彻底耗尽？》，载于《计算机与网络》2007 年第 23 期。
④ 详见酷狗音乐发展历程，酷狗音乐网站，https://www.kugou.com/about/history.html。

并迅速发展成为深受消费者欢迎的网络零售平台。淘宝网拥有近 5 亿的注册用户，每天的固定访客超过 6 000 万，平均每分钟售出 4.8 万件商品。随着淘宝网规模和用户数的不断扩大，其经营模式也由单一的 C2C 转向集 C2C、分销、拍卖、团购于一体的多元化模式，至 2009 年已发展成为中国最大的网络综合卖场，全年交易额达到 2 083 亿元。如果说淘宝网的诞生开创了电子商务新模式新征程，那么支付宝和"淘宝旺旺"（后更名为"阿里旺旺"）的推出，则是淘宝网迅速崛起并一举超越 eBay、雅虎、沃尔玛而成为最大购物网站的关键。2003 年 10 月，阿里巴巴集团推出第三方支付平台支付宝（Alipay），这种新型"担保交易模式"极大地改善了买、卖双方的交易信任问题，降低了因信息不对称而产生的交易风险，使得网络购物日渐便捷与安全。"淘宝旺旺"是淘宝网在 2004 年推出的一款即时聊天工具，并将该工具嵌入网络购物网站平台，在买、卖双方间架起了一座信息"桥"。除了淘宝网，这一时期还有很多新型电子商务网站或平台面世，打开了网络购物新天地。诸如，在线支付服务商 PayPal 于 2003 年正式展开商户服务业务，在 2006 年通过短信付款进入移动支付领域，2010 年推出基于安卓平台的 PayPal 应用程序。2004 年 8 月，亚马逊全资收购中国网上零售的领先者卓越网，实现了卓越网深厚的中国市场经验与亚马逊全球领先的网上零售专长的有机融合，从低价、选品、便利三个方面为消费者打造一个可信赖的网上购物环境。同年，京东开辟电子商务领域创业试验田——京东多媒体网，并在 2006 年开创业内先河建立全国首家以产品为主题的博客系统——京东产品博客系统，直到 2007 年正式改版更名为京东商城。2005 年 7 月，基于 C2B 网络商业模式的旅游服务网站 Priceline 继续它在欧洲的扩张脚步，以 1.33 亿美元收购了荷兰的酒店预订网站 Bookings BV，使得 Booking 发展成为欧洲最大的在线旅游网站。沃尔玛电商业务虽在 1996 年就已正式上线，但一直未把线上购物作为核心业务方向而导致发展缓慢，线上线下联动不足。直到 2007 年推出自提服务后，沃尔玛电商业务才开始有所起色。2007 年 11 月，阿里巴巴集团在香港联合交易所挂牌上市，融资 17 亿美元，市值达 200 亿美元，超过了百度当年的市值 140 亿美元，创中国网络电商融资规模之最。①

　　托管服务网站、信息服务网站、网络游戏平台是小众化的网络经济模式，面向的客户群体规模相对较小，但在助力网络经济发展中也发挥了中坚力量。2004 年 2 月，Startup 公司创办了 RSS 托管服务网站，力主在内容与服务之间建立一种"容器"模式的渠道服务平台，为读者/订阅商提供信息获取渠道，为内容提供方提供信息传播渠道，其代表性的业务有 RSS 广告和亚马逊（Amazon）广告等。在信息服务领域，全球最大且最受欢迎的参考工具书网站维基百科也迎来了发展新纪元。英文维基百科（第一大维基百科）在 2003 年 1 月 22 日达到了 10 万条条目，德文维基百科（第二大维基百科）

① 《阿里巴巴什么时候在香港退市摘牌的？阿里巴巴为什么会退市和赴美上市？》，看点时报，2020 年 10 月 27 日，http：//tech.efang.tv/tech/2020/1029/21325.html。

在 1 月 24 日也达到了 1 万条条目。中文维基百科于 2004 年 12 月 23 日初步实现汉字简繁的自动转换，在 2006 年 11 月 12 日已突破 10 万条条目，是第 12 个拥有超过 10 万条条目的维基百科语言版本。① 这一时期，以《魔兽世界》（World of Warcraft，2004 年发行）、《星战前夜》（EVE Online，2003 年发行）、DOTA（Defense of the Ancients，2006 年发行）、《激战》（Guild Wars Trilogy，2007 年发行）等为代表的网络游戏纷纷面市，成为网络经济最重要的支柱产业之一。根据非营利机构 PC 游戏联盟和市场研究机构 DFC Intelligence 发布的调查报告，2010 年全球网络游戏市场规模达到 162 亿美元，中国网络游戏市场规模达到 48 亿美元，成为全球规模最大、增长最快的市场。以世界网络游戏排名首位的《魔兽世界》为例，2004 年在北美公开测试，随后在美国、新西兰、加拿大、澳洲与墨西哥发行，2008 年底已拥有全球付费用户 1 150 万人，在 MMORPG 市场占有率达 62%。② 在中国，网易借助《梦幻西游》成功坐上中国网络游戏厂商第一的宝座，至 2006 年底已拥有注册用户 3.1 亿，最高同时在线人数达 271 万，是当时中国大陆同时在线人数最多的网络游戏。③

回顾历史，2007 年对于网络经济发展来讲是一个重要的历史节点。这一年，搭载 macOS 操作系统的苹果 iPhone 手机正式问世，标志着网络经济发展开始由 PC 互联网时代向移动互联网时代过渡。2003 年，苹果公司首次发布 Safari Web 浏览器，使用 WebKit 引擎构建应用于苹果手机、iPad 和 macOS 操作系统。④ 2007 年，第一代 iPhone 正式发售，被部分媒体誉为"上帝手机"，它提供了一个平台，让无线上网服务能与计算机上网冲浪相媲美。iPhone 的出现使手机终于成为人们生活中最主要的移动设备，标志着移动互联网时代正式开启。2008 年，苹果公司向全球发布了新一代智能手机 iPhone 3G，从此开创了移动互联网蓬勃发展的新时代，移动互联网以摧枯拉朽之势迅速席卷全球。2008 年，苹果在 iPhone 3G 发布的同时，正式推出应用商店 App Store，带动了整个互联网开发和应用模式变革。相比较苹果操作系统和手机，全球第一大智能手机操作系统安卓（Android）系统及其搭载的手机研发相对较晚。2007 年 11 月，谷歌宣布开发基于 Linux 平台的开源手机操作系统，并命名为 Android。2008 年 9 月，美国运营商 T-Mobile 发布全球首款搭载 Android 操作系统的商业性手机 HTC G1⑤，宣告安卓手机时代正式到来。2009 年，摩托罗拉发布了搭载 Android 操作系统的手机 Milestone。同年 2 月 18 日，魅族旗下的第一款智能手机 M8 正式登场，它不仅是魅族的第一款智能手机，更

① 《为什么维基百科中文版不能用了？》，知乎，2021 年 7 月 6 日，https：//www.zhihu.com/question/383161903。
② MMORPG 的全称为 Massive Multiplayer Online Role – Playing Game，指大型多人在线角色扮演网络游戏。
③ 《这 10 款中国网络游戏在线人数最高，腾讯占一半》，百家号，2019 年 4 月 25 日，https：//baijiahao.baidu.com/s？id=1631793853704997041。
④ What Is Safari？. Lifewire Tech for Humans，2020 – 07 – 05，https：//www.lifewire.com/what-is-safari-4173608.
⑤ 之所以命名为 HTC G1，是因为这款手机一是由 HTC 代工生产，二是所搭载的操作系统为 Google Android。HTC 为宏达国际电子股份有限公司（High Tech Computer Corporation）的简称，是一家位于中国台湾的全球最大的智能手机和平板电脑代工生产厂商。

是第一部国产智能手机。如果说操作系统和移动手机是开启移动互联网时代的重要软件和硬件，那么 3G 蜂窝网络则是推动移动互联网发展的"芯件"，为移动互联网经济的蓬勃发展提供了强有力的技术支撑。2003 年，瑞典爱立信主导的 3G WCDMA 网络部署在全球展开，因拥有 40% 的 3G WCDMA 市场份额，而在 3G 领域享有无可争辩的全球市场领导地位。2008 年，全球发射 1 017 颗商用通信卫星，总价值达 498 亿美元。① 通信卫星所能提供的工作带宽正在从数百兆赫发展到数十吉赫。2009 年 1 月 7 日，工业和信息化部（简称"工信部"）为中国移动、中国电信和中国联通发放 3 张第三代移动通信（3G）牌照，此举标志着我国正式进入 3G 元年。中国联通联手苹果引进 iPhone，这为网络经济发展引入了新鲜活力，推动移动互联网经济的快速发展。

4.3　网络技术与三次产业的融合

网络在传统信息产业中孕育，在计算机产业与社会边缘地带爆炸式成长，最终走向与其他产业的融合。网络技术与三次产业的融合，使得农业生产走向精准化、工业制造走向网络化、电子商务走向大众化。网络技术的发展演进不仅重塑了三次产业发展模式，也变革了人们的生产生活方式，为农业、工业、电子商务发展插上了腾飞的翅膀。

4.3.1　网络技术与农业的融合：农业生产精准化

1765 年前，农业生产以人力与畜力为主，只能依靠简单的手工工具适当缓解体力劳动，是为传统的农业 1.0 时代。随着蒸汽机的发明与使用，工业革命正式开启，农业机械化工具不断更新与应用，有效地改善了"面朝黄土背朝天"的农业生产条件，人类从此进入机械化为主导的农业 2.0 时代。20 世纪 90 年代以来，农业生产中越来越普遍地应用计算机、电子及通信等现代信息技术以及自动化装备，极大地提升了资源利用率、土地产出率和劳动生产率。自此，信息化、自动化、精准化的农业 3.0 时代正式到来。② 回顾历史，信息技术、网络技术与农业的融合并非一蹴而就，而是历经了从农业生产的信息化、自动化再到农业生产、销售、物流等多个领域的信息化、自动化阶段。我们将第一个阶段定义为农业精准化萌芽阶段，第二个阶段定义为农业精准化发展阶段。

---

① 《爱立信的百年沉浮》，知乎，2018 年 2 月 23 日，https：//zhuanlan. zhihu. com/p/33942215。
② 姜靖、刘永功：《美国精准农业发展经验及对我国的启示》，载于《科学管理研究》2018 年第 5 期；潘云洪、郭红明：《农业信息化知识读本》，浙江科学出版社 2012 年版，第 17～21 页。

（1）农业精准化萌芽：1993~1999 年。

精准农业概念发源于美国，也被称为精确农业、精细农业和精准农作。精准农业是以信息技术为支撑，根据空间变异，定位、定时、定量地实施一整套现代化农业生产操作与管理的系统，是信息技术与农业生产全面结合的一种新型农业模式。[1] 以农业专家系统为代表的农业生产信息化、自动化的研究在欧美国家率先展开。[2] 20 世纪 80 年代初，美国提出"精确农业"的设想，并在 20 世纪 80 年代末期，使用田间网格采样的技术推导出肥料和 pH 校正的第一个输入推荐图。农业专家系统在 80 年代末期也取得了初步发展，从单一的病虫害诊断转向多元的生产管理、经济分析决策、生态环境、农产品市场销售管理等。[3] 1993 年 2 月，美国政府提出了建设"国家信息基础结构"计划，该计划被比喻为"信息高速公路"计划，即以计算机技术、网络通信技术等先进的信息技术为基础，以光纤、数字卫星系统等主要信息传输载体，最大限度地将各信息终端（如政府机构）联结，奠定面向未来的网络基础设施。[4] 该计划提出后，世界各国意识到先进网络技术将带来竞争优势，纷纷开始加速推进信息化网络化进程。随着计算机技术、网络技术和网络基础设施的高速发展，网络技术在农业生产领域的应用进入了一个全新的发展时期。[5]

农业生产领域的各种知识集成处理、自动化生产运用，尤其是"3S"技术 [即 GPS（全球定位系统）、RS（遥感技术）、GIS（地理信息系统）] 的出现，推动美国农业走向精准化发展道路。[6] 美国是农业信息化的"领头羊"，率先实现了家中设备与计算机网络的数据、软件资源的连接，实现农业信息的远程传输。[7] 例如，美国加州葡萄种植园的农民，通过装备在拖拉机上的计算机联网，获得关于本葡萄园作物生长情况的信息，并结合全球定位系统信息的指导，实现对每一块土地进行不同的施肥和灌溉作业。该方案可以精确到 1 平方米的范围，不仅带来了 40% 的成本节约，还将产量提高 1 倍。20 世纪 90 年代以来，澳大利亚将全球定位系统、农田遥感监测系统、信息采集系统、地理信息系统、农场数字化管理系统等众多先进技术运用到耕作上，实现从耕作到播种、施肥、施药、收获等多环节的精准化。[8] 1998 年，日本开始研究精确农业，涉及农用车辆作业引导系统、田间土壤简易分析装置、土壤采样装置、作物生长发育信息测定装置以及粮食收获信息测定装置五个方面。精准农业的形成与发展见证了农业生产由

[1] 程岚：《精准农业与节水灌溉机械化技术》，阳光出版社 2010 年版，第 4 页。
[2] 农业专家系统以新型技术为基础，整合农业科学知识和专家经验，为农业生产提供全面的咨询服务。
[3] 陈媛媛、游炳、辛泽峰、胡华浪、梅国涛、石智明、刘海启：《世界主要国家精准农业发展概况及对中国的发展建议》，载于《农业工程学报》2021 年第 11 期。
[4] 许慧玲：《中国产业信息化道路研究》，东南大学出版社 2007 年版，第 3~4 页。
[5] 许越先、周义桃、刘世洪：《面向 21 世纪的中国农学计算机农业应用分会 98 年会论文集》，中国农业科技出版社 1998 年版。
[6] 丁克奎、钟凯文：《基于"3S"的精准农业管理系统设计与实现》，载于《江苏农业科学》2015 年第 1 期。
[7] 郑丽敏、刘忠、吴平：《农业信息系统原理及其应用》，化学工业出版社 2006 年版。
[8] 蒙继华、程志强、董文全、徐晋、王一明、游行至：《面向精准农业的农田信息遥感获取系统》，载于《高技术通讯》2018 年第 6 期。

机械化向信息化、自动化演进的历史规律，是现代农业转型升级的利器，成为这一时期世界农业发展的新潮流以及现代农业的重要组成部分。

精准农业以平衡地力、提高产量为目标，基于土壤肥力与作物生长状况调节作物投入，实时监测与诊断耕地和作物长势，实施定位与定量的精准田间管理，从而实现农业高效、高质生产。因此，在农业精准化生产中，数据以及数据库建设尤为重要。建立相应数据库有利于开发和掌握信息资源，为用户提供作物生长情况、病虫害预防、防治技术以及农业生产资料市场等重要信息。国际上著名的农业数据库系统有 Cabi、Agris、Aoricola，具有质量高、数量多及共享性强等特点。[1] 根据收集的数据信息内容，可将农业数据库划分为农业资源信息数据库、农业生产资源信息数据库、农业技术信息数据库、农产品市场信息数据库等。其中，农业资源信息数据库作为基础性的农业数据库，包含丰富的农作物信息，如美国的"种质植物资源信息网"数据库，收集了数以百万计的种子和植物，数以千亿计的基因信息。中国农科院作物品种资源研究所等单位联合研制的"国家作物种质资源数据库系统"包括 141 种作物、27 万份种质信息、1 259 万个数据项，其总数据量达 590 兆，仅次于美国的"种质植物资源信息网"数据库。1994年 12 月，全球具有一定规模的数据库已达 1 038 个，其中农林数据库 71 个，占6.84%。[2] 1995 年 8 月，中国正式成为生物科学中心数据库（CABI）成员国，能实时获取动态数据库资源。这一时期，日本建立了农业市场信息服务系统，旨在提供市场销售信息服务、农产品生产数量和价格行情预测。1996 年，日本直接将数据采集系统应用到农作物病虫害预测预报中。

为了更好地实现远程信息输送，各国在建立农业数据库与数据传输系统的同时，也推进了农业网络建设，以实现实时信息监测与共享。20 世纪 90 年代，农业网络建设一直是日本、德国、美国政府推进农业信息化的重点领域。1993 年，日本农林水产省建立了农业信息技术全国联机网络（DRESS），并在每个县设立 DRESS 分中心，可迅速得到有关信息并随时交换信息，农民也可以通过电话、计算机、手机等终端及时处理各种农业信息。[3] 截至 1994 年底，日本已开发建立了 400 多个农业网络，农业生产部门计算机普及率达到 93%。[4] 1995 年 12 月，德国咨询机构研究、技术和创新委员会发布《信息社会——机遇、创新和挑战》报告后，发展"信息社会"已成为德国农业信息化的战略目标。[5] 20 世纪 90 年代中期起，美国政府每年拨款 15 亿美元建设农业信息网络，致力于打造全球最大的农业计算机网络系统，农村高速上网日益普及，为农业精准化发

① 刘继芬、聂凤英、王平、曲春红、李淑云、薛桂霞：《世界主要国家农业数据库及其网络系统应用现状》，载于《农业网络信息》2004 年第 3 期。
② 刘丽伟：《农业信息化与农业经济增长》，东北大学出版社 2009 年版，第 82~83 页。
③ 何迪：《美国、日本、德国农业信息化发展比较与经验借鉴》，载于《世界农业》2017 年第 3 期。
④ 严东伟：《国内外发展数字农业情况及经验》，载于《云南农业》2019 年第 5 期。
⑤ 陈章全、吴勇、陈世维、边全乐、曹崇建等：《德国精准农业做法及启示——以百年农场 Gut Derenburg 为例》，载于《中国农业资源与区划》2017 年第 5 期。

展奠定了重要基础。① 其中，世界最大农业信息网络是 AGNET，该网络除了覆盖美国所有的州（除夏威夷）外，还连通了加拿大、墨西哥等国家的 20 个省、州以及欧洲的 12 个国家。与此同时，美国、日本、德国等农业先发国家还大力推进农业生产与计算机网络的联合应用，实时为用户提供农作物病虫情报资料与咨询服务。

20 世纪 90 年代，日本、德国、美国皆为实现农业精准化而加强对农业数据库与信息网络的建设，已在农作物种植方面取得显著成效。中国开始重视农业信息资源的开发与利用，但农业精准化并未落实。随着 1992 年党的十四大关于社会主义市场经济体制目标的确立，农业信息化建设大大加强。同年，农业部先后提出了"农业部电子信息系统推广应用工作的'八五'计划及十年设想"以及"农村经济信息体系建设'九五'计划和 2010 年规划"。② 1993 年，农业部正式成立农村经济信息体系建设领导小组，并建成了农业部局域网。1994 年，中国开通了中国农业信息网、全国大中城市"菜篮子"产品批发市场价格行情网和中国农业科技信息网。为更好地收集和加工农业生产管理过程中的信息，于 1994 年成功开发了棉花生产管理模拟系统。该系统首先在山东、河南等地示范推广，能有效地将播种期、种植密度、施肥量、化学调控等生产技术环节有机地结合起来，为栽培高产优质的棉花提供优化方案。1994 年 12 月，在国家经济信息化联席会议第三次会议上，农业部提出了跨世纪的农业信息化工程——"金农工程"，即"农业综合管理和服务系统"的建设计划③，该工程以"整合农业信息资源，构筑农业信息网络，建立农业信息应用系统，开发农业信息服务系统"为目标，推动了网络技术与农业的初步融合。1997 年 10 月，中国农业科技信息网络中心建成，农业信息服务体系的建设也逐步完善。

（2）农业精准化发展：2000～2010 年。

1999 年，美国麻省理工学院 Auto – ID 实验室明确提出"物联网"的概念。④ 阿什顿教授认为基于互联网、RFID 技术、EPC 标准，在计算机互联网的基础上，利用射频识别技术、无线数据通信技术等，可以构造一个实现全球物品信息实时共享的实物互联网"Internet of things"，即物联网。物联网的提出，使得农业信息化开始由生产领域逐渐延伸至农产品交易与流通环节，推动农业生产、交易、流通的多环节精准化。通过充分获取、处理、传播和合理利用农业科技信息，运用信息与网络技术的最新成果改造传统农业，全面实现农业生产管理、农产品销售与物流的全面信息化、自动化，进而提高农业生产效率、管理和经营决策水平，促进农业持续、稳定、高效发展。⑤ 西方发达国家率先开展农业精准化发展研究，并在温室环境控制技术、农作物生长监控、作物耕作等方面做出

---

① 戴宴清：《美国、日本都市农业信息化实践与比较》，载于《世界农业》2014 年第 5 期。

② 刘丽伟：《农业信息化与农业经济增长》，东北大学出版社 2009 年版，第 123 页。

③ 林亦平、滕秀梅：《精准农业支持政策的打造路径探究》，载于《农业经济》2017 年第 9 期。

④ 潘云洪、郭红明：《农业信息化知识读本》，浙江科学技术出版社 2012 年版，第 5 页。

⑤ 万勇、李典军：《发达国家的农业一体化结构及其政策》，载于《农业经济问题》1998 年第 4 期。

了一定贡献，中国也开始将信息技术引入农业生产、销售、物流的全过程。[①]

无线射频身份识别系统（Radio Frequency Identification，RFID）的应用实现了家畜饲养的精准化管理。RFID 主要由电子标签和阅读器组成，每个电子标签只具有唯一的电子编码，从而实现对物体的识别与跟踪。在美国早期的农业生产中，RFID 系统通常被用作对家畜尤其是对牛的识别与跟踪管理。通过在牛身体上植入电子标签，当牛身上的电子标签在接收到阅读器发出的射频信号后，发送出自身携带的电子编码等电子资料至阅读器，经读取后送至动物信息管理系统，从而对这头牛识别并准确跟踪。英国政府规定，2000 年 7 月 1 日以后出生的或者进口的牛必须采取数字识别。牛的识别与注册包括标识、农场记录和许可证等方面。随着 RFID 技术的标准化问题被重视，电子标签开始规模化应用。2003 年，美国最大零售商沃尔玛就已要求其供应商在每个商品上单独安装标签。自 2004 年起，全球范围内掀起了一场无线射频识别技术（RFID）的热潮，沃尔玛、宝洁、波音公司等商业巨头皆对 RFID 展开研究，积极推动着 RFID 在制造、物流、零售、交通等行业的应用。2004 年，日本制定了《生鲜食品电子交易标准》，建立了生产资料共同订货、发送、结算标准。农产品生产、运输、储存到加工、销售的全过程中，均可使用无线射频身份识别系统（RFID）。据此，人们可以完成对农产品从餐桌到田间的全程追踪鉴别，不仅实现了信息的实时共享，更大大地提高了食品安全的保障能力和农业生产效率。

在农业精准化发展中，无线传感器网络的精准农业监测系统的运用极大地提高了农产品的数量与质量。在日本，计算机已广泛应用于作物育种、农作物与森林保护、蚕业与昆虫利用、农业气象、农业经营和农产品加工等多个方面。2000 年，日本农林水产省制定了"21 世纪农林水产领域信息化战略"，致力于缩小农村与城市的信息化差距。美国已开始应用无线传感器网络，为农业精准化进一步发展奠定基础。2002 年，英特尔公司率先在美国俄勒冈州建立了第一个无线葡萄园，通过无线传感器网络检测环境数据，以确保葡萄可以健康生长，进而提高葡萄的产出数量和质量。[②] 同年，该公司还采用定位追踪方法，成功实现了对缅因州大鸭岛生态环境信息的采集。2003 年，美国自然科学基金委员会斥巨资支持新一代无线传感器研发，催生出一些致力于发展无线传感器网络的公司。诸如，克尔斯博科技公司（Crossbow Technology）推出了新一代无线传感器网络研发的硬件平台 Crossbow Imote2。[③] 2004 年，与无线互联网配套的全球定位系统（GPS）技术和远距离视频系统已经在美国佐治亚州的农场得到了使用，可以分别对蔬菜的灌溉和包装系统进行监控，对蔬菜的灌溉、包装的速度、数量、时间等进行合理

① 李天颖、贾周：《我国农业一体化建设中的问题及对策研究》，载于《农业经济》2016 年第 4 期；阮锋儿：《加速我国现代农业一体化创新的路径与对策》，载于《农业现代化研究》2006 年第 5 期。
② 刘东升、宋革联、董越勇：《融合无良安置与移动监控的智慧农业公共服务技术研究》，浙江工商大学出版社 2015 年版。
③ 汪蕙：《物联网"联动"现代农业》，载于《农经》2013 年第 7 期。

控制。2005 年，国际电信联盟给出公认的物联网定义，其定义和范围较 1999 年已有变化，覆盖范围有所拓展，可用信息传感设备更丰富。此时，物联网技术将所有物品通过各种信息传感设备，如射频识别装置（RFID）、基于光声电磁的传感器、3S 技术、激光扫描器等与互联网结合，进行数据采集、融合、处理，实现智能化识别与管理。终端将数据处理后，可通过 Web 随地浏览，也可以将农业生产数据记录下来，并为农田信息管理、精细养殖以及农产品追溯提供依据。农业信息服务网络化方便了农产品的生产、经营、销售以及出口，方便人们随时查询和获取最新的病虫害情况、农业技术、文献摘要、市场供求以及国际农业信息。2006 年，欧盟成立工作组进行专项 RFID 技术研究，于 2008 年发布《2020 年的物联网——未来路线》，并在 2009 年 6 月制定《欧盟物联网行动方案》。同年，奥巴马政府推出网站 Data. Gov，该网站提供气象信息、地理位置信息、348 个农业数据集链接。传感器和 Web 发展使得可供利用的信息增多，在精准农业中能检测的范围扩大到广义农业的各个方面，涵盖了畜牧业、农副产品加工业及渔业。不仅能监测农作物的害虫、土壤酸碱度和施肥状况，还记录了从种子遴选到病虫害防治，从幼苗培育到收割入库等内容（见图 4 - 3）。基于物联网，可对牲畜家禽、水产养殖、稀有动物的生活习性、环境、生理状况及种群复杂度进行观测研究。

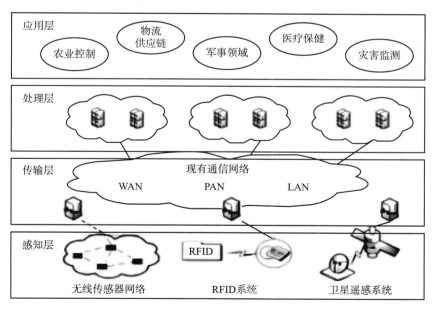

图 4 - 3　物联网智慧农业示意图

资料来源：周承波、侯传本、左振朋：《物联网智慧农业》，济南出版社 2020 年版。

信息网络是农业信息远程传播的基础，农业基础设施是信息交流高效的保障。美国国家农业统计服务机构的数据表明，2007 年美国农场接入互联网水平上升到 55%，从事在线交易农场的比重也由 2003 年的 30% 上升为 2007 年的 35%。根据 2009 年"美国复苏和再投资计划"，美国农业部和美国国家电信与信息管理局获得了 72 亿美元的宽带工程资金。仅 2010 年，美国农业部就向美国 38 个州和部落地区拨出了 12 亿美元的补助和贷款，以建设 126 个宽带安装工程。[①] 包括佐治亚州、得克萨斯州和密苏里州等 7 个州的高速数字用户线路（DSL）、无线固话和其他宽带工程；肯塔基州西部和田纳西州部分地区的光纤网络工程；亚拉巴马州、俄亥俄州和伊利诺伊州等 7 个州的 10 项宽带无线接入网（WiMax）工程等。

进入新世纪后，我国农业和农村发展水平不断提升，基本进入了主要农产品从长期短缺到丰年有余的新发展阶段，农产品销售与物流也逐渐实现了信息化。农产品网络营销是指在农产品销售过程中，全面导入电子商务系统，利用信息技术，进行需求、价格等的发布与收集，以网络为媒介，依托农产品生产基地与物流配送系统，为地方农产品提高品牌形象、开拓网络销售渠道。2002 年 6 月，国家农业部（现为农业农村部）为适应农业发展新阶段和加入世界贸易组织的需要，在全国率先启动了农产品市场监测预警系统。通过该系统，农业部对小麦、玉米、稻谷、大豆、棉花、糖料、油料等主要农产品的生产、进出口、价格、供求形势及世界农产品市场态势进行跟踪监测分析，并每月发布监测预警报告，在有效调控农产品供需平衡中发挥了积极的作用。2006 年 10 月，农业部发布了《关于进一步加强农业信息化建设的意见》，明确提出应加强信息服务平台建设，深入实施"金农"[②] 工程，建立国家、省、市、县四级农业信息网络互联中心，并鼓励采用全球卫星定位系统、地理信息系统、遥感和管理信息系统等技术，以支持和推进农业精准化建设。

4.3.2　网络技术与工业的融合：工业制造网络化

工业制造网络化是指在工业制造信息化的基础上，通过采用先进的网络技术、制造技术及其他相关技术，构建面向企业特定需求的网络制造系统，实现企业间的协同和各种社会资源的共享与集成，高效率、高质量、低成本地为市场提供所需的产品和服务。[③] 在 1994 年之前，制造技术集成能力大幅提升，且几乎所有企业均应用了客户服务器（C/S），但客户服务器只能解决本地域的联网问题。而互联网的兴起促进了制造技术与网络技术的结合，催生了异地联网、外包服务和网络联盟企业，企业制造也愈发"敏捷"。到了 21 世纪，互联网逐渐普及，企业在进行生产制造的同时，利用网络技术实现产品商务、产品设计、产品制造和供应链四个方面的协同。[④]

（1）制造技术集成化发展：1990～1993 年。

美国是世界制造业强国，率先开展制造技术的发展研究。1991 年，美国白宫科学

①　郑亚琴、郑文生：《美英农业电子商务应用状况及共性特征分析》，载于《科技管理研究》2009 年第 29 期。
②　"金农"工程是指农业综合管理和服务的信息应用系统工程。为加速和推进农业和农村信息化，建立"农业综合管理和服务信息系统"，1994 年 12 月在"国家经济信息化联席会议"第三次会议上提出。
③　王宛山：《网络化制造》，东北大学出版社 2003 年版，第 7 页。
④　刘健、黄丽华、周正曙：《上海市企业信息化与工业化融合实践与探索》，复旦大学出版社 2011 年版，第 30～32 页。

技术政策办公室发表了名为《美国国家关键技术》的报告，明确将柔性计算机集成制造、智能加工设备、微米级和毫米级制造以及系统管理技术四项技术作为制造技术领域的关键技术列入 22 项国家关键技术中。这标志着美国科技政策新时代的开始。1993 年 2 月，美国时任总统克林顿在硅谷发表了《促进美国经济增长的技术——增强经济实力的新方向》的报告，提出要促进先进制造技术的发展。同年，美国政府批准先进制造技术计划（Advanced Manufacturing Technology，AMT）。百度百科将先进制造技术定义为：微电子技术、自动化技术、信息技术等先进技术给传统制造技术带来的种种变化与新型系统。先进制造技术包含三个层次。第一层是优质、高效、低耗、清洁的基础制造技术，对应 AMT 中的内层；第二层是新型制造单元技术，由制造技术与信息技术、新型材料加工技术、清洁能源、环境科学等结合而成，如制造系统单元技术、计算机辅助设计/制造（CAD/CAM）、机械加工技术等；第三层（外层）是先进制造模式/系统（集成技术），是由先进制造单元技术和组织管理等融合而成的现代集成制造模式，如 FMS、CIMS、IMS 及虚拟制造技术等（见图 4 - 4）。20 世纪 90 年代，计算机集成制造（CIMS）进入迅速发展的阶段。新型的多处理机、先进的并行处理技术、计算机硬件的性能价格比大幅度提高、工作站和微机异军突起、客户/服务器的运算模式大量使用、分布式网络化的计算技术和分布数据处理技术的发展使系统的集成能力大大增强。[1] 1993 年，美国工业界领导人撰文称，"计算机辅助后勤保障（Continuous Acquisition and Life-cycle Support，CALS）是制造业全面发展的战略"。CALS 的目的是建立集成化的数据环境（IDE），包含三类关键技术。一是基础结构技术，有网络通信技术、集成产品数据库技术、产品数据管理技术、数据安全保密技术等；二是集成制造技术，有计算机辅助工程设计技术、并行工程技术、计算机辅助管理技术、企业经营过程重构技术、计算机辅助制造技术、计算机辅助质量保障技术等；三是标准化技术，有实施 CALS 的相关行政命令文件和指导性文件、相关的标准与规范，涉及美国国防部文件、数据访问标准、数据交换标准和数据格式标准等。CALS 展现了其重要贡献，引起了民用部门的注意，开始由军用领域向民用领域扩展，并且呈现出国际化发展趋势。英国、法国、德国、瑞典、日本、韩国和澳大利亚等国纷纷成立了 CALS 的政府和民间组织机构。

（2）网络化制造萌芽：1994～1999 年。

1993 年，美国政府在宣布"国家信息基础设施"（NII）计划时指出：网络将实现制造到流通的信息一体化。1994 年，随着 Mosaic 浏览器及万维网（World Wide Web）的出现，互联网开始引起公众的关注。1995 年 10 月，Netscape 上市，标志着互联网时代的出现，网络和信息技术使得信息跨地域的迅速流通和共享得以实现。企业经营开始转向全球视角，组建网络联盟企业，利用先进制造技术实现网络化制造。20 世纪 90 年代中后期，随着经济全球化进程的加快，企业面临更加激烈的市场竞争，用户需求越来

---

[1]　夏安邦：《制造业信息化工程原理和案例》，东南大学出版社 2002 年版，第 251 页。

越个性化和多样化。制造业面临变革，需建立具备快速响应机制的网络化制造系统，逐步开展"精益生产"。1994 年，美国提出"敏捷制造"，致力于灵活生产，而互联网的崛起推动了这一理念的不断落实。敏捷制造是结合柔性生产技术、有技术的高质量劳动力与企业的灵活管理对市场作出快速反应的制造模式。① 网络技术的发展使各国意识到网络技术对经济发展的重要性，致力于发展网络制造技术。与此同时，由于制造行业"去工业化"现象加剧，组织人力相对不足，许多企业都把非核心活动交给外部企业执行，外包服务应运而生。② 基于低廉的劳动力成本，中国与印度成为主要外包供应商。伴随着 IT 行业的迅速发展，外包进入成熟化、细分化市场。"外包"是通过利用企业外部资源的生产和经营来实现企业成本节省、核心业务的发展，提高企业竞争力。制造企业基于"深淘滩，低作堰"的生产准则，大力利用制造设备，形成了工业制造规模化效应。此外，单元生产、准时制生产（Just In Time 2，JIT2）、5S（整理、整顿、清洁、清除、纪律）的新发展、全员生产维护（Total Productive Maintenance，TPM）的新发展等理论方法层出不穷。精益生产不再只存在于制造业，开始在各个行业传播并应用，如建筑设计和施工、服务业、民航和运输业、医疗保健等领域。

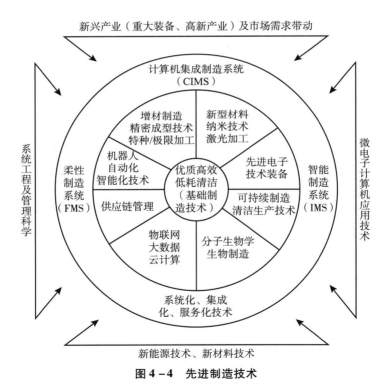

图 4-4 先进制造技术

资料来源：周佳军、姚锡凡：《先进制造技术与新工业革命》，载于《计算机集成制造系统》2015 年第 21 期。

---

① 钱凤娟：《敏捷制造及其实现》，载于《企业经济》2005 年第 12 期。
② 陈菲：《服务外包动因机制分析及发展趋势预测——美国服务外包的验证》，载于《中国工业经济》2005 年第 6 期。

为提高制造业竞争优势，美国、欧盟、日本、韩国、德国、中国先后制定制造技术网络化的相关计划，并试图建立相关制造网络。1994 年，美国里海大学和百余家大公司所组成的联合研究小组正式发表了研究报告《21 世纪制造业发展战略》。在报告中，敏捷制造（Agile Manufac-turing，AM）新概念被正式提出。① 欧盟于 1994 年启动新研发项目，在其中的信息技术、分子生物学和先进制造技术中均突出了智能制造技术的地位。各工业发达国家和新兴工业化国家纷纷调整其技术政策，大力发展先进制造技术，力图在国际大市场中多分享一份。其中，具有代表性的是美国的先进制造技术、关键技术（制造）计划、敏捷制造使能技术计划（TEAM），日本的智能制造技术（IMS），韩国的高级先进制造技术计划（G - 7）和德宝的制造 2000 计划等。1995 年，洛克海德·马丁航空公司建立"制造系统的敏捷基础设施网络"（AIMSnet），利用国际互联网支持和管理敏捷企业的供应链。

1996 年，美国通用电气公司研究和开发部建立了"计算机辅助制造网络"（CAM-net），基于因特网（Internet）提供制造支撑服务，便于制造信息的连接与共享。同年，美国敏捷制造协会的企业敏捷化研究小组提出一个企业敏捷化的参考模型。敏捷制造将柔性的、先进的、实用的制造技术，熟练掌握市场技能的、高素质的劳动者及企业之间和企业内部灵活的管理三者有机地集成起来。1997 年美国国际制造企业研究所发表了《美国——俄罗斯虚拟企业网》研究报告。该项目是美国国家科学基金研究项目，目的是开发一个跨国虚拟企业网络，使美国制造厂商能利用俄罗斯制造业。1998 年 12 月，欧盟将全球网络化制造研究项目列入了第五框架计划（1998 ~ 2002 年）。②

无论是早期的计算机集成制造，还是当前得到广泛重视的敏捷制造，都离不开信息技术的支持，特别是敏捷制造模式的应用和企业动态联盟的运行。网络化制造技术既是实施先进制造的核心使能技术，又是先进制造技术与网络技术结合的产物。③ 在制造的集成化与网络化过程中，企业已有的资源计划只能保障计划层的管理，但"计划"与"生产"仍需进一步关联，制造执行系统（Manufacturing Execution System，MES）有助于企业内部生产的整体集成。20 世纪 90 年代末，MES 发展为 I – MES（集成 MES）和 MES – II（Manufacturing Execution Solutions）。这样 MES 则作为整个工厂生产现场的集成系统出现，故又称为 Integrated MES（I – MES），主要功能为工厂管理、工厂工艺设计、过程管理和质量管理。MES 倡导企业遵循精益生产模式，透过系统的数据分析达到精益化持续管理改善的目的，它帮助厂长经理们在键盘上轻松、科学地掌管生产动态，实现内部生产集成化、高效化。该阶段企业资源计划由内部资源计划管理的 MPR II 阶段发展成为有效利用和管理全部资源，涵盖了与经营相关的整个供应链。其中，CIMS

① 王宛山、巩亚东、郁培丽：《网络化制造》，东北大学出版社 2003 年版。
② 郭兴安：《国外网络化制造的发展及现状分析》，载于《硅谷》2009 年第 10 期。
③ 井浩、张璟：《网络化制造集成平台关键技术及应用》，陕西科学技术出版社 2007 年版，第 4 页。

是实现管理的核心技术。MES 和企业资源计划（Enterprise Resource Planning，ERP）的信息化管理推动着网络化制造的发展。

随着制造技术的不断进步、CAD/CAPP/CAM 集成技术的发展，传统的制造业迎来了一场变革，彻底改变了产品的传统设计、生产和管理方式。长期以来以手工设计和人工管理的生产将逐步转变为无纸化的计算机管理与控制生产。制造技术通过与计算机、微电子、信息、自动化等技术的渗透，极大促进了制造业在制造系统建立和精密加工方面的蓬勃发展。而企业间 CAD/CAPP/CAM 与网络相连接，形成全球制造环境下的网络联盟，是 21 世纪制造业新的制造模式。

中国网络化制造发展稍显滞后。1998 年，中国国家"863"计划 CIMS 主题专家组认识到网络化制造给制造业带来的变革和机遇，将分散网络化制造系统项目（DNPS）列入"九五"国家科技攻关计划，重庆大学提出"区域性网络化制造系统"概念，将现代集成制造系统网络（CIMSNET）列为重要项目，于 2000 年建成并投入运行。中国的国家高技术研究发展计划（"863"计划）抓住了这个改造传统企业的机遇，在 CIMS 主题的旗帜下做了大量工作，使 CIMS 在我国企业生根发芽、开花结果。但我国网络化制造基础仍十分薄弱，1999 年 3 月，科学技术部在"九五"国家科技攻关计划中设立了网络化制造专项——"分散网络化制造在精密成型与加工领域的应用研究及示范"，并安排了"制造资源网"和"数控机床专业信息网"的建设项目及"分散网络化制造及应用示范项目"，大力支持网络化制造研究。

（3）网络化制造发展：2000~2010 年。

进入 21 世纪以来，基于前期制造技术与网络技术的迭代进步与广泛应用，企业之间的信息交流更为紧密。因特网的普及为企业与用户间的协同设计提供了可行的环境，物联网的出现实现了基于互联网的物物连接，两者协力推动了工业的网络化协同和网络化制造的迅速发展。2000~2004 年，因特网被视为信息集成平台，连接各个企业与企业内部的供应链管理系统（iSCM）、客户关系管理系统（iCRM）和因特网的企业资源计划（iERP）。[①]

2000 年 2 月，通用汽车公司、福特汽车和戴姆勒—克莱斯勒、雷诺—日产公司形成采购环节的动态联盟，共同建立零部件采购的电子商务市场。2000 年 9 月，以波音、洛克希德马丁、雷神、BAE 及 R&R 为代表的美、英国防航空巨头，发起组建了大名鼎鼎的 Exostar，探索国防航空行业的供应链网络协同。随后，欧洲国防航空行业的四巨头——空中客车、达索航空、赛峰和泰雷兹，也跟随美国竞争对手的脚步，共同发起设立了一个属于欧洲国防航空工业的网络化协同制造平台 BoostAeroSpace，并于 2011 年正式对行业内客户提供服务。此外，网络化制造技术研究项目有：美国国防部提出和资助的企业

① 顾新建、祁国宁、陈子辰：《网络化制造的战略和方法 制造业在网络经济中的生存和发展》，高等教育出版社 2001 年版，第 7 页。

集成网络（Enterprise Integration Net，EIN）、零件族网络 Part – Net 和美国企业网（Factory American Net，FAN）等。由国际半导体制造协会 ISMT 及日本电子和信息技术工业协会 JEITA 发起的对半导体工业网络化制造应用的研究项目。① 由加拿大国家科学与工程研究委员会授权的"制造和工艺技术策略计划"资助项目，旨在开发一个支持敏捷制造网络的系统，提供一个网络化制造系统框架和一个协同业务框架，支持敏捷制造网络在动态环境中运作。由欧盟和中国科技部共同设立的国际合作研究项目："基于开放网络的交互式工程门户的开发"（Development of an Inter Active en Gineering Portal for Open Networks，DRAGON），其目的是为合作产品开发全周期提供一个开放网络。②

2004 年之后，随着互联网经济的再次崛起，企业实现了异地间信息的自由交互，能远程控制异地设备，形成面向服务的制造。其典型应用有众包生产、工业产品服务系统等。众包生产源于众包，在 2006 年，美国《连线》杂志一位名叫杰夫·豪的记者首次提出"众包"一词。外包强调的是高度专业化，而众包则反其道而行之。2004 ~ 2007年，空客公司组织欧洲多个国家的 63 个公司参加了 VIVACE（Value Improvement through a Virtual Aeronautical Collaborative Enterprise）系统研究项目，共经历了 4 年时间，构建了多学科协同研制 MDO 的系统框架，该框架在空客 A380 的研制过程中得到了应用。③ 2007 年秋，思科借助 Brightidea 公司的一个创意管理网络平台，发起了一场名为"I – Prize"的外部创新竞赛，为思科下一个新业务成功筛选出了最佳创意。④ 2008 年 8 月，美国加州旧金山成立了旅行房屋租赁网站（Airbnb），用户可通过网络或手机应用程序发布、搜索度假房屋租赁信息并完成在线预定程序。欧洲一些学者提出了工业产品服务系统（industrial Product Service System，iPSS）的概念，iPSS 以服务的形式为用户提供工业产品的生产能力，以满足用户需求（见图 4 – 5）。国际生产工程科学院于 2009 年与英国克兰菲尔德大学（Cranfield University）联合举办了第一届 iPSS 学术会议，为产品与服务的集成提供了新的契机。⑤ 面对多样化的个性需求和不断变化的市场环境，众包生产融入了顾客的想法，能够灵活、高效、低成本地对资源进行重新分配和整合，有效降低产品制造成本，减少企业风险。实现异地产品设计制造的信息共享、集成和分布式应用互操作，是制造企业间产品异地敏捷设计制造的基本要求和关键。

由世界银行《2009 世界发展指数》⑥ 可知，2007 年全球制造业增加值占总 GDP 的18%，而在工业化迅速发展的东亚及亚太地区，这一比重则达到 31%，即使在已完成工业化的高收入国家，制造业占 GDP 的比重仍达到 17%。可见，制造业在全球经济中

---

① 王瑞娟：《网络化制造动态联盟访问控制的研究与实现》，吉林大学硕士学位论文，2007 年。
② 井浩：《网络化制造集成平台若干关键技术研究与应用》，西安理工大学博士学位论文，2007 年。
③ 于勇、陶剑、范玉青：《大型飞机数字化设计制造技术应用综述》，载于《航空制造技术》2009 年第 11 期。
④ 张利斌、钟复平、涂慧：《众包问题研究综述》，载于《科技进步与对策》2012 年第 29 期。
⑤ 江平宇、朱琦琦、张定红：《工业产品服务系统及其研究现状》，载于《计算机集成制造系统》2011 年第 17 期。
⑥ World Bank. 2009 World Development Indicators ideas. repec. org/b/wbk/wbpubs/4367. html，2009.

仍占据重要地位。尽管中国网络化制造的出现稍显滞后，但截至 1990 年，其装备制造业主要产品的质量和性能已达到工业发达国家 20 世纪 70 年代末或 80 年代初的水平。[1]1994 年，中国成为全球互联网大家庭中的一员。此后逐步开展先进制造技术的推广应用和互联网建设，重点科研院所和高校先后连接上国际互联网，众多互联网公司和软件服务企业纷纷诞生，信息网络逐渐覆盖全国。我国制造业也因网络技术的融入获得了迅速发展。世界银行发布的《2009 世界发展指数》揭示出，2007 年我国制造业的增加值为 10 250 亿美元，就规模而言，仅次于美国的 19 252 亿美元，居世界第二，约占全球制造业总额的 10.4%。我国在国际上的"制造业大国"地位已毋庸置疑。自 2010 年起，中国的制造业增加值排名世界第一，发展十分迅猛。此时，中国还处在制造的网络化的初级探索阶段，尝试实现工业全要素的互联互通。[2]

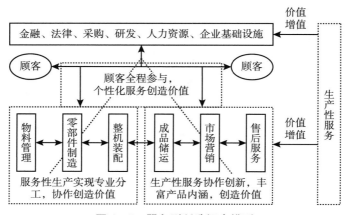

图 4-5 服务型制造概念模型

资料来源：孙林岩、李刚、江志斌、郑力、何哲：《21 世纪的先进制造模式——服务型制造》，载于《中国机械工程》2007 年第 19 期。

4.3.3 网络技术与商业的融合：电子商务大众化

电子商务（electronic commerce）是网络经济时代真正到来的重要标志。[3] 网络技术在商业领域的应用极大促进了商业模式的创新与转型，一种以互联网为媒介、以交易双方为主体、以银行电子支付和结算为手段、以客户数据为依托的全新经济模式——电子商务应运而生。[4] 电子商务的本质是商务活动，以商品交换为中心，以电子化技术为载体和手段。狭义的电子商务（E-Commerce）是指人们在互联网上开展的交易或与交易

① 上海财经大学产业经济研究中心：《2010 中国产业发展报告（中国装备制造业的发展现状环境与政策）》2010 年，第 279 页。

② 付宇涵、王丹、柴雯、王庆瑜：《中国工业互联网发展历程与展望》，载于《科技导报》2021 年第 12 期。

③ 董国芳：《我国电子商务的空间特征及其对实体经济的影响》，河南大学博士学位论文，2018 年。

④ 李晓东：《电子商务——21 世纪全球商务主导模式》，载于《国际贸易问题》2000 年第 5 期。

有关的活动。广义的电子商务（E – Business）则指利用不同形式的网络技术和手段，以及其他信息技术所进行的企业所有业务活动。根据交易主体不同，电子商务可分为 5 种模式，包括以阿里巴巴、慧聪网、环球资源等为代表的 B2B（Business – to – Business，即企业对企业）模式，以亚马逊、京东和苏宁易购为代表的 B2C（Business – to – Customer，即企业对个人）模式，以淘宝和拍拍网为代表的 C2C（Customer – to – Customer，即个人对个人）模式，以全球旅拍和聚想要为代表的 C2B（Customer – to – Business，即个人对企业）模式，以瓜子网和阿姨帮为代表的 O2O（Online – to – Offline，即线下和线上）模式。

全球电子商务自 1994 年实际成立与应用以来，便呈现出高速迅猛发展态势。根据艾瑞咨询（iResearch）发布的数据，2010 年全球电子商务交易额达到 19.47 万亿美元，而在成立初期的 1994 年仅为 12 亿美元，新世纪初期（2000 年）也仅为 2 350 亿美元。从全球整体网络购物交易的空间分布来看，主要集中在欧洲、美国和亚洲等地，占比总和达 90%，其中，欧洲占比 34%，美国占比 29%，亚洲占比 27%，呈三足鼎立格局，且亚洲的增长势头最为猛烈。① 全球电子商务历经了从最初的萌芽起步到市场化发展、再到大众化发展三个阶段，充分诠释了电子商务这一新型网络经济模式从成长走向成熟的心路历程，也印证了电子商务发展与网络技术进步以及经济社会发展交相呼应的协同关系。

（1）电子商务的萌芽起步：1991 ~ 1993 年。

电子商务设想的形成最早可追溯至 1979 年，英国人迈克尔·奥尔德里奇（Michael Aldrich）提出了一个远程在线购物概念 Videotext，这就是现代电子商务的最初设想。当时，很多公司对此表现出兴致，英国甚至花大力气研究 Videotext 的双向信息传送服务模式。这一时期，美国也提出了同样的电商服务概念，诸如 The Source 和 CompuServe。不过，电子商务真正走向实际应用还是要从 20 世纪 90 年代初期的无纸贸易谈起。无纸贸易应用电子数据交换技术，极大地提升了商贸活动的交易效率。由此可见，电子商务的形成与网络技术的创新发展是密不可分的。伴随着网络技术的进步，电子数据资料传输与交换从最初使用磁带、软盘等物理载体寄送，转变为通过专用的通信网络再到公用的互联网进行传送，为电子商务的成长与壮大奠定了基石。

在"无纸化"需求的推动下，贸易商开始在商务活动中尝试使用计算机来完成商务活动中的文件和单据整理与传输工作。在这一过程中发现，人工录入计算机当中的数据有 70% 来自另外一台计算机的输出，一定程度上影响了数据的准确性和工作效率，EDI（Electronic Data Interchange）电子数据交换技术应需而生。EDI 是商业贸易伙伴之间，将按既定标准和协议进行规范化和格式化处理的经济信息，通过电子数据网络在不

---

① 《艾瑞视点：2010 年全球网购交易规模达 5 725 亿美元 呈欧美亚三足鼎立格局》，艾瑞咨询，2011 年 4 月 6 日，http://www.360doc.com/content/12/0123/20/3143198_181477013.shtml。

同单位的计算机系统之间进行自动交换和处理。① EDI 是电子商业贸易的一种工具，将商业文件如订单、发票、货运单、报关单和进出口许可证等，按统一的标准编制成计算机能识别和处理的数据格式，然后在计算机之间进行传输，从而实现"无纸贸易"。②

为了讲清楚 EDI 在买方、卖方及双方内部的应用逻辑，图 4-6 绘制了 EDI 应用的基本框架。从图中可以看出，EDI 明显减化了每笔业务所需的信息传输节点和重复键入的过程，相比较传统的商业信息流通更为快捷。③ 作为美国甚至世界大型跨国公司的"大哥大"，美国通用电气公司（GE）是电子商务，特别是 EDI 应用的最早探索者以及最积极的推广者，电子商务技术对其保持"霸主"地位也发挥了重要作用。据通用电气公司内部统计，应用 EDI 技术后，商品零售额上升了 60%，每笔订单的商务费用由 125 美元降低到 32 美元，库存周转由 30 天减少到 6 天，经营成本和时间成本大大降低。④ 与此同时，美国通用电气公司还向国内外其他企业转让 EDI 应用技术和提供 EDI 服务以获取可观的收入。

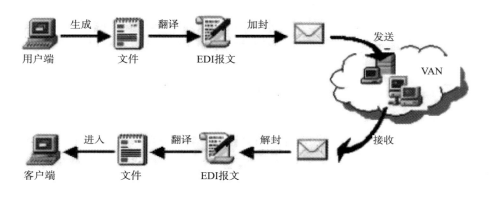

图 4-6　EDI 应用的基本框架

资料来源：《EDI 电子数据交换怎么做?》，百度科学，2020 年 6 月 19 日，https：//baijiahao. baidu. com/s？id = 1669863212107460035&wfr = spider&for = pc。

20 世纪 90 年代之前，大多数 EDI 都不是通过互联网，而是通过租用的计算机在专用的 VAN 增值网络（Value Added Network）上实现。并且，不同行业企业的数据库信息还不能直接传输，必须翻译成统一标准的 EDI 文件才能进行传输，这在一定程度上限制了 EDI 应用范围的扩大与普及。再加之对技术、设备、人员的高标准要求以及昂贵的使用价格，这一时期的 EDI 电子商务仅局限于发达国家和地区以及部分大型企业。⑤

① 龚炳铮：《EDI 与电子商务》，清华大学出版社 1999 年版，第 2 页。
② 程驰、郭江霞：《电子商务基础》，重庆大学出版社 2021 年版，第 5 页。
③ 孟宪煌、郭奕星、章学拯、袁靖：《电子商务的核心技术：EDI》，上海科学普及出版社 1999 年版，第 22~23 页。
④ 兰宜生：《电子商务与经济变革》，汕头大学出版社 1998 年版，第 94 页。
⑤ 王玉珍等：《电子商务概论》，清华大学出版社 2017 年版，第 5 页。

1991 年，商业贸易活动正式步入信息化、数字化、网络化，电子商务成为互联网应用的最大热点。同时，随着互联网技术的不断创新以及互联网安全性、稳定性的日益增强，互联网作为一个覆盖面更广、服务更好、费用更低的系统，在克服 EDI 局限性的同时，代替 VAN 成为 EDI 的硬件载体，满足了各类企业对电子数据交换的新要求。

（2）电子商务的市场化发展阶段：1994～2002 年。

自 1994 年电子商务正式进入商业化运营直至 Web 2.0 诞生之前，全球电子商务呈现出蓬勃发展之势，可归结为电子商务的市场化发展阶段。这一时期，各国在网络技术、网络基础设施、经济发展水平方面表现为极不平衡态势，以美欧日为首的西方发达国家占据绝对优势，成为电子商务产业发展的先行者。国际电信联盟测算的数据显示：1998 年全球网络贸易总额为 500 亿美元，以美欧日为首的发达国家占比 96%，其中，美国网络贸易总额为 170 亿美元，占比 69%；其次是加拿大、日本、欧盟等发达国家或地区，加拿大电子商务交易额占全球的 7.5%，仅次于美国，位列全球第二，其网络基础设施、多媒体技术、客户服务、远程教育和医疗服务、网页工具开发等方面当时都处于国际领先地位。[1] 在亚太地区，信息产业较发达的日本、新加坡和韩国，其电子商务产业发展也很迅猛。而以中国为代表的广大发展中国家的电子商务则处于起步阶段，落后于西方发达国家近十年。

美国是最早开展电子商务的国家，在许多领域均处于全球领先水平，为其他国家发展电子商务提供了示范。[2] 1994 年，美国的互联网由商业机构全面接管，这使互联网从单纯的科研网络演变成一个世界性的商业网络，世界各国纷纷连入互联网，各种商业应用也一步步地加入互联网。1994 年 8 月 11 日，美国电子商务网站 Net Market 成功实现了第一笔网络零售交易，开启了全球电子商务时代。[3] 同年，杰夫·贝佐斯（Jeff Bezos）成立了亚马逊公司，这是网络上最早经营电子商务的公司，起初被称为 Cadabra，性质是网络书店，在推出后的 30 天内，它在国际上向 45 个不同的国家发货，并在之后的发展中入驻各国。亚马逊作为全球首个跨境电子商务 B2C 平台，对全球对外贸易发展产生重要影响。亚马逊的出现使电子商务成为经济活动的热点，大量风险投资涌入电子商务企业，网络概念股在美国备受青睐，电子商务呈现出爆炸式发展。与亚马逊同时代的另一家电子商务企业——易贝（eBay），其创始人彼埃尔·奥米迪亚（Pierre Omidyar）为了帮其女友交换糖果而建立了这个网站。易贝上交易的商品，从古董、邮票、宝石、首饰、玩具、书刊到电脑、电器，应有尽有。戴尔公司在 1994 年推出了网站（www.dell.com），并于 1996 年在该网站新增了电子商务功能模块，推动了零售商业

① 《加拿大和香港电子商务发展情况介绍》，中华人民共和国商务部官网，2014 年 1 月 20 日，http://dzsws.mofcom.gov.cn/article/d/201401/20140100465730.shtml。
② 芮廷先、郑燕华：《电子商务与信息技术》，上海财经大学出版社 2000 年版，第 172～173 页。
③ 谢雨蓉：《国内外电商物流发展模式及趋势分析》，载于《综合运输》2014 年第 11 期。

向电子商务方向的发展。[1]

随着亚马逊和易贝等电子商务网站的相继上线,欧图集团(Otto Group)、CDW、Argos 等传统企业开始涉足电子商务领域,一大批新兴电商企业也不断涌现,从而掀开了电子商务的发展大幕。20 世纪 90 年代中期,德国大型零售商欧图集团率先推出电子商务这一新兴业务模式,并发展成为集国内电子商务和跨境电子商务于一体的德国第二大电商平台。沃尔玛是世界上最早投资信息技术的零售商之一,于 1996 年 7 月创立电子商务网站,开始为最终消费者提供在线购买服务。沃尔玛向电子商务领域转型使其能在零售行业中持续保持低成本运营和市场领先地位。1997 年 5 月,日本 B2C 购物网站"乐天市场"诞生,在网站开设了 13 间店铺。其被定位为厂家或大型卖场和消费者直接交易的网站,后来发展成为日本知名的网购平台。1998 年,韩国成立综合性购物网站 Auction,这是韩国首家拍卖类电商平台、首家电商平台,主要负责计算机、家电、通讯、流行杂货、图书、生活用品等种类的商品在线销售。同年,俄罗斯多品类电子商务平台 Ozon 面市,这是俄罗斯最大的互联网公司之一,被称为"俄罗斯的亚马逊"。虽然波兰的 Allegro 在 1999 年成立初期仅被定位为拍卖型网站,但是随着平台的不断发展以及用户数的日益增加,最终发展成为欧洲市场上为数不多的能压过易贝和亚马逊的平台之一。同年,德国媒体公司贝塔斯曼成立了在线商店 Bol. com,该网站可支持第三方卖家开店经营书籍、音乐、电子产品、玩具、时尚单品、DIY 产品和汽车零部件。2000 年,百思买(Bestbuy)也推出了首个网上购物网站,引入了小众市场百思买门店概念。这一年,Banzai 集团旗下的固定取货点网站 ePRICE 被创建,消费者可以在这些固定提货点找到自己的包裹以节省运费。2001 年,Newegg 的成立标志着科技品类电子商务平台开始面市。2002 年,Yandex 公司和 PayCash 集团引入了一种数字货币新系统 Yandex. Money,致力于为俄罗斯电子商务提供通用的在线支付平台,随后又推出了虚拟购物服务 Yandex. Market。

中国的电子商务起步较晚,以 1997 年中国化工网(英文版)[2] 的上线为标志,但在 1998 年后取得了显著进展,网上商城、网上专卖店、拍卖店、网上订票、旅游以及各种电子商务资讯和交易站点等如雨后春笋般不断涌现出来。[3] 1998 年 2 月,由焦点科技运营的中国制造网(英文版)在南京上线。同年 3 月,我国首笔互联网网上交易成功,标志着电子商务正式市场化。同年 7 月,中国商品交易市场正式宣告成立,成为我国第一家现货电子交易市场。同年 10 月,"金贸工程"正式启动,是继"金桥""金关""金卡""金税"等工程之后,为促进全国商品流通领域电子化和信息化建设而实

---

① 侯晓娜:《电子商务概论》,北京理工大学出版社 2016 年版,第 1 页。
② 该网是国内首家垂直 B2B 电子商务商业网站。
③ 刘列励:《信息网络经济与电子商务》,北京邮电大学出版社 2001 年版,第 279~281 页。

施的重大工程。① 这一年，我国医药电子商务网正式投入运营，医疗卫生行业 10 000 个企事业单位联网，能提供上千种中西药品信息。还有，全国库存商品调节网络、全国建筑在线房地产网也正式开通。1999 年，王峻涛和邵亦波先后创办了国内第一家 B2C 电子商务网站"8848"和 C2C 电子商务平台"易趣网"，标志着我国正式进入电子商务网络零售时代。② 易趣网在 2002 年与易贝结盟，更名为 eBay 易趣，并迅速发展成国内最大的在线交易社区，不仅为卖家提供了一个网上创业、实现自我价值的舞台，也给广大买家带来了全新的购物体验。2002 年 9 月 6 日，中国国际电子商务应用博览会在北京举行，这是首次由中国政府举办的电子商务应用博览会，也是中国首次全面推出的电子商务技术与应用成果大型汇报会。同年 11 月，由国内著名出版机构科文公司、美国老虎基金、IDG 集团、卢森堡剑桥集团、亚洲创业投资基金共同投资成立的网上购物商场"当当网"正式开通，从早期主要从事卖书业务拓展为综合性网上购物商城。1999 年，国内电子商务总交易额达到 2 亿元，同比增长 1 倍以上。电子商务发展区域也从北京、上海、广州等少数城市向沿海和内地各大城市扩展，许多传统行业的工业和商业企业已开始纷纷登上电子商务的舞台。中国电子商务开始以领先世界的速度迅速发展③，彻底改变了人们的消费与生活方式。④

20 世纪 90 年代中期以来，全球电子商务呈现出的蓬勃发展之势，与全球电子商务法律法规及政策体系逐步完善密不可分，相关法律法规和政策的出台为电子商务腾飞保驾护航。1996 年 12 月 16 日，联合国国际贸易法委员会第 85 次全体大会通过了《电子商务示范法》，该法是世界上第一个关于电子商务的统一法规，向各国提供一套国际公认的法律规则。随后，世界各国纷纷发布了相关法案和条款。诸如，1997 年 4 月，欧盟出台了《欧盟电子商务行动方案》；1997 年 7 月，美国发布了《全球电子商务框架》；韩国在 1999 年进行了综合性电子商务立法，出台了《电子商务基本法》。⑤ 除了出台相关法律法规，世界各国还颁布了支持电子商务发展的政策体系。1997 年，世界贸易组织 132 个成员国在美国总统的倡议下决定设立自由贸易区以推进全球电子商务发展，期限至少为 1 年。之后，各成员国纷纷出台政策，为电子商务发展提供了良好的政策环境。1998 年 10 月，美国国会通过《互联网免税法》，通过税收优惠政策，鼓励互联网创业。并在两年后提出了《互联网非歧视法》，以促进美国各大电子商务企业的平等竞

---

① 其中，"金贸"是电子商务在经贸流通领域的应用工程，也是我国电子贸易体系建设的一项试点工程。"金桥"即国家公用信息通信网工程，是中国国民经济信息化的基础设施。"金关"即对外贸易专用信息网工程，是将海关、外贸系统的信息系统实行联网，推广电子数据交换（EDI）业务，通过网络交换信息取代磁介质信息。"金卡"是国家经济贸易信息网络工程，可延伸到用计算机对整个国家的物资市场流动实施高效管理。"金税"是以计算机网络为依托，实现税务机关互联互通、相关部门信息共享，采用先进技术，覆盖税收各税种、各管理环节的信息管理系统工程的总称。

② 谢雨蓉：《国内外电商物流发展模式及趋势分析》，载于《综合运输》2014 年第 11 期。

③ 兰春玉：《中国的电商为什么能够赶超美国？》，载于《财经研究》2016 年第 12 期。

④ 详见北京大学新媒体研究院：《中国互联网史上的九个"第一次"》，2015 年 12 月 23 日。

⑤ 吕茜之、黄时炜：《国内外电子商务领域监管制度研究报告》，载于《中国质量与标准导报》2023 年第 2 期。

116

争。1999 年 3 月，加拿大通过《统一电子商务法》，该法明确了电子文件的法律地位和使用领域，电子商务合同的成立、效力和相关要求，以及货物运输等方面的规定。这一时期，中国政府也启动了一些试点项目以支持电子商务发展。1998 年 7 月，北京、上海等城市正式启动了电子商务工程，开展了电子商场、电子商厦及电子商城的电子商务试点，并制定电子商务有关的标准、法规，为进入新世纪后国内电子商务的迅速赶超打下了坚实基础。同年 10 月，"金贸工程"由原国家经济贸易委员会与信息产业部联合宣布启动，它以电子贸易为主要内容，是一项实现经贸流通领域网络化、电子商务规模化的应用试点工程。

（3）电子商务的大众化发展阶段：2003～2010 年。

21 世纪是移动互联的世纪，伴随着智能手机和其他移动智能终端的飞速发展，移动电子商务已经深刻影响了人们的生活方式。[1] 纵观全球电子商务市场，亚洲作为电子商务发展的新秀，在 20 世纪 90 年代稍落后于美国和欧盟等地，但亚洲市场规模大，为电子商务实现赶超发展奠定了坚实基础。[2] 2003 年，以 Web 2.0 为代表的新一代网络技术实现了从核心内容到外部应用的网络技术革命，催生了网络经济模式变革，新型电子商务模式应运而生并迅速发展壮大、走向人民大众，逐步融入生产生活的全过程、各领域。自此之后，全球电子商务高歌猛进。这一时期，全球电子商务的地区差异逐步减小，美国电子商务市场份额已从 2006 年的 48.8% 降至 2010 年的 18.6%，中国、印度、巴西等发展中国家的电子商务异军突起，成为国际电子商务市场的重要力量。[3]

2003 年，以淘宝网等为代表的新型电子商务平台面市，催生了全球电子商务新模式，各 B2B、B2C 电子商务网站会员数量迅速增加，C2C 也因此酝酿变局。[4] 2003 年 5 月，阿里巴巴创建网络零售、商圈"淘宝网"，进军 C2C，渐渐改变了国内 C2C 市场格局，而网购理念和网民网购消费习惯也进一步得到普及，标志着互联网在生产和销售领域蓬勃发展。同年，eBay 通过收购易趣网进入中国市场，在当年就收获了中国在线拍卖市场近 80% 的市场份额。2003 年 10 月，解决网上交易信任问题的第三方支付平台"支付宝"服务正式上线，为电子商务腾飞注入了一剂强心剂。2003 年 12 月，慧聪网在香港创业板上市，成为国内 B2B 电子商务首家上市公司。当年，巴西本土最大且类似中国淘宝网的 C2C 平台魅卡多网（Mercadolivre），推出了类似于支付宝的支付平台 MercadoPago，成为南美洲最大的电子支付平台之一。这一年，日本最大的比价网站 kakaku 价格网正式上市，主要为客户提供电脑和配件、家电等电子产品比价服务。Kakaku 价格网自 2003 年上市后，月使用人数就已超过了 680 万人，月现值（PV）高达

---

① 訾豪杰：《电子商务概论》，北京理工大学出版社 2020 年版。
② 《2010 年电子商务发展现状》，产业信息网，2010 年 7 月 27 日，http：//www.cction.com/info/201007/44545.html。
③ 《全球 b2c 市场发展格局是怎样的》，问一问，2022 年 3 月 15 日，https：//wen.baidu.com/question/1119513276109261179.html。
④ 王轲：《基于互联网的电子商务创新研究》，旅游教育出版社 2021 年版，第 1~2 页。

3.5 亿日元。

2004 年，全球电子商务发展热潮进一步高涨，一些在后续发展成为电子商务头部企业的公司先后被创立。诸如，京东多媒体网正式上线，以线上线下相结合的形式出售计算机、通信类和消费类电子产品（3C 产品），后来日益发展壮大并更名为自营式电商企业京东。Tobi Lütke 上线自己的滑雪装备网店 Snowdevil（即 Shopify 的前身）。卓越网创始人及首任首席执行官（CEO）王树彤女士创办全球领先的在线外贸交易平台敦煌网（DHgate），致力于帮助中国中小企业通过跨境电子商务平台走向全球市场，开辟一条全新的国际贸易通道，让在线交易变得更加简单、安全和高效。这一年，中国"电子商务先驱"8848 重回电子商务领域，转型专注于成为"中国电子商务引擎"，服务于中小企业和个人用户。亚马逊全资收购卓越网，成立亚马逊中国，依托亚马逊领先的网上零售专长与卓越网深厚的中国市场经验，进一步提升了中国客户体验，并促进了中国电子商务的成长。[①] 2004 年 12 月，支付宝（中国）网络技术有限公司正式成立，以"信任"作为产品和服务的核心，致力于为网络交易用户提供基于第三方担保的在线支付服务，后来发展成为全球最大的移动支付商，构成电子商务生态系统的核心环节。

2005 年，全球电子商务得到进一步发展，与电子商务关联度最高的物流服务业也开始被带动。这一年，阿拉伯最大的电子商务平台 Souq 成立，主要在迪拜、沙特等运营，可以通过该应用来浏览并购买移动设备、优惠的体育用品、特惠的时尚用品、厨房和餐厅用品等。德国第三大电商平台也是增速最快的平台 http：//Real. de（前身为 Hitmeister）成立，经营来自 7 000 多个类别的 1 400 万个产品，热销品类包括消费类电子产品、家居用品、园艺用品、家具和生活用品、运动类、时尚类等。同年 6 月 18 日，Robert Kalin、Chris Maguire 和 Haim Schoppik 成立了网络商店平台 Etsy 网站，以手工艺成品买卖为主要特色，曾被《纽约时报》拿来和易贝、亚马逊比较，被誉为"祖母的地下室收藏"。[②] 2005 年 9 月，腾讯推出 C2C 平台拍拍网，一年后拍拍网注册用户超过 2 500 万，在线商品超过 500 万件，成功跻身国内 C2C 三大巨头之列，位居淘宝、eBay 易趣之后。2005 年的另一大事件是中国圆通快递与淘宝网签订了推荐物流供应商协议，成为淘宝网线下物流供应商。随后，中通快递、申通快递、韵达快递也分别与淘宝网签订协议，"三通一达"从原来的商务快递转型为电商快递供应商，民营快递公司强大的生命力在与电商巨头合作后迅速爆发，发展成为电子商务生态系统的关键环节并贡献了重要力量（见图 4 - 7）。事实上，美国拥有全球一半以上的电子商务总额，这除了美国政府颁发了一系列管理条例以外，还与美国政府大力发展第三方物流，推动美国物流成为世界上最发达、最便捷的物流业有关。物流管理在给人们带来便捷的同时，也为美国带来巨大的经济效益，这两者的相互支持、相互协调更加促进了美国电子商务的进一步

---

① 唐红涛、谭颖：《跨境电子商务理论与实务》，对外经济贸易大学出版社 2019 年版，第 245 页。
② 详见 Etsy 官网，https：//www. cifnews. com/etsy。

发展（见图4-8）。

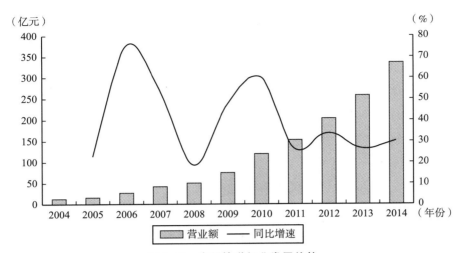

图4-7 中国快递行业发展趋势

资料来源：智研咨询：《2016年中国快递行业市场现状及发展前景分析》。

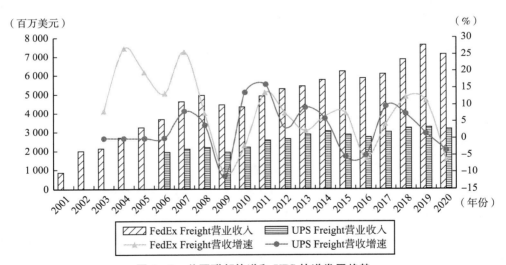

图4-8 美国联邦快递和UPS快递发展趋势

资料来源：知识交易所：《美国快运行业百年发展史》。

　　物流业与电子商务的相互支持、协同并进，巩固了电子商务平稳发展之路。即使在2008年金融危机期间，电子商务行业依然春意盎然，而其他行业都已陷入萧条或衰退中。2008年，对于中国是艰难的一年，经历了前所未有的雪灾、地震和金融危机等突发性事件，很多行业和企业都遭受了灾难性的打击，唯独电子商务未受到剧烈冲击，并且出现逆势上扬的趋势。这一年，中国C2C增长趋势成熟稳定，B2C蓝海吸引大量企业加盟，尤其被中小企业视作"过冬棉衣"，仅淘宝网2008年的交易规模就接近千亿元，远超沃尔玛在中国全年营业额。① 另外，艾瑞咨询发布的统计数据显示，2008 年中国网络购物交易规模达到 1 300 亿元，较 2007 年增长超过 130%②；京东商城在 2008 年的销售额达到 14 亿元，是 2007 年销售额的 3.9 倍，是 2005 年销售额的 46.7 倍③。综合来看，电子商务之所以能够挺过全球金融危机，一是与电子商务的购物快捷、低成本优势有关；二是与越来越多的传统企业进军网络零售市场并向电子商务转型有关；三是与 B2C 企业经过多年发展已积累相当的规模并逐步走向盈利有关；四是与 C2C 和 B2C 走向融合并进一步强化网络零售渠道优势有关。总之，金融危机的冲击使得电子商务迅猛的发展态势、持续的增长能力以及强大的发展潜力得以完全显露。电子商务业已发展成为世界各国维护本国工业、商业、科技企业命脉的核心产业，以及推动相关产业快速发展的"助推剂"。

随着网络技术的进一步提升，跨境电商开始兴起，电商之间的并购或收购也掀起了一阵浪潮。诸如，阿里巴巴旗下的全球速卖通成立，面向国际市场，是中国最大的跨境零售电商平台，被广大卖家称为"国际版淘宝"。全球速卖通面向海外买家客户，通过支付宝国际账户进行担保交易，使用国际物流渠道运输发货，是全球第三大英文在线购物网站。2010 年，芬兰推出的国际电商平台 Fruugo、韩国第一大跨境电商平台 Coupang、东南亚市场领先的跨境电商平台 ezbuy 以及中东最大的母婴电商平台 First Cry 相继成立，成为跨境电商的典型代表。同年，印度人库纳尔·巴尔和罗希特·班萨尔（Kunal Bahl and Rohit Bansal）创办电商平台 Snapdeal，Snapdeal 起初只是一个折扣网站，之后发展成为一个完整的电子商务门户网站，被称为印度版"阿里巴巴"。这一时期，以技术驱动、大数据为贯穿点的兰亭集势（Light In The Box）开始整合供应链生态圈服务的在线 B2C 跨境电商公司，并在 2010 年 6 月完成对 3C 电子商务欧酷网的收购。另外，2010 年后大量的传统企业纷纷进入电子商务领域，促进了各国国内与国际贸易的发展以及物流快递行业的兴起，之后便进入了快速发展时期。随着淘宝交易量的激增，中国电商头部企业阿里巴巴开始重视物流配送环节，正式对外宣布"淘宝大物流计划"：由淘宝联合仓储、快递、软件等多个第三方企业，建立统一的配送中心仓库，统一商家货物配备和递送，为淘宝的商家提供一站式电子商务物流配送外包服务，这也就是菜鸟驿站的前身。

---

① 《艾瑞：2008 年中国互联网市场规模达 550 亿元》，网易科技，2009 年 1 月 23 日，https：//www.163.com/tech/article/50BUUQU8000915BF.html。
② 《艾瑞咨询：2008 年中国网络购物年度数据发布》，techweb，2009 年 1 月 2 日，http：//www.techweb.com.cn/news/2009 - 01 - 02/383091.shtml。
③ 《京东平台历年销售额》，知乎，2021 年 3 月 2 日，https：//zhuanlan.zhihu.com/p/353898943。

4.4 小　　结

网络技术是信息技术发展的新阶段，是网络经济的载体。Web 1.0 和 Web 2.0 的商业化应用，带来了网络经济的兴起与腾飞。网络技术与三次产业的融合，使得农业生产走向精准化、工业制造走向网络化、电子商务走向大众化。网络技术与农业、工业的融合，革新了传统的生产模式，极大提高了生产的质量与效率。农业从机械化的 2.0 模式转变为能跨区域获取农场信息进行精准农耕的农业 3.0 模式，于 21 世纪初进一步发展为牲畜精准管理与农业生产、销售、物流多环节的监管，逐步实现农业精准化、一体化。在工业领域，各国政府在 20 世纪 90 年代就已意识到制造技术发展对工业的重要性，提出了发展融合微电子技术、自动化技术、信息技术的先进制造技术。因特网的出现带来了网络技术，其与制造技术的融合不仅形成了网络制造技术与系统，而且推动企业建立网络联盟。

物联网的出现使得企业间的交流愈发频繁，异地制造业务迅速发展，"专业化"生产初现雏形。随着网络技术融入制造业，我国完成了制造网络化的初级探索，并进一步尝试实现工业全要素的互联互通。电子商务是网络经济时代真正到来的重要标志。电子商务由最初的远程在线购物设想，发展为"无纸化"贸易，实现 EDI 电子商务之后，历经 9 年时间完成了市场化发展，电子商务网站如雨后春笋般涌现，相关法律法规和政策的出台为电子商务腾飞保驾护航。此后 7 年，以 Web 2.0 为代表的新一代网络技术实现了从核心内容到外部应用的网络技术革命，催生了网络经济模式变革，新型电子商务模式应运而生并迅速发展壮大、走向人民大众，逐步融入生产生活的全过程、各领域。与此同时，全球电子商务的地区差异逐步减小，中国、印度、巴西等发展中国家的电子商务异军突起，发展成为国际电子商务市场的重要力量。

第 5 章
数字经济的第三种形态：新经济

  2010 年，以人工智能为核心的新一代信息技术开始融入日常生产生活之中，由此改变了传统产业形态，同时催生了新业态、新模式。以新技术为基础，新产业、新业态、新模式为主要内涵的"三新"经济破土而出，并且快速成长。数字经济由网络经济阶段过渡到新经济阶段。

  2016 年 3 月，政府工作报告中首次提到新经济概念，并指出："当前我国发展正处于这样一个关键时期，必须培育壮大新动能，加快发展新经济。要推动新技术、新产业、新业态加快成长，以体制机制创新促进分享经济发展，建设共享平台，做大高技术产业、现代服务业等新兴产业集群，打造动力强劲的新引擎。运用信息网络等现代技术，推动生产、管理和营销模式变革，重塑产业链、供应链、价值链，改造提升传统动能，使之焕发新的生机与活力。"[1] 新技术、新产业、新业态、新模式被视为新经济的核心。此后，国家统计局明确以"三新"经济来指代新经济，并提出了相关的核算原则和方法，从 2018 年起发布我国"三新"经济增加值数据。[2] 与既往定义相比，"三新"经济内涵清晰，基本囊括了技术迭代、产业融合升级和商业模式更新等内容。因此，本书明确将新经济定义为新产业、新业态和新模式构成的"三新"经济。

---

[1] 《政府工作报告——2016 年 3 月 5 日在第十二届全国人民代表大会第四次会议上》，新华社，2016 年 3 月 17 日，http://country.cnr.cn/gundong/20160305/t20160305_521542305.shtml。

[2] 《新兴经济和"三新"经济定义》，广东统计信息网，2022 年 2 月 11 日，http://stats.gd.gov.cn/cgmjjhs/content/post_3813520.html。

5.1　新一代数字技术的发展

新一代数字技术是数字经济的支撑，而物联网、大数据、人工智能、区块链和数字孪生则是其核心。其中，物联网、大数据和人工智能被视为新技术中的关键部分，三者之间相互支撑、协同发展。区块链作为一种现代信任科技，在数据成为关键要素的新经济时代，起着保证数据安全和可靠性的重要作用，因而受到社会各界的高度重视。数字孪生，则是一种跨学科、跨领域、跨技术的集大成的新技术，被认为未来将帮助人类缔造一个高度映射并服务于现实世界的虚拟世界，同样被视为重要的新技术之一。

5.1.1　物联网

物联网（Internet of Things，IOT），是指将各种信息传感设备，如射频识别（RFID）装置、红外感应器、全球定位系统、激光扫描器，与互联网结合起来形成的一个巨大网络，从而实现对物品的智能化识别和管理。[①] 物联网的技术体系框架包括了感知层、网络层和应用层。其中，感知层技术是指 RFID 和传感器等用于感知外部环境、识别物理信息的技术；网络层技术是指负责传输物联网数据和管理平台指令的技术，例如现场总线、4G、5G 和 M2M（Machine to Machine）；应用层技术则是指负责处理物联网数据、实现智能化应用的技术，包括图像视频智能分析技术、嵌入式系统等。这三个层次实际上对应了物联网的三大基本特征，即全面感知、可靠传递和智能处理。

2009 年是物联网发展元年，也是物联网发展的关键"分水岭"。是年 1 月，美国 IBM 公司首席执行官彭明盛开创性地提出了"智慧地球"理念，国际社会由此深刻认识到物联网对国家治理、城市治理乃至社区生活具有颠覆性影响力。同年，美国、中国、欧盟和日本等世界经济主导体相继提出了国家层面的物联网发展计划。与此同时，2010 年，4G 技术的诞生在技术上极大地改变了物联网发展格局，使之从早期的"EPC（Electronic Product Code）物联网＝射频识别（RFID）等＋Internet"模式升级为如今的"物联网＝传感网＋通信网＋应用系统"模式。[②] 因此，以 2010 年为界，物联网发展被分为 2010 年之前的早期阶段与 2010 年及之后的迅速发展阶段。

（1）物联网的早期阶段：EPC 物联网到"智慧地球"战略。

要细数新经济时期的物联网发展史及其商业化应用情况，就必须先了解早期阶段的

---

① 沈江、徐曼：《新一代信息技术产业》，山东科学技术出版社 2018 年版，第 187 页。
② 魏长宽：《物联网：后互联网时代的信息革命》，中国经济出版社 2011 年版，第 8 页。

物联网技术特征与产业兴起。在这一阶段，物联网经历了从 1991 年物联网概念初现端倪到 2005 年物联网概念的正式诞生、EPC 物联网的成熟与应用，以及 2009 年物联网发展在全球范围内迅速升级为各国的重大战略。

1991 年，被称为"特洛伊咖啡壶"的物联网原始应用场景，迈出了物联网发展历史的第一步。当时，英国剑桥大学特洛伊计算机实验室的科学家为了免去亲自下楼查看咖啡是否煮好的麻烦，在咖啡壶旁边安装了一个便携式摄像机并通过电脑远程监控咖啡状态。这一应用场景已然包含了早期阶段物联网的基本要素，即识别技术和互联网技术。1995 年，比尔·盖茨在其著作《未来之路》中第一次提出了物联网的构想。不过，这时候的物联网还只是一种基于未来学的商业畅想。1999 年，美国麻省理工学院（MIT）首次提出了当时被称为"EPC 系统"的物联网概念，即能够把所有物品通过 RFID 等信息传感设备与互联网连接起来，实现智能化识别和管理的网络。同年，MIT 与宝洁公司合作成立了一个 RFID 研究机构——自动识别研究中心，试图实现 EPC 的技术构想。2005 年 11 月 15 日，国际电信联盟（ITU）发布了报告《ITU 互联网报告 2005：物联网》，并且指出，无所不在的"物联网"通信时代即将来临，世界上所有的物体都将可以通过互联网主动进行信息交互。[1] 物联网概念正式宣告诞生，且迅速引起世界范围的热切关注。

回顾物联网发展的早期阶段，EPC 因其技术体系成熟、商业化程度极高而被视作这一时期的物联网主要技术形式。EPC，即电子产品码技术，是指利用 RFID、天线数据通信等技术，在计算机互联网的基础上，实现对全球物品的识别、跟踪和信息共享。其中，RFID 是 EPC 的核心技术，EPC 的商业化道路因此也绕不开 RFID 的应用与标准化。RFID 是一种利用无线射频识别技术识别目标对象并获取相关信息的技术。企业可以通过给商品嵌入携带自身信息的 RFID 电子标签，在存储、运输和销售环节中利用阅读器获取商品的生产日期、保质期等信息，从而极大降低商品管理难度。[2] 自 1948 年哈里·斯托克曼提出的"利用反射功率的通讯"奠定 RFID 理论基础之后，经过 50 余年的技术改进与产品研发，尤其是经历了 20 世纪 90 年代 RFID 在美国公路电子收费系统上的应用验证，RFID 无论在技术上还是商业化应用上都已经相对成熟。[3] 因此，进入 21 世纪后，沃尔玛等零售巨头开始尝试将 RFID 和 EPC 应用在涉及全球范围的供应链管理上。

但是，此时 RFID 并没有形成统一的标准体系，各个企业所用 RFID 产品的数据格式和设备性能等不尽相同，导致了不同企业的商品信息识别和收集无法兼容。RFID 的大规模应用因此受限，这也成为 EPC 商业化应用道路上的一大障碍。2003 年 9 月，美

---

① 刘强、崔莉、陈海明：《物联网关键技术与应用》，载于《计算机科学》2010 年第 6 期。
② 刘志峰等：《基于 RFID 技术的 EPC 全球网络的构建》，载于《计算机应用》2005 年第 1 期。
③ 《浅析：国内外 RFID 技术的现状及发展趋势》，RFID 世界网，2020 年 7 月 10 日，http://news.rfidworld.com.cn/2020_07/9462e46466a0a74b.html。

国统一代码协会（UCC）和国际物品编码协会（EAN）共同成立了电子产品代码全球推广中心（EPC Global），正式接管 EPC 在全球的推广应用工作。次年 6 月，EPC Global 形成了第一个 EPC 技术的全球标准，制定了一套统一的编码体系以及射频识别系统与信息网络系统。EPC Global 推出 EPC 服务后，立刻受到了商品流通领域的"追捧"。例如，零售行业巨头沃尔玛于 2003 年 11 月加入 EPC Global 体系，此后短短 4 年间不断扩大 EPC 在自身供应链管理中的应用范围，到 2007 年 1 月时，沃尔玛已经将全部的供应商纳入 EPC 应用范围内。①

EPC 物联网成功商业化引起了各国政府对物联网及其未来发展的高度重视，而 IBM 及其提出的"智慧地球"理念将物联网发展推向了新高潮乃至新阶段。2009 年 1 月 28 日，时任美国总统奥巴马与美国工商业领袖举行了一次"圆桌会议"。在这一会议上，IBM 首席执行官彭明盛首次提出了"智慧地球"理念，即利用物联网、互联网和超级计算机等技术，联通全球所有物品与基础设施并改善它们之间的信息交互，从而以更加精细和动态的方式管理生产和生活、达到"智慧"状态。智慧地球理念引起了世界各国的高度关注，而物联网作为实现智慧地球构想的一种关键技术，同样备受瞩目。就在当年年末，美国政府发布了《经济复苏和再投资法》，将物联网列为振兴经济的两大重点之一，率先开启了物联网在国家力量推动下快速发展的时代。② 与此同时，2009 年 2 月 24 日，IBM 在中国发布了《智慧地球赢在中国》计划书，国际社会对中国物联网和信息技术发展的"看涨"可见一斑。2009 年 8 月 7 日，时任国务院总理温家宝在无锡中科院物联网技术研究中心视察时提出了"感知中国"理念，标志着我国政府对物联网产业的关注和支持力度已提升到国家战略层面。③ 除了中美两国之外，韩国和欧盟也在 2009 年分别出台了《物联网基础设施构建基本规划》和《欧洲物联网行动计划》。因此，2009 年成为物联网发展历程上的重要"分水岭"，各国制定的物联网战略为 2010 年及其之后的物联网发展积蓄了巨大能量。

（2）物联网的商业化应用：走向真正的智慧世界。

2010 年以后，物联网在感知层、网络层和应用层技术上都取得了一定的进展。传感器技术、4G 技术和图像视频智能分析技术等的突破，提高了物联网的信息感知、传递和处理能力，更在一定程度上改变了物联网的主流技术形式，也使得各种实实在在的物联网应用初步形成气候并走向了智能化。

一直以来，传感器作为物联网感知层中的一部分，被视为物联网的基础设施。但是，由于传感器的微型化程度远远落后于微处理器、存储器等电子器件，阻碍了物联网

---

① 《沃尔玛的应用：EPC 标准以及 RFID 的应用解析》，电子发烧友网，2017 年 12 月 1 日，https：//www. elecfans. com/tongxin/rf/20171201590321_3. html。

② 《物联网溯源，诞生多年终于要爆发了》，21IC 电子网，2020 年 8 月 20 日，https：//www. 21ic. com/article/851210. html。

③ 李昌春、张薇薇：《物联网概论》，重庆大学出版社 2020 年版，第 4 页；李杰、吴景新：《供应链管理系统中 EPC 物联网的实现》，载于《物流技术》2012 年第 18 期。

设备的大范围铺设，因而成了物联网商业化应用的一大"瓶颈"。到了新经济时期，微机电系统（Micro - Electro - Mechanical System，MEMS）工艺的相对成熟催生了 MEMS 微传感器，方才解决了传统传感器体积较大、不便嵌入精密仪器等设备的问题，同时还提高了物联网的感知能力。MEMS 是微电路和微机械按功能要求在芯片上的一种集成，具备精确而完整的机械、化学或光学等特性结构，且其内部结构一般在微米甚至纳米量级。因此，基于 MEMS 工艺的 MEMS 微传感器具有产品体积小、性能高的特点。[①] 自从 1962 年第一个硅微压力传感器问世宣告 MEMS 工艺诞生，MEMS 微传感器先后经历了从 20 世纪 80 年代集成电路技术发展推动其集成微处理器以实现初步智能化，到 20 世纪 90 年代在汽车设备中的商业化应用落地，再到 21 世纪初在手机、平板电脑等电子消费产品中的新一轮应用测试。[②] 2011 年，美国业界认为 MEMS 工艺已经成熟，可以广泛推广应用。此时正逢物联网蓬勃发展，MEMS 微传感器在原有商业化基础上，快速成为智能传感器的代表性产品，被广泛使用在手机、电脑和智能手表等可穿戴设备上，由此成为物联网的重要组成部分之一。据知名半导体分析机构 Yole 报告，截至 2017 年，MEMS 传感器销售额就已经占到全部传感器市场的 30%。[③]

通信技术是物联网传输网络的基础，而物联网传输网络则是物联网数据传输的通道，保证这些数据能够安全可靠地在传感器网络和互联网之间传输。早期的 EPC 物联网主要靠天线进行数据上传，其传输速率慢，也无法处理并上传图像或视频信息，这显然远远无法满足人们对于物联网实现智慧生活的期许。2010 年，4G 技术问世并在此后短短数年间迅速走向商业化应用，很好地解决了上述问题。正如前文已经介绍过的，4G 作为一种长距离无线通信技术，在 3G 的基础上，集 3G 与 WLAN 于一体，能够以高达 100Mbps 的速度快速传输数据、高质量音频、视频和图像等，并能够满足几乎所有用户对于无线服务的要求。此外，4G 可以在 DSL 数字用户线路（电话线）和有线电视调制解调器没有覆盖的地方部署，然后拓展到整个地区。这极大缓解了由物联网产业发展带来的接入终端设备数量增长及数据传输容量与速率受限问题，推进了物联网产业扩张。

智能信息处理技术是新经济时期物联网的重要组成部分，是其智能化功能的来源。为了实现物联网所追求的数字世界与物理世界相连且智能交互，如何使物联网设备能够自动地有效处理其收集到的海量实时数据并得到分析结果，是物联网智能应用的关键所在，而这也正是智能信息处理技术的职能所在。该技术的重要发展方向之一，就是兴起于本世纪初、被称为第四代视频监控技术的智能视频分析技术（Intelligence

---

① 《浅析 MEMS 传感器产业发展历程》，杰成物联网，2020 年 10 月 27 日，http：//www. sensorjc. com/article - 57247 - 114360. html。

② 《MEMS 未来发展的趋势解析》，电子发烧友网，2020 年 7 月 22 日，https：//www. elecfans. com/article/88/142/2020/202007221256074. html。

③ 《MEMS 惯性传感器行业深度研究报告》，投资界网，2021 年 6 月 9 日，https：//news. pedaily. cn/202106/472606. shtml。

Video Surveillance，IVS）。2007 年，中佛罗里达大学研发出了一个全自动的多摄像头监控系统——Knight 系统，该系统能够基于计算机视觉技术对场景中的移动物体进行检测、分类和跟踪。但是，当时的机器学习算法发展尚且不足，基于计算机视觉技术的机器识别，其错误率大约在 25%，远不能保证设备信息分析的有效性。2012 年，亚历克斯·克里热夫斯基（Alex Krizhevsky）等人创造的深度学习模型 AlexNet 成功将机器识别的错误率降低了近 10%，这已经几乎与人类肉眼识别的准确率相同。这一技术突破使得 IVS 迅速发展。从中也再次看出，新经济时期以来，物联网、人工智能和大数据三项关键技术的联系之紧密。到了 2015 年，德国博世公司推出的第 4 代智能视频分析系统 IVA 4.0，已经能够适应不同的光照变化和复杂的环境变化，对室内外的移动目标进行检测、跟踪与自主分析。此时，IVS 已经相对成熟，它开始替换过去既有的摄像头等监控设备，成为智能安防、智慧交通中的重要一环。

回顾新经济时期以来物联网发展历程，正如前文所述，传感器技术、4G 技术和 IVS 等的突破与商业化应用，提高了物联网的信息感知、传递和处理能力，也推动了物联网主要技术形式的升级迭代。今时今日，从能够自动感测水温的洗衣机等智能家居到功能齐全的车载系统，再到道路交通乃至制造业工厂中的智能监控，物联网的商业化应用已经走向了社会的方方面面。不过，物联网的发展显然远未止步于此。基于微传感器的无线传感网络 WSN、5G 技术，以及未来基于边缘计算等新算法、新算力的智能分析设备，无疑将在现有基础上进一步提升物联网性能，扩大物联网的应用范围和深度。

5.1.2 大数据

大数据（big data），是指难以使用现有的数据管理工具驾驭其获取、存储、搜索、共享、分析和可视化处理的海量的、复杂的数据集合。[①] 大数据技术，则是指处理大数据所需要的特殊技术，也即适用于大数据收集、存储、传输和分析的技术，具体包括大规模并行处理数据库、大数据挖掘、云存储等。

2009 年前后，大数据开始成为互联网信息技术行业的流行词汇，用来描述和定义信息爆炸时代产生的海量数据并命名与之相关的技术发展与创新。2010 年至今，随着各种机器学习算法的提出和应用，人工智能迅速发展，人们希望机器能够通过大量数据分析实现自动学习知识并完成智能化。在这一时期，物联网和 4G 技术发展提供了数据爆发式增长的源泉，人工智能提供了发展与应用大数据技术的强大需求，由此使得大数据迅猛发展，大数据时代到来。[②]

（1）萌芽期：概念诞生与基础技术发展。

要细数新经济时期的大数据发展史及其产业化情况，就必须先了解大数据发展的源

① 王新才、丁家友：《大数据知识图谱：概念、特征、应用与影响》，载于《情报科学》2013 年第 9 期。
② 曾凌静、黄金凤：《人工智能与大数据导论》，成都电子科技大学出版社 2020 年版，第 13～14 页。

起，即从 1980 年被首次提出到 2010 年大数据腾飞之前所经历的概念诞生与基础技术发展。大数据概念最早出现在未来学家托夫勒所著的《第三次浪潮》（1980 年），但大数据在科学领域内作为一种科学现象与问题被真正提出则应追踪到 20 世纪 90 年代末的美国天文学研究。1997 年 10 月，美国国家航空航天局（NASA）阿姆斯研究中心的研究员迈克尔·考克斯和大卫·埃尔斯沃斯首次使用"大数据"这一术语来描述由数据集合过于庞大所带来的问题："可视化对计算机系统提出了一个有趣的挑战，即通常情况下数据集相当大，耗尽了主存储器、本地磁盘甚至是远程磁盘的存储容量。"1999 年 8 月，考克斯等人以《大数据》为题发表了一篇学术论文，并在文章中指出："功能强大的计算机是许多查询领域的福音，但它们也是祸害，即高速运转的计算产生了规模庞大的数据。不过，研究高端计算产生的数据是一个很有意义的尝试。"① 显然，学术界此时已初步认识到，以计算机为主的相关学科发展正在使得数据集合体量愈发庞大、类型愈加复杂，这同时也使得数据分析更具价值。

进入 21 世纪，互联网行业迎来了飞速发展的时期，社交网络随之兴起并产生了大量的音频、文本信息、图片和视频等形式的用户自生成内容，大数据的浪潮从科学研究进入社会生活之中。2004 年，为优化搜索引擎以提供功能更为强大的信息搜索服务，谷歌公司发表了三篇重要论文并且由此开创出三项关键性技术，分别是分布式系统文件 GFS、大数据分布式计算框架 MapReduce 以及 NoSQL 数据库系统 Big Table。这就是大数据技术的"三驾马车"，大数据的基础性技术诞生。到了 2006 年，Hadoop 的诞生标志着独立的大数据技术项目出现，大数据实现了重大突破。2006 年 2 月，工程师道格·卡丁将由大数据的"三驾马车"所衍生出的一系列大数据处理与分析功能从搜索引擎中分离了出来，集成为一个新的、开源的独立项目——Hadoop，用以专门开发和维护大数据技术，这在雅虎（Yahoo）、Facebook 等互联网企业间掀起了开发大数据技术的热潮。2007 年，由 Facebook 开发的 Hive 发布，它极大地降低了 Hadoop 的使用难度，使得工程师们进行大数据技术的开发和使用更加方便，从而加快了大数据的发展脚步。在 Hive 技术的帮助下，Hadoop 及其周边产品不断完善，到 2008 年，世界搜索引擎巨头之一的 Yahoo 将其搜索引擎的倒排索引工作完全交给 Hadoop 完成。同年，专门运营 Hadoop 的商业公司 Cloudera 成立，Hadoop 得到进一步的商业支持。此时，以 Hadoop 为代表的大数据生态体系已经逐渐形成，大数据技术开发加快并进入应用阶段。

（2）成长期：大数据的"井喷式"爆发与早期应用。

2010 年以后，物联网和 4G 等技术的广泛应用造成了数据产生方式的变革和数据爆发式增长，这标志着大数据进入关键成长期。同时，多项重大报告的发表也促使大数据被社会各界广泛认知。2011 年 5 月，美国著名咨询公司麦肯锡发布《大数据：创新、

① 《大数据的前身：美国国家航空航天局与大数据》，统计学之家网，2020 年 8 月 2 日，http：//www.tjxzj.net/1060.html。

竞争和生产力的下一个前沿》报告，认为大数据已经成为经济社会发展的重要推动力。2012年7月，联合国发布了一份大数据政务白皮书《大数据促发展：挑战与机遇》，指出大数据对于联合国和各国政府而言均是一个历史性的机遇，大数据将有助于政府更好地捕捉和响应社会需求。从企业到各国政府再到国际组织，对大数据发展战略的布局即将开始。

进入新经济时期，4G技术使得以个体用户为主体的主动式数据生成成为数据产生方式的主流，开启了第一波数据大爆发。2012年1月18日，国际电信联盟审议通过将LTE－Advanced和IEEE 802.16m技术规范确立为IMT－Advanced（即4G）国际标准，其中，由中国主导制定的TD－LTE－Advanced与由日本主导制定的FDD－LTE－Advance并列成为4G国际标准。2013年底，美国四大运营商已经基本建成覆盖美国的4G网络。而同年12月4日，我国工业和信息化部正式向中国移动、中国电信和中国联通发放4G牌照，此时距离2009年我国3G牌照正式发放才过去短短4年。可以说，经过十多年的奋力追赶，我国移动通信技术自此已经走到了世界前沿。也正是在2013年，作为4G终端的iPhone 5S、三星GT－N7108D、天语大黄蜂4G等4G手机涌入世界市场，凭借超越3G网络十数倍的网络速率以及小巧便携的优势，迅速成为使用最为广泛的移动终端，移动互联网时代也由此开启。移动互联网的发展和手机等移动终端的普及，不但使用户数据大量增加，还促使用户主动提交自己的行为信息。譬如，人们在微博、推特等网络平台主动上传照片和文本信息，还同自己的社交圈进行实时互动，因此产生了大量类型多样且传播性极强的数据。2014年，藉由手机上传和下载的数据量就高达2EB（约合20亿千兆字节），超过了人类过去多年所产生数据量的总和。[①]

传感器以及将传感器集成起来的物联网技术的发展、普及与全面应用，衍生出了新的数据生成方式——感知式生成，并且激发了第二波数据大爆发。感知式生成，即通过数据采集设备源源不断地自动采集并生成数据。2011年，MEMS工艺的成熟使得微传感器在手机、平板电脑等电子消费产品上得到大规模应用，物联网随之迅猛发展，而电子消费产品的庞大用户群体决定了感知式生成数据的体量极为可观，也拓展了可收集的数据种类。2013年苹果公司发布的iPhone 5S是世界上首种具有指纹识别功能的手机，其通过搭载微型传感器和协处理器实现"采集指纹数据—读取数据—实现解锁屏幕"这一过程。此后两年，苹果公司在新发布的iPhone 6系列产品中引入压力传感器、六轴陀螺仪等物联网技术产物，从而能够通过手机中的计步软件等应用持续获取用户的运动数据甚至外部环境数据。此外，在手表等可穿戴设备、汽车、交通以及其他领域中，物联网收集到的数据同样巨大。据国际数据中心（IDC）估计，物联网设备产生的数据从

① 《2021年全球行业大数据市场现状及发展趋势分析2025年市场规模将达920亿美元》，前瞻网，2021年2月23日，https：//www.qianzhan.com/analyst/detail/220/210223－14308168.html。

2013 年的 0.1ZB 增长到了 2020 年的 4.4ZB，这一数字是 2014 年手机所产生数据量的约 2 000 倍。[①]

此外，云计算（cloud computing）作为一种推动算力进步的新技术，成为除了芯片之外的另一种支撑算法和数据的"基础设施"，影响着人工智能和大数据技术的发展。虽然云计算技术并不像物联网和 4G 技术一般改变数据产生方式，但是却通过增强电子设备的计算能力（亦即算力）提高了其数据处理、存储和分析等能力。在云计算技术出现之前，人类逐渐面临单点式计算（即一台计算机独立完成全部的计算任务）算力不足的境况，因而已经尝试过网格计算（即把一个巨大的计算任务分解为很多的小型计算任务并交给不同的计算机完成）等分布式计算架构。云计算技术，正是分布式计算的一种新尝试，其本质是将大量的零散算力资源进行打包、汇聚，以此来实现更高可靠性、更高性能、更低成本的算力。2006 年 8 月 9 日，谷歌首席执行官埃里克·施密特在搜索引擎大会上首次提出"云计算"的概念；同年，零售业巨头亚马逊推出了首个云计算技术服务平台 AWS（Amazon Web Service）。[②] 作为全球首屈一指的在线零售商，亚马逊拥有的庞大用户群体使得它必须建设大量服务器以确保其数据中心即使在圣诞购物节这种流量高峰时段也能正常运转。不过，这也造成了亚马逊数据中心的算力资源在平时约有 90% 处于闲置状态。为了提高资源利用效率，亚马逊于 2006 年在其企业内部试行了云计算技术服务，将空闲算力资源提供给其他有需要的部门或用户，取得了相当不错的反响。于是，亚马逊于年底就推出了 AWS，将云计算技术服务开放给外部用户。这一举措引爆了云计算技术发展，也让云计算技术快速成为大数据最重要的实现工具之一。

云计算、物联网和 4G 等技术发展所形成的数据大爆炸给大数据技术的发展和应用提供了客观条件。面对海量数据资源，各国政府和企业已经不可能忽视挖掘数据价值、以数据驱动决策的强大潜能，由此纷纷开始制定大数据战略。作为走在 4G 网络建设和传感器技术开发最前沿的国家之一，美国对大数据资源的重要性早有认知，早在 2009 年就开始通过公共服务平台（data. gov）共享联邦政府所拥有的 40 万份原始数据和地理数据。到 2012 年，美国白宫科技政策办公室发布《大数据研究和发展计划》并成立"大数据高级指导小组"，斥资 2 亿美元正式组建由政府主导的大数据团队，以加强对大数据核心技术的研发投入，希望未来能够在应用层面实现以大数据分析预测社会经济发展、指导政府决策制定。2013 年 1 月至 2014 年 5 月，短短 17 个月间，美国连续发布包括《大数据：把握机遇，守护价值》白皮书在内的三项重要政府文件，目标直指更高水平的政府数据开放和大数据相关技术研发力度。美国政府在大数据领域的一系列动作迅速激起其余国家政府的跟进，其中英国以出色的"产官学（企业—政府—学术界）"

---

① 《物联网数据量呈现惊人的增长到 2020 年产生的数据量将达到 4.4ZB》，21IC 电子网，2020 年 6 月 13 日，https：//www. 21ic. com/article/783858. html。

② 详见《一文读懂云计算：发展历程、概念技术与现状分析》，知乎，2021 年 3 月 9 日，https：//zhuanlan. zhihu. com/p/355766317。

联合而表现突出。2011 年 11 月，英国政府发布了对公开数据进行研究的战略决策，建立了有"英国数据银行"之称的网站（data. gov. uk），希望通过完全公布政府数据，进一步支持和开发大数据技术在科技、商业、农业等领域的发展。此后 3 年内，英国政府先后注资超过 1.5 亿英镑，与牛津大学等高等学府和私人基金会合作成立了包括世界首个开放数据研究所（Open Data Institute，ODI）、首个综合运用大数据技术的医药卫生科研中心、图灵大数据研究院在内的多个大数据研究或应用中心。[①]

在政府大力推动大数据发展的同时，以互联网公司为主的企业端也在积极布局大数据。2013 年 6 月，美国中央情报局前雇员斯诺登曝光了美国国家安全局（NSA）制定的监控全球各国政要甚至普通民众并收集其信息的"棱镜计划"，而参与该计划的公司包含了谷歌、雅虎、脸书、微软等信息科技巨头。此事件一方面揭露了美国政府将大数据技术运用在政治斗争中的卑劣行径，另一方面也让人们再一次认识到上述几大美国科技公司在大数据应用上的实力。其中，谷歌作为大数据基础技术开发的"领军者"，高度重视大数据并不断优化基于大数据技术的搜索引擎功能。2010 年，谷歌相继发布了被视作其新一代搜索引擎平台核心技术的 Caffeine、Pregel 和 Dremel，再一次影响了全球大数据技术的发展浪潮。[②] 其中，Caffeine 是一种增量式处理索引系统，能够使得谷歌搜索引擎迅速地将其捕捉到的新链接添加到自身网站索引系统中，从而可提供比旧有系统多出 50% 的"新生"的搜索结果，大大提高了数据收集量。为了更好地支持大数据互动分析，Dremel 被设计用来辅助列存储数据库 Big Table 管理大数据集，Pregel 则能够更好地解决大规模图论计算问题、优化大数据处理能力。凭借新"三驾马车"，谷歌在此后数年间推出了第三代搜索引擎，这一代搜索引擎拥有鲜明的大数据特色——整合分析所有用户数据以改善用户搜索的信息质量。2012 年，谷歌搜索引擎开始搭载知识图谱（knowledge graph）功能，即在搜索引擎平台上查询一个关键词（例如地点或人名）时，网页右侧将会显示由知识图谱生成的小百科和其他用户在点击该关键词后通常会查看的链接。[③] 该功能实际上就是通过分析谷歌收集的海量用户搜索记录等数据，从而主动帮助用户寻找有价值的信息。与此同时，谷歌将这种大数据分析技术应用到广告服务中，通过追踪用户搜索行为、收集信息来改善广告的针对性。这种行为所涉及的信息采集过于广泛，甚至包括了低年龄学生用户，因此在 2014 年遭遇了来自美国消费者的集体诉讼。[④] 无论如何，谷歌在大数据技术上的突破和有效应用，无疑使之成了这一

① 杨学成、许紫媛：《从数据治理到数据共治——以英国开放数据研究所为案例的质性研究》，载于《管理评论》2020 年第 12 期。

② 《Google 后 Hadoop 时代的新"三驾马车"——Caffeine（搜索）、Pregel（图计算）、Dremel（查询）》，腾讯云开发者社区，2019 年 5 月 8 日，https：//cloud. tencent. com/developer/article/1422319。

③ 《Google 给了我们展示了下一代搜索引擎的样子》，知乎，2019 年 5 月 9 日，https：//zhuanlan. zhihu. com/p/65156937。

④ 《Google 的数据挖掘行为给他们引来了新官司》，云聚网，2014 年 3 月 14 日，https：//www. yunjuu. com/info/26552. html#。

时期大数据发展的企业典范。

　　这一时期，中国政府和互联网企业巨头们也在积极布局、制定战略规划，全力追赶大数据发展的国际潮流。2012 年，国家重点基础研究发展计划（973 计划）专家顾问组在前期项目部署的基础上，将大数据基础研究列为信息科学领域 4 个战略研究主题之一。同年 8 月，国务院在关于促进信息消费的政府文件中提出要构建大数据产业链，工业和信息化部（以下简称"工信部"）为此制定了大数据需求分析、行业标准研制和项目资金分拨等具体措施。2015 年 9 月，国务院发布《促进大数据发展行动纲要》，为全面推进我国大数据发展和应用制定了具体方案。这份文件是指导我国大数据发展的国家顶层设计和总体部署，中国的大数据产业强势增长正在酝酿之中。实际上，以百度和阿里巴巴为代表的国内互联网公司此时已经开始各显身手，纷纷推出创新性的大数据应用。自 2014 年 4 月 24 日起，百度正式宣布对外开放"大数据引擎"，包括开放云、数据工厂、百度大脑三大组件在内的核心大数据能力开放，通过大数据引擎向外界提供大数据存储、分析及挖掘的技术能力，并逐步在多个传统领域正式落地。2015 年，早期应用在阿里巴巴 B2B 市场上的数据工具"生意参谋"，整合了"量子恒道""数据魔方"的平台资源，升级成为面向阿里巴巴商家端的统一数据产品平台，专用于为淘宝卖家提供数据分析服务。总的来说，中国的大数据技术研发和商业化应用的发展脚步，紧跟着世界潮流。

　　（3）大规模应用期：大数据应用渗透到各行各业。

　　2016 年以后，大数据应用渗透到了各行各业，向电子商务、医疗、电信、能源和金融等几乎所有领域延伸。不过，在其中起到重要作用的，不仅仅是大数据本身的巨大商业价值，还在于人工智能发展与应用对大数据的需求拉动。也就是说，在这一时期，大数据与人工智能融合发展，促进了大数据的大规模应用。

　　在机器学习的过程中，通过大数据收集、整合与归纳而获得的数据集成为人工智能的训练材料；而在对于大数据分析的使用中，我们也能越来越多地看见人工智能的影子。因此，一方面，人工智能发展对大数据资源的需求增多必然推动大数据发展；另一方面，大数据通过融合、利用人工智能以实现大数据分析智能化，从而导致大数据更广泛的应用。就后者而言，谷歌和阿里巴巴堪称典范。其原因在于，搜索引擎和电子商务由于用户规模庞大、数据种类多样而拥有丰富的数据资源，在大数据应用上具有天然优势。

　　智能排序，作为搜索引擎中最为众所周知的功能，通过人工智能分析藉由大数据技术收集、处理而来的海量用户数据，从而为用户提供同他们的需求和兴趣相匹配的内容，很好地体现了这一时期下的大数据与人工智能融合应用。一直以来，谷歌的主要收入就是其搜索引擎中植入的个性化广告。2017 年，谷歌将公司发展战略从"移动优先"调整为"AI 优先"，利用人工智能技术代替过去传统经验分析和统计模型，有效提升了数据分析的效率与准确性，提高广告营销精准度。到 2020 年，搜索引擎为谷歌创造了

1 040 亿美元的营收，占到整个谷歌集团广告营收的 71%。① 同样早早开始布局大数据应用的还有作为电子商务巨擘的阿里巴巴。阿里巴巴旗下的"天猫"从 2012 年开始就在其每年的"双 11"购物狂欢节上，基于实时流计算、数据可视化等大数据技术实现大屏幕实时显示当前的成交金额以及其他数据信息。2012 年，同样属于阿里巴巴旗下的"淘宝"开始引入"千人千面"，即个性化搜索，其实质就是利用机器学习分析买家的浏览记录、购买记录等数据进行个性化推荐。2022 年，阿里巴巴将两大平台打通、融合，其数据合并和算法调整使得 AI 与大数据的融合发展更进一步。

除此之外，其他行业的大数据应用也在随着与人工智能的融合而迅速发展。例如在医疗健康行业，美国健康医疗大数据应用领先世界。② 早在 2016 年 12 月，美国顶级 AI 实验室 DeepMind 就与英国帝国理工学院医院合作，从后者获得了 100 万位患者的医疗数据，作为实现未来将英国医疗系统 NHS 数据化、智能化的尝试。此外，美国医疗大数据巨头 GNS Healthcare 从 2016 开始与制药公司、高校等进行合作，利用医疗保险数据来开展生物特征筛查、药物研发甚至是药品市场调查等业务。到 2019 年 7 月，这家诞生不到 20 年的公司仅在一轮融资中就获得了 2 300 万美元资金，可见医疗大数据发展之快。③

回顾新经济时期的大数据发展，其数据体量扩展、技术进步和商业化发展之快，令人瞠目结舌。时至今日，大数据已经可谓是真正地做到了渗透人类社会的方方面面。同时，其发展历程也再一次清楚地告诉我们，大数据的发展与物联网、人工智能脱不开关系。未来，随着物联网覆盖全球、人工智能实现更高层次的智能，大数据还将拥有更多数据资源和更强的数据处理能力。

5.1.3 人工智能

人工智能（Artificial Intelligence，AI），是研究、开发用于模拟、延伸和扩展人的智能的理论、方法、技术及应用系统，是计算机科学的一个分支。更通俗地说，人工智能是使得人造机器设备或计算机程序具有和人的智能相似的能力，即行为能力（计算、运动等）、感知能力（视觉、听觉等）和逻辑思维能力（理解、推理和思考）。④ 上述三项能力也对应了人工智能的三个层级，即运算智能、感知智能和认知智能。⑤ 由此也就引出了人工智能领域的主要研究方向，包括自主运算、语言识别、图像识别、自然语言处

① 《独揽全球数字广告近 30% 份额，拆解谷歌千亿美元广告业务》，界面新闻，2021 年 6 月 16 日，https://www.jiemian.com/article/6240599.html。
② 《DeepMind 与帝国理工学院医院合作，获得 100 万患者数据》，雷锋网，2016 年 12 月 27 日，https://www.leiphone.com/category/aihealth/YV294h3nrVsvN9ra.html。
③ 《医疗数据分析公司 GNS Healthcare 完成 2 300 万美元 D 轮融资》，健康一线网，2019 年 7 月 10 日，https://www.vodjk.com/news/190710/1587661.shtml。
④ 曾凌静、黄金凤：《人工智能与大数据导论》，电子科技大学出版社 2020 年版，第 7~9 页。
⑤ 《感知智能向认知智能转化？人工智能新动向》，人民网，2021 年 6 月 21 日，http://kpzg.people.com.cn/n1/2021/0621/c437610-32136200.html。

理和机器人等。如果说上述技术是人工智能的四肢或躯干，那么机器学习算法就是人工智能的血液，唯有通过算法才能使计算机理解问题、解决问题，从而表现出类人智能。因此，厘清人工智能发展与商业化的历程，必须将机器学习算法与各项具体的应用性技术结合起来进行梳理。

（1）人工智能"史前阶段"：学科诞生、早期应用与机器学习发展。

1956 年 8 月，人工智能之父麦卡锡和信息论之父香农等众多学者聚集在美国达特茅斯学院，探讨如何用机器来模仿人类学习，形成了人工智能的早期研究思路，标志着"人工智能"的正式诞生。达特茅斯会议持续了整整两个月，与会学者虽然没有达成太多的共识，却都肯定了人工智能的概念及其重要意义。达特茅斯会议之后，人工智能的相关基础理论有了实质性的发展，作为其早期应用的专家系统也逐渐开始兴起。

专家系统（Expert System，ES）诞生于 20 世纪 60 年代前。当时，以计算机技术的发展与人工智能的早期理论为基础，出现了一些智能计算机程序系统，这些程序可以运用已有的知识和逻辑推理来模拟回答一些通常需要由特定领域专家才能解决的复杂问题（如疾病诊断和采矿勘探），因而被命名为"专家系统"。1965 年，美国斯坦福大学的爱德华·费根鲍姆和诺贝尔生理学或医学奖得主莱德博格等人合作，结合化学领域的专门知识，开发、研制出了世界上第一个专家系统程序——DENDRAL 系统。该系统中保存着化学专家的知识和质谱仪的原理，可以根据给定的有机化合物的分子式和质谱图，从几千种可能的分子结构中挑选出一个正确的分子结构。20 世纪 70～80 年代，专家系统日趋成熟并得到广泛应用。1976 年，美国斯坦福大学的研究人员发布了可用于传染性血液病患诊断的医疗资讯系统 MYCIN。相比最早的 DENDRAL 系统，该系能够为生产生活活动提供实质性的帮助，因而被视作专家系统的一次进步。1980 年，美国卡耐基·梅隆大学为 DEC 公司制造了 XCON 专家系统。该系统在决策方面提供的帮助能够为 DEC 公司每年节约 4 000 万美元的费用。[①] 这成为专家系统的一次商业化成功典范。然而，随着 20 世纪 90 年代以后互联网的正式诞生与快速商业化，人们可以通过网上搜索获得以前只有专家才能掌握的知识，而不必付费向专家或专家系统咨询，专家系统由此迅速走向凋亡。

不过，人工智能的发展并没有因为专家系统的失败而逐渐凋零，更加重要、影响持续至今的技术突破不久之后就出现了。20 世纪 80 年代，人工神经网络（Artificial Neural Networks，ANNs）相关研究的逐渐复兴，将人工智能带回了大众的视野之中。1982 年，加州理工学院的生物物理学家约翰·霍普菲尔德发表在《美国科学院院刊》上的一篇论文，定义了一种完全对称的神经网络，并给出了对其网络稳定性的判断。霍普菲尔德的这一网络模型，既解决了网络中神经单元数量与储存模式数量之间的关系，又解

---

① 《人工智能概述——人工智能发展历程》，CSDN，2020 年 6 月 4 日，https：//blog. csdn. net/qq_41855990/article/details/106544075。

决了网络噪声与神经单元储存效率之间的关系，同时还具有统计力学和热力学的特性。最为重要的是，它还解决了险些扼杀人工智能发展的"明斯基问题"，因而引发了巨大反响，同时也重新引起了学界对神经网络的研究重视。在提出该网络模型两年后，霍普菲尔德又设计出了模拟该网络性质的电子线路，为模型的应用提供了成功的范例。随后，一大批学者在霍普菲尔德方法的基础上展开了进一步工作，形成了人工神经网络的研究热潮，人工智能发展由此走出了"寒冬时期"。

20 世纪 80 年代至今，建立在神经网络之上的人工智能则均以机器学习为主要发展方向和实现路径。机器学习（Machine Learning，ML）是人工智能和计算机科学的重要分支，是基于样本数据构建模型并利用模型在没有明确编程的情况下作出预测或决策的一类算法。事实上，机器学习的产生远早于人工智能。早在 17 世纪，贝叶斯、拉普拉斯关于最小二乘法的推导和马尔科夫链的研究，就已经构成了机器学习广泛使用的工具和基础。不过，由于机器学习高度符合人工智能的技术需求，因而在人工智能出现后立刻被视为其核心与主要应用手段。因此，要想深刻认识人工智能的技术特点和发展脉络，那么首先应当从三种基本的机器学习算法入手，即监督学习、无监督学习和强化学习。[1]

其一，监督学习使用人工标记的训练样本将已有知识应用于新数据，以预测未来事件。监督学习的主要算法类型包括 K—近邻算法、决策树、朴素贝叶斯、逻辑回归、感知机等。1936 年，英国数学家费希尔提出了最早的监督学习算法——线性判别分析。1958 年，美国认知心理学家罗森布拉特发明感知器算法，它被认为是人工神经网络的前身。20 世纪八九十年代，决策树和神经网络算法开始兴起，并且一度成为人工智能的主要算法。其二，无监督学习是基于统计的学习方法，通过对未知数据进行分析来发现数据隐藏特征。无监督学习的主要算法类型包括聚类和数据降维。1963 年，美国空军研究员沃德根据方差分析提出了最早的聚类算法——层次聚类算法。1995 年，美国辛辛那提大学教授程提出可用于计算机视觉和图像处理的均值漂移算法。其三，强化学习源于心理学中的行为主义理论，强调智能体在奖励或惩罚的环境刺激下如何做出能取得最大化预期利益的行动，也就是说，让智能体在环境中自我学习。强化学习的主要算法类型包括基于值的算法（value-based）和基于策略的算法（policy-based）。早在 1954 年，明斯基就提出了"强化学习"的概念和术语。真正意义上的强化学习算法首次出现，是 1988 年加拿大计算机科学家萨顿提出的时序差分学习，它不需要获知环境的全部信息就可以直接从实际经验来获取信息、实时更新决策。此后数十年，强化学习被监督学习的光芒所遮掩而发展缓慢，直到 2010 年以后，深度学习出现并与强化学习结合发展出深度强化学习算法，强化学习才由此迎来大发展时期。

进入 21 世纪后，监督学习、无监督学习和强化学习开始汇聚交叉，标志着机器学

---

① 王楠、王国强：《智能时代的算法发展》，载于《张江科技评论》2021 年第 5 期。

习算法与人工智能发展到更高水平的"集大成者"——深度学习（Deep Learning，DL）诞生。深度学习源于对人脑工作机制的研究，是一种模拟大脑神经网络结构对数据进行表征学习的方法。与非深度学习相比，深度学习更加类似于人类大脑的学习方式，能够分析更为复杂的问题和数据，也能够发掘数据集中未表现出来的隐藏变量。2006 年，神经网络之父杰弗里·辛顿开发出深度信念网络（Deep Belief Networks，DBN）。在DBN 中，辛顿采用逐层训练的方式解决了深层次神经网络的优化问题，并通过逐层训练为整个网络赋予了较好的初始权值，使得网络只要经过微调就可以达到最优解。深度信念网络可以被用于人工智能的三条主线中的任何一条，通过训练神经元间的权重，让整个神经网络按照最大概率来生成训练数据。为了突出这一新型机器学习算法，辛顿为多层神经网络相关的机器学习方法赋予了一个新名词——深度学习。进入新经济时期以后，深度学习的发展和应用真正开始大放异彩，其重要标志就是微软于 2011 年首次将深度学习应用在语音识别上并且取得极佳效果。此后，人工智能的绝大多数前沿研究，都是建立在深度学习基础之上的，包括 2016 年击败顶尖围棋职业棋手李世石而举世闻名的 AlphaGo。深度学习对人工智能的影响，以及人工智能在新经济时期以后对人类社会发展的影响，由此可见一斑。

总的来说，纵观人工智能的发展历程，在 21 世纪之前，监督学习、无监督学习和强化学习是人工智能发展的三条主线。在这一时期，人工智能还主要停留在以上述三条主线为研发方向的科研探索阶段。直到 1997 年，IBM 公司开发的国际象棋电脑"深蓝"（Deep Blue）战胜了国际象棋世界冠军卡斯帕罗夫，标志着人工智能已经能够实现作为其第一层级的运算智能，人工智能开始走向实用化。[①] 进入 21 世纪后，以 2006 年深度信念网络 DBN 被提出为诞生标志的深度学习，能够兼容监督学习、无监督学习和强化学习，并且更好地训练神经网络、模拟人类智能。从此，人工智能以深度学习为核心，真正迈向蓬勃发展时期。

（2）人工智能的蓬勃发展：突破感知智能与进军认知智能。

2010 年是人工智能发展的重要分水岭。自这一年之后，具有感知智能和认知智能的 AI 程序频频出现，打破了此前人工智能应用相对"沉寂"的局面。人工智能进入新经济时期的蓬勃发展阶段。在运算智能之后，人工智能需要克服的第二个难题是感知智能，即语音识别、图像识别等能力。2011 年，微软首次将深度学习应用在语音识别上，使得语音识别错误率降低了 20% ～ 30%，成为语音识别领域十多年来最大的突破性进展。[②] 基于深度学习的人工智能从此开始大放异彩，并稳步走向实际应用。2012 年，人工智能又在图像识别领域取得了惊人的进展。这一年，为了证明深度学习的潜力，神经网络之父、深度学习的提出者辛顿带领其课题组参加了著名的 ImageNet 图像识别大赛，

---

① 樊重俊：《人工智能基础与应用》，清华大学出版社 2020 年版，第 24 页。
② 陶建华：《深度神经网络与语音》，知乎，2018 年 8 月 27 日，https://zhuanlan.zhihu.com/p/43067536。

并采用基于卷积神经网络（Convolutional Neural Network，CNN）的深度学习模型 Alex-Net 在此次大赛中一举夺冠。AlexNet 首次采用 ReLU 激活函数，解决了此前机器学习面临的梯度消失问题，即由于激活函数的导数值小，随着程序不断计算梯度并更新权重，梯度变动将变得非常小以至于神经网络无法改善，从而导致的"机器学习不学习"问题。同年，由斯坦福大学教授吴恩达和世界顶尖计算机专家杰夫·迪恩共同主导的深度神经网络（Deep Neural Networks，DNN）也在图像识别领域取得了突破，在 ImageNet 评测中成功地把错误率从 26% 降低到了 15%。①

深度学习算法在各种相关赛事中的脱颖而出，引起了基于深度学习的人工智能开发热潮，推动了人工智能的产业化发展。时至今日，人工智能在感知智能上已经达到了和人类难分伯仲的高度，并且形成了众多商业化产品。2016 年，微软公司的对话式语音识别系统在行业标准 Switchboard 语音识别基准测试中实现了错误率低至 5.9% 的突破，这已经是与专业速记员持平而优于绝大多数人类的语音识别表现。② 2017 年，在测试机器图像识别能力的 ILSVRC 大赛中，获胜算法 SeNet 的错误率仅为 2.2%，基本达到了该方向的极限。③ 这些成熟的人工智能程序如今已经在翻译平台、图片搜索乃至智能监控系统中得到实际应用。谷歌、微软、脸书和百度等互联网公司推出的翻译软件和照片搜索功能早已是遍地开花。目下时兴的无人驾驶汽车，也多有赖于人工智能在图像识别上取得的一系列突破和应用。

在人工智能取得感知智能方面的巨大突破和商业化应用后，如何实现认知智能成为近年来人工智能发展的"风口浪尖"。实际上，早在新经济时期之初的 2011 年，IBM 开发的人工智能程序沃森就在自然语言处理技术上进行了开创性的尝试。沃森于当年参加了一档智力问答节目并战胜了两位人类冠军。沃森了不起的地方在于，它利于深度监督学习来学习词语、理解人类的自然语言。不过，沃森也只是停留在学习词汇、预测问答游戏的正确答案这一水平上，距离真正理解人类语言还相去甚远。其开发者大卫·费鲁奇博士就指出："沃森很可能在二年级阅读理解测试中不及格。"④ 显然，实现 AI 程序的认知智能还可谓前路漫漫。直到 2016 年，DeepMind 开发出的 AlphaGo 以 4∶1 的比分战胜了国际顶尖围棋高手李世石，在将人工智能发展带入一个新高度的同时，也让业界认识到了，深度强化学习（Deep Reinforcement Learning，DRL）很可能会是未来突破认知智能的"钥匙"。⑤ AlphaGo 在采用专家样本进行训练的同时，创新性地采用了深度强化学习，该算法实质

---

① 《深度学习发展史：技术科普分享》，知乎，2023 年 5 月 1 日，https：//zhuanlan. zhihu. com/p/574676511。
② 《微软对话语音识别技术达至人类专业水平，开启人工智能新征程》，微软，2016 年 10 月 19 日，https：//www. msra. cn/zh-cn/news/features/speech-recognition – 20161019。
③ 《ILSVRC – ImageNet 历年竞赛冠军》，CSDN，2020 年 8 月 9 日，https：//blog. csdn. net/zephyr_wang/ article/details/107892280。
④ 《IBM 沃森十年：AI 医疗，黄粱一梦》，科创中国网，2021 年 7 月 21 日，https：//www. kczg. org. cn/article/detail? id =5793266。
⑤ 唐振韬等：《深度强化学习进展：从 AlphaGo 到 AlphaGo Zero》，载于《控制理论与应用》2017 年第 12 期。

上就是结合深度学习的感知能力优势与强化学习的决策能力优势。[①] 2017 年，AlphaGo 的升级版 AlphaGo Zero 横空出世。相比前者，AlphaGo Zero 甚至不再需要采用专家样本进行训练，而是"从零开始""无师自通"。在与自身对弈练习了仅仅 3 天之后，AlphaGo Zero 就以 100：0 的战绩击败了 AlphaGo，这成为人工智能发展史上的新标杆。

但是，即使在认知智能层次取得了如此成就，深度强化学习在棋类运动或游戏之外的其他领域仍尚且无法产生实际应用效果，人工智能的实际应用还是以此前我们提到的具有强大感知智能的 AI 程序为主。2020 年 6 月，人工智能领域领军者之一的 Open AI 实验室发布了号称"史上最大、最强"的人工智能生成网络 GPT - 3，专攻人工智能领域的技术高地——文本生成。GPT - 3 能够学习大量文本以模仿人类熟练地使用词汇和语言，从而创作小说甚至是与人类对话历史话题。[②] 这一重大成果激励了整个人工智能领域，但是 GPT - 3 强大功能的背后也存在巨大缺陷。例如，GPT - 3 在回答常识问题和确定性文本生成的问题时表现超群，但是一旦问题变得稍显复杂，它就会呈现出一种"不懂装懂"的幼稚化倾向，甚至给出有悖人伦的暴论。这一问题至今困扰着人工智能领域的开发者们。即使是 Open AI 实验室于 2023 年重磅发布的最新一代人工智能 Chat GPT 和 GPT - 4，其已然能够在中国语文高考考试和律师资格考试等测试中取得得分率约 80% 的优异成绩，但是面对一些较为复杂的人伦道德问题或者陷阱性提问时，仍然无法避免上述问题的出现。

总的来说，回顾新经济时期以来的人工智能发展，人类已经在语音识别、图像识别等感知智能层面取得了巨大成就，并成功将之应用到翻译软件、无人驾驶汽车，甚至是在物联网中具有重要应用价值的智能监控系统当中。不过，要进入人工智能的下一阶段，即创造真正具有认知智能的 AI 程序并使之被商业化应用，改变现在"人工智能很多时候实际上是'人工愚蠢'"的境况，还有待未来新算法、新技术的迭代发展。[③]

5.1.4　区块链

区块链（block chain），自 2008 年左右随比特币一同诞生以来，其概念界定尚无统一定论，社会各界目前大多认为其是一种融合多种现有技术的、去中心化的新型分布式计算和存储范式，它利用块链式数据结构来验证与存储数据、利用分布式节点共识算法来生成和更新数据、利用密码学的技术保证数据传输和访问控制的安全、利用由自动化脚本代码组成的智能合约来编程和操作数据。[④] 从本质上讲，区块链就是一个共享数据库，存储于其中的数据或信息，具有"不可伪造""全程留痕""可以追溯""公开透明""集体维护"等特征，而基于这些特征，区块链技术奠定了坚实的"信任"基础，

① 刘知青、吴修竹：《解读 AlphaGo 背后的人工智能技术》，载于《控制理论与应用》2016 年第 12 期。
② 张民、李俊涛：《生成式预训练模型》，载于《中国科学基金》2021 年第 3 期。
③ 胡小玉：《人类如何应对人工愚蠢》，载于《中国社会科学报》2022 年第 2352 期。
④ 何蒲等：《区块链技术与应用前瞻综述》，载于《计算机科学》2017 年第 4 期。

创造了可靠的"合作"机制。①

按照目前区块链技术的发展脉络，区块链被分为以数字加密货币体系为主要应用场景的区块链 1.0 模式、以金融系统为主要应用场景的区块链 2.0 模式和以全社会为应用场景的区块链 3.0 模式，分别为比特币等加密货币、数字供应链金融等金融体系和工业等社会实体产业提供去中心化的信任机制。② 不过，上述三种模式在出现时间上存在先后顺序，在发展过程中却是交织并行的。直到今天，区块链 1.0 模式下的数字加密货币体系仍然远未成熟，即使是在技术层面上，要想实现其全球或区域货币一体化的构想，仍然非常困难与遥远；但与此同时，区块链 2.0 模式下由各银行机构和相关企业组成的金融联盟链已经得到了一定程度的发展，区块链 3.0 模式下的智慧城市区块链和工业区块链等应用场景也已初现端倪。

（1）区块链 1.0 模式：数字加密货币崛起。

认识区块链的发展历史，绕不开数字加密货币，更绕不开比特币。比特币作为一种典型的数字加密货币，是区块链最原始、本质的应用，也是迄今为止最为成功的应用。③ 因此，区块链 1.0 模式也被称为"比特币区块链"。

正如前文所述，区块链技术本身来自于多种现有技术的融合应用，其核心技术，如P2P、分布式存储、Hash 算法、非对称加密等，在 20 世纪 80 年代到 21 世纪得到了长足发展（见图 5-1），为区块链的诞生积累了技术基础。2008 年，以美国为首的各国进行货币超发引起了全球金融危机，各国银行业均受到重创，许多银行面临信任危机乃至破产危机。这又为区块链诞生埋下了现实需要的"种子"，即由于货币发行权掌握在国家手中，当政府出现错误的货币超发行为时，货币反而可能成为洗劫人民财富的工具，同时对银行等第三方机构的正常运行造成冲击并形成更大的经济灾难。在这一背景下，2008 年 10 月，一位自称中本聪（Satoshi Nakamoto）的人发表了一篇题为《比特币：一种点对点的电子现金模型》的论文。他在该文章中针对第三方平台的不透明、不可控、花费高等缺点，通过集成分布式储存等既有技术，构建了一个具有去中心化、不可增发、无限分割等特点的技术模型——"比特币"。

比特币本质上是由分布式网络系统生成的数字货币，其发行过程不依赖特定的中心化机构，而是依赖于分布式网络节点共同参与一种称为工作量证明（Proof of Work，PoW）的共识过程以完成比特币交易的验证与记录。PoW 共识过程（俗称"挖矿"）通常是各节点贡献自己的计算资源来竞争解决一个难度可动态调整的数学问题，如比特币通常采取的是 SHA256 难题，成功解决该数学问题的"矿工"将获得区块的记账权，并将当前时间段的所有比特币交易打包记入一个新的区块，按照时间顺序链接到比特币主

① 《〈咬文嚼字〉公布 2019 年十大流行语：硬核、996 等入选》，澎湃新闻，2019 年 12 月 2 日，https://www.thepaper.cn/newsDetail_forward_5119368。

② Swan M. Blockchain: Blueprint for a New Economy. USA: O'Reilly Media Inc., 2015.

③ 张亮等：《区块链技术综述》，载于《计算机工程》2019 年第 5 期。

链上。比特币系统同时会发行一定数量的比特币以奖励该矿工，并激励其他矿工继续贡献算力。比特币的流通过程依靠密码学方法保障安全。每一次比特币交易都会经过特殊算法处理和全体矿工验证后记入区块链，同时可以附带具有一定灵活性的脚本代码以实现可编程的自动化货币流通。由此，我们可以清楚地看到，比特币和区块链系统一般具备五个关键要素，分别为公共的区块链账本、分布式的点对点网络系统、去中心化的共识算法、奖励机制以及可编程的、用于实现自动交易的脚本代码。[①] 同时也可以发现，区块链技术利用分布式节点的验证和共识机制，解决了数字加密货币领域此前长期面对的双重支付问题和拜占庭将军问题[②]，从而在没有第三方中心机构的情况下建立了交易互信。

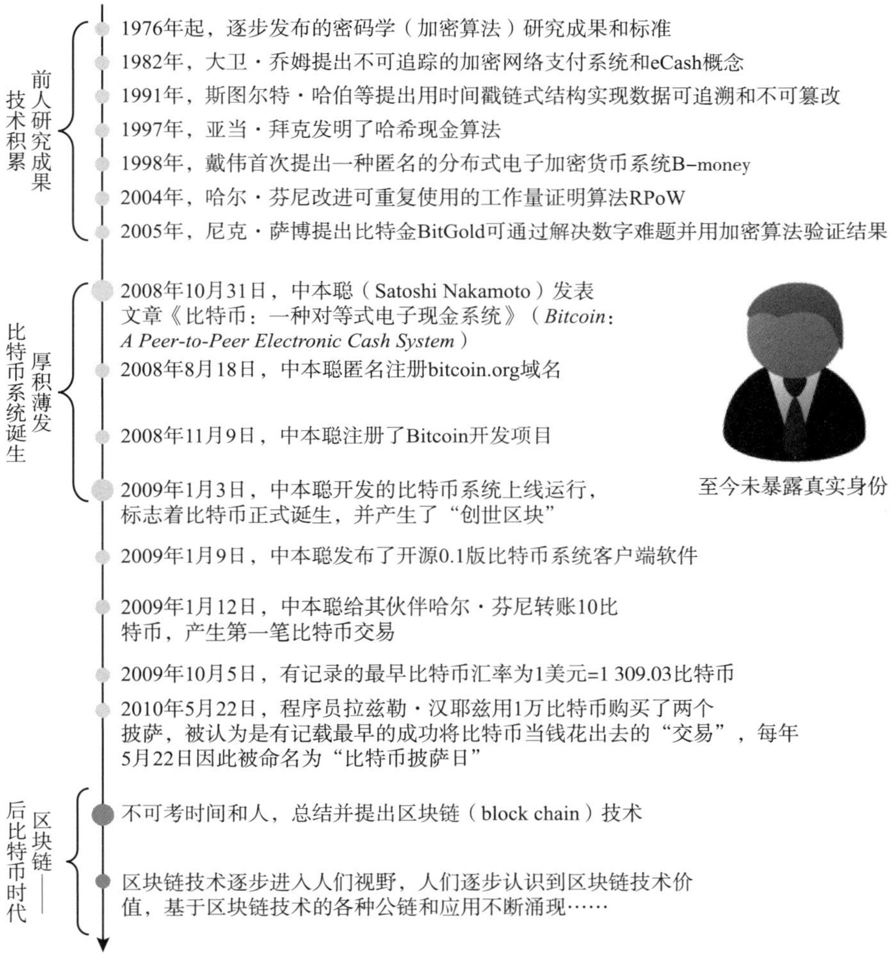

图 5-1　区块链技术发展的大致脉络

资料来源：凌力：《区块链导论》，同济大学出版社 2020 年版。

---

① 袁勇、王飞跃：《区块链技术发展现状与展望》，载于《自动化学报》2016 年第 4 期。

② 拜占庭将军问题（Byzantine failures），是由莱斯利·兰伯特提出的点对点通信中的基本问题。含义是在存在消息丢失的不可靠信道上试图通过消息传递的方式达到一致性是不可能的。

2009 年 1 月 3 日，中本聪开发出了首个真正实现比特币系统的客户端程序，并且进行了首次"挖矿"，产生了区块链技术中的第一个区块，即"创世区块"。这标志着比特币和区块链的正式诞生。此后两年时间内，比特币先后实现了系统开源、比特币交易和使用比特币购买实物。其中，2010 年 5 月 22 日，一位美国程序员用 10 000 个比特币购买了一份价值 25 美元的披萨，使得比特币首次具备了实际价值，由此引发轰动，也真正引起了社会各界对数字加密货币和区块链技术的关注。此后，基于区块链技术的数字加密货币迅速发展，其品种数量和总市值均呈现出膨胀式增长趋势。全球数字加密货币在 2016 年 2 月时共计有 675 种，截止到 2021 年 12 月底时，这一数字就已经增长到了 16 223 种，且仍在以每天新增约 20 种的速度进行扩张。① 全球数字加密货币总市值在 2022 年 1 月时一度达到约 22 502.54 亿美元，相当于当年居全球 GDP 排名第 8 位——加拿大的 GDP 值（约 22 004 亿美元）。即使在经历了俄乌冲突、美国联邦储备系统（简称"美联储"）多次加息和中心化交易所 FTX 崩盘等诸多事件的影响，其总市值大跌，截至 2023 年 1 月时仍有约 7 815.47 亿美元。② 而在竞争如此激烈的形势之下，得益于其先发优势和涵盖发行、流通和金融衍生市场的产业链，比特币在 2023 年 1 月时仍能占到加密货币总市值的 44.82%。③ 总之，发展至今，以比特币为代表的区块链 1.0 模式已然形成了一个巨大的加密货币生态圈和商业化市场。

（2）区块链 2.0 模式：智能合约的出现与进入金融体系。

区块链 1.0 模式造就了比特币这一区块链技术赋能的第一个"爆款级"应用，但是，无论是在技术水平还是应用范围上，它都远远还未达到区块链的发展上限。仍以比特币为例，比特币的脚本系统是非图灵完备的，其中不存在复杂循环和流控制，以此降低复杂性和不确定性、避免基于无限循环的安全性攻击，但这也造成了灵活性与可扩展性低下的缺陷，突出表现之一就是比特币系统的交易时间过长，每秒只能处理 7 笔交易。此外，区块链作为新一代底层基础技术，其应用范畴势必延伸到金融、政务管理和经济等领域中，尤其是与货币存在天然紧密联系的金融领域。因此，以金融系统为主要应用场景的区块链 2.0 模式应运而生，其发展开端则是 2013 年以太坊（Ethereum）区块链平台概念的提出。

2013 年 12 月，加拿大程序员维塔利克·布特灵发布了一份白皮书，描述了一个超越比特币等加密货币平台、专门为开发者构建任意去中心化应用而设计的替代性区块链平台，这个系统被命名为"以太坊"。在此之后，其他开发者纷纷加入这一行列中，使得以太坊在当下已经成长为全球最知名、最具影响力的开源性区块链平台之一。以太坊

---

① 前瞻产业研究院：《2023－2028 年中国数字货币行业市场前瞻与投资战略规划分析报告》，2022 年。
② 《2022－2023 全球加密货币市场年报：再出发》，凤凰网，2023 年 1 月 11 日，https：//finance. ifeng. com/c/8MVkJRt6dBX。
③ 《比特币 7 个月高位的主导让 BTC 盯上 2.5 万美元——以太坊会破坏涨势吗》，网易新闻，2023 年 1 月 30 日，https：//www. 163. com/dy/article/HSEODAM50553SZTD. html。

能够取得如此成功，主要原因是它对于开源性区块链开发平台的首倡和对区块链走向更广阔应用场景的推动作用，而其中的一个重要项目就是"智能合约"。智能合约，从狭义来看，是一种把人、法律协议和网络之间的复杂关系程序化的代码；从广义来看，则是一种执行合约条款的计算机协议，它一旦部署就能实现自我执行和自我验证。智能合约的实现，本质上是通过赋予对象（如资产、市场、系统、行为等）数字特性，即将对象程序化并部署在区块链上，成为全网共享的资源，再通过外部事件触发合约的自动生成与执行，进而改变区块链网络中数字对象的状态（如分配、转移）和数值。① 上述特性将使得采用智能合约的区块链在保证去中心化特点的同时，拥有相对更高的灵活性，例如以太坊系统能够每秒处理 30～40 笔交易。此外，智能合约所具有的确定性、实时性、自治性、可验证和去中心化等特点，使其在数字支付、金融资产处置、云计算、物联网和共享经济等方面有着广阔的应用前景，进而拓展了区块链技术在社会经济中的应用场景。② 总而言之，以太坊作为在智能合约等区块链技术开发与应用上的"先行者"，开启了区块链 2.0 模式甚至是 3.0 模式，包括 Hyperledger、Corda 在内的更多开源区块链项目在其后不断涌现，加入商业区块链的开发探索之中，而金融领域正是其最初的应用场景。③

2015 年 9 月，总部位于美国纽约的区块链创业公司 R3 CEV 发起了一个区块链联盟，并致力于将该联盟建设成为银行业内的统一区块链组织，以共同制定银行业区块链技术开发与应用标准。此后，包括花旗银行、汇丰银行、德意志银行等在内的数十家国际大型金融机构或监管部门陆续加入 R3 联盟。2016 年 4 月，R3 联盟发布了面向金融机构定制设计的分布式账本平台 Corda。Corda 作为一个为商业目的设计的区块链项目，不同于此前比特币等允许所有人参与的公有链，而是一个只纳入特定个人或组织的联盟链，它利用区块链技术规避传统金融系统信息不对称、信任成本高等风险，同时通过智能合约把复杂的金融业务抽象成一个由合约组成的、无法篡改的自动化网络，从而优化交易流程，且保障数据仅对交易双方及监管部门可见。此后，R3 联盟持续更新其区块链产品，例如以数字化信用文档为服务内容的 Voltron 项目，将过去纸质的信用验证程序转为数字化信用传输与验证方案，使得流程所需时长从 5～10 天减少到 24 小时以内。④ 在 R3 联盟锐意进取的同时，超级账本 Hyperledger、蚂蚁金服等区块链项目也在构建自己的区块链产品生态，并且无一不是首先从金融领域入手。

目前来看，区块链技术为解决金融领域的信任问题提供了底层支持技术，其拥有的高可靠性、简化流程、交易可追踪、节约成本、减少错误以及改善数据质量等特性，使

---

① 贺海武、延安、陈泽华：《基于区块链的智能合约技术与应用综述》，载于《计算机研究与发展》2018 年第 11 期。
② 欧阳丽炜等：《智能合约：架构及进展》，载于《自动化学报》2019 年第 3 期。
③ 邵奇峰等：《区块链技术：架构及进展》，载于《计算机学报》2018 年第 5 期。
④ 《2020 年全球联盟链平台一览》，知乎，2020 年 2 月 18 日，https：//zhuanlan.zhihu.com/p/107614511。

其有可能再次重塑全球金融业的基础框架，尤其是信用传递交换机制，极大提高了金融运行效率。[①] 因此，区块链在金融领域的数字货币、支付清算、证券交易等多个方面都得到了一定程度的应用，区块链 2.0 模式的发展可谓方兴未艾。但是，虽然智能合约和加密算法在内的相关技术相比 1.0 模式的发展早期得到了优化，区块链在技术上仍有许多问题，限制了其应用实践。例如，在智能合约编码的正确性和安全性问题上，就曾于 2016 年出现了由于智能合约的"递归调用漏洞"而致使约 1 200 万个以太币被非法转移，最终导致金额超过 1.5 亿美元、号称史上最大的众筹项目——"The DAO"项目失败的可怕后果。[②] 此外，共识算法的安全问题、公有链系统的隐私问题和区块链普遍面临的性能问题等，都还是区块链技术发展中尚未得到妥善解决的难题。这些问题也进一步导致了传统金融机构尚且不敢大规模地将原有业务迁移至区块链平台，各国政府也不敢过快推动具有法定货币属性的数字货币流通。

（3）区块链 3.0 模式：未来深度融入社会经济。

随着新技术和新经济的不断发展，社会经济的方方面面都正在走向数字化转型，新型社会交互方式同样要求新型的信任机制，这也就造就了区块链技术在社会经济全场景中的应用需求，也即所谓的区块链 3.0 模式。区块链 3.0 模式现在还主要停留在理念层面，其概念提出时间和首倡者也难以考究。目前，关于区块链 3.0 模式的研究主要集中在智慧城市、边缘计算和人工智能领域。

具体来说，区块链在智慧城市、边缘计算和人工智能领域的应用研究，根源在于对数据可靠性的需求。其一，智慧城市强调对城市居民与设施等各类数据的采集、分析与运用，数据可靠性、管理透明化、共享可激励等需求为智慧城市带来了许多技术挑战。其二，边缘计算是一种将计算、存储、网络资源从云平台迁移到网络边缘的分布式信息服务架构，试图将传统移动通信网、互联网和物联网等业务进行深度融合，减少业务交付的端到端时延，提升用户体验。但是，安全问题是边缘计算面临的一大技术挑战。一方面，边缘计算的层次结构中利用大量异构终端设备提供用户服务，这些设备可能产生恶意行为；另一方面，服务迁移过程中的数据完整性和真实性需要得到保障。[③] 其三，人工智能及其算法大多建立在体量庞大的数据集和中心化的训练模型之上，这意味着其在训练过程中可能受到数据篡改等恶意操作，造成 AI 程序的不可信和算力的浪费。如果进一步考虑到未来直接与物联网相结合的 AI 机器人，即直接从机械手臂等上游设备中采集数据并交由机械头脑分析的独立机器人，那么无法保证数据来源真实性与完整性，将导致难以想象的恶劣后果。显而易见，上述问题实质上均是数据可靠性问题。因此，区块链所具有的去中心化交互方式等特点，在避免单点故障、保障数据完整性与不

① 龚四相、秦航、王同喜：《区块链发展现状及其在金融领域的应用前景》，载于《科学技术创新》2020 年第 5 期。
② 马春光等：《区块链中的智能合约》，载于《信息网络安全》2018 年第 11 期。
③ 曾诗钦等：《区块链技术研究综述：原理、进展与应用》，载于《通信学报》2020 年第 1 期。

可篡改等方面都具有巨大优势，也就自然被学界视为可行的技术解决方案。近几年，学术界在利用区块链高效认证和管理用户标识、基于区块链的虚拟物联网资源迁移架构和基于区块链验证的机器学习框架等方面取得了一些研究成果，但是都基本停留在理论层面，远谈不上成熟和可实际应用。

总的来说，从 2008 年中本聪发表比特币论文以来，区块链已历经 15 年的发展历史，在这一过程中，区块链 1.0、2.0 和 3.0 模式相继被提出，并且交织发展，但区块链技术的应用发展并不平坦。时至今日，基础设施建设门槛较高、各种区块链产品互不兼容、技术本身尚不完全成熟和缺少适配的监管体系等问题，都还是制约区块链规模化、产业化、合规化发展进程的难题。不过，区块链作为新经济时代的"信任机器""可信数据共享工具"的理念也更加深入人心。"浏览器之父""硅谷预言家"马克·安德森指出："互联网是一个非受信的、无需许可的开放环境，这释放了巨大的创造潜力。但是，我们在互联网上开展经济活动的时候，却无法依赖于这样一个无法受信任的网络环境，因为信任是经济活动的基础。而互联网原生技术，无法提供与现实世界中一样值得信赖的经济机制。"① 在这种背景下，区块链技术作为一种信任科技，开创性地为互联网的经济活动提供了一种内置的、数字化的信任解决方案，注定具有广阔的发展和应用空间。实际上，区块链正在从技术、应用、产业等层面逐渐向更广领域、更深场景渗透，它将成为新经济体系的重要基石这一点已经广受认可。②

5.1.5 数字孪生

数字孪生（digital twin），又被称为数字镜像或数字映射，是以数字化方式创建物理实体的虚拟模型，它借助数据模拟物理实体在现实环境中的行为，通过虚实交互反馈、数据融合分析、决策迭代优化等手段，为物理实体增加或拓展新的能力。③ 数字孪生起源于 20 世纪 70 年代航空航天领域的先进应用需求，在经历了长达近四十年的基础技术准备与普及后，数字孪生这一概念才于 2011 年正式问世。进入新经济时期后，数字孪生与物联网、大数据、人工智能、区块链等其他新技术共同发展并逐步融合，在航空航天、军事以及发动机制造等高精尖工业领域率先应用。

（1）数字孪生的发展开端：技术起源与概念诞生。

数字孪生技术的发展最早可以追溯到 20 世纪 70 年代 NASA 的阿波罗计划。1970 年 4 月，距离地球约 33 万公里的阿波罗 13 号登月飞船在前往月球的航程中遭遇服务舱氧气罐爆炸事故，舱内的宇航员察觉到船体受损，却由于视角受限而无法得知发生了什么以及飞船受损程度如何。此时，NASA 地面站用于训练宇航员和指挥控制人员的模拟器

---

① 《中国信通院何宝宏所长首谈"用科技创造信任"》，网易新闻，2022 年 7 月 16 日，https://www.163.com/dy/article/HCD0E09B0511A641.html。
② 中国信通院：《区块链白皮书（2022 年）》，2023 年，第 30 页。
③ 李国琛：《数字孪生技术与应用》，湖南大学出版社 2020 年版，第 3~4 页。

144

起到了重要作用。这套模拟器可以通过一个超级计算机群组加上大量算法，"虚构"出除了机组人员、驾驶舱和指挥控制台之外的一切飞船设施情况。当时，NASA 利用宇航员们传回的通信数据调整模拟器环境参数，以模拟现实中受损航天器的实际情况，并以此为基础和宇航员们共同探讨、筛选并完善解决方案，最终成功把宇航员们带回了地球。

这次救援行动被普遍视为世界上第一例数字孪生应用，而那些模拟器及其计算机系统，再加上用于传输飞船数据的通信系统和获取到的通信数据流被认为构成了一套初步的数字孪生系统。从中已经可以看到数字孪生的三大组成要素，即物理空间（实体）、数字虚拟空间（计算机模拟体）以及两者之间的联结（数据传输系统）。与上述组成要素相对应的，数字孪生所需的底层技术也包括了三个方面，一是对物理空间中的设备、环境等进行建模、渲染和仿真的能力，二是在物理空间中基于物联网等技术采集、传输可信数据并基于大数据、AI 等进行分析的能力，三是连接物理空间和数字虚拟空间互动和反馈的能力。[1] 尽管后来社会各界对数字孪生概念的描述不断演变，对于数字孪生技术应当包含上述组成要素与技术结构却始终保持了共识。但是，作为数字孪生基础技术的计算机辅助设计（Computer Aided Design，CAD）、计算机辅助工程（Computer Aided Engineering，CAE）建模和仿真等软件以及工业级计算机机组等硬件，在当时才刚刚从研制阶段进入应用阶段，其成熟度不足和使用成本高昂，使得数字孪生仅仅在美国的航天发射任务和航空武器装备研制中得到了少量应用。仅仅是航空航天与军事领域的应用需求显然无法推动数字孪生进入快速发展阶段，这也使得学界和社会大众难以广泛接触和认识到数字孪生，数字孪生概念和技术体系因此迟迟未能产生。

直到进入 21 世纪，建模和仿真等技术彼时历经近四十年的持续发展和商业应用推广，已趋于成熟，并且进一步出现了仿真驱动设计、基于模型的系统工程（MBSE）等先进技术范式。[2] 数字孪生基础技术的相对成熟，终于引起了学术界对由计算机软件定义和制造的虚拟世界的关注和系统性思考。2002 年，美国密歇根大学的格里夫斯教授在产品全生命周期管理课程上提出了"与物理产品等价的虚拟数字化表达"的概念，即一个或一组特定设备的数字复制品，能够抽象表达真实设备，并能以此为基础进行真实条件或模拟条件下的测试。2011 年，格里夫斯教授引用了其合作者用于描述该概念的新名词——数字孪生，数字孪生概念正式诞生，并被沿用至今。次年，NASA 发布了《建模、仿真、信息技术和处理路线图》，在该路线图的仿真部分，数字孪生将被用于预测任务执行状况、仿真实际飞行情况、分析潜在的灾难性事件以及研究在设计阶段未考虑的任务参数修改的影响。在该路线图的引领下，数字孪生进入了大众视野，并且开始作为一种独立的集成技术走向快速发展的道路。

---

[1] 郭沙等：《数字孪生：数字经济的基础支撑》，中国财富出版社有限公司 2021 年版。
[2] 程光等：《工业工程与系统仿真》，冶金工业出版社 2007 年版，第 56 页。

（2）数字孪生兴起：从高精尖领域逐步走向更多领域。

进入新经济时期，数字孪生同以物联网为核心的其他新技术并行发展并逐步融合，从而步入发展快车道和更广阔的应用天地。2017～2019年，数字孪生连续三年入选全球顶级分析公司高德纳咨询公司发布的《十大战略技术趋势》分析报告，该系列报告清晰地指出了数字孪生的巨大潜力，及其与物联网之间的紧密联系。《2017年十大战略技术趋势》报告指出："在三年到五年内，数十亿计的物体将通过数字孪生来表达。数字孪生利用描述物理体的组成部分如何运行及其对环境如何响应的物理数据，以及物理世界中传感器提供的数据，来模拟和分析真实世界的情况，并对变化作出反应，以改进操作和增加价值。"《2018年十大战略技术趋势》报告指出："数字孪生是真实世界实体或系统的数字化表示。在物联网的语境中，数字孪生体与现实世界的物体相连接，并提供对应物的状态信息、响应变化，以改善运营并增加价值。到2020年，估计将有210亿个联网的传感器和终端，在不久的将来，数以十亿计的物体将拥有其对应的数字孪生体。"《2019年十大战略技术趋势》报告指出："当前数字孪生的重点是物联网，它可以基于相关维护和可靠性的信息、关于产品如何表现更高效的洞察以及有关新产品的数据等来为企业的优化提供决策支撑。"

显然，由于物联网技术处于数字孪生技术的连接环节，物联网传感器能够提供数字孪生的数字空间所需要的物理空间数据，因此，物联网传感器的功能愈发强大、成本逐渐降低和应用更加普及，为数字孪生技术在更多领域、更多应用场景落地提供了强大的助推引擎。[①] 其最典型的案例就是特斯拉电动车。

早在2010年前后，特斯拉公司就与NASA保持着关于数字孪生应用问题的交流，并开始招聘深入理解数字孪生相关规范的专家。[②] 2011年，特斯拉建立了能够赋予其超级工厂数字孪生制造能力的"设计工作室"（design studio）。作为数字孪生技术产业化应用的试水者，特斯拉成功的一大原因，是它针对汽车制造精度要求低于航天器和运行环境相对航天器更加简单的特点，对NASA的数字孪生进行"降维"使用，即降低仿真精度要求、简化相关流程。[③] 2016年，特斯拉发布的新款电动汽车Model 3，成为特斯拉应用其数字孪生和物联网技术的典型产品。作为一款当时成本最低且性能最强的纯电动汽车，Model 3是第一款达到"市场级"生产销售规模的纯电动汽车产品，被认为是"特斯拉至今最具战略意义的车型"，也因此在技术层面上得到了公司的极大支持。[④] 在设计环节，Model 3通过计算机建模来进行设计，拥有一个数字模型用于仿真，以及和

---

① 赵鹏等：《面向能源互联网数字孪生的电力物联网关键技术及展望》，载于《中国机电工程学报》2022年第2期。

② 《案例｜特斯拉利用数字孪生体获得领先地位》，工业4.0研究院，2020年2月3日，https：//www. innovation4. cn/toutiao/022220 - 0404861531/。

③ 《〈2020全球前沿科技热点研究〉发布，"数字孪生"助特斯拉成功》，雪球网，2021年2月8日，https：// xueqiu. com/S/TSLA/171283701。

④ 《一文读懂特斯拉：Model3和中国战略》，未来智库，2019年9月10日，https：//www. vzkoo. com/ read/ cb2235890bd3836b61711efdb88a4d58. html。

零部件供应商的交互等；在制造阶段，该模型将被转化为制造汽车的软件，由技术商 KUKA 为特斯拉提供全自动生产流水线，按照模型制造零件和组装成品，而每一辆车对应的数字孪生体将具备该辆车的颜色、选配件、零部件和生产流水线信息等全部数据；在售后阶段，嵌入汽车的传感器会跟着它的运行，记录其在何时充电、如何被使用、行程等数据，这些庞大的物联网数据使得特斯拉每天会增加数百万英里的行驶数据记录。通过上述涵盖设计、制造和售后使用等环节的数字孪生技术应用，特斯拉可以检测可能的故障并进行主动维护，甚至可以做到在车主没有察觉到 Model 3 存在使用问题之前就完成维护，以绝后患。① 可以说，特斯拉是在产品开发和制造中融合使用数字孪生技术与其他新技术的商业典范。

在此之后，数字孪生的商业化应用持续推进，其应用场景从早期的航天、军事和高端工业制造等高精尖领域逐渐扩展到建筑和城市等更多领域当中，例如 2019 年开始建设的 ACG 海上石油平台、2020 年出现的中国数字化换流站孪生无人值守系统，以及当下正在建设的新加坡、雄安新区等数字孪生城市。数字孪生技术的市场规模也因此"水涨船高"，从 2020 年仅为 31 亿美元，以 58% 的年复合增长率快速增长，预计到 2026 年时将达到 482 亿美元。②

但是，在快速发展的同时，数字孪生还面临着许多关键挑战。首先，由于数字孪生诞生至今才短短 12 年，却又涉及极其广泛的行业与新技术，这导致数字孪生领域既缺少系统的基础理论学科的研究，又缺少统一有效的国际化行业标准。直到 2019 年 5 月，联合信息技术委员会（ISO/IEC JTC 1）第 34 届全会才采纳中美等国的建议，成立数字孪生咨询组 AG11；到 11 月时，该咨询组才开始围绕数字孪生关键技术、参考模型、经典案例等进行各国代表交流工作，并逐渐确定概念、术语等。其次，由于数字孪生涉及产品的全生命周期，其应用落地需要产品设计、生产和使用等各个环节的参与，任何环节缺少都会导致数据不完整而影响数字孪生体对其物理实体的真实反映，进而干扰最终的分析和决策制定。③ 这就意味着，采用数字孪生技术需要构建一整套产业协同体系，其难度之大，几乎将世界上绝大多数公司和国家都"拒之门外"。最后，如何利用区块链技术保证数据安全、如何进一步发展仿真等软件技术，一系列有待破解的技术难题同样制约了数字孪生技术的产业化发展。总而言之，回顾数字孪生的发展历程，它作为一种跨学科、跨领域、跨技术的集大成的新技术，虽然经过十数年的发展，从航空航天、军事以及高端工业制造等高精尖领域逐步走向更多领域的应用，但是仍面临诸多问题，距离真正惠及全行业、全人类可谓"前路漫漫"。

---

① 《特斯拉 Model 3 编年史：一个时代的开始、一个时代的结束》，IT168 网，2017 年 7 月 30 日，https://auto.it168.com/a2017/0730/3157/000003157509.shtml.
② 《2023 年中国数字孪生行业研究报告》，艾瑞咨询，2023 年 4 月 19 日，https://www.36kr.com/p/2221519061467271.
③ 陶飞等：《数字孪生十问：分析与思考》，载于《计算机集成制造系统》2020 年第 1 期。

5.2 农业数字化：智慧农业

农业数字化这一概念最早出现于 1997 年。主要是指将遥感、地理信息系统、全球定位系统、计算机技术等数字技术与农学、生态学、土壤学等基础学科有机地结合，实现对农作物、土壤从宏观到微观的实时监测，以达到合理利用农业资源、降低生产成本、改善生态环境、提高农作物产品和质量的目标。随着新技术的更新迭代与广泛应用，农业数字化水平愈发先进。在此基础上，现代农业衍生出了一个理念性的发展方向和模式，即智慧农业。智慧农业是以信息、知识与装备为核心要素的现代农业生产方式，集成应用计算机与网络技术、物联网技术、无线通信技术及专家智慧与知识，实现农业可视化远程诊断、远程控制、灾变预警等智能管理。①

智慧农业是现代农业的最高阶段，其中现代信息技术的应用不仅仅体现在农业生产环节，也渗透到农业经营、管理及服务等农业产业链的各个环节。智慧农业是农业产业数字化的具体形态，是整个农业产业链的智能化。农业生产与经营活动的全过程都将由信息流把控，形成高度融合、产业化和低成本化的新农业形态（见图 5 – 2）。② 根据国

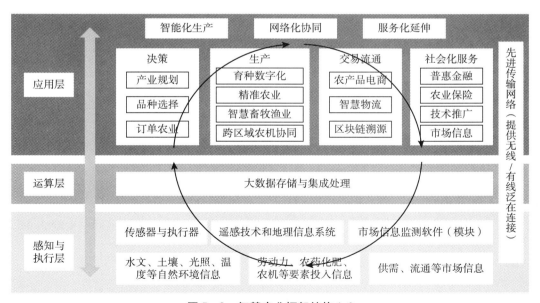

图 5 – 2 智慧农业框架结构 1.0

资料来源：中国信息通信研究院：《中国智慧农业发展研究报告（2021 年）》，2021 年，第 2 页。

---

① 周承波、侯传本、左振朋：《物联网智慧农业》，济南出版社 2020 年版，第 4 ~ 6 页。
② 李道亮：《智慧农业：中国的机遇和挑战》，载于《高科技与产业化》2015 年第 5 期。

际咨询机构 Research and Markets 分析，2019 年全球智慧农业市值 167 亿美元，2027 年将达到 292 亿美元，2021～2027 年全球智慧农业市值的年复合增长率将达到 9.7%。[①]

5.2.1 农业数字化政策

发展数字化农业，政策先行（见表 5 - 1）。欧洲国家非常重视智慧农业的布局与发展。2009 年，欧盟第七期研究架构计划 RFID 和物联网研究项目发布了《物联网策略研究路线图》（Internet of Things Strategic Research Roadmap）研究报告，将物联网部署在智能农业等 18 个重点领域的应用。2011 年，中国科学技术部设立了"农村与农业信息化科技发展"重点专项，部署农业物联网技术、数字农业技术、农业精准作业技术等 7 项数字农业技术相关的重点任务。2013 年，英国政府启动"农业技术战略"，该战略高度重视利用大数据等新技术提升农业生产效率。参与该战略制定的爱丁堡大学教授科林·亚当姆斯认为，大数据将是未来提升农作物产量、畜牧业产量的关键。同年，澳大利亚发布了国家大数据战略，积极用大数据的理念和方式开展农业信息的采集、挖掘和利用，不断提高农业信息化程度。1966～2014 年，美国先后出台了 6 项与农业信息化相关的法律法规和发展计划，为智慧农业发展提供了良好的政策环境。

表 5 - 1　　　　　　　　世界主要国家发展智慧农业的部分关键政策

年份	国家/地区	政策文件/内容	目的
2022	中国	关于印发"十四五"推进农业农村现代化规划的通知	推动物联网、大数据、人工智能、区块链等新信息技术与农业生产经营深度融合
2019	欧盟	"欧洲农业和农村地区智能与可持续的数字未来"宣言	制定了涉及新基础设施和平台建设、数据汇集与共享机制的智慧农业支持政策
2018	美国	面向 2030 年的食品和农业科学突破	突出了农业领域传感器、数据科学、人工智能、区块链等技术发展
2017	中国	农业部正式设立"数字农业"专项	加快中国农业现代化、数字化发展进程
2017	欧洲	欧洲农机工业学会提出了"农业 4.0"计划	强调智慧农业是未来欧洲农业发展的方向
2015	中国	农业部关于推进农业农村大数据发展的实施意见	为"农业 + 大数据"的发展应用指明了方向、重难点
2015	日本	"基于智能机械 + 智能 IT 的下一代农林水产业创造技术"项目	着力研究信息化技术与智能化装备
2013	英国	农业技术战略	利用"大数据"和信息技术提升农业生产效率
2011	中国	"农村与农业信息化科技发展"重点专项	部署农业物联网技术、数字农业技术、农业精准作业技术等 7 项数字农业技术相关的重点任务

---

① Research and Markets. Smart agriculture market by type, and component: Global opportunity analysis and industry forecase. 2021—2027. (2020 - 09 - 10).

2015 年，德国在工业 4.0 的基础上提出农业 4.0，通过政策和资金的大力支持和引导，使其农业农村在工业化、城市化进程中得到了同步发展。同年，日本启动了"基于智能机械+智能 IT 的下一代农林水产业创造技术"项目，核心内容是"信息化技术+智能化装备"。① 2015 年，中国《农业部关于推进农业农村大数据发展的实施意见》发布，国家为"农业+大数据"的发展应用指明了方向、重难点。2017 年，欧洲农机工业学会提出了"农业 4.0"计划，强调智慧农业是未来欧洲农业发展的方向。2017 年，中国农业部正式设立"数字农业"专项，加快我国农业现代化、数字化发展进程。2018 年，美国科学院、美国工程院和美国医学科学院联合发布《面向 2030 年的食品和农业科学突破》报告，重点突出了传感器、数据科学、人工智能、区块链等技术发展方向。② 2019 年 4 月 9 日，欧盟 24 个成员国与英国签署了关于"欧洲农业和农村地区智能与可持续的数字未来"的宣言，并制定了涉及新基础设施和平台建设、数据汇集与共享机制的智慧农业支持政策。欧盟在实施 2014～2020 年共同农业政策时，依托共同农业政策的第二支柱（欧盟农业农村发展基金），并协同"地平线 2020"计划资助了不同作物智慧农业技术的开发。2022 年，中国国务院发布了《关于印发"十四五"推进农业农村现代化规划的通知》，提出建立和推广应用农业农村大数据体系，推动物联网、大数据、人工智能、区块链等新一代信息技术与农业生产经营深度融合。

5.2.2 农业生产数字化

政策规划昭示了农业发展的风向标：数字农业将成为农业发展的主流趋势。随着信息社会高速发展，数字技术与农业的交叉融合不断深入，农业数字化水平的提升主要体现在数字技术在农业产业链前端——生产环节的应用。本部分重点从育种播种、植保、收割三个环节梳理农业生产的数字化发展脉络。

种子是农业的"芯片"，是农业中最重要的生产资料。传统育种主要依靠育种人员的经验选种，通常需要 8～10 年的培育周期。目前，世界种业正迎来以基因编辑、人工智能等技术融合发展为标志的新一轮科技革命，种业强国已进入"常规育种+生物技术+信息技术+人工智能"的育种 4.0 时代。2018 年 6 月，德国拜耳集团宣布完成对美国孟山都集团的收购，一跃成为全球种子行业"领头羊"。此后，拜耳集团开始加大在数字化农业领域的投入和研发，包括通过搭建农业信息平台、发展智能农机设备和利用新技术为种植者提供全方位服务等，力争推动种子业务与农化业务等深度整合。2021 年，阿里巴巴达摩院和中国农业科学院农业发展基金会达成合作，共同推动建立智慧育种公共服务平台。预计 2024～2026 年内，生物技术、信息技术与智能技术深度融合的种业自主创新模式，将为中国培育作物新品种提供重要技术支撑。为解决育种工作中的难

---

① 赵春江：《智慧农业的发展现状与未来展望》，载于《华南农业大学学报》2021 年第 42 期。
② 宋超、孙胜凯等：《世界主要国家工程科技重大计划与前沿问题综述》，载于《中国工程科学》2017 年第 19 期。

题，托普云农利用图像识别等人工智能技术，开发了包括智能考种系统、根系分析系统、智能叶面积测量仪等在内的一系列检测设备，使育种工作更便捷化、智能化、高效化。在畜牧业中，数字化育种则是指以信息化的方式管理种源，通过对祖代、父代、种源的数据收集、对比分析，优化和培育出优良品种。例如，在种猪育种体系中，种猪性能测定、分子育种、计算机应用、AI 养殖等技术不断进步，在遗传评估和育种方案制定过程中利用育种系统管理海量数据，实现智慧化育种。

数字技术在农产品生长过程中的运用越来越普遍、融合应用程度不断深化。其中，美国农业对智能装备技术应用的重视，使得其农业信息化、智能化建设走在世界前列。截至 2015 年，美国有超过 83% 的农场采用精准农业技术，82% 以上的农场使用了 GPS 自动导航技术，74% 以上的农业装备使用了 GPS 辅助导航技术，其玉米、小麦主产区内 39% 的生产者采用了人工智能技术，而大型农场人工智能设备和技术普及率更是高达 80%。据《中国数字乡村发展报告（2020）》估算，美国在全球数字农业市场的市场规模占比为 31%，位列第一。[①] 此外，中日两国作为农业强国，在农业数字化建设方面同样取得了一些明显成效。日本于 21 世纪初开始重点发展"大数据 + 农业""物联网 + 农业"等革命性技术，利用信息化技术打造新型农业生态模型，各种类型的物联网传感器将大量的劳动力从土地中解放出来，不仅实现了化肥、能源的高效利用，而且也保障了农业产量的稳步提升。而中国农业部自 2013 年开始，在天津、上海、安徽三省市率先开展了物联网区域试验工程，在采集农业实时数据和物联网应用方面进行了探索，其他省市也开展了农业物联网的相关研究和应用试点探索。例如，北京市将农业物联网应用在用水管理、环境调控等环节，获得了良好的经济效益；浙江省开展设施花卉的物联网应用，各项环境指标通过传感器无线传输到微电脑中，实现了花卉种植全过程自动监测、传输控制。[②] 目前，我国植保无人飞机保有量 2 万台，作业面积超过 3 亿亩次，均为世界第一。[③]

农作物收割作为农业生产的末端和农产品销售的前端，其数字化程度高低直接影响农产品流通效率的高低，直接关系到农业生产经营者的经济利益。因此，收割环节的数字化转型同样至关重要，而德国、美国和中国在此方面根据各自技术禀赋和农业特征发展出了不同的应用场景。2016 年，德国农牧业机械和农用车辆制造商 CLAAS 公司与德国电信股份公司开展合作，借助"工业 4.0 技术"，利用传感器技术加强机器之间的交流，使用 4G 技术、云安全技术和大数据分析技术，实现收获过程的全面自动化与信息化，引领精准农业尖端科技发展。美国根据其农业生产集约化程度较高和农业用地多为大平原等特征，大力发展集约化、自动化、智能化的温室产业。其全自动化的智能温室

① 农业农村信息化专家咨询委员会：《中国数字乡村发展报告（2020 年）》，2020 年，第 4 页。
② 李奇峰等：《我国农业物联网应用情况、存在问题及发展思路》，载于《农业经济》2014 年第 4 期。
③ 《传统农业数字突围》，新华网，2021 年 9 月 6 日，http：//lw.news.cn/2021 – 09/06/c_1310170582.htm。

能够自动调节光照系统、灌溉系统等，同时能够实现机械化采摘，有效提高农作物生长环境的可控性和农作物的生产效益。2021年，中国红卫农场有限公司水田智慧农业先行试验示范区的3台无人驾驶智能履带式全喂入收割机一次性完成水稻收获、粉碎秸秆还田、稻谷装车。基于北斗导航的小麦无人播种施肥一体机，在旋耕灭茬开沟的同时，可基于栽培处方图实现小麦精确变量播种、施肥等作业，真正将农机、农艺与信息技术相互融合。

5.2.3 农业管理数字化

仅仅依靠生产环节数字化的智慧农业显然是不全面的，包含农产品经营管理的全过程数字化才是智慧农业的完整形态。具体而言，农业管理数字化包括信息平台、农产品电商和农产品仓储与物流等内容。

信息平台是农业管理数字化的载体，能够为农业生产者提供科学、可靠、充分的农业信息资源，使农民及时、准确了解市场信息，克服生产过程中的盲目性和滞后性，降低市场风险，增加农产品价值交换的机会。在这一点上，美国、中国和欧盟的信息平台建设具有典型性。2011年，智慧农业公司Farm Logs成立于美国硅谷。这是一家基于云平台并利用大数据技术监控农作物生长的平台公司，主要依靠移动互联网收集农业生产和管理数据（如耕种、施肥、浇水、种植、喷洒、收割数据和外接的土壤数据、气象数据），并将之实时呈现在客户端上，增强农场数据的可视化管理水平。农场主可以通过桌面Web界面及移动端App来管理农场，目前Farm Logs覆盖了全美15%的农场。此外，美国还利用计算机技术开发了大量农业基础及应用型数据库及网络，例如农业计算机网络系统（AGNET）、美国农业部国家农业数据库（AGRICOLA）。其中，世界上最大的农业计算机网络系统AGNET覆盖了全美46个州、加拿大的6个省和美加以外的7个国家，连通美国农业部、15个州的农业署、36所大学和大量的农业企业。此外，美国农产品流通环节较早采用了电子商务技术，构建了从生产者到消费者的直销渠道。2013年，美国农场使用数字用户专线（DSL）的比例为6.0%，信息化水平达89.6%。[1]同年3月16日，中国农业部开始在全国范围内启动"12316信息惠农家"活动。基于互联网技术的"12316中国农业信息网"中央农业信息平台有针对性地为农业用户提供满足个性化需求的信息资源，各地也有众多地方平台加入，形成了初具规模的农业公共服务平台。欧盟在农业信息数据平台建设上也进行了大刀阔斧的创新。[2] 2014年，欧盟推出"SmartAgriFood2"项目，广泛征集规模化种植、园艺、畜牧业等方面的建议，并提供不同成员国的农业数据，加以资金支持，通过欧盟FIWARE开源平台，将其他第三方平台的组件集成，以加速智慧农业解决方案的开发。

---

① 佚名：《国外农业机械产业科技发展分析》，载于《中国农村科技》2022年第3期。
② 张哲：《美国农产品电子商务发展及对我国的启示》，载于《中国商贸》2014年第9期。

农产品电商有效缓解了小农户与大市场之间的矛盾。传统农业借助电子商务迅速向现代化农业转型升级，农村居民消费的多样性、便利性和安全性不断提升。以英国为例，在农户的推广使用上，农场的网络普及率已经实现了100%。在农产品业务推广方面，电子商务技术与应用的发展也做出了巨大贡献，有效提高了农产品电商业务覆盖率。美国的农业流通较早地采用了电子商务技术，农业流通模式不断创新升级。为提升产品安全溯源及定价能力，农产品电商与农资电商均构建了从生产者到消费者的网上直销渠道。2014年，随着电商的广泛普及，B2C、C2C、C2B、O2O等各种电商模式被应用于农产品电商；同时，新一代互联网、物联网、大数据、云计算、区块链等新技术被引入农产品电商。这一时期，农产品电商受资本青睐，融资和兼并重组频发，农村电商成为活跃城乡市场的重要渠道，这一点在乡村地域广阔和电子商务发展惊人的中国表现得更加明显。《2021全国县域数字农业农村发展水平评价报告》显示，2020年全国县域农产品网络零售额为7 520.5亿元，占农产品销售总额的13.8%，比上年增长了3.8个百分点。我国农产品物流总额2012年达到1.77万亿元，同比增长4.5%，农产品物流初具规模。2020年，我国电商物流农村业务量指数保持增长态势，全年均高于电商物流指数。农村电商促进了农产品上行和工业品下乡，开辟出了一条方便、快捷，促进城乡商品"双向流通"的重要渠道。

农产品线上销售异军突起，既带动了农产品电子商务快速发展，也推动了农产品仓储与物流需求不断增长。欧、美、日等发达国家的生鲜农产品物流配送发展较早，信息化水平较高。其中，以美国的"直销＋先进的信息化建设"、欧盟的"公益性批发市场＋产加销一体化＋冷链物流"、日本的"批发市场＋拍卖"最具代表性。发达国家纷纷将物联网技术应用在生鲜农产品配送中，大大改善了生鲜农产品配送现状，提高了生鲜农产品配送效率。此外，射频识别技术是目前主流的农产品配送过程自动识别技术，该技术在生鲜农产品配送管理中的应用极大地提高了生鲜农产品配送管理中数据与信息采集的准确性和效率。近年来，我国物流总额持续上升，人工智能、物联网等新技术在物流行业得到较多应用，农产品智慧物流在我国正处于起步阶段，未来发展空间广阔。据国家统计局数据，2017年我国农产品冷链物流总额达到了4万亿元，冷链物流总收入达到2 400亿元。[①] 许多食品公司也开始有针对性地研发物流系统，以此提高配送效率。例如，浙江青莲食品股份有限公司自主成立了物流系统，基于大数据分析构建科学高效的冷链运输体系，对配送路线进行规划，实现精细化配送，同时配备专业车队、标准化预冷间、智能温控系统等。在智慧仓储方面，无人仓等高技术物流设备，物流天眼、语音助手等手段在农产品智慧物流中得到逐步应用。

农业数字化的代际演进一直在发展之中。在农业4.0的基础之上，学界已经开始注意"智能农业"的发展趋势。农业4.0的内核是"智慧农业"，"智能农业"是"智慧

---

① 杨佳芝：《浅析我国农产品冷链物流的现状及发展趋势》，载于《时代金融》2015年第18期。

农业"的更高级形态，需要数字技术在农业领域具有更为突破性的应用。主要区别在于"智能农业"强调了在相对可控的环境和条件下的农业生产产业化、智能化。虽然尚未有学者提出农业 5.0 的概念，但是"智能农业"极有可能成为农业 5.0 的核心内容。

5.3　工业数字化：智能制造

　　智能制造是一种由智能机器和人类专家共同组成的人机一体化智能系统，在制造过程中能实施分析、推理、判断、构思和决策等智能活动。通过人与智能机器的合作共事，扩大、延伸和部分取代人类专家在制造过程中的脑力劳动。在 2013 年汉诺威工业博览会上，德国正式推出了"工业 4.0"战略，并发表了《保障德国制造业的未来——关于实施工业 4.0 战略的建议》，标志着制造业正式从网络化向智能化转变，掀起了全球智能制造发展的浪潮。[①] 发展智能制造，需要制定合适的数字化政策，并系统化推进和实现工业企业在生产与管理两大环节中的智能化。

5.3.1　工业数字化政策

　　智能制造是全球制造业变革的重要方向。为了抢占智能制造高地，世界各主要经济体制定了工业数字化支持战略，尤以德国、美国、中国、日本四国为典型代表。

　　（1）德国工业 4.0 战略。

　　德国作为传统工业强国，拥有强大的机械和装备制造业、健全的工业体系、产品供应链体系和众多龙头企业。但随着经济全球化的不断推进，德国传统产业竞争优势面临严峻挑战，诸如劳动力成本攀升、传统行业转型缓慢、中小企业创新活力弱等。为了保持制造业的国际竞争力，德国把发展战略及其目标转向了高精尖制造业（见表 5-2）。2011 年，德国首次提出"工业 4.0"概念，之后迅速影响了世界各国的产业发展战略。"工业 4.0"强调将信息技术和制造技术相融合，建立一种高度灵活、柔性化的产品生产与服务模式。为了推动"工业 4.0"从概念到落地，德国陆续出台了相关规划和战略。德国国家工程院发布了《智能服务世界 2025》，聚焦"工业 4.0"制造的智能服务全价值链，阐述了发展重点并提出发展建议。德国联邦教育和研究部发起《工业 4.0：从科研到企业落地计划》，帮助中小企业解决数字化转型中的各种生产经营问题。2019 年，德国又发布了《国家工业战略 2030》，旨在深化"工业 4.0"战略，推动德国工业全方位升级。

[①]　王媛媛、张华荣：《全球智能制造业发展现状及中国对策》，载于《东南学术》2016 年第 6 期。

表 5 - 2   德国发展智能制造的主要战略

时间	政策文件	政策内容	政策目标
2019 年 11 月	《德国工业战略 2030》	改善工业基地的框架条件、加强新技术研发和调动私人资本	在全球范围内维护德国工业的技术主权，推进数字化进程
2018 年 11 月	《德国人工智能发展战略》	将德国和欧洲打造成人工智能的领先基地，实现负责任、以共同福祉为导向的人工智能开发和利用	以推动德国在人工智能领域的研发、技术应用及产业政策
2016 年 11 月	《数字化战略 2025》	加强数字技能、基础设施及设备、创新和数字化转型、人才培养等建设	将德国建成最现代化的工业化国家
2014 年 8 月	《数字议程（2014 - 2017）》	加强网络普及、网络安全以及数字经济的发展	将德国打造成数字强国

（2）美国先进制造战略。

20 世纪 70 年代至今，在全球化浪潮冲击下，美国制造业外流导致的制造业空心化现象日益严重，研发和制造能力持续下降，高端制造业领先优势逐步丧失。2008 年金融危机后，美国开始推行"再工业化"策略，重新发展以制造业为主体的实体经济，引导制造业回流本国，并更加注重科研设计与知识产权。为了重塑国家竞争优势和获得新一轮技术革命主导权，2011 年，美国宣布实施"先进制造联盟计划"，并在报告《实现 21 世纪智能制造》中，明确提出利用数字信息技术来改造现代化工厂，改善供应网络各个层面的制造业务，以此提高制造业的效率和竞争力。2013 年，美国发布了《国家制造业创新网络初步设计》，投资 10 亿美元组建美国制造业创新网络。2018 年，美国又发布《美国先进制造领导力战略》，明确未来优先发展方向为智能与数字制造、先进工艺机器人、人工智能基础设施、制造业网络安全，并提出了强化中小型制造商在先进制造业中的作用、鼓励制造业创新的生态系统、加强国防制造业基础以及加强农村社区先进制造业等行动目标。美国有关智能制造的主要政策如表 5 - 3 所示。

表 5 - 3   美国发展智能制造的主要政策

时间	政策文件	政策内容	政策目标
2022 年 10 月	《先进制造业国家战略》	优先考虑机器学习、数据访问、保密性、加密和风险评估方面的研发	引领智能制造的未来
2018 年 10 月	《美国先进制造领导力战略》	对美国影响先进制造业创新和竞争力的因素进行梳理	开发世界领先的材料和加工技术，抓住智能制造未来

时间	政策文件	政策内容	政策目标
2014 年 12 月	《振兴美国制造业和创新法案》	明确了制造业创新中心，重点关注纳米技术、先进陶瓷、光子及光学器材、复合材料、生物基和先进材料等领域	振兴美国制造业并智能制造发展
2013 年 1 月	《国家制造业创新网络初步设计》	重点研究数字化设计、智能制造的框架和方法	组建美国制造业创新网络
2011 年 6 月	《实现 21 世纪智能制造》	指出智能制造是先进智能系统强化应用、新产品快速制造、产品需求动态响应，以及工业生产和供应链网络实时优化的制造	为智能制造的顶层设计奠定基础
2011 年 6 月	《先进制造业伙伴计划》	开发和实施先进的制造技术，壮大先进制造业的劳动力队伍，提升供应链弹性	打造关键国家安全工业的国内制造能力，确立美国机器人技术领域的领导地位
2010 年 7 月	《2010 美国制造业促进法案》	大规模投资清洁能源、道路交通、改善宽带服务，消减企业部分关税	破解制造业发展难题
2009 年 12 月	《重振美国制造业框架》	提出将重振制造业作为美国经济长远发展的重大战略	重振制造业的理论基础及优势，成为美国发展制造业的战略指引
2009 年 11 月	美国"再工业化"战略	促进制造业增长，让美国回归实体经济	推动美国制造业回归

（3）中国智能制造 2025 战略。

2015 年 5 月，国务院印发《中国制造 2025》，首次从国家战略的高度确定了我国制造强国的总体部署，明确提出要以加快新一代信息技术与制造业深度融合为主线，以推进智能制造为主攻方向，实现制造业智能升级。2015 ~ 2017 年围绕《中国制造 2015》制定若干个"1 + X"配套指南。《中国制造 2025》是中国实施制造强国战略第一个十年行动纲领，智能制造也因此得到快速发展。[①] 国家陆续发布了《关于积极推进"互联网 +"行动的指导意见》《关于深化制造业与互联网融合发展的指导意见》《智能制造发展规划（2016 - 2020 年）》《关于深化"互联网 + 先进制造业"发展工业互联网的指导意见》等重大政策文件，明确将智能制造作为制造业发展的主攻方向，为发展智能制造指明了基本原则、总体目标、重点任务、组织实施和保障措施。同时，中央和各级地方政府纷纷开展智能制造试点示范项目，逐步形成了智能制造产业集群以及一批可复制推广的智能制造新发展模式。近年来，中国还颁布了多个政策来推动智能制造发展，具体内容如表 5 - 4 所示。

---

① 详见《中国制造 2025》。

表 5-4　　　　　　　　　　　　中国发展智能制造的主要政策

时间	政策文件	政策目标/内容
2021 年 12 月	《"十四五"智能制造发展规划》	加快系统创新，深化推广应用，加强自主供给，夯实基础支撑
2018 年 8 月	《国家智能制造标准体系建设指南》	加强了对标准体系构成要素及相互关系的说明，着重体现了新技术在智能制造领域的应用
2016 年 10 月	《智能制造发展规划（2016—2020年)》	加快智能制造装备发展，加强关键共性技术创新，建设智能制造标准体系，构筑工业互联网基础等
2015 年 7 月	《关于积极推进"互联网+"行动的指导意见》	推动互联网由消费领域向生产领域扩展，加速提升产业发展水平，增进各行业的创新能力，构筑经济社会发展新优势和新动能
2015 年 7 月	《2015 年智能制造试点示范专项行动实施方案》	智能制造示范
2015 年 6 月	《关于开展 2015 年智能制造试点示范专项行动的通知》	智能制造试点专项行动
2015 年 5 月	《中国制造 2025》	智能制造战略规划

（4）日本工业价值链计划。

作为智能制造最早发起国之一，日本在经历了相对混乱的政策探索时期后，逐渐找到了自己的智能制造定位。[①] 2016 年 12 月 8 日，《日本工业价值链参考框架》（Industrial Value Chain Reference Architecture，IVRA）正式发布，标志着日本智能制造策略正式落地。IVRA 是日本智能制造独有的顶层框架，相当于美国工业互联网联盟的参考框架 IIRA 和德国"工业 4.0"参考框架 RAMI 4.0，是具有日本制造优势的智能工厂得以互联互通的基本模式。而工业价值链计划，赫然成为"通过民间引领制造业"的重要抓手。2017 年 3 月，日本正式提出"互联工业"（connected industry）的概念，发表了《互联工业：日本产业新未来的愿景》。"互联工业"强调"通过各种关联，创造新的附加值的产业社会"，包括物与物的连接、人和设备系统及系统之间的协同、人和技术相互关联、既有经验和知识的传承，以及生产者和消费者之间的关联。为强化制造业竞争力，2019 年 4 月 11 日，日本政府发布了《制造业白皮书（2018）》，指出在生产第一线的数字化方面，中小企业与大企业相比有落后倾向，应充分利用人工智能的发展成果，加快技术传承和节省劳力。以日本汽车巨头本田公司为典型，该企业通过采取机器人、无人搬运机、无人工厂等智能制造技术，将生产线缩短了 40%[②]，建立了世界最短的高端车型生产线。日本企业制造技术的快速发展和政府制定的一系列战略计划为日本对接"工业 4.0"时代奠定了良好的基础。日本智能制造相关支持政策如表 5-5 所示。

---

① 郑力、莫莉：《智能制造：技术前沿与探索应用》，清华大学出版社 2021 年版。

② 林汉川、汤临佳：《新一轮产业革命的全局战略分析》，人民论坛网，2015 年 6 月 15 日，http：//www. rmlt. com. cn/2015/0615/391390. shtml? bsh_bid = 1491647305。

表 5 - 5 日本发展智能制造的主要政策

时间	政策文件	政策目标/内容
2019 年 4 月	《制造业白皮书（2018）》	充分利用人工智能的发展成果，加快技术传承和节省劳力
2017 年 3 月	《互联工业：日本产业新未来的愿景》	通过工业的各种关联，创造新的附加值的产业社会
2016 年 12 月	《日本工业价值链参考框架》	通过民间引领制造业
2015 年 7 月	物联网升级制造模式工作组	实现物联网技术对日本制造业的变革
2015 年 5 月	日本机器人新战略	"扩大机器人应用领域"与"加快新一代机器人技术研发"
2015 年 1 月	《机器人新战略》	机器人开始应用大数据实现自律化，使机器人之间实现网络化，物联网时代也将随之到来

5.3.2 工业生产数字化

工业生产数字化的核心是"一个网络"和"两大主题"，其中，"一个网络"是指信息化的物理系统，"两大主题"则是指网络化的智能工厂以及集成化的智能生产。[1]"两大主题"依托于"一个网络"进行发展，从而将传统工业生产逐步向数字化、智能化转型，最终实现制造模式的变革。

（1）信息化的物理系统。

信息物理系统（Cyber Physical Systems，CPS）是智能制造时代生产发展中的核心，它是通过把计算和通信与实物的过程相结合，并与实物过程进行深入的密切互动，从而给实物系统添加新的能力。[2]在工业生产过程中，这项技术可以对设计、开发、生产等制造阶段所需要的相关数据进行收集和分析，从而形成一种容易操作且具有充分自律性的智能生产系统。[3]

CPS 概念最早由美国国家自然基金委员会于 2006 年提出。当时，CPS 基础技术还处于初步探索阶段，仅仅是在此基础上，采用 RFID 技术，实现多个对象之间低功耗、低成本的通信，且仅在物流、零售、医药等领域有部分应用。截至 2010 年，CPS 已经通过传感器网络和无处不在的 RFID 标签，实现了物体与物体之间的广泛互连，为特定行业制定了技术标准，并完成了部分网络融合，这里的特定产业主要指的是工业领域。2016 年，具有可执行指令的标签被广泛应用，工业生产进入半智能化，物与物之间完成了网间交互标准制定，使得网络具有超高速传输能力。在工业生产领域，生产设备中

① 《工业 4.0 落地战略：一个网络两大主题三项集成》，豆丁网，2020 年 10 月 16 日，https：//www.docin.com/p - 2474406540.html。
② 《工业 4.0 再度引发热议，超级智能工厂将出现》，百度文库，2014 年，https：//wenku.baidu.com/view/e- 382c15809a1284ac850ad02e80d4d8d15a01a5.html?
③ 陈潭等：《工业 4.0：智能制造与治理革命》，中国社会科学出版社 2016 年版。

的嵌入式系统与生产线上的物联网传感器是构成 CPS 的要素之一，这些技术被称为"物理技术"。CPS 的出现从一定程度上体现了当时嵌入式系统和物联网的进一步深化，通过与互联网或者网上可收集的数据和服务的相互结合，实现更加具有广泛性、创新性和应用性的新物理空间，从而淡化了物理世界与信息世界的界限，让 CPS 能够在真正意义上发挥它的作用。2020 年后，随着人工智能等新技术的创新与应用落地，CPS 的应用发展进入新一阶段，在工业生产过程中，对象间的完全智能反应，不连续系统间的协调互动，企业间的企业集成和人—物—服务网络的深度融合，使得企业的生产模式由"集中型"转向"分散型"，这是建立在 CPS 技术的基础上的。其存在使得智能工厂的生产系统、产品生产、资源利用及处理等都能够达到高度的实时性，同时也使得智能工厂在成本、资源节约、环保等方面更具竞争力。

总之，CPS 不仅是实现工业生产数字化的核心技术，还是物联网产业的科技前沿，更是以智能制造为代表的物联网产业发展的基础和后盾。CPS 通过互联网，以安全又可靠的方式，实现对目标主体和生产系统的监测与控制，因此，CPS 所带来的"虚拟—物理"大融合将使得工业生产更智能、更高效、更环保。

（2）网络化的智能工厂。

智能工厂，是指通过互联网等通信网络使得工厂内部和外部的物品与服务之间相互合作，从而产生前所未有的价值，形成全新的业务模式。[①] 作为工业生产数字化的两大主题之一，智能工厂主要关注的是智能化的操作系统及生产过程，以及网络分布式生产设施的实现。智能工厂概念最早由美国罗克韦尔自动化有限公司 CEO 奇思·诺斯布于 2009 年提出，其核心任务是在工厂生产中将工业化和信息化进行高度融合。[②] 在此基础上，智能工厂的建设主要基于无线感测器、云端智能工厂和工业无线网络技术三项技术的发展完善。

2012 年，无线感测器在工厂中得到应用。无线感测器仪器仪表的智慧化，以微处理器和人工智能技术的发展与应用为主，包括运用神经网络、遗传演算法、进化计算、混沌控制等智慧技术，使仪器仪表具有高速、高效、多功能、高机动灵活等性能。[③] 伴随着在工厂生产制造过程中所设计的配置越来越多，仅仅依靠无线感测器无法高效地进行工业生产，因此利用云端来控制工厂的制造系统，已经是当今智能工厂发展的重要趋势之一。2015 年高德纳咨询公司副总裁大卫·凯雷预测，云端运算将成为十大顶尖技术趋势之一。在工业自动化领域里，自动化模式使生产应用和服务向云端运算转变，信息资料和运算位置等主要模式也都随着进行了改变，因此也为生产设备带来彻底的变革

① 《工业 4.0 智能工厂解决未来社会问题》，控制工程网，2014 年 8 月 5 日，http://article.cechina.cn/14/0805/09/20140805090306.htm。
② 《智能工厂：自动化制造的未来》，Messe Frankfurt，2019 年 1 月 7 日，https://siaf.gymf.com.cn/newslist/industrynews/36842。
③ 常衫：《工业 4.0：智能化工厂与生产》，载于《化工管理》2012 年第 11 期。

和创新。而在工业互联网进程中，除了无线传感器和云端智能工厂外，工业无线网络技术是专业领域发展的主流方向，对制造业在未来的发展和变革有着极其重要的促进作用。截至 2021 年，工业无线网络已经适配多种工业场景，成为智能制造的领路标。[1] 随着无线网络技术的普及程度日益加深，工业无线网络技术的应用为增加新通信功能提供了一系列软硬件技术，包括蓝牙、Wi－Fi 等，而这些技术反过来在一定程度上加快了智能工厂的建设。

总的来说，以智能工厂为代表的未来智能制造业是一种必然的发展趋势，以产品的特性、成本、物流管理、安全、信赖性、时间以及可持续性等要素进行智能化的编辑，按照每个顾客特定的需求进行最优化的产品制造。这种"自上而下"生产模式的变革，不仅可以节省工厂的生产成本与制造技术创新的时间，还拥有培养新市场机会的网络容量。

（3）集成化的智能生产。

作为工业生产数字化的另一大主题，智能生产是在智能工厂的基础上，针对客户的喜好和需求对产品采用不同的设计、零件配置、生产计划、生产过程、物流配送，显著改善整个生产销售链条中的浪费情况。[2] 随着工业 4.0 的兴起，由人工智能、工业机器人制造等结合的智能制造技术，正引领新一轮的制造业变革。智能制造技术逐渐覆盖产品设计、生产过程、生产管理和售后服务等各个生产环节。随着智能化和产业化制造技术的广泛应用，智能制造业得以快速发展。所以智能生产的实现主要是通过 3D 打印技术、工业机器人等一些智能制造技术在工业生产中的应用。

2008 年，第一款开源的桌面级 3D 打印机 RepRap 发布，标志着 3D 打印机的诞生。3D 打印技术的出现从本质上促进了工业生产的发展。首先，3D 打印机可以为顾客量身定制产品，在生产过程中增强产品内部结构的标准化，提升生产过程的多样性。其次，3D 打印技术可以降低工厂的生产成本，提高生产效率。最后，3D 打印重新定义了生产。例如，2015 年 GE 增材与赛峰公司合作，使用 3D 打印技术批量生产发动机燃油喷嘴，凭借 40 多台 3D 打印机，GE 奥本公司在 2017 年交付了 8 000 个燃油喷嘴；到 2018年底，这一数据已经超过 3.3 万个；而到 2019 年，该工厂每周可生产 800 个喷嘴。[3] 在当时的制造行业现状下，这已经完全属于工业化的大批量制造，这也是当时 3D 打印加快生产、降低成本和缩短交货时间的最典型案例之一。除了 3D 打印，以工业机器人等为代表的智能化设备在生产过程中的应用也越来越广泛。随着现代生产技术的迅速发展，制造企业在设计、生产、管理和售后服务等方面都呈现出了智能化的趋势。在此背

---

① 《2023 年专网通信行业现状与挑战，5G 是重要的发展机遇！》，知乎，2023 年 7 月 3 日，https：//zhuanlan. zhihu. com/p/641237390。

② 黄雪锋：《数字化智能工厂落地规划建设》，载于《自动化博览》2022 年第 7 期。

③ 《3D 打印 2.0 时代：从模型制造到终端零部件的批量化制造》，知乎，2022 年 3 月 19 日，https：//zhuanlan. zhihu. com/p/482401117。

景下，制造技术的不断革新，加快了全球供应链管理的转型步伐。通过运用资讯科技，例如 ERP 软件与无线电频谱辨识科技，可以提高全球供应链管理的效能，减少顾客订货时间，提高生产力。同时，智能化制造技术的运用也促进了智能化服务发展。随着嵌入式软件、无线连接和在线服务等技术的不断发展，先进的制造业已经形成了一种新型的智能化服务模式，这使得制造业和服务业这两个行业之间的界限变得更加模糊，融合也变得更加深入。

总而言之，在智能制造时代，智能工厂的出现，不仅在制造过程中为工厂提供了先进的技术，而且形成了一个全新的工厂运作模式，让工厂内部生产与外部管理和服务之间相互合作，大幅度提升效率，为工厂带来巨大的生产效益，从而形成新的发展模式。另外，智能工厂的发展大大缓解了能源消耗问题，同时促进了绿色能源的发展，有助于实现低污染、高效率的工厂生产模式。

5.3.3　工业管理数字化

工厂是否正常生产？设备是否出现故障？如何第一时间得知设备运行维护情况？凡此种种都是工业管理过程中必须考虑的问题。近年来，随着智能制造业的快速发展，工业管理从传统管理逐渐向数字化转型，使得工业生产效率更高，价值创造更有力。追溯工业管理数字化的发展历程，其理念随着工业生产数字化的深化而产生，近几年各个国家都开始愈发重视高新技术在工业管理中的使用，但相关概念的提出时间和首倡者均难以考究。

2018 年，专注于为工业应用提供智能物联网解决方案的印度初创公司 EasyReach Solutions，尝试将 Semtech 的 LoRa 器件和无线射频技术应用于其工业和智能车辆监控产品中。迄今为止，EasyReach 已经部署了 600 多个物联网节点项目，通过实施高效的工业管理平台，为客户节省了大量资金。2019 年，爱普生设备管理团队（简称"爱普生"）首次应用 EAMic 管理系统进行生产管理，EAMic 设备维护管理系统专注于为企业提供设备资产维护管理解决方案（EAM/CMMS）和设备维护管理系统实施服务。通过该系统，爱普生实现了所有设备信息的数据扁平化，方便公司员工和管理层随时随地查询信息。设备维护团队从冗余的行政工作中解放出来，他们可将更多的精力放于怎样减少非计划停机时间等，更聚焦于本职工作。除了上述管理系统之外，MES 系统同样引人注目。MES 系统是一套面向制造企业车间执行层的生产信息管理系统。通过运行 MES 系统，企业可以将整个业务流程标准化，并建立规范化的运输、仓储、配送网络物流体系。MES 系统通过对物流路径、仓位占用率、库存周转率等的管理，能够持续改进物流关键绩效指标（KPI），逐步提高原材料物流水平。[①] 2021 年，MES 系统已经广泛应用于各个国家的各个企业。2022 年，在河南省的一家"高端大中型节能电机智能制造车

---

① 《MES 打造企业生产管理智能化》，知乎，2022 年 2 月 12 日，https：//zhuanlan.zhihu.com/p/466472197。

间"内，一套由赛意信息负责实施的系统正在高效运行，系统集成 MES、APS、QMS、WMS、设备管理等模块，建立起以 MES 为核心的集成化信息架构，形成端到端的数据流程体系，有效降低了交付成本，提升了物流周转率。关于工业管理数字化应用的例子不胜枚举。随着物联网、人工智能等新技术的发展，工业管理的数字化愈发成熟。[1]

新技术的迅速发展，使企业的经营管理变得越来越有效率。随着数据的海量化和网络化的普及化，企业如何对数据进行高效的管理和决策，已成为企业面临的一个新课题。在使用管理系统的同时，还需要工业工程和智能制造的推动者一起，制定智能制造标准、供应链协同、新型的生产组织模式（如 C2M）、智能制造信息管理，从而确保国家的智能制造战略能够走在正确的轨道上。

5.4 服务业数字化：智慧生活

服务业是国民经济的最大"助推器"，而服务业数字化形成的智慧生活已成为新经济发展的一大亮点和各国经济发展的新增长极。智慧生活通过向生产领域与消费领域赋能，提升生产与消费的贯通和协同能力，从而提供了双重价值。[2] 其涵盖的具体领域包括数字金融、智慧物流、数字电商和数字餐饮。

5.4.1 数字金融

数字金融是传统金融部门和金融科技企业利用数字技术进行金融服务的金融模式。数字金融是数字技术与传统金融的相互融合与相互渗透，是在传统金融的基础上表现出来的新模式。[3] 数字金融涉及众多领域，其中数字化发展具有代表性的领域主要包括移动支付、数字银行、互联网贷款和数字保险。

移动支付是金融行业数字化发展的重点领域。随着数字化转型的加速和移动支付技术的发展创新，移动支付逐渐成为社会主流支付模式。自 1996 年全球第一家第三方支付公司在美国诞生以来，美国的数字支付市场已发展二十多年，形成以 PayPal、Apple Pay 为主流支付方式的市场格局，普及率达到 79.15%。[4] 美国是目前全球数字货币发展的主要市场之一，市场发展较为完善，相继建立了数字货币交易市场、期货市场，上线

① 《制造业数字化高质量发展 工业管理软件跃入新时代》，金融界，2022 年 10 月 14 日，https：//biz. jrj. com. cn/2022/10/14155837056118. shtml。

② 李丽、张东旭、薛雯卓、张兼芳：《数字经济驱动服务业高质量发展机理探析》，载于《商业经济研究》2022 年第 3 期。

③ 黄益平、黄卓：《中国的数字金融发展：现在与未来》，载于《经济学》（季刊）2018 年第 4 期。

④ 姚宁：《基于移动平台的第三方支付模式研究——以 C 公司金融支付为例》，华东理工大学硕士学位论文，2016 年。

了衡量数字货币价格的 BTC、ETH 指数，世界上大多数数字货币交易商都在美国。在美国之外，荷兰新式支付公司 Adyen 是数字金融给欧洲经济带来影响的一个典型案例。2006 年 Adyen 成立于荷兰阿姆斯特丹，最初只是帮助脸书等社交类网站实现用户付费。随着数字金融的兴起，Adyen 的客户和支付版图不断扩充。目前 Adyen 在全世界 11 个国家开展业务，拥有 4 500 家客户，不仅包括脸书、Yelp、优步（Uber）等公司，还包括 Netflix、Dropbox 以及荷兰皇家航空（KLM）等，2018 年美国支付巨头易贝也与 Adyen 成为支付领域的合作伙伴。2010 年，移动互联网和移动电子商务的普及率提高，不仅为移动支付提供广阔的商用平台，更培养了用户网上支付的消费习惯，是移动支付市场爆发的重要催化剂，以第三方支付机构与网贷平台为代表的移动支付市场开始迅速发展。① 此时，得益于人口规模优势以及支付宝等电商支付交易平台的市场积累，中国的移动支付市场走到了世界前列。2014 年 10 月，蚂蚁金服正式成立，拓展了互联网时代的金融新生态，着重服务小微企业与普通消费者，同时对所有合作伙伴开放云计算、大数据和市场交易三大平台，建设信用体系。此后，支付宝迎来了高速发展时期。随着支付宝的发展，腾讯、京东等企业也看到了电商支付背后的巨大市场，纷纷进驻移动支付市场。自 2018 年 1 月起，支付宝先后进入了以色列、瑞士、巴基斯坦、澳大利亚等国家，并先后开展了移动支付合作。随着线上餐饮、线上购物、滴滴打车的普及，移动支付进一步渗透进大众生活，如今，我国移动支付业务规模已成为全球第一。

数字银行是传统银行在现代信息技术的加持下，进行了相应的产品创新、业务模式变革、运营方式和管理方式的创新等，使银行从原来的物理空间向智能化、网络化的虚拟信息空间转变。② 1995 年，美国成立了第一家纯互联网银行——安全第一网络银行（Security First Network），标志着美国互联网银行的开端。自 2013 年起，数字银行在全球范围遍地开花。2013 年，劳埃德银行增设了数字化部门，同时还从组织架构上将原有四大业务条线中与数字化相关的职能全部抽取出来，设置专门的数字化部门，负责包括产品创新、线上渠道搭建等职能在内的数字化业务。2017 年，花旗银行提出以"简单化、数字化、全球化"为主线的"打造数字银行"的新数字化战略，强调要重视客户核心需求、强化自身数字化能力、积极拥抱外部合作伙伴等战略重点。虽然我国在数字金融领域起步相对较晚，但近年来在政策环境鼓励发展、经济环境提供市场、技术环境支撑发展等众多因素的影响下，我国金融科技的驱动政策日益完善，在数字金融领域后来居上的优势越发明显。2015 年，腾讯创办的微众银行试运营标志着我国互联网银行的正式诞生。③ 2018 年，中国工商银行全面实施智慧银行信息系统（ECOS）转型工程，以智慧银行为核心，聚焦重点业务领域实现产品整合、流程联动和信息共享，全面

① 陈晓勤等：《移动支付改变生活：电信运营商的移动支付创新与实践》，人民邮电出版社 2012 年版。
② 艾瑞咨询：《银行 4.0 时代——2021 年中国数字银行白皮书》，2021 年，第 7 页。
③ 张爱军：《互联网银行发展模式与借鉴——基于美国的经验》，载于《新金融》2015 年第 6 期。

赋能数字化转型。《2021 中国数字金融调查报告》数据显示，国内手机银行用户数量快速增长，从 2014 年的 6.7 亿户增长到了 2019 年的 20.9 亿户。手机银行已然成为个人金融服务中不可缺少的平台。伴随银行数字化进程的不断加深，智能化、开放化、无形化的数字银行 4.0 时代即将到来。2020 年，中国银行业持续加大金融科技投入，A 股中上市银行信息科技方面的投入达 2 078 亿元，占当年银行业 1.94 万亿元净利润的 10.7%，且大型商业银行金融科技投入占营收比重普遍在 2.70% ~ 3.15%。①

互联网贷款是指借助互联网的优势，可以足不出户地完成贷款申请的各项步骤，包括了解各类贷款的申请条件、准备申请材料，一直到递交贷款申请，都可以在互联网上高效完成。互联网贷款的主要模式是 P2P（Peer - to - peer lending）。2005 年，P2P 于英国境内产生萌芽。Zopa 是世界最早的 P2P 网贷公司，2005 年 3 月成立于英国伦敦。它提供的是 P2P 社区小额贷款服务，贷款额度在 1 000 ~ 25 000 美元，利率完全由会员自主商定。美国网贷行业开始于 2007 年，以 Prosper 上线为标志。此外，全球首家上市的 P2P 公司借贷俱乐部（Lending Club）也成立于 2007 年。Lending Club 是第一家按照美国证券交易委员会 SEC 安全标准注册的个人与个人贷款平台。Lending Club 把贷款等归属关系，以及贷款继续转卖等交易形式正式纳入其运营模式。如此一来，即便发生债务危机或者 Lending Club 破产，贷出的款项也会继续得到美国政府的资金保障。这使得 Lending Club 从真正意义上发展成了一个银行和交易平台。2007 年，我国互联网贷款市场呈现出全新发展面貌。这一年，中国第一家真正意义上的 P2P 网络信用借贷平台——拍拍贷成立，成为中国金融科技发展史上的标志性事件。"拍拍贷"采用纯线上模式运作，平台本身不参与借款，而是通过信息匹配、工具支持和服务等功能实现借贷。同年 6 月，阿里巴巴与中国建设银行在杭州西湖国宾馆举行了网络联保贷款产品——e 贷通的首次放贷发布，阿里平台上的 4 家网商获得了 120 万元的贷款，这是最早的助贷模式之一，也是互联网贷款的雏形。② 据统计，2015 年，我国 P2P 贷款平台多达 2 600 家，交易额达上万亿元，成为全球第一大 P2P 市场。随着互联网金融的发展，仅仅依靠 P2P 平台已经无法满足很多互联网贷款产品对资金规模和成本的要求。因此越来越多的商业银行，尤其是一些城市商业银行、农村商业银行开始通过助贷、联合贷款等形式介入互联网贷款市场。2011 ~ 2019 年，我国 P2P 网贷正常运营平台数量呈现先上升后下降趋势。③

保险业作为金融业的重要分支，在数字金融浪潮推动下，面临新的机会和挑战，国外保险集团面临数字化挑战纷纷开启转型之路。2012 年起，美国国际集团（AIG）开启了数字化转型之路。目前已经形成包括首席数字官（CDO）、首席科学官（CSO）等在

① 佚名：《中国银行家调查报告（2020）》，载于《中国银行业》2021 年第 4 期。
② 《互联网贷款 13 年：一部金融科技的上位史》，零壹智库，2020 年 7 月 20 日，https：//www.01caijing.com/blog/335559.htm。
③ 2020 年 11 月 27 日，中国银行保险监督管理委员会首席律师刘福寿就称，我国的 P2P 平台已经在同年 11 月中旬正式清零。但是，P2P 的短期兴起也揭示了我国对金融（尤其是中小规模金融）的巨大需求。

内的数字化管理运营团队。为了研究未来物联网中不同场景中的责任风险，AIG 与芝加哥大学法学院合作构建了物联网体系模型，重点关注无人机、工业控制系统自动驾驶等场景下新兴的责任风险。德国最大的保险公司安联集团从 2013 年起便启动了基础设施转型项目，将集团的所有项目整合到 IT 基础设施中。具体包括安联虚拟客户端（Allianz Virtual Client）、数据中心整合（Data Center Consolidation）等 IT 平台。作为拥有 300 多年历史的英国保险集团 Aviva 在数字化转型方面同样不甘落后，花了两年招募了许多与数字领域相关的人才，同时在伦敦、新加坡和多伦多都建立了数字车库（Digital Garage），推动提升公司内部科技创新能力。此外，在人工智能与保险的融合发展上，法国安盛、纽约人寿等保险公司使用 Captricity 的人工智能保单数字化服务，抓取手写资料或文件中的数据，利用图片识别技术将文档中的数据转为可读的数据集，并对数据进行分析和整理。[①]

受数字化转型的影响，越来越多的中国保险企业开始重视数字技术的利用。2013 年 11 月，国内首家互联网保险公司——众安保险公司成立。众安保险公司采用扁平的组织架构与产品导向的团队机制，研发人员占公司总人数的 40%，着力研究物联网、大数据等技术在保险产品和服务中的应用。2019 年中国保险数字化升级服务市场规模约为 21.4 亿元，仅占保险 IT 解决方案总体市场的 27.2%，但是随着保险公司数字化升级需求的持续爆发，2024 年市场规模有望突破 90 亿元，在保险 IT 解决方案总体市场中的占比提升至 43.3%。2020 年，保险机构信息科技资金总投入为 351 亿元，同比增长 27%。保险数字化转型在产品、营销、核保、理赔、客户服务等业务流程优化方面均取得了明显的成效。以中国平安保险（集团）股份有限公司为例，2008 年平安科技成立后开启了"金融＋科技"的新探索，2010～2020 年中国平安科技投入累计超过 1 000 亿元。[②] 2020 年 5 月 21 日，原中国银行保险监督管理委员会财险部向各财险公司下发《关于推进财产保险业务线上化发展的指导意见》，其中提到，到 2022 年，车险、农险、意外险、短期健康险家财险等业务领域线上化率达到 80% 以上，其他领域线上化水平显著提高。

5.4.2　智慧物流

智慧物流是指通过智能软硬件、物联网、大数据等智慧化技术手段，实现物流各环节精细化、动态化、可视化管理，提高物流系统智能化分析决策和自动化操作执行能力，提升物流运作效率的现代化物流模式。[③] 智慧物流主要集中在智慧仓储物流管理和电子商务物流。

智慧仓储物流管理是通过先进的物联网、互联网技术，通过信息处理和网络通信技

① 赵岑、孙潇潇：《国外保险集团的数字化转型之路》，载于《清华金融评论》2017 年第 12 期。
② 艾瑞咨询：《2021 年中国保险行业数字化升级研究报告》，2021 年，第 4 页。
③ 钱慧敏、何江、关娇：《"智慧＋共享"物流耦合效应评价》，载于《中国流通经济》2019 年第 33 期。

术平台，广泛用于物品的运输、仓储、配送、包装、装卸等基本活动环节，实现货物出入库、运输过程的自动化运作和高效化管理。中美两国凭借各自巨大的国内市场和物流体系，在智慧仓储物流管理的发展上遥遥领先。美国物流行业早在 20 世纪 90 年代末就实现了从物流（logistics）向供应链管理（SCM）的转化。在美国，现代物流公司一般使用条形码、电子数据交换（EDI）、自动存储和提取系统、仓库管理系统等管理技术。京东自 2007 年自建物流并逐步自主研发智能仓储技术，广泛应用运筹学及大数据科学。2010 年，江苏省首个智能物流市场合作项目，"感知中国"智能交通的重要组成部分——中国太运物流信息中心（江苏虚拟物流园）物联网项目在江苏省互联网产业孵化基地正式启动。2012 年，亚马逊以 7.75 亿美元收购了仓储机器人公司 Kiva Systems，并用其机器人提升仓储物流系统。① 2013 年，美国联合包裹运送服务公司（UPS）开始实践测试无人机送货 + 无人仓模式。

2014 年前后，国内物流开始迈入以信息化为主导的"智慧物流"时代，新兴技术与物流业加快融合，智能物流装备、智能化运力、物流供需匹配平台等进入发展快车道。以京东、苏宁物流、顺丰等为代表的领先快递物流企业通过组建研发团队、设立研发机构，或与第三方合作等方式，在应用前景明确并与自身需求紧密相关的智慧物流技术如无人机、仓内 AGV 机器人上进行积极布局。2020 年 6 月，苏宁物流数字孪生系统在南京大件物流仓落地，技术人员在系统内设置条件参数，系统即可自动输出仓库最优运营策划，让仓库进出货效能整体提升 30%。2020 年"双 11"当天，苏宁物流全国十余座"超级云仓"12 小时的发货量已超 2019 年全天，承接的三方业务单量同比增长 107%。② 2021 年 4 月 18 日，国家民用无人驾驶航空试验区、顺丰大型物流无人机西北运行基地正式揭牌。一架顺丰"飞鸿 – 98"（FH – 98）无人机搭载农产品起飞，奔赴 180 千米外的宁夏盐池县，这代表着顺丰正式展开了大型物流无人机的运营业务。京东物流科技开始全面发力，主要包括智能大脑的持续升级，亚洲一号、无人仓等智能物流基础设施的规模化建设。无论是硬件上的无人仓、无人车创新，软件上的 WMS/OMS 等开发，还是前沿技术的探索，一直处于行业的前列。2022 年京东"6·18"期间，京东物流长沙"亚洲一号"智能物流园区内，百余台应用 5G 技术的"地狼" AGV 智能拣选机器人正式投用，标志着行业首次实现上百台 5G"地狼" AGV 的大规模并发作业。

随着电子商务的崛起，物流效率成为影响电商平台竞争力的重要因素，各大电商公司开始成立自己的智慧物流系统。2015 年，亚马逊无人机快邮系统初见雏形，摆脱了第三方货运，实现独自拥有大量物流份额。此外，英国 Tesco、美国沃尔玛、德国麦德龙等企业都宣布自己的射频识别计划，大多实力较强的物流公司如联邦快递、联邦包裹

---

① 《亚马逊仓储和物流技术分析》，知乎，2021 年 12 月 16 日，zhuanlan. zhihu. com/p/446252827。
② 《"黑科技"赋能》，新华网，2020 年 12 月 21 日，http：//www. xinhuanet. com/politics/2020 – 12/21/c＿1126887081. htm。

等都实现对物流跟踪和监控技术的应用。[①] 2019 年，德国多个政府部门联合推出"物流2030 创新计划"，提出加强建设"面向未来且灵活可拓展"的数字物流基础设施、数据处理和平台解决方案、数字供应链等，促进物流智慧化、低碳化。物流业在运输仓储、包装、流通加工、配送等多个环节逐步实现智能化。2020 年，韩国企业"双胞胎"机器人公司与现代汽车集团下属物流公司现代格罗唯视合作，使用自动驾驶机器人执行物流任务，包括递送包裹、搬运货物等。2021 年，法国政府明确提出加速绿色和智能物流发展战略，并拨款 2 亿欧元用于建设自动化、互联和低碳的运输服务基础设施。

中国的电商行业以阿里集团和京东为代表，纷纷开始在智慧物流领域发力。2013年 5 月，阿里集团牵头银泰集团、复星集团、富春集团、顺丰、申通、圆通、中通、韵达以及资本金融机构组建了一个新的物流公司——"菜鸟网络科技有限公司"。2016年，京东成立了 X 事业部，专注智慧物流相关技术的研发。如今，京东在智慧物流领域已经取得了突飞猛进式的发展，构建起了以无人仓、无人机和无人车为三大支柱的智慧物流体系。2017 年 4 月，京东的物流体系开始正式独立运营物流业务，主要采取的是"全自动仓储 + 大数据技术"，以此完善自己的物流体系并提高物流能力。[②] 2020 年 6月，中国移动打造的全国首个全场景 5G 智慧物流装备创新孵化基地在云南昆明昆船集团的物流园区投入运营，实现了昆船工业园东区 10 万平方米的 5G 网络覆盖，各个物流环节的无人化作业场景验证。目前，我国已经有多辆重载货车安装北斗定位装置，还有大量托盘、集装箱、仓库和货物接入互联网。

5.4.3　数字电商

数字电商是指应用互联网、物联网、无线通讯等通信技术和数据剖析手段将商务的流程、渠道、营销、运营等流程数字化、互联网化、智能化。数字电商与普通电商的显著区别在于，它不仅实现了信息技术和商务的结合，而且注重将数据的价值应用到商业中去。随着数字电商的发展，涌现出一大批以数字零售、直播带货、社区团购和电商新零售为代表的新业态、新模式。

在整个电商零售行业，传统商业模式已经开始落下帷幕，线上和线下的渠道融合，全新的购物体验成为行业最新的标准。2017 年底，全球数字电商零售总额达到 24 984.8亿美元，同比增长 21.9%，占全球零售总额比重的 8.9%。[③] 从 2013 年开始，英国零售商 Shop Direct 集团就着手探索数字化发展道路，并取得了明显的成效。此前表现不佳的网络渠道，现在则占据了销售的大部分份额，而移动业务收入也呈上升趋势。[④] 在新冠

① 陈伟：《中外智慧物流发展的差异比较及经验借鉴》，载于《对外经贸实务》2016 年第 6 期。
② 薄晓旭：《生鲜产业加速扩张，智慧物流行业升级》，载于《商业贸易行业周报》2018 年 6 月 5 日，https://vip. stock. finance. sina. com. cn/q/go. php/vReport_Show/kind/industry/rptid/4223015/index. phtml。
③ 前瞻产业研究院：《2018 - 2023 年中国零售行业市场前瞻与投资战略规划分析报告》，2018 年，第 9 页。
④ 《英国零售巨头 Shop Direct 转型数字化零售商》，TechTarget 信息化，2014 年 11 月 6 日，https://searchcio. techtar-get. com. cn/8 - 23151/。

疫情暴发之前，美国零售商已加快电子商务布局，目前零售业的数字化进一步转型，通过信用卡、网上银行、快捷支付软件等支付的线上交易量大幅增长，网络零售商在模拟现场购物体验方面也做得越来越好。2017 年，以亚马逊、Wayfair 为代表的电商企业，取得了 14.93% 的平均增长率，凸显了电商渠道作为增量市场的巨大发展潜力。随着互联网的发展，日本成长为仅次于中国、美国、英国的第四大电子商务市场。2019 年日本电子商务销售额约为 1 154 亿美元，同比增长 4.0% 。作为日本最大的百货店集团，三越伊势丹非常重视发展线上销售，很快适应了网络竞争。2020 年 10 月，三越伊势丹正式与 LinkieBuy 签订了合作协议，并于 12 月上线了跨境商城小程序。人工智能技术在电子商务领域发挥了巨大的作用。例如，阿里巴巴推出了天猫精灵和阿里助手，其客户服务聊天机器人处理了多达 95% 的咨询业务。[①] Alexa 是亚马逊旗下著名的人工智能产品，通过提升算法的性能帮助亚马逊制定针对性的营销策略。亚马逊的推荐系统已能根据用户搜索记录预测其喜好，并进行产品推荐。

中国直播电商最早可以追溯到 2016 年，经过 7 年的发展，中国走过了直播电商的初创期、快速发展期，未来还会往成熟期的道路持续发展下去。随着互联网技术的发展，以直播为代表的 KOL（Key Opinion Leader）带货模式给消费者带来更直观、生动的购物体验，逐渐成为电商平台、内容平台的新增长动力。[②] 2019 年，直播电商出现爆炸式增长，被标记为"电商直播元年"。电商型多频道网络（Multi – Channel Network，MCN）机构快速增长，助推直播带货产业化发展。传统直播模式下的游戏直播、秀场直播等增速开始放缓，电商加入直播行业，成为电子商务的新风口。2020 年疫情期间，直播抓住用户流量红利，"国家队入场"、各级卫视和明星加入直播带货，直播电商的交易规模快速增长。国外直播带货发展相对较慢，Coresight 数据显示，2019 年，美国直播电商规模不足 10 亿美元。相比之下，2019 年中国电商直播市场规模已经到达 4 338 亿元。[③] 很多社交、电商平台例如脸书、谷歌、Instagram 于 2020 年才加速布局直播购物，陆续开启直播电商功能。

社区团购是 2015 年随着移动支付、拼团和微商的普及而出现的一种购物消费行为，本质上是一种将 B2B 分拣模式应用于 B2C 领域的网上生鲜零售方式。2017 年左右，随着小程序发布，部分社区团购企业开始把运营重心向小程序转移，团购的品类和模式增加。社区团购开启线下店模式，库存单位（SKU）品类逐渐扩充，供应链物流基础设施逐步完善。在新冠疫情的影响下，2020 年社区团购市场发展迅猛，美团、兴盛优选、百果园等大公司开始关注并布局。社区团购市场格局变动较快，2020 年及以前兴盛优

① Xiaofeng Y. Research on the Application of Big Data Intelligence Technology in the Optimization of Accounts Receivable Management of E – commerce Enterprises Under the Financial Sharing Mode. *International Journal of Computational Intelligence Systems*，2023，16（1）.

② 《2021 年中国网络直播行业市场现状及发展趋势分析　疫情之下再次成为风口》，前瞻网，2021 年 3 月 9 日，https：//www.qianzhan.com/analyst/detail/220/210309 – 99f7fdc3.html。

③ 《看了沃尔玛在美国的直播带货，才对比出中国市场有多值得骄傲》，界面新闻，2020 年 12 月 22 日，https：//www.jiemian.com/article/5436281.html。

168

选占据全国主要市场，占比超 4 成，随着美团优选和多多买菜投入资金抢占市场份额，加之政府处罚影响，2021 年逐步出现美团优选和多多买菜双寡头格局。2021 年中国社区团购市场交易规模达到 1 205.1 亿元，用户规模 6.46 亿人。此外，社区团购作为一种新兴电商模式，凭借完善的供应链体系和仓储体系对农副产品打开销路、乡镇村民脱贫致富、乡村振兴发展起到了积极的推进作用。在 2015 年，国外也出现了社区团购。Weee！是一个创立于 2015 年的美国生鲜电商平台，只经营线上销售渠道，目前已覆盖全美 15 个城市，触达用户约 500 万人，用户平均每月下单超过 4 次，12 个月营业额留存率超过 70%。[1] 2016 年成立于加拿大的电商平台鲜多多，同样成为服务范围覆盖加拿大多个城市的社区团购典范企业。目前，海外社区团购在新加坡、美国、英国等地纷纷涌现，海外社区团购平台也得到了较大的发展。

"新零售"（new retailing），是企业以互联网为依托，通过运用大数据、人工智能等先进技术手段，对商品的生产、流通与销售过程进行升级改造，进而重塑业态结构与生态圈，并对线上服务、线下体验以及现代物流进行深度融合的零售新模式。电商新零售主要包括四种模式：生鲜超市、无人超市、精选体验店和轻体量的无人零售，其中以盒马鲜生为代表的生鲜超市是最受欢迎的新型零售业态之一。盒马鲜生是将线下超市与线上 App 进行融合重构的一种新零售模式。2016 年 1 月，盒马鲜生在上海金桥广场开出首店；目前，盒马生鲜已在全国开设超过 300 家门店，覆盖超过 27 个城市。作为一种新零售模式，盒马鲜生非常注重利用大数据、云计算等人工智能技术，对消费者的购物习惯有着清晰的了解。此外，盒马鲜生利用大数据、互联网、物联网、自动化技术等，构建了一整套完整的物流体系，从供应链、仓储、分拣再到配送，这也是盒马鲜生与传统零售业的一大区别。无人超市则兴起于国外，其代表企业是零售业巨头亚马逊。2016 年末，亚马逊推出了无人超市 Amazon Go。移动支付、物联网、语音识别、AI 人脸识别等最新技术的应用，让智慧自助售货机得以获取用户及产品数据并实现精准营销。此外，精选体验店则以网易考拉、小米优品、网易严选等线下实体店，以及无印良品酒店等精品体验酒店为典型。轻体量的无人零售包括自助售货机里的天使之橙、披着共享经济外衣的共享充电宝等形式。与精选体验店相比，无人零售有着"用完即走""填充零散注意力"的优势。

5.4.4　数字餐饮

民以食为天，随着餐饮行业规模不断扩大，同时互联网信息技术为餐饮业智能化提供了坚实的技术支撑，越来越多餐饮企业运用新技术、新科技和新理念，开始触及外卖、外送加包装品牌全覆盖的经营模式。[2] 从美食团购、外卖、外送，再到用高科技代

① 王悦、吴丽娜：《社区团购平台营销模式的海外发展及比较研究》，载于《对外经贸》2022 年第 12 期。
② 《餐饮业迎来大变局！科技创新正彻底改变你的"食物链"》，载于《经济日报》2019 年 1 月 4 日，https://www.sohu.com/a/286656085_797399。

替人工，包括智能系统代替点餐员、收银员，包括迎宾机器人、服务机器人、刷脸支付，乃至无人餐厅，数字科技正在引领餐饮行业的发展。

线上自助点单已经成为大多数餐饮企业数字化发展的必经之路。近三年来，国外餐饮服务业数字化进程明显加速发展。2020 年，美国许多大型餐厅加速线上化进程，原本预计需要数年时间的变革在新冠疫情下加速。2020 年，线上外卖在餐饮市场中的份额约为 13%，而在疫情之前，这一数字预计为 9%。预计到 2025 年，市场份额将增长至 21%。自疫情开始后的 18 个月里，美国商家二维码下载量增加 750%。① 在数字化趋势下，即使疫情结束，扫码点餐也会持续下去，并成为美国餐厅未来点菜的固定方式之一。在餐饮业极其发达的中国，众多餐饮企业的智慧餐厅于 2018 年后陆续登场亮相。诸如，老字号五芳斋联手阿里口碑 App，在杭州打造了旗下首家"无人智慧餐厅"；周黑鸭和微信共同打造的"智慧门店"亮相深圳，刷脸进门、点赞支付；阿里口碑和味多美共同打造的"无人智慧面包店"在北京亮相，顾客可 24 小时下单取货；等等。与此同时，包括星巴克在内的众多企业数据表明，线上点单等数字业务占其总营收的比重均呈持续增长态势。未来，智能科技将大面积地渗透餐饮业，从而影响整个餐饮行业。②

餐饮配送领域数字化进程也十分迅速。最近几年，以外卖为依托，即时配送业务在全球范围内掀起了一波快速发展的浪潮，全球各地都出现了很多创业公司，其中国外知名的包括美国的 Uber Eats（全球）、英国的 Deliveroo、印度的 Swiggy、Zomato 以及印度尼西亚的 go-jek 等。硅谷科技企业 AUTOX 已经开始进行无人驾驶配送商业化，并且和美团达成了战略合作，希望获得自动驾驶配送的先发优势。国内除了美团外卖、饿了么、滴滴外卖等典型代表外，还有专注于即时配送服务的创业公司，比如闪送、UU 跑腿、达达、点我达等。2019 年，国内即时配送市场规模超过 182 亿单。而由疫情引起的社交隔离，令更多人养成了外卖消费的习惯。2021 年中国在线外卖市场规模增长 50.2%，超过 1 万亿元，达到 10 036 亿元，在线外卖收入占全国餐饮业收入的比重达到 21.4%。"纯外卖"形式的餐饮企业也逐渐在市场中占据一席之地。③ 美团无人机配送正在探索建设城市低空配送网络，进一步减轻外卖送餐员的负担、提高配送效率，截至 2021 年 6 月，美团无人机已经完成超过 22 万架次的飞行测试。④ 美团外卖还推出了智能装备系统，包括智能电动车、智能安全头盔、智能餐箱、智能语音助手和室内定位基站。五款新装备通过骑手 App 联动和智能语音助手的交互控制，形成 IoT 立体协同，以

---

① 《中国外卖市场规模超 6 500 亿元　覆盖 4.6 亿消费者》，载于《人民日报》（海外版）2020 年 8 月 9 日，https：//news. cctv. com/2020/08/19/ARTIbYrM8VYOb2PreDpBNwFP200819. shtml。
② 《数字业务营收占比超 26%！过去一年，星巴克迎来线上爆发》，界面新闻，2021 年 1 月 7 日，https：//www. jiemian. com/article/5509026. html。
③ 前瞻产业研究院：《2021 年中国外卖行业市场规模及竞争格局分析》，2021 年。
④ 《美团计划 5 年内实现无人机大规模商用，或改变配送行业格局》，澎湃新闻，2021 年 7 月 18 日，https：//www. thepaper. cn/newsDetail_forward_13629470。

"人机耦合"的方式全面赋能骑手。

除金融、保险、物流等服务业数字化之外，包括人力资源服务业、酒店服务业、家政服务业在内的其他服务业也涌现出数字化转型的趋势。人力资源管理（HR）服务对大数据技术应用关注度也越来越高。例如，百度在其混合信号仿真设计限制文件（Synopsys Design Constraints，SDC）基础上构建"HR 信息管理部"，成立"人力资源大数据实验室"，联合外部咨询机构，搭建数据化、智能化的"才报"系统。科技赋能使得酒店行业的经营模式百花齐放。如今共享住宿、智慧酒店为酒店行业增添了新元素，信息化、数字化高效管理酒店业务成为发展趋势[1]，例如酒店管理系统（PMS）以及智能客房、智能入住系统、智能设备等科技化硬件。家政服务行业数字化转型也在快速推进，用户需求线上化趋势极为明显，相关企业将借助互联网家政平台、本地生活平台等线上渠道获客，实现数字化转型。美国家政服务业头部企业 Care.com 在家政服务人员和顾客之间充当中间人的角色，希望获得工作的保姆或家政阿姨将个人信息、技能、地理位置、空闲时间、薪资要求等在网站上披露，明码标价，完全的 C2C 模式，用户可通过平台找到自己需要的资源。

5.5　社会治理体系数字化：数字治理

5.5.1　智慧政务

"智慧政务"，是指通过综合应用物联网、大数据等新技术，感知公民个性化需求并提供无缝对接的政府公共服务的高级阶段电子政务。[2] 智慧政务的诞生与发展是社会治理在新经济时期随着新技术发展而同步进入智能化阶段的典型。从横向结构来看，智慧政务的提出是基于智慧城市和智慧社会这一大背景和宏观体系，它作为后者的重要部分应运而生；从纵向发展来看，智慧政务则是电子政务发展到高级阶段之后的必然产物，其根基在于物联网等新技术克服了电子政务阶段无法有效感知公民个性化需求等限制。[3] 总之，智慧政务具有透彻感知、快速反应和主动服务等鲜明的新经济特征，并产生了开放、整体和以公民为中心的运行理念。

2011 年 11 月，美国加利福尼亚州政府率先提出了智慧政务建设框架（smart govern-

① 李燕：《关于酒店管理信息化实现的方法分析》，载于《中国管理信息化》2019 年第 22 期。
② 徐晓林、朱国伟：《智慧政务：信息社会电子治理的生活化路径》，载于《自然辩证法通讯》2012 年第 5 期。
③ 赵玎：《从电子政务到智慧政务：范式转变、关键问题及政务应对策略》，载于《情报杂志》2013 年第 1 期。

ment framework），标志着智慧政务概念体系的诞生。然而，由于此时正处于传统政府管理向智慧政府管理的过渡期，该州的科技部一直未能更好地履行其职能，政府业务等数据并不公开透明，致使该州政府与公众之间难以积极有效的沟通互动，智慧政务建设以失败告终。[1] 吸取美国政府的经验教训，2012 年韩国政府发布了"智慧政务实施计划"，其核心是从过去的限制性信息公开与参与，向更为主动的共享与开放的理念转型。[2] 此次转型打破了以往政务建设中信息不公开的屏障，在公众与政府之间形成了有效互通。不过，仅仅是信息公开远不足以形成和保障高质量公共服务，智慧政务还需要一个一体化平台实现跨部门、集成化的信息公开与查询服务。2013 年，英国政府将 24 个中央部委的网上服务整合为英国政府的"gov. uk"综合服务平台，为公众提供了一个综合网上服务与信息的门户。"gov. uk"借鉴了搜索引擎的服务思想，可以直接按关键字进行搜索，为用户提供了极大的便利。根据联合国的调查评估，实施智慧政府的国家通过提升各个部门之间的关联性和互通性，从单一目标、分散的组织模式，发展到了一个全面统一的整体性模式。[3] 目前，世界范围内的网上政务服务，已经从主要依靠政府提供信息服务的单项服务阶段，向实现跨部门、跨层级的系统整合，提供一体化网上政务服务的整体服务阶段迈进。

　　除了开放、整体外，新经济时期公共服务的供给模式由传统的以部门为中心向以公民为中心转变，也使得"以公民为中心"成为智慧政务的核心理念之一。实际上，智慧政务强调，政府不再仅仅作为一个提供信息、服务和公众参与的平台，而更多地将注意力放在了使用以公众为核心的、双向互动的治理方法上，让公众可以自主地选择与政府进行交互的形式。比如，2014 年，微信与广州、深圳、北京、上海等地的政府机构合作，推出了 10 多种城市生活的便民服务，包括就医、保险、车务、气象、环保、交通、政务等，用户可以在"城市服务"中选择对应的便民服务。2018 年，广东省率先推出"粤省事"集成式民生服务小程序，小程序通过统一入口单点登录，将分布在各个业务部门的民生服务通过数据开放共享和流程再造统一管理起来，关注即可随时随地一键通办，并附带到期提醒、办结通知、评议、投诉、咨询、政策等全方位信息服务，让公民与政府沟通指尖触达，令主动权掌握在公民手中。[4] 此外，诸如 2019 年推出的长株潭一体化综合服务平台"诸事达""我的长沙"App 等数字化平台都为公民提供了诸多智慧服务。

　　智慧政务建设利用互联网等先进技术提高政府管理水平，有助于确立市民本位，建立多种管理结构，加强政府效能、效益和经济的综合追求，提高政府效率和降低成本，

---

[1] 《加州电子政府建设失败的启示》，知乎，2020 年 12 月 19 日，https：//zhuanlan. zhihu. com/p/338018537。

[2] 蒋敏娟、黄璜：《数字政府：概念界说、价值蕴含与治理框架——基于西方国家的文献与经验》，载于《当代世界与社会主义》2020 年第 3 期。

[3] 王欣敏：《打造泛在可及的政务服务体系》，载于《经济日报》2022 年 8 月 19 日，http：//paper. ce. cn/pad/content/202208/19/content_259573. html。

[4] 韩李云：《微信政务：民生为本，智慧政务再上新台阶》，载于《网络传播》2019 年第 3 期。

实现政府组织网络化，促进政府组织从纵向结构向扁平化发展，实现政府组织横向结构整合，推进政府职能转型，从而推进国家治理体系和治理能力现代化，建设"智治"服务型政府。

5.5.2　智慧交通

智慧交通是信息、管理等技术在交通运输领域的深度应用，是交通运输信息化发展的高级阶段，是一个采集、加工、处理、传输和开发利用信息资源的过程，其在提供信息和知识方面具有很强的自学习、自判断、自处理、自适应能力，是信息化引领交通运输现代化的具体表现形式，在现代交通决策科学、管理智慧、生产智能、服务人文等各个方面将发挥强有力的支撑和保障作用。[①]

智慧交通在 20 世纪 80 年代就已经被提出了。在出版于荷兰的一篇题为《指挥交通信号》的文章中，"智慧交通"的概念被首次提出。该文以信号灯系统为中心，深入讨论了不同类型的交通信号对交通安全和车辆行为的影响，并提出了一种能够自我协调的、有利于保障交通安全的交通信号系统。显然，此时智慧交通概念还只是局限于道路的某个单一模块。到了 90 年代，关于智慧交通的研究和实践已覆盖至交通系统。例如，《利用智能流量监控器控制 ATM 网络的堵塞》（Congestion Control in ATM Networks with Smart Traffic Warden）一文就曾讨论如何基于一种智慧交通系统解决车辆拥堵问题。

到了新经济时期，智慧交通不再局限于解决道路拥堵问题，开始延展到各个领域。2009 年，IBM 提出了智慧交通的理念，即构建在智能交通的基础上融入物联网、大数据等新技术，从而协调"人、车、路"，使得公共交通服务更加人性化的智慧出行服务系统。这标志着现代意义上的智慧交通正式诞生并开始发展。与此同时，作为智慧交通的"中心枢纽"——车联网，也开始发展。车联网最早诞生于 1962 年"阿波罗计划"，通用汽车参与此计划，为其研制惯性制导与导航系统，由此催生出了车载导航和通信技术，这也被看作通用汽车车联网服务的开端。历经 30 年的研究，1996 年，在月球车车载信息系统基础上，通用汽车研发了世界最早的车联网系统，命名为安吉星（OnStar）。2009 年，上海安吉星正式成立，车联网服务被正式引入中国并历经了三个阶段的发展。

第一阶段：2G/3G 时代的车联网。2009～2013 年是国内车联网的启蒙时期，当时国内汽车产品大多还处在 1 个月 30M 流量的 2G 时代，鲜有人将汽车和网络联系在一起。这一时期的车联网"网络化"很低，只能做到 GPS 定位导航以及知道车主在何处遭遇碰撞、碰撞严重程度如何、安全气囊是否打开，并基于此提供主动介入的道路救援服务。

第二阶段：第四代移动通信网络与智能座舱，无人驾驶。2014 年，移动网络正式迎来 4G 时代。在 4G 网络下，视频数据的实时性更好，互联网的业务范围更广，无线业务的发展空间更大，车联网也进入一个新的快速发展时期。这个阶段的车联网，集中

---

① 张新、杨建国：《智慧交通发展趋势、目标及框架构建》，载于《中国行政管理》2015 年第 4 期。

在三个方面，即车载信息服务、移动娱乐消费和智能驾驶。例如，通过云端服务，推动基于"云"的汽车应用和服务；根据航空升级（OTA）技术，发展一种系统的自动升级服务；开发车载支付系统，提供个性化的车联网保险业务。同时，它还拥有自动驾驶的能力，包括 ACC 自适应巡航、ABZA 侧盲区预警、LCA 后盲区预警等。另外，这一阶段的车联网还与自动驾驶技术相结合，提供预警信息技术，包括岔口碰撞预警、盲区与换道预警、紧急制动预警、车辆失控预警和前向碰撞预警等。

第三阶段：5G、6G 人造卫星汽车网络，无人驾驶技术的规模化应用。目前，车联网的发展已经上升到了国家的战略层面。5G 通信具有高传输效率、低延迟、高稳定性等特点，能够满足未来车联网发展的需求。5G 车联网能够实现车内、车与人、车与车、车与路、与服务平台等多个层次的互联互通，提高无人驾驶技术水平，促进无人驾驶技术的发展和推广。同时，由于卫星、因特网的普及，作为新基建的一部分，6G 时代的卫星网将会大展拳脚，而卫星车联网的业务也将很快落地。卫星车联网指的是通过地面通信和卫星通信双通道的方式，来实现车载终端的全天候、全域的覆盖，为无人驾驶需求、特种车联网需求以及船联网需求提供服务。车联网在乘用车领域的应用更多体现在提升用户体验，但如果能够将车联网的优势功能迁移到商用车领域，将迸发出巨大的商机。2020 年，深耕车联网多年的东方和讯正式布局商用车车联网，成立东方和讯智能科技有限公司聚焦下一代商用车车联网智能服务，以"卫星互联网 + 车联网"为核心发展方向，赋能网络货运及自动驾驶等行业应用。

在车联网的基础上，智慧交通还涵盖了公路、铁路、民航、水运等领域，各领域内部的管理体系相对成熟，在未来智慧交通会朝着越来越完善的方向发展。

5.5.3　智慧医疗

智慧医疗是指以智能的方式来满足社会医疗卫生领域多方面的需求，从而保证患者或健康人群能在最合适的时间获得预防性、治疗性的医疗服务。[1] 近些年来，物联网、大数据、人工智能等领域的发展使得人们的医疗行为方式和医疗工作者医疗服务手段发生变化，引起医疗数据的处理能力呈数量级增长且呈人工智能化。[2] 智慧医疗是数字化信息技术在医疗保健领域的全面应用，主要用于疾病的诊断、治疗、健康监测、预防以及疾病管理等方面。[3]

和智慧交通的起源一样，智慧医疗同样源自 IBM 在 2009 年提出的"智慧地球"战略概念。智慧医疗的理念之一是"智能医疗监护"。2009 年 6 月 8 日，苹果公司展示了 iPhone 手机的新功能，即生命体征监视器。通过一个外置传感器和应用软件的配合，该

---

① 夏天等：《我国智慧医疗发展概况》，载于《生物医学转化》2022 年第 1 期。
② 秦银河：《研究型医院的人工智能思考》，载于《中国研究型医院》2019 年第 6 期。
③ 俞阳：《欧盟数字医疗发展的政策措施及现状》，载于《全球科技经济瞭望》2012 年第 4 期。

系统利用传感装置获取病人的体温、血压和脉搏等生理参数，实现对病人的实时监测。这种可实现无时空限制的便捷式生命体征监控，不仅为患者提供便利，而且能有效补充医学资源、改善医学资源分配不均的现状。智慧医疗的理念之二是"智能医疗服务"。2012 年，美国的健康大数据分析公司 Flatiron Health 成立，它的主要业务是对大数据进行分析，比如，它采用的电子病例，能被用来对医疗过程中产生的文字、符号、图表、数据、图像等信息进行记录，并且能够对信息进行存储、管理、传输和再现，它不但能够对患者的门诊、住院等医疗信息进行记录，而且还能够对患者的健康信息进行记录，比如疫苗接种、体检、健康状况等。据悉该公司已在 C 轮融资获得了 1.75 亿美元，是美国医疗大数据中最有潜力的独角兽公司。[①] 智慧医疗的理念之三是"远程医疗"。2015 年 4 月，由中国平安集团旗下子公司平安健康推出的手机软件"平安好医生"正式登陆各大 App 商城，使用"平安好医生"，人们可以足不出户在线坐诊，实时接受用药、疾病、营养及运动等建议，并且通过用户上传的数据，可以由专业医护人员对数据进行观察，提供必要的咨询服务和医疗指导，实现远程医疗。在智慧管理方面，智慧医疗还包括医疗用品智能管理、医疗器械智能管理等。例如，医疗用品智能管理中的RFID 电子标签识别技术以及医疗器械智能管理中的手术器械管理，都促进了医疗行业的发展。除此之外，智慧医疗也是医疗信息化最新发展阶段的产物，也即互联网医疗演进的产物，是 5G、云计算、大数据、人工智能等新技术与医疗行业进行深度融合的结果（见图 5 - 3）。

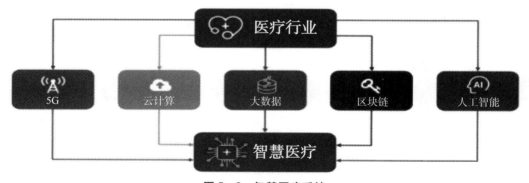

图 5 - 3 智慧医疗系统

在将来，智慧医疗将会伴随着科技的发展而越来越完善，借助各种信息交流和共享平台，达到真正意义上的交互式医疗，用远程终端来监测病人的实时健康状况，在合适的条件下，可以进行专业的实时医疗指导、远程会诊、远程手术等。智能医学是一门新兴的信息技术和生命科学相结合的交叉学科，它将在人类生活中发挥重要作用。

① 《19 亿美金"许身"罗氏，医疗大数据行业将诞生超级独角兽》，界面新闻，2018 年 3 月 7 日，https：//www.jiemian.com/article/1974557.html。

5.5.4 智慧教育

智慧教育即教育信息化，是指在教育领域（教育管理、教育教学和教育科研）全面深入地运用现代信息技术来促进教育改革与发展的历程。智慧教育的出现源自 2008 年 IBM 总裁兼首席执行官彭明盛在纽约市外交关系委员会发表的演讲《智慧地球：下一代的领导议程》[①]，不久之后，在"智慧地球"理念的引导下，智慧教育破茧而出，成为信息时代教育发展的高级阶段和未来方向。

（1）第一阶段：理念倡导构建教育思路。

在 21 世纪之交，智能教育仍停留在对教育目标、教学方法和教师角色等因素的思考和前瞻上，而对技术因素的介入则相对较少。美国于 2010 年出台了《国家教育技术计划》，提出要解决"如何教""教什么"等问题，以满足学习者的个体化学习需要。韩国教育部于 2011 年 6 月向韩国总统办公厅递交了一项议案——《通往人才大国之路：推进智慧教育战略》，该议案随后于当年 10 月正式公布。旨在进行智慧教育改革，改造课堂，提升技术支持的学习效果，培养适应未来信息社会的创新型国家人才。新加坡制定了"智慧国家 2015"规划，其中一个重要内容就是要让国民在未来的信息化社会中，通过信息化的方式实现个体化、终身化的学习，从而提高国民的综合能力。整体而言，在此阶段，对于智慧教育的阐释实际上已经涵盖了教育活动中的目的、方式和过程。但是，它更多的是一种理念的提倡，用来对传统知识教育的异化现象进行反思，并与新兴技术相隔离。

（2）第二阶段：技术介入革新教育要素。

随着新技术的逐渐成熟与应用，各种新技术被用于改革教育系统，智慧教育由此而生。2016 年，北京联合大学特殊教育学院积极引进智能语音识别系统，将教师的教学语言转化成文字字幕呈现在大屏幕上。课堂教学上实现"手语 + 语音口型 + 文字讲义"多通道、多维度的信息输入，确保学生准确、完整、高效接受相关信息。2018 年，美国萨米特学校（Summit Public Schools，Summit）建立了个性化学习平台（Personalized Learning Platform，PLP），学生在 PLP 学习像"1 + 1 = 2"这种能够自学的知识，然后在课堂里去实践真实生活中的项目，进行更深入的学习。老师可以在 PLP 布置每个学科的学期总任务和阶段性任务。打开学习界面，学生就可以看到这些清晰的任务指示并开始自主学习。Summit 课堂的一大特色就是教师的角色从传授知识的讲师，转变为课堂组织者、课业辅导者和人生规划师，而学生在新系统下也相应地成了更加独立的自主学习个体。智慧教育也是新加坡智慧国家的一部分，教育被纳入新加坡人工智能计划之中。新加坡尤其重视在教育领域使用信息科技等现代化技术，创造了一个丰富和个性化的以学习者为中心的环境，并为教育机构和终身学习创建了一个全国性的教育和学习构架。基础设施建设方面，新加坡教育部要求所有中学生在 2021 年底前拥有一台设备，这种

---

① 张永明：《解读智慧地球与智慧城市》，载于《中国信息界》2010 年第 10 期。

专用资源和基础设施的提供不仅在教育系统中，而且在社会中都需要维持；提升教师能力方面，要求教师成为有效的学习设计师，教师需要具备使用各种数字工具设计学生学习体验项目并适应前所未有的情况的能动性和能力。例如，新加坡崇辉小学开展了一对一数字化学习项目，为每位学生提供个人学习设备，为学生提供了一个随时随地学习的环境，使学生访问信息和知识的世界以增强自身学习能力；此外，学校探索了数字化故事教学模式，学生利用多媒体资源进行创作和分享故事，培养了学生的技术素养和信息素养，并在多种语言的学习和教学中进行了成功的实践。

总的来说，这个阶段对智慧教育的研究既有概念的纵向深入，也有内容的横向扩展。智慧教育的内涵不断地呈现出技术的特征，在其形态上偏向于教育环境的智能化、教学手段的技术化以及教学资源的开发等。

（3）第三阶段：价值引领走向深度融合。

随着学术界对智慧教育的讨论越来越多，智慧教育的概念再次将重点放在了教育活动中的人才培养上，其中所包含的技术也在不断的更新中与教育体系进行更深层次的融合。学者们更加注重教育规律和教育原则对技术搭建智慧教育体系的指导作用，以及教育的最终目标是促进人才发展的价值意义。他们认为，智慧教育是"让学生更有智慧的教育"，其目的也是"培养人的智慧"。各种技术持续地将其集成到教育环境中，并将其指向教育主体。比如，利用复杂模式匹配算法、数据分析等智能技术来帮助高校教师进行教学，利用多模态工具来促进意义生成、丰富学生的学习经验等，除此之外，在政策的指引下，智慧教育还可以实现产学研用的融合。比如，2019～2020年，我国教育部先后批准了20个"智慧教育示范区"。[①] 总的来说，这一阶段的智慧教育已经逐步将技术整合应用到教育体系中，更多地关注"新兴技术＋教育"的人本理念，以智慧人才的培养为核心，并与教育中的教学、产业、制度、文化等深层次要素融合在一起，逐步朝着一体化发展。

5.5.5　智慧文旅

"智慧文旅"是一种数字经济形势下文旅深度融合所形成的新业态[②]，以当地特色文化元素核心为内在驱动，以现代科技为主要手段，以期达到旅游景区全面智慧升级的最终目的。"智慧文旅"历经了信息化、移动化、智慧化、智能化四个改革阶段。

在信息化初始阶段（1997～2009年），"智慧文旅"以互联网旅游信息服务平台的形式出现，这些平台主要用于旅游目的地信息的发布和查询、购票、酒店预订等。美国是最早提出智慧文旅概念的国家之一。[③] 2005年，在斯丁波滑雪胜地，工作人员在游客

① 《智慧教育2.0，还有多远》，中国小康网，2021年4月28日，https://m.thepaper.cn/baijiahao_12437427。
② 江晓翠：《智慧文旅：起源、内涵与建设框架探析》，载于《旅游纵览》2022年第14期。
③ 佚名：《智慧文旅的发展与创新》，载于《智能建筑》2022年第5期。

身上安装了一套定位设备，开启了北美智慧文旅的首次尝试。到了 2006 年，宾夕法尼亚州的波科诺山脉，人们开始了一种新的旅游方式，即佩戴无线射频手腕等系统用以导航。北美一些城市在智慧交通方面取得了很大的成就，除提供了一套完善的智能车票服务外，还可以让游客和居民对公共汽车的运营状况进行实时的了解。在智慧城市的构建中，北美区域的目标是满足顾客的智能化、个性化和信息化的需要，从而优化服务细节，改进管理流程，降低管理运营费用。从 2001 年起，欧盟就启动了一项名为"创造方便、个性化的手机旅行服务"的计划。在发展智慧旅游的同时，注意基础设施建设与应用推广，着力打造综合市场。欧洲一些城市在目前的项目建设过程中，将二维码技术与城市信息相结合，为智慧旅游提供了一种服务。在公共服务方面，欧洲正在大力发展和运用电信技术，并计划在欧洲范围内建设专用的交通无线数据通信网络，使其成为交通管理、导航、电子收费的智能化交通工具。在智慧旅游的应用领域，欧洲国家的企业通过提供资金，共同研发了一款基于 GPS 和辨识软件的智能导游软件，将历史遗迹恢复到了巅峰状态。旅游线路规划软件的使用也比较普遍。

2010 年，移动互联网兴起，"智慧文旅"进入移动化阶段，智能终端设备应用程序取代网站成为消费者使用的主要入口与游客获取信息与进行消费的主要方式。例如，2010 年，携程集团上线"携程旅游"应用程序，其定位是旅游综合服务平台，在原来的票务预订业务基础上，开始提供集旅游攻略、门票预订、购物指南、线路推荐等功能于一体的一站式服务。同年，由欧洲联盟出资、英德公司共同研发的一款基于"增强现实"技术的智慧导览软件，可以让参观者"亲身"感受被人遗忘的历史。该软件旨在推动当地文化和旅游业的发展。当游客处于一个地方的时候，只要将自己的手机摄像头对准面前的遗迹，手机中的 GPS 系统和图像识别软件就可以确定游客的位置，这样，就可以从自身的角度，将此遗迹在最鼎盛时候的模样呈现在手机上，并可以进行一个虚拟的重建。这款软件不仅可以让游客"回到过去"，还可以为其定制一份专属的旅行计划，让游客体验交互式的旅行。韩国首尔于 2011 年推出了以首尔市为基础的、面向游客的、以智能手机为平台的旅游信息服务平台——"I Tour Seoul"。通过这个平台，旅游者可以实时地了解到他们现在所处位置周围的景点、餐厅、酒店、娱乐、购物等各种相关的旅游信息，还提供了从当前位置利用公交、自驾车、步行方式前往目的地的方法。

在智慧化阶段，智慧文旅概念渐渐形成，5G、VR、AR、物联网、区块链、人工智能等信息技术日益成熟，并被应用于精准地捕捉市场需求、盘活文化创意资源、提升文化旅游的沉浸式体验感，实现文化引领旅游创新发展。2017 年 VR 全景技术的横空出世，将文旅行业发展推向了高潮，与传统的碎片化图片展示不同的是，VR 全景可以 1∶1 在线还原景区环境，让景区在互联网上得到更加详细的展示，同时将线下观景体验带到线上，可以解决线上无体验的行业痛点。VR 智慧文旅基于 VR 漫游、VR 云游、VR 直播等产品服务，为文旅产业打造全方位数字化解决方案，打造沉浸式、无接触式的数字服务新业态。①

2019 年是"智慧文旅"元年，并迅速进入智能化阶段。旅游"新基建"大热，尤其是旅游服务和旅游管理方面的智能化水平得到极大的提升，催生出人工智能旅游助手、刷脸入园等高科技智能化体验，"云展览""云直播""VR 虚拟旅游""科技旅游"等文旅新业态兴起。当前，"智慧文旅"不再局限于提供"一站式服务"，而是转向提供更为智能、便携、多元化的"一键式服务"和"跟踪式服务"。

智慧文旅，是顺应时代而生的一种文旅新理念、新业态、新模式、新服务，是一场深刻的变革。从目前的发展状况来看，智慧文旅发展已经走过了萌芽阶段，进入了高速发展阶段，随着各项先进科学技术在文旅行业的运用，所带来的旅游体验品质更好、服务效能更高。

5.6 小   结

数字经济本质上具有很强的技术属性，这一点在新经济形态下尤为凸显。在新经济形态下，数字经济以物联网、大数据、人工智能、区块链和数字孪生等新技术为核心驱动力，以新技术形成新产业、新产业催生新模式、新技术赋能传统产业。② 其中，新产业的实质是数字产业化，而新模式与新业态的实质则是产业数字化。前者是数据要素与数字技术的产业化，后者则是数据要素与数字技术对传统产业的赋能和改造，两者互相促进、协调发展。

数字产业化，亦即新技术创新发展，是新经济发展的根本推动力。新经济时期以来，各种新技术蓬勃发展，已经无可置疑地成为新一轮经济社会革命的动力源泉，各国因此纷纷"加注"新技术发展。其中，美国、中国分别以 15.3 万亿美元和 7.1 万亿美元的数字经济规模位居世界前二，远超包括第三位德国（2.9 万亿美元）在内的其他国家，这也使得中美之间的数字产业竞争成了世界数字产业化的主流。③ 实际上，在物联网、大数据等具体技术的开发与产业化历程中，始终贯穿着美国凭借其信息技术基础保持领先地位而中国则紧跟其后的发展"暗线"。2020 年以后，数字经济在新冠疫情中的稳定作用、在未来变局中的战略作用引导着各国将发展战略向数字产业化领域继续倾斜，以中美两国为主的世界主要国家在战略层级的新布局，正在为推动数字产业化和新

---

① 《VR 智慧文旅强势崛起，让你的 VR 景区震撼人心》，百家号，2023 年 1 月 11 日，https：//baijiahao. baidu. com/s？id = 1754713310431435423&wfr = spider&for = pc。

② 李晓华：《数字经济新特征与数字经济新动能的形成机制》，载于《改革》2019 年第 11 期。

③ 李括、余南平：《美国数字经济治理的特点与中美竞争》，载于《国际观察》2021 年第 7 期。

经济进入下一个发展高潮积蓄力量。与此同时，随着新技术深化应用，数字经济与传统经济深度融合成为新经济时期产业数字化的突出特征。《全球数字经济白皮书（2022年）》显示，2021年，世界上47个主要国家的数字经济增加值为38.1亿美元，占其GDP总值的45.0%，而产业数字化部分则占到了数字经济总比重的85%。其中，第三产业数字化引领了三大产业转型发展，一二三产业数字经济占行业增加值比重分别为8.6%、24.3%和45.3%。显然，与信息经济、网络经济时期的历次产业革命相似，这场以新技术发展为核心的产业革命，极大地推动着传统产业的技术变革，使得传统产业伴随着技术结构升级、组织结构升级和管理水平升级走向智能化阶段。[1]

总之，回顾新经济时期以来的全球数字经济发展历程，就纵向发展而言，数字产业化随着新技术革新应用而不断循序向前，而产业数字化则在与数字产业化的协调发展中不断推进经济社会新旧发展动能的转变，实实在在地提高了数据处理的时效化、自动化和智能化水平，推动社会经济活动效率迅速提升、社会生产力快速发展。就横向对比而言，以中美两国为主的世界主要国家自2010年以后，无不加快政策调整，战略布局与落地实施同步推进，为数字经济发展营造良好环境。[2]

---

[1] 郭克莎、杨倜龙：《以数字技术赋能产业转型升级》，光明网，2022年8月9日，https://m.gmw.cn/baijia/2022-08/09/35941213.html。

[2] 中国信息通信研究院：《全球数字经济白皮书（2022年）》，2022年，第15页。

第 6 章
中国数字经济的成长奇迹：
一个历史制度主义分析视角

1994 年，数字经济在中国起步，在短短的 20 多年的时间里，中国数字经济从无到有、从小到大、由弱变强，创造了数字经济成长的中国奇迹。对于中国数字经济的成长史，学界的研究非常薄弱，胡雯分三个阶段对 1994 年以来中国数字的发展进行了简单回溯[①]，赵小兵记述了中国互联网技术的创新历程[②]，江小涓和靳景回顾了"十三五"时期数字经济发展状况[③]。此外，还有一些记述描述互联网企业发展史的网络文章。[④]

历史制度主义是新制度学派中一个重要分支流派，关键节点理论、路径依赖理论构成该流派的核心理论内涵。历史制度主义主要关注社会稳定状态下的渐进性制度变迁问题，在中国共产党的强有力领导下，中国社会稳定，改革按既定目标稳步推进，因此，历史制度主义适用于分析中国问题。[⑤] 近年来，历史制度主义理论框架被包括经济学界、政治学界、教育学界在内的人文社科界广泛运用于分析中国经济社会体制变迁和各

---

① 胡雯：《中国数字经济发展回顾与展望》，载于《网信军民融合》2018 年第 6 期。

② 赵小兵：《方舟：数字经济创新史》，中信出版集团 2020 年版。

③ 江小涓、靳景：《中国数字经济发展的回顾与展望》，载于《中共中央党校（国家行政学院）学报》2022 年第 1 期。

④ 张璇、吴帅帅：《数字中国发展史：从"追随"到"引领"》，载于《经济参考报》2019 年 9 月 30 日；秦川川、杜圆圆：《支付宝改版：一部中国数字经济发展史》，锌财经，https：//baijiahao. baidu. com/s？id＝1660877 251790960005&wfr＝spider&for＝pc，2020 年 3 月 11 日。

⑤ 何俊志：《结构、历史与行为：历史制度主义对政治科学的重构》，复旦大学出版社 2004 年版。

类政策实施问题，研究主题涉及党的经济思想演进、农村公共物品供给制度变迁、慈善事业发展、高校专业设置政策和毕业就业政策演变等。历史制度主义同样适用于分析中国数字经济成长史。本章首先运用关键节点理论对中国数字经济成长史进行合理的历史分期，分阶段阐述数字经济的成长历程，从而给出一个整体性认识。在此基础上，运用路径依赖理论对中国数字经济的成长奇迹作出尝试性解释。

6.1 1994～2012 年：中国数字经济在全面融入世界中快速发展

关键节点理论是历史制度主义的一个重要概念。历史制度主义把经济社会领域发生重大变革的相对短暂的时期确定为关键节点，在关键节点上，会发生重大事件，重大事件既可以是离散的单个事件也可以是事件的累积，重大事件对制度变迁有着至关重要的影响，因为它足以改变制度的演进方向，使制度变迁发生转折性变化。[①] 在中国数字经济的成长历程中，已经出现了两个关键节点：一个是 1994 年中国接入国际互联网，标志数字经济正式扬帆起航；另一个是 2012 年党的十八大以后把发展数字经济上升为国家战略。每一个关键节点意味着开启一个新的发展阶段，据此，我们可把中国数字经济发展史划分为两个阶段进行考察。其中，1994～2012 年是中国数字经济的起步并快速发展阶段。

互联网是数字经济的载体，没有互联网，数据就无法转化为生产要素，产业和社会治理就难以数字化，数字经济就局限于数字产业，即电子信息制造业、电信业、软件和信息技术服务业等。1994 年 4 月 20 日，中国国家计算机网络设施（NCFC）全功能接入因特网的 64K 国际专线，成为国际互联网大家庭中的第 77 个成员，中国进入互联网时代。这是"我国数字经济、数字社会发展的起点"[②]，起点即关键节点，标志着中国数字经济进入了全面跟随世界步伐阶段。

1994 年之前，中国已经拥有电子信息制造业等产业门类，因此，中国数字经济可以追溯到之前的电子工业发展时期。早在 1929 年，国民政府在南京设立电信机械修造总厂，电子工业起步，但因长期战乱，民国时期的电子工业非常落后。新中国成立以后，国家重视电子工业发展，1950 年在重工业部设立电信工业局，1963 年成立专管电

---

① 乔瓦尼·卡波奇、R. 丹尼尔·凯莱曼著，彭号阳、刘义强译：《关键节点研究：历史制度主义中的理论、叙事和反事实分析》，载于《国外理论动态》2017 年第 2 期。
② 中国互联网信息中心：《第 50 次中国互联网络发展状况统计报告》，2022 年，第 89 页。

子工业的第四机械工业部，电子工业成为独立的工业部门。集成电路被称为"工业的石油"，是电子技术的核心。1956 年，中国第一个半导体专业——北京大学半导体物理专业创办；1956 年所制定的《1956—1967 年 12 年科学技术发展远景规划》把半导体、计算机、自动化和电子学列为四大紧急措施；1957 年成功研制出第一根锗单晶，1959 年成功研制出第一根硅单晶；1965 年，中国第一块集成电路问世；1968 年，国内第一家集成电路（IC）专业化工厂——北京东光电工厂（简称"878 厂"）成立；1972 年，中国开始从欧美引进技术，同年，永川半导体研究所诞生了我国自主研制的 PMOS 大规模集成电路。[①] 但因奉行"以军为主"的方针，改革开放以前的电子工业始终徘徊不前。党的十一届三中全会以后，电子工业重点转向民用，巨大的需求拉动了电子工业的发展。1982 年，电子工业由军口转民口，第四机械工业部更名为电子工业部。1986 年，国务院决定把集成电路、电子计算机、软件和程控交换机列为优先发展的高新技术产品，中国电子工业步入发展快车道，崛起了一批著名的电子产品生产企业，如中国长城计算机集团公司、联想计算机集团公司、浪潮计算机集团公司、太极计算机公司等。1986 年 8 月 25 日，高能物理研究所 ALEPH 组组长吴为民从北京信息控制研究所的 IBM－PC 机上向瑞士日内瓦西欧核子中心的斯坦伯格发送中国第一封电子邮件，揭开了中国使用互联网的序幕。1990 年，数据交换系统（EDI）被列入"八五"国家科技攻关项目，开启了 EDI 电子商务应用新阶段。1993 年，国家启动金桥、金关、金卡"三金"工程，电子政务建设迈出第一步。

透过上面的回溯，我们看到，中国数字经济在 1994 年之前已有基础，但局限于电子工业领域。此时的美西方国家，因互联网的广泛使用，其数字经济已从数字产业化扩展到产业数字化，而中国的产业数字化尚未起步。从 1994 年起，中国全面融入世界数字经济发展大潮之中，起步即加速，取得了显著的发展成绩。

6.1.1 信息基础设施建设的跨越式进步

早在 1986 年，1G 即第一代移动通信在美国诞生，就实现了语音的移动传输，"大哥大"是传输工具，摩托罗拉是 1G 的主导者。1991 年进入 2G 时代，实现了短信的移动传输，诺基亚是主导者。2001 年 3G 登上历史舞台，实现了图片和视频的传输，苹果是主导者。2010 年跨入 4G 时代，在 3G 基础上增加了游戏服务，可以观看 3D 电视、举办视频会议，苹果仍然是 4G 时代的主角，中国华为在 4G 时代崭露头角。2019 年之后进入万物互联的 5G 时代。1994 年的中国还处在 1G 时代，1994 年之后奋起直追，1995 年，由爱立信提供设备，中国移动使用 GSM 技术建立 2G 网络，中国进入 2G 时代。1G 和 2G 时代，中国是跟随者。2000 年国际电信联盟确定 CDMA2000（美国版）、WCDMA（欧洲版）、TD－SCDMA（中国版）写入 3G 技术指导性文件《2000 年国际移动通讯计

---

① 艾瑞咨询产业数字化研究部人工智能研究组：《中国半导体 IC 产业研究报告》，2022 年，第 12 页。

划》，中国标准获得国际认可，2008 年正式开发出 3G，2009 年工信部发放 3 张第三代移动通信牌照，中国进入 3G 时代。2009 年中国启动 TD－LTE 技术试验，2010 年，我国拥有自主知识产权的 TD－LTE 被国际电信联盟确定为 4G 国际标准，与 FDD－LTE 一道成为两大 4G 国际主流标准，我国首次在移动通信标准领域实现了从跟跑到并跑的跨越，2012 年 TD－LTE 实现商用，中国进入 4G 时代。随着信息基础设施不断提升，我国互联网用户以几何级数增长，1997 年 10 月第一次调查，全国网民 62 万人，2000 年增加到 115 万人，2004 年增加至 9 400 万人，到 2006 年，全国网民 1.37 亿人、互联网普及率为 10.5%，至 2012 年 6 月，网民 5.38 亿人、普及率为 39.9%。①

6.1.2　商贸数字化一马当先，电子商务迅猛发展

1994 年 10 月，亚太地区电子商务研讨会在北京召开，中国人开始接触电子商务概念。1998 年 4 月，北京海星凯卓计算机公司与陕西华星进出口公司利用中国商品交易中心电子商务系统进行第一单电子交易，翻开了电子商务在中国的新篇章。21 世纪之初，因信息基础设施改善以及由此带来的网络用户增加，B2B 和 B2C 电商模式在中国应用，2001 年，B2B 网站有 370 家，B2C 网站 667 家，电子商务交易额达到 771.6 亿元，其中，B2B 模式交易额 767.7 亿元，B2C 模式交易额 3.9 亿元。② 但此时的中国电子商务额在全球电子商务收入中微乎其微，据联合国的统计数据，2002 年全球电子商务收入中，美国占 45%，西欧占 25%，日本占 15%，包括中国在内的发展中国家则仅占 6.7%。③ 2003 年，阿里巴巴推出淘宝网，淘宝网所推行的个人电子商务新模式非常适应消费者需要，成功地迫使易贝退出中国市场，并且快速地吸纳了海外顾客，发展为全球最大的 C2C 平台。阿里推出支付宝业务，使网购更加便捷。阿里所创造的电商新模式推动中国电子商务特别是网上零售的井喷式增长。2004 年，全国电子商务交易额为 4 400 亿元，2005 年激增至 6 200 亿元。2007 年，国家制定《电子商务发展"十一五"规划》，将电子商务服务业确定为重要的新兴产业。2010 年，移动互联网产生并迅速普及，网购所依赖的载体由电脑延伸到手机，PC 端被移动端取代，淘宝出现了"手淘"新形态。美团网也于 2010 年上线，网络团购作为一种电子商务新模式产生，由于团购了消费者与商家的议价能力，美团网甫一产生就广受消费者青睐。便捷的线上交易带动了网上销售额的增长，2006 年，网络零售额首次超过 1 000 亿元；2012 年，突破10 000 亿元，年平均增速保持在 50% 以上。④

---

① 中国互联网络信息中心：《第 30 次中国互联网络发展状况统计报告》，2012 年，第 1 页。
② 何枭吟：《美国数字经济研究》，吉林大学博士学位论文，2005 年，第 23 页。
③ 《联合国报告显示：全球网民数量大增数字鸿沟未减》，中国新闻网，2002 年 11 月 21 日，https：//www.chinanews.com/2002－11－21/26/245642.html。
④ 《2012 这个网上零售规模超万亿》，人民网，2013 年 5 月 30 日，http：//it.people.com.cn/BIG5/n/2013/0530/c114490－21681095.html。

6.1.3 企业数字化转型起步

欧美等发达国家的数字经济是建立在工业经济高度发达的基础之上，数字化融入工业化进一步提高工业化的发展水平，但中国的工业化落后于发达国家，如果不加速推进数字化与工业化的融合，中国工业化与发达国家工业化水平的差距就会进一步拉大。基于这种考虑，党的十六大提出"两化互动"，即以信息化带动工业化、以工业化促进信息化。党的十七大提出要"两化融合"，即"大力推进信息化与工业化融合"。"两化融合"战略的实施加快了企业的数字化转型步伐。企业的数字化转型包括生产数字化和管理数字化。生产数字化主要是智能制造，管理数字化主要是管理信息化。这个时期的企业数字化程度非常低，在生产数字化方面，我国制造业虽位居全球第四，但绝大多数企业处在数字化的最低水平——生产自动化阶段，智能化尚未铺开，因此生产效率低下，人均劳动生产率仅为日本的 1/26。在管理数字化方面，在 1.5 万家国有大中型企业中，约 10% 的企业基本上实现了管理信息化，约 70% 的企业拥有一定的信息手段，约 20% 的企业配备了计算机但仅用于文字处理，财务管理和人事管理信息系统尚未建立。尽管不少企业建立了局域网，但并未广泛运用于企业间的业务处理，企业间的业务往来依然靠电话、传真解决。[1] 党的十七大以后，为加快实现从"制造大国"向"制造强国"的转变，大型国有企业的数字化转型由单项应用向集成应用转变。譬如，在信息化水平比较高的轨道交通行业，基本实现了企业资源计划管理（ERP）、产品数据管理（PDM）、计算机辅助工艺管理（CAPP）的集成应用，初步构建了产品和工艺设计数字化平台，实现了制造执行系统及设计制造等核心业务集成。[2]

除了以上三方面的成绩之外，这个时期，以图像、音像、影像、书籍、报纸、语音等可视听数字产品为支撑的数字内容产业也获得了较快发展。数字政府建设于 1998 年起步，其标志是青岛市建立了我国首个政府网站"青岛政务信息公众网"。到 2010 年，政务网络覆盖率达到 70% ~ 80%。[3] 数字经济主要靠电子商务支撑，工业领域的数字化转型尽管已经破题，但由于软件产业落后，无法自主搭建数字化转型平台，制约了数字化转型的步伐，农业领域的数字化转型尚未起步。

这个阶段我国数字经济总量快速增长。据中国互联网络信息中心的统计数据，在 2002 年、2005 年、2008 年、2011 年分别为 1.2 万亿元、2.6 万亿元、4.8 万亿元、9.5 万亿元，数字经济占 GDP 的比重，2002 年仅为 10.3%，2005 年为 14.2%，2011 年升到 21.1%。[4] 尽管发展快，但是增速低于同期 GDP 平均增速，数字经济在国民经济中的

---

① 何枭吟：《美国数字经济研究》，吉林大学博士学位论文，2005 年，第 65 页。

② 葛继平、林莉、黄明：《中国轨道交通装备制造业两化融合现状调查及发展策略探析》，载于《中国科技论坛》2010 年第 6 期。

③ 赵亚辉：《我国信息技术产业规模世界第二　仅次于美国》，载于《人民日报》2004 年 7 月 16 日。

④ 中国互联网络信息中心：《第 47 次中国互联网络发展状况统计报告》，2021 年，第 15 页。

地位还不高。蔡跃洲和牛新星对1993～2012年中国数字经济规模进行了测算，结果如表6-1所示。

表6-1　　　　　　　　　　　**1993～2012年中国数字经济结构变化**　　　　　　　　　单位：亿元

年份	数字经济增加值规模	数字产业化规模	产业数字化规模	年份	数字经济增加值规模	数字产业化规模	产业数字化规模
1993	950.09	812.06	138.03	2003	15 941.18	7 754.10	8 187.08
1994	1 771.70	1 155.86	615.84	2004	20 451.73	10 167.00	10 284.73
1995	2 838.64	1 519.62	1 319.02	2005	24 912.32	12 503.20	12 409.12
1996	3 955.17	1 949.00	2 066.17	2006	28 607.21	14 104.10	14 503.11
1997	5 074.17	2 465.00	2 609.17	2007	34 954.66	17 057.86	17 896.80
1998	6 004.31	2 930.50	3 073.81	2008	40 486.46	18 893.32	21 593.14
1999	6 954.43	3 460.30	3 494.13	2009	45 023.25	20 851.19	24 172.06
2000	9 283.19	4 927.90	4 355.29	2010	55 548.66	24 585.67	30 962.99
2001	10 815.10	5 462.30	5 352.83	2011	67 092.07	28 826.10	38 265.97
2002	13 087.02	6 355.00	6 732.02	2012	76 781.82	32 784.92	43 996.90

注：数据为名义值。
资料来源：蔡跃洲、牛新星：《中国数字经济增加值规模测算及结构分析》，载于《中国社会科学》2021年第11期。

表6-1揭示，1993～2012年，中国数字经济规模名义值增加了80.88倍，数字产业化规模名义值增加了40.37倍，产业数字化规模增长了318.81倍，产业数字化规模的增速远快于数字产业化规模。1993～2001年，数字产业化规模大于产业数字化规模，2002年产业数字化规模首次超过数字产业化规模，2008年之后，随着"两化融合"的不断深入，两者的差距越拉越大，到2012年时，数字产业化规模是产业数字化规模的74.5%。

6.2　新时代：中国数字经济高质量发展

进入新世纪之后，美国、英国、德国、日本、澳大利亚等发达国家纷纷出台政策措施推动数字经济发展，抢占经济发展制高点，但"我国政府对于数字经济发展的认识还局限在有关信息通信技术等数字经济的狭义层面上，而且仅仅将信息技术作为七大产业之一，没有出台任何有关数字经济的国家战略"[1]。"党的十八大以来，党中央高度重视发展数字经济，将其上升为国家战略。"[2] 2015 年制定的《中华人民共和国国民经济和社会发展第十三个五年规划纲要》首次提出"加快建设数字中国"。2021 年制定的《"十四五"规划和 2035 年远景目标纲要》提出要"发展数字经济，推进数字产业化和产业数字化，推动数字经济和实体经济深度融合，打造具有国际竞争力的数字产业集群"。2021 年 12 月，国务院专门出台《"十四五"数字经济发展规划》。在党中央的统筹下，市场和政府相互协调，合力推动中国数字经济迈向高质量发展阶段。2012年以来，中国数字经济在高质量发展的道路上勇毅前行，取得了更加辉煌的成绩。

6.2.1　新型数字基础设施建设领先全球

2013 年，工信部向中国移动等三家电信运营商发放 3 张 TD – LTE 制式的 4G 牌照，中国移动通信进入网速更快、业务更多、价格更低的 4G 时代。据中国互联网络信息中心（CNNIC）发布的《第 34 次中国互联网络发展状况统计报告》，2013 年底，我国域名总数为 1 844 万个，IPv6 地址数量达 16 670 块/32，网站 320 万个。[3] 数字经济领域的技术迭代比以往任何时候都要快，随着智能制造和智慧管理不断深入，对数据采集、存储和传输的要求亦随之提高，面对这种新要求，必须加快 5G、人工智能、云计算、物联网、工业互联网、车联网、数据中心等新型数字基础设施建设。5G 是人工智能、云计算、物联网、工业互联网、车联网等信息数字基础设施的底层支撑。"第五代移动通信（5G）技术不仅仅是下一代移动通信技术或者 4G 的拓展，而且是对传统产业进行数字化和智能化改造的关键，是大数据、物联网和人工智能等新一代信息技术高质量发展的技术基础与前提。"[4] 在 2015 年 12 月 16 日召开的"第二届世界互联网大会"开幕式上，习近平总书记向全世界宣布"中国正在加强信息基础设施建设，发展网络经济，促进互联网和经济社会融合创新发展"[5]。国家大力实施网络强国战略、国家信息化发展战略、国家大数据战略。2019 年开始发放 5G 牌照。2020 年初，突如其来的新冠疫情，逼停了正常的社会生产生活，线上消费、线上教育、远程办公、远程医疗等数字活动发挥了无可替代的作用。国家顺势而为，于同年 3 月 4 日召开政治局常委会，明确提出"要加快 5G 网络、数据中心等新型基础设施建设进度"。涵盖信息基础设施（通信网络、新技术、算力基础设施）、融合基础设施（智能交通、智慧能源基础设施）和创新

---

① 逄健、朱欣民：《国外数字经济发展趋势与数字经济国家发展战略》，载于《科技进步与对策》2013 年第 8 期。

② 习近平：《不断做强做优做大我国数字经济》，载于《求是》2022 年第 2 期。

③ 中国互联网络信息中心：《第 34 次中国互联网络发展状况统计报告》，2014 年，第 3 页。

④ 杜传忠、陈维宣：《全球新一代信息技术标准竞争态势及中国的应对战略》，载于《社会科学战线》2019 年第 6 期。

⑤ 《习近平在第二届世界互联网大会开幕式上的讲话（全文）》，新华网，2015 年 12 月 16 日，http：//www. xinhuanet. com//politics/2015 – 12/16/c_1117481089. htm。

基础设施（重大科技、科教、产业技术创新基础设施）三大领域的新基建全面铺开。至 2022 年 6 月，我国 IPv6 地址数量达到 63 079 块/32，IPv6 活跃用户数达 6.83 亿，移动电话基站总数达 1 035 万个，其中，5G 基站总数达 185.4 万个，占移动基站总数的 17.9%，光缆线路总长度达 5 791 万千米；三家基础电信企业的移动电话用户达 16.68 万亿，其中 5G 移动电话用户达 4.55 亿户，99.7% 的网民使用手机上网，网民每周上网时间长达 29.5 小时。[①] 在 5G 链条上，无论是上游基站（包括射频和基带芯片）还是中游网络建设、下游终端产品，中国都处于全球领先地位。已建成全球最大规模的 5G 网络，5G 基站数量占全球基站总量的比重超过 70%，5G 终端连接用户也超过全球用户总量的 80%。[②] 我国拥有全球最大的信息通信网络，移动网络速率在全球 139 个国家和地区中排名第 4 位；我国 5G 商用发展实现规模、标准数量和应用创新三大领域领先全球，特别是 5G 标准必要专利声明数量占比超过 38%，位列全球首位。美国司法部前部长威廉·巴尔说："中国已经在 5G 领域取得了领先，美国在历史上第一次没有引领下一个技术时代。"[③]

6.2.2　新一代数字技术创新取得重大进展

我国在新一代数字技术研发上取得了斐然的成绩。超级计算是世界各主要国家角逐的科技制高点，是衡量一个国家科技实力的重要标志，中国自主研发的"神威·太湖之光"超级计算机的计算速度比"天河二号"快 2 倍，效率高 3 倍，据 2016 年法兰克福国际超级计算大会发布的消息，"神威·太湖之光"超级计算机系统在全球超级计算机 500 强（TOP 500）中居首位。[④] 2020 年 6 月，成功发射北斗系统第 55 颗导航卫星，全面完成北斗三号全球卫星导航系统星座部署，卫星互联网关键技术取得重大突破。量子计算尽管起步较晚，但经过近年来的不懈努力，量子处理器、量子计算软件等方面与国际先进水平的差距不断缩小，在量子密钥分发（QKD）网络建设和示范应用项目处于世界领先地位。人工智能安全技术实现局部突破，联邦学习、差分隐私机器人进入应用阶段，产生了 Foolbox、Advbox 等支持学术研究的开源工具。北斗星通于 2020 年 11 月发布了最新一代全系统全频厘米级高精度 GNSS 芯片"和芯星云 NebulasIV"，首次在单颗芯片上实现了"基带＋射频＋高精度算法"一体化，在性能、尺寸、功耗等方面比上一代芯片取得了突破性进展。阿里成为世界云计算领域的领跑者，百度、科大讯飞在无人驾驶、语音识别等领域具备国际领先水平。区块链底层技术有所突破。吞吐率和可伸缩性是制约区块链大规模应用的主要因素，基于有向无环图和基于分区的两类解决方

---

① 中国互联网络信息中心：《第 50 次中国互联网络发展状况统计报告》，2022 年，第 7、10、15 页。
② 江小涓、靳景：《中国数字经济发展的回顾与展望》，载于《中共中央党校（国家行政学院）学报》2022 年第 2 期。
③ 周念利、吴希贤：《中美数字技术权力竞争：理论逻辑与典型事实》，载于《当代亚太》2021 年第 6 期。
④ 《揭秘全国产世界最快超级计算机"神威·太湖之光"（组图）》，新华网，2016 年 6 月 21 日，http://www.xinhuanet.com/world/2016-06/21/c_129079210_3.htm。

案的区块链系统有望消除这个制约，国家出台相关政策支持区块链技术创新，2019～2020 年的一年多时间内，各级政府部门发布了 70 多份与区块链相关的文件，在国家的支持下，众多企业开展自主技术创新，到 2019 年底，我国区块链专利申请量居全球首位，占全球专利总额的 50%，从上游的硬件制造到下游的技术应用，形成了自主可控的产业链。[①] 在算法技术方面，美国主导的"集中式数据库"受摩尔定律限制，使其无法满足超大规模市场的需要。为了满足中国超大规模市场的需要，2020 年蚂蚁集团自主研发"分布式关系数据库"奥星贝斯，把存储、运算、分析功能放在云端，突破了物理空间的限制，"这是对传统美国技术所主导的集中式数据库的迭代式赶超，因而具有重要的国际示范意义"[②]。

6.2.3 数字产业化规模不断扩大

按照国家统计局发布的《数字经济及其核心产业统计分类（2021）》的产业划分，"数字产业化"部分对应数字产品制造业、数字产品服务业、数字技术应用业、数字要素驱动业四类产业。[③] 据中国信息通信研究院的核算，2011 年，我国数字产业化规模为 2.9 万亿元，到 2021 年，增加至 8.4 万亿元，增长了 2.89 倍，如表 6－2 所示。

表 6－2　　　　　　　　　　**2011～2021 年我国数字产业化规模的变化**　　　　　　单位：万亿元

	2011 年	2014 年	2015 年	2016 年	2017 年	2018 年	2019 年	2020 年	2021 年
产值	2.9	4.2	4.8	5.2	6.2	6.4	7.1	7.5	8.4

资料来源：2011～2015 年数据来源于中国信息通信研究院：《中国信息经济发展白皮书（2016 年）》，2016 年，第 17 页；2016～2021 年数据来源于中国信息通信研究院：《中国数字经济发展报告（2022 年）》，2022 年，第 6 页。

数字产业主要由电信业、电子信息制造业、软件和信息技术服务业、互联网和相关服务业构成。随着网络强国建设步伐的加快，电信业加速发展，三家基础电信企业的固定互联网宽带接入永华达 4.84 亿元，全国 98% 以上的行政村实现了通光纤和 4G 覆盖，农村和城市实现"同网同速"。2020 年，电信业务收入达 1.36 万亿元。[④] 电信业的发展，必然带动通讯设备制造业、电子元件及电子专用材料制造业、电子器材制造业、计算机制造业的发展。以 E 级超级计算机为代表的高性能计算是科技创新的重要动力源，

① 中国互联网络信息中心：《数字中国产业发展报告：信息通信产业篇（2020 年）》，2020 年，第 32 页。
② 李括、余南平：《美国数字经济治理的特点与中美竞争》，载于《国际观察》2021 年第 6 期。
③ 数字产品制造业是指计算机、通信设备、电子元件、视听设备、广播电视设备和雷达及配套设备的制造，为数字产品提供维修维护等服务就构成数字产品服务业，数字技术应用业系指各类软件产品的开发、信息通信技术服务和信息传输服务。数字要素驱动业主要是指信息基础设施建设，以及包括数字内容产业、互联网批发零售、互联网金融在内的高度数字化的传统产业。详见《数字经济及其核心产业统计分类（2021）》，国家统计局网站，http：//www.stats.gov.cn/tjsj/tjbz/202106/t20210603_1818134.html，2021 年 6 月 3 日。
④ 中国信息通讯研究院：《中国数字经济发展白皮书》，2021 年，第 11 页。

2020 年，我国超级计算机数量居全球第一，占市场总额的 40% 以上，已经广泛应用于图像识别、人脸识别。[1] 软件产品主要是工业软件产品开发（嵌入式软件已经成为产品和装备数字化改造、各领域智能化增值的关键性技术）、信息技术服务、信息安全产品和服务，2020 年，全国软件和信息技术服务业规模以上企业超过 4 万家，累计完成软件业务收入 8.2 万亿元。[2] 互联网和相关服务业的业务主要包括互联网企业的信息服务、互联网平台服务企业带来的收入（在线教育服务、直播带货、社交团购）、互联网接入服务、互联网数据服务（云服务和大数据服务），2020 年，我国规模以上互联网和相关服务业完成业务收入 1.3 万亿元。[3]

在数字产业内部，数字产品制造业属于硬件制造，软件和信息技术服务业、互联网行业属于软件制造和信息服务业。自 2008 年以后，我国数字产业出现软化，党的十八大以来，国家出台政策支持软件产业发展，加速了数字产业的软化过程。2017 ~ 2021 年，规模以上计算机、通信和其他电子设备制造业营收由 10.6 万亿元增加至 14.1 万亿元，增长 33.01%；规模以上软件营收由 5.5 万亿元增长至 9.5 万亿元，增长 72.72%；规模以上互联网和相关服务业营收由 7 101 亿元增长至 15 000 亿元，增长 111.23%。[4] 尽管硬件制造业营收仍大于软件营收和互联网行业营收，但软件营收和互联网行业营收的增速远快于硬件制造业营收。

6.2.4 产业数字化规模更大、结构更优

产业数字化在本质上就是利用数字技术提升农业、工业、服务业的产量和效率，从而提高实体经济的竞争力。习近平总书记反复强调"要把握数字化、网络化、智能化方向，推动制造业、服务业、农业等产业数字化"[5]。新一代数字技术的创新迭代，加速了人工智能、互联网、大数据技术与实体经济的深度融合，产业数字化规模迅速扩大并成为数字经济的主引擎。按照国家统计局发布的《数字经济及其核心产业统计分类（2021）》产业划分，数字化效率提升业的规模代表了产业数字化规模，数字化效率提升业具体体现为智慧农业、智能制造、智能交通、智慧物流、数字金融、数字商贸、数字社会、数字政府。据中国信息通信研究院的测算，2011 ~ 2021 年，产业数字化规模由 6.5 万亿元增加到 37.1 万亿元，增长了 5.7 倍，如表 6-3 所示。

---

① 中国信息通讯研究院：《中国数字经济发展白皮书》，2021 年，第 15 页。
② 中国信息通讯研究院：《中国数字经济发展白皮书》，2021 年，第 13 页。
③ 中国信息通讯研究院：《中国数字经济发展白皮书》，2021 年，第 14 页。
④ 国家互联网信息办公室：《数字中国发展报告（2021 年）》，2022 年，第 5 页。
⑤ 习近平：《不断做强做优做大我国数字经济》，载于《求是》2022 年第 2 期。

表 6 – 3　　　　　　　　2011～2021 年我国产业数字化规模的变化　　　　　　　单位：万亿元

	2011 年	2014 年	2015 年	2016 年	2017 年	2018 年	2019 年	2020 年	2021 年
产值	6.5	11.9	13.8	17.4	21.0	24.9	28.8	31.7	37.1

资料来源：2011～2015 年数据来源于中国信息通信研究院：《中国信息经济发展白皮书（2016 年）》，2016 年，第 17 页；2016～2021 年数据来源于中国信息通信研究院：《中国数字经济发展报告（2022 年）》，2022 年，第 6 页。

（1）电子商务取得突破性发展。

众所周知，我国的产业数字化起于电子商务。2012 年以前，我国电子商务超常规发展，2012 年以来，电子商务继续一马当先，取得突破性发展。一是移动互联网的发展使得网购更加便捷，网络零售新业态迅速崛起。2015 年，淘宝直播上线，直播与网购、海淘的融合，使网络直播成为一种新的电子商务模式，到 2021 年底，电商直播用户达 4.64 亿人，占全国网民总数的 44.9%，通过达人模式、秒杀模式、店铺自播、基地走播、产地直播等模式，以线上消费推动网络零售持续增长，网上零售额在 2021 年达到 13.1 亿元，网络零售成为带动生产与消费、国内国际双循环的关键环节。[1] 2019 年，我国网上零售额渗透率为 26%，是发达国家的 2.4 倍，手机用户移动支付渗透率为 81%，是发达国家的 2.8 倍。[2] 移动互联网的普及带动了"即时零售"即网上外卖的发展，阿里、京东、美团、饿了么等电商推出的网上外卖因方便民众消费，用户规模迅速扩大、交易额快速增加，2017 年，全国网上外卖用户 3.43 亿人，到 2021 年底，增加至 5.44 亿人，占全国网民的 52.7%。[3] 二是跨境电商迅速发展。2019 年，国务院出台促进跨境电商发展的政策，这些政策包括"无票免税"政策、所得税核定征收办法、跨境电商统计体系等，主要跨境电商平台加速国际化步伐，阿里巴巴实施"本土到全球"战略，京东国际打通 1 000 多条国际运输线路。受全球新冠疫情暴发的影响，国际的传统商贸受阻，跨境电商逆势而起。2015 年，中国跨境 B2C 贸易额 390 亿美元，占全球的 20.6%；2019 年增加至 1 090 亿美元，占全球的 23.9%。[4] 三是在线旅游等新业态的兴起。数字化赋能旅游业之后产生了在线旅行预订新业态，2017 年，在线旅行预订用户 3.75 亿人，2021 年增加至 3.97 亿人，"轻旅游""微度假""宅酒店"成为新的热点。此外，在常态化防疫背景下，线上与线下相结合的"云旅游""云赏剧""云看展"等新业态受到大众青睐。[5] 四是电子商务服务业的发展。电子商务的发展带动了包括电子支付服务、电子商务物流服务、电子商务信息技术服务、认证服务等在内的电子商务服务业市场规模的不断扩大，此外，还衍生了电子商务代运服务、电子商务品牌服务、

① 中国互联网络信息中心：《第 49 次中国互联网络发展状况统计报告》，2022 年，第 53 页。
②④ 江小涓、靳景：《中国数字经济发展的回顾与展望》，载于《中共中央党校（国家行政学院）学报》2022 年第 2 期。
③ 中国互联网络信息中心：《第 49 次中国互联网络发展状况统计报告》，2022 年，第 54～55 页。
⑤ 中国互联网络信息中心：《第 49 次中国互联网络发展状况统计报告》，2022 年，第 57 页。

电子商务咨询服务、电子商务教育培训服务、电子商务安全服务等服务业。2019 年，电子商务服务业营收规模达 4.47 万亿元，有 8.5 万户电子商务服务企业，为各类电商企业提供交易、支付、物流、技术、认证、咨询、培训等专业服务，电子商务从业人员 5 125.65 万人，其中，电子商务直接就业 3 115.08 万人，电子商务带动信息技术、相关服务及支撑行业从业人员达 2 010.57 万人。① 五是社交电商业态不断创新。社交电商是一种新型电子商务形式，它是利用互联网社交工具建立的人际关系网，以拼单直取的方式开展销售，去除了中间环节，减少了流通成本，消费者以更低价格购得商品。为适应社交电商发展的需要，电商企业不再局限于中心化流量分发，如淘宝推出了社交电商 App "淘小铺"，京东创办了京喜，推行"社交＋拼购"模式。2020 年，社交媒体在中国的渗透率达到 97%，中国手机用户每天看手机的时间近 4 小时，在社交媒体上花费 2.3 小时以上，近 70% 的消费者在社交媒体上分享过自己的网购链接，社交电商用户达 7 亿人，成为创投市场的"新热土"，销售额达 3.7 万亿元，占全年网络零售总额的 30%，成为自营电商、平台电商之后的"第三极"。②

发展电子商务需要庞大的人才队伍，教育部在高等学校设置了电子商务专业，自 2020 年起增设跨境电子商务专业。各级政府部门举办电子商务培训班，中国国际电子商务中心面向基层和一线人员开展电子商务实操培训，2019 年累计培训 3 万人次。电商企业也着力培养人才，美团成立了美团大学，设置 9 个学院，培训餐饮、外卖、美业、酒店管理等领域的数字化人才；阿里巴巴推出电商人才认证体系，提供电商课程内容，支持企业培训电商人才。eBay 实施的"E 青春"跨境电商人才培育项目在 2019 年已在全国 30 多个城市的 75 所高等院校落地，培养了 3 000 多名学生。③

电子商务的快速发展促成了一批具有较大影响的互联网头部企业的崛起。2014 年，阿里巴巴在纽约证券交易所上市，成为美股史上最大 IPO。截至 2018 年末，全球市值最高的 10 家公司中，有 7 家公司［苹果、微软、Alphabet（谷歌母公司）、亚马逊、Facebook、阿里巴巴、腾讯］均为数字经济驱动型，其中中国有两家。到 2020 年底，我国在境内外上市的互联网企业共计 147 家，总市值 16.8 万亿元，其中，在上海证券交易所、深圳证券交易所上市的有 48 家、在香港交易所上市的有 38 家、在美国上市的有 61 家。互联网上市企业中，消费和商业领域的互联网企业占主导，从事互联网广告和网络销售、个人互联网增值服务、网络游戏、文化娱乐、电子商务、网络金融、工具软件、网络媒体等业务的企业合计占 70% 以上。其中，网络游戏类企业占比最高，达 24.5%；文化娱乐类占 16.1%；电子商务、网络金融和工具软件类企业分别占 12.6%、10.5%、7.7%。④

---

①③ 商务部电子商务和信息化司：《中国电子商务报告 2019 年》，2020 年，第 8、19 页。
② 商务部电子商务和信息化司：《中国电子商务报告 2020 年》，2021 年，第 71 页。
④ 中国互联网络信息中心：《第 47 次中国互联网络发展状况统计报告》，2021 年，第 71、73 页。

（2）工业数字化进程加快。

工业与信息技术融合之后，其升级路径是信息化到数字化再到数据化。2015 年的《政府工作报告》首次提出"中国制造 2025"战略，这个战略的核心是实现制造业的智能化。2016 年底，工信部和财政部联合发布《智能制造发展规划（2016－2020 年）》和《智能制造"十三五"发展规划》，将提升信息化和数字化水平作为新型工业化的重要目标，提出到 2020 年，传统制造业重点领域基本实现数字化。2017 年 12 月，习近平总书记在中央政治局第二次集体学习时的讲话中指出："做好信息化和工业化深度融合，推动制造业加速向数字化、网络化、智能化发展。"[1] 制造业与信息技术、数字技术的融合通过工业互联网来体现，工业互联网是人、机、物的全面联通，为物理世界和虚拟世界的沟通搭建起桥梁，是工业数字化转型的根本支撑。2017 年以后，国家部委出台多项措施发展工业互联网：国务院于 2017 年 11 月印发《关于深化"互联网先进制造业"发展工业互联网的指导意见》；工信部于 2018 年 6 月制定《工业互联网发展行动计划（2018－2020 年）》；2019 年 1 月，工信部又印发《工业互联网网络建设及推广指南》；2020 年 3 月，工信部发出《关于推动工业互联网加快发展的通知》，从六方面提出了 20 条具体措施；2022 年 4 月，工信部制定《工业互联网专项工作组 2022 年工作计划》，提出了夯实基础设施、深化融合应用、强化技术创新、培育产业生态等重点任务。各地纷纷出台政策积极部署工业互联网发展，2022 年，有 21 个省份把工业互联网列入当年政府工作任务，有的地方还设立工业互联网创投基金，加快本地工业互联网示范区建设。在国家的大力支持下，"综合性＋特色性＋专业性"的工业互联网平台体系基本形成，截至 2022 年底，有全国影响力的工业互联网平台已经超过 240 个，连接设备总量超过 8 100 万台（套），工业 App 数量超过 60 万个，工业互联网技术已经融入 45 个国民经济大类。[2] 国家工业互联网大数据中心已形成覆盖京津冀、长三角、粤港澳大湾区、成渝双城经济圈的体系化布局，全国在建"5G＋工业互联网"项目超过 2 000 个，形成平台化设计、智能化制造、网络化协同、个性化定制、服务化延伸、数字化管理等新模式新业态，工业互联网成为推动经济升级和培育新动能的重要工具。工业互联网已在电子设备制造业、装备制造业、钢铁行业、采矿行业、电力行业深化应用，有效地推动了云化设计领域专业性工业互联网平台的加速发展，推动了生产制造全过程数字化改造和过程智能化控制能力的提升，实现了原料资金和设备等各种生产资源的协同高效利用，促进了企业供给与客户个性化需求的精准匹配，推动了服务向高端延伸从而实现制造资源的动态配置和迭代优化，推动企业管理实现数字化转型从而提高企业综合决策能力和经营效益。[3] 工业互联网在企业的应用日益广泛，截至 2022 年上半年，已有 160 万

① 《习近平主持中共中央政治局第二次集体学习》，央广网，2017 年 12 月 10 日，http：//news. cnr. cn/native/gd/20171210/t20171210_524056075. shtml。
② 中国工业互联网研究院：《中国工业互联网平台创新发展报告》，2023 年，第 7 页。
③ 中国互联网络信息中心：《第 49 次中国互联网络发展状况统计报告》，2022 年，第 79～87 页。

家工业企业应用工业互联网，卡奥斯 COSMOPlat、根云、腾讯 WeMake、百度开物、用友精智、阿里云等 28 个跨界工业互联网平台的应用效果尤其显著，已有很多成功的案例。譬如，阿里云于 2017 年 6 月发布了"ET 工业大脑"，建立了包括产品数据、工艺数据、生产数据、监测数据在内的工业大数据分析系统，帮助企业优化生产过程、提高良品率、降低能耗物耗、实现故障预测并进行预防性维护。2018 年，阿里云帮助中策橡胶对橡胶密炼过程数据进行分析，提出工艺参数优化建议，实现密炼时长减少 10%、密炼温度降低 10℃，降低了次品率和能耗。① 工业互联网的广泛应用带动了其产值规模的不断扩大，2018 年、2019 年分别达到 1.42 万亿元、2.13 万亿元，对当年经济增长的贡献率为 6.7%、9.9%。② 工业互联网产业增加值占 GDP 的比重，2017 年为 2.83%，2019 年为 3.24%，2021 年为 3.67%。③

制造实现智能化是工业企业数字化转型的另一着力点，各主要国家均以智能制造为主要抓手，抢占全球制造业新一轮竞争的制高点：美国实施"先进制造业领导力战略"，德国实施"国家工业战略 2030"，日本推动"社会 5.0"战略。2015 年，中国发布《中国制造 2025》，提出用十年左右的时间实现由制造大国向制造强国的转型，实现这一目标必须通过"两化融合"来实现，新一代信息技术与制造技术融合发展的主攻方向是智能制造。2021 年 12 月，工信部联合八部委制定了《"十四五"智能制造发展规划》（以下简称《规划》），对"十四五"时期智能制造的发展作出全面部署。《规划》定义了智能制造的重大意义，它"是制造强国建设的主攻方向，其发展程度直接关乎我国制造业质量水平。发展智能制造对于巩固实体经济根基、建成现代产业体系、实现新型工业化具有重要作用"④。绿色转型和招工难、用工贵是企业近年来面临的普遍问题。解决问题的最好办法就是在原有的自动化生产线基础上，向智能化升级，因此企业有实现智能化的内驱力。智能制造目标的实现，首先需要解决的是技术问题，主要涉及关键核心技术⑤和系统集成技术⑥，通过技术创新，加快发展智能制造装备、软件

① 李毅中：《推动工业数字化转型》，2019 年 4 月 15 日，http：//www.caict.ac.cn/xwdt/hyxw/201904/t20190415_197769.htm。
② 中国信息通信研究院：《数字经济概论：理论、实践与战略》，人民邮电出版社 2022 年版，第 19 页。
③ 徐恒：《工业互联网：制造业数字化转型重要力量》，载于《中国电子报》2022 年 8 月 17 日。
④ 工信部等：《"十四五"智能制造发展规划》，2021 年，第 1 页。
⑤ 关键核心技术包括：突破产品优化设计与全流程仿真、基于机理和数据驱动的混合建模、多目标协同优化等基础技术；增材制造、超精密加工、近净成形、分子级物性表征等先进工艺技术；工业现场多维智能感知、基于人机协作的生产过程优化、装备与生产过程数字孪生、质量在线精密检测、生产过程精益管控、装备故障诊断与预测性维护、复杂环境动态生产计划与调度、生产全流程智能决策、供应链协同优化等共性技术；5G、人工智能、大数据、边缘计算等新技术在典型行业质量检测、过程控制、工艺优化、计划调度、设备运维、管理决策等方面的适用性技术。详见工信部等：《"十四五"智能制造发展规划》，2021 年，第 6 页。
⑥ 系统集成技术包括：开发基于信息模型和标准接口的可复用数据集成技术；制造装备、产品设计软件、管控软件、业务管理软件等之间的业务互联技术；面向产业链供应链协同的包含订单、质量、生产实绩等内容的企业信息交互技术；公有云、混合云和边云协同的灵活云化部署技术；涵盖设计、生产、管理、服务等制造全过程的复杂系统建模技术；基于模型的价值流分析和优化技术。详见工信部等：《"十四五"智能制造发展规划》，2021 年，第 6 页。

和系统解决方案，壮大智能制造新兴产业体系。智能制造技术只有广泛地应用到生产领域才能转化为生产力，才能推动经济高质量发展。在国家和企业的协同推动下，"十三五"以来，我国智能制造取得长足发展，智能制造装备市场满足率达到 50% 以上，主营业务收入超 10 亿元的系统解决方案供应商达 40 余家；初步构建了标准体系，发布国家标准 285 项，牵头制定国际标准 28 项；推广应用成效明显，试点示范项目生产效率平均提高 45%、产品研制周期平均缩短 35%、产品不良品率平均降低 35%，涌现出离散型智能制造、流程型智能制造、网络协同制造、大规模个性化定制、远程运维服务等新模式新业态。[①]

数控机床被称为"工业母机"，是国之重器。数控机床的核心技术包括"脑"（数控系统）、"神经"（伺服电机）、"眼"（测量器件）、"躯干四肢"（主轴、滚珠丝杠、直线导轨等）。"脑"（数控系统）是核心，该项技术长期被外国垄断。自 20 世纪 90 年代以来，华中数控致力于技术创新，是我国打破国际垄断的数控系统领军企业。早在 1992 年，该公司就采用工业 PC 作为硬件平台，采用更高水平算法和更高性能软件来弥补硬件方面的不足，与传统数控平台相比，具有开放性好、性价比高、软件定义、灵活性强等优点。新世纪以来特别是进入新时代之后，华中数控加快技术自主创新步伐，在若干领域实现了技术自主可控。2013 年，华中数控系统进入中航工业沈阳飞机工业（集团）有限公司。华中 8 型在国产数控机床设备上得到了广泛应用。2021 年 4 月，华中数控"华中 9 型智能数控系统"正式发布，这是世界上首台具备自主学习、自主优化补偿能力的智能数控系统，表明中国在高端数控领域已经攀上最高端。[②] 南京钢铁集团有限公司（以下简称"南京钢铁"）信息化基础好，从 2004 年开始，先后上线 MES、ERP 系统、C2M 平台，在已有的信息化、自动化基础上，南京钢铁与数字转型解决方案供应商合作开展钢铁行业数字技术攻关、制订数字化转型解决方案，在信息物理技术、仿真技术、射频识别技术、冶金智能机器人等数字技术领域的研发和应用均取得了进展，初步实现了"产业智慧化、智慧产业化"目标，同时将自身积累的数字化转型技术向下游客户输出，通过提供高质量的服务来增加数字化收益。福建省华昂体育用品有限公司（以下简称"晋江华昂"）与华中科技大学智能制造研究院合作，加入"鞋创云"等工业互联网平台，把物联网、5G、人工智能等数字技术应用于企业生产经营，通过对制鞋环节的生产数据进行统计分析提升了制鞋工艺和产品品质。浙江陀曼智能科技股份有限公司是一家在行业具有较大影响的轴承加工设备制造企业，与新昌市政府合作开展"百企改造"活动，搭建了服务于当地中小轴承企业的工业互联网平台，利用平台数据进行视觉查验、远程检查维护、轴承制造领域行业字典编撰和标准化推进等工作。智能制造的推进给企业普遍带来了三重利好，以晋江华昂为例：一是减少了用工

---

① 工信部等：《"十四五"智能制造发展规划》，2021 年，第 1 页。
② 谢智刚：《数字经济与中国经济数字化转型》，载于《财政科学》2021 年第 11 期。

量，晋江华昂使用智能生产线以后，员工由过去的 50~60 人减少到 8~10 人；二是降本增效，仅机器智能喷胶就能带来 20% 以上的成本节约，每双鞋平均用胶成本由 0.95 元下降为 0.75 元；三是提高产品质量，华昂在数字化转型后，产品合格率大幅度提升。[①]

近年来，一批数字化转型比较成功的企业在国际国内崭露头角。截至 2021 年 9 月，全球已有 90 户企业入选世界经济论坛和波士顿咨询评选的"工业 4.0 时代的灯塔工厂"，"灯塔工厂"都是数字化转型比较成功的企业，它们拥有较强的商业创新能力和智能技术研发能力，将来可能会发展成为全球数字产业的头部企业，是全球数字经济的引领者。有 31 家企业来自中国，分别是：西门子工业自动化产品、海尔中央空调互联网工厂、博世（无锡）、富士康（深圳）、丹福斯商用压缩机工厂、上汽大通 C2B 定制工厂、潍柴、宝洁、强生 DePuy、海尔沈阳共享互联工厂、福田康明斯、宝山钢铁、联合利华（合肥）、美光科技（台中）、阿里巴巴犀牛制造、博世（苏州）、富士康（成都）、青岛啤酒、纬创资通、美的（顺德）、联合利华（太仓）、施耐德电气（无锡）、三一（北京）、群创光电（高雄）、友达光电（台中）、海尔（天津）、富士康（郑州）、富士康（武汉）、中信戴卡、宁德时代。[②]

但也要看到，我国智能制造发展仍存在供给适配性不高、创新能力不强、应用深度广度不够、专业人才缺乏等问题。陈楠、蔡跃洲、马晔风从 2019 年起，对泉州、绍兴、南京、青岛、上海、东莞、佛山、南宁、咸阳、北京等地的工业企业数字化转型进行跟踪调查研究，得出的结论是"我国大部分制造业企业的数字化转型仍处于初级阶段，数据要素、数字技术等依然属于新兴事物"[③]。ABB 集团是全球电力和自动化领域的头部企业，于 1995 年在北京设立 ABB（中国）有限公司，ABB 集团发布了适用于全球工厂的智能制造模型，将数字化过程划分为 4 个阶段：第一阶段是开展简单数据收集；第二阶段是提高运营效率；第三阶段是实现生产过程可视化和过程可控；第四阶段是根据上下游数据实现预测性生产，打造"黑灯工厂"。[④]据此标准来考量中国企业的数字化转型，绝大部分企业尚处在第一阶段，比较好的企业处在第二阶段，进入第三阶段的企业少之又少。南京钢铁这样的行业领先企业，在数字化转型上走在行业前列，但对于数据要素的开发仅局限于生产制造环节，在数据要素规模估算、价值评估、资产化管理等方面还没有起步。

（3）农业数字化转型的展开。

农业是国民经济的基础。党的十八大以来，党和国家高度重视农业的数字化转型。2013 年，农业部在天津、上海、安徽三省、市率先开展农业物联网区域实验工程。

---

① ③ ④ 陈楠、蔡跃洲、马晔风：《制造业数字化循环性动机、模式与成效》，载于《改革》2022 年第 6 期。

② 江小涓、靳景：《中国数字经济发展的回顾与展望》，载于《中共中央党校（国家行政学院）学报》2022 年第 2 期。

2016 年，农业部出台《关于推进农业农村大数据发展的实施意见》，着手建设国家农业数据中心；2016 年中央一号文件《中共中央　国务院关于落实发展新理念加快农业现代化　实现全面小康目标的若干意见》提出要把现代信息技术应用到农业生产领域，推动农业全产业升级。2016 年 8 月，《"十三五"全国农业农村信息化发展规划》发布，提出了建设智慧农业的目标。2018 年中央一号文件《中共中央　国务院关于实施乡村振兴战略的意见》明确提出数字乡村建设目标。2019 年中央一号文件《中共中央　国务院关于坚持农业农村优先发展做好"三农"工作的若干意见》提出要"继续开展电子商务进农村综合示范，实施'互联网 + '农产品出村进城工程"[1]。2019 年 5 月，中央发布《数字乡村发展战略纲要》，将数字乡村作为数字中国建设的重要方面；2019 年 12 月发布《数字农业农村发展规划（2019 – 2025）》，对"十四五"时期推进数字农业农村建设的总体思路、发展目标和重点任务进行了部署。2020 年 2 月，中共中央、国务院《关于抓好"三农"领域重点工作确保如期实现全面小康的意见》提出，依托现有资源建设农村大数据中心，加快现代数字技术在农业中的应用。2021 年 1 月，中共中央、国务院《关于全面推进乡村振兴加快农业农村现代化的意见》提出，深入推进电子商务进农村和农产品出村进城，加快发展面向农村的网络教育。同年 9 月《数字乡村建设指南 1.0》出台，系统搭建了数字乡村建设的总体参考框架。地方政府根据要求制定文件，截至 2021 年底，已有 20 个省份出台了数字乡村建设方案。初步形成了中央统筹、各方整体协调的工作格局。在中央和地方各级政府的推动下，阿里巴巴、京东科技、拼多多等企业纷纷发力，推动数字技术在农业农村落地生根，数字农业和数智乡村建设初见成效。如阿里巴巴成立数字农业事业部，通过"基地"模式与产供销结合的中台体系打造数字农场，实现生产基地数字化管理；拼多多在农村搭建农产品上行平台和互联网农业数据平台，在"拼农货"体系下探索"多多农园""货找人"模式。2016 ~ 2020 年，全国数智乡村指数由 2016 年的 4.81 提高到 2020 年的 23.92，提升了 4.97 倍；全国农业生产数字化发展指数由 2016 年的 18.3 提高到 2020 年的 30.5，提升了 1.66 倍；乡村电商迅速发展特别是乡村生鲜交易额增长 13.45 倍。[2] 大型农业企业已经把数字技术运用于农业生产经营管理，积极发展智慧农业。北大荒集团是我国现代农业的头部企业，是我国最大的国有农场群，其下辖的三江分公司把物联网技术运用于水稻种植、苗期大棚管理等方面，该分公司还创建了 6 个"管理可量化、数据可利用、经验可复制"的智慧（无人）农场群，整合建立统一的智慧平台，实现了生产环节全覆盖、作业全自动、生产过程实时监控；牡丹江分公司编制了国内第一个水稻种植全程智能化方案，该分公司还联合国内 34 家单位开展智能农机技术创新和无人农场项目应用

---

①　何伟、孙克、胡燕妮、张琳、续继：《中国数字经济政策全景图》，人民邮电出版社 2022 年版，第 118 ~ 119 页。
②　中国社会科学院财经战略研究院、农业农村部信息中心、京东科技：《2021 年数智乡村白皮书》，2022 年，第 12 ~ 15 页。

示范。①

（4）数字治理能力大幅度提升。

进入数字经济时代以后，社会治理模式从单一监管向双向互动、从线上治理向线上线下融合、从单一的政府监管向更加注重社会协同治理转变。为适应这种新变化，党的十八大以来，党和国家从多元共治、技管结合、数字化公共服务三个方面推行数字化治理。②

数字经济时代，用户、消费者、第三方、政府各方汇聚于平台之上，各方通过平台表达诉求、参与社会治理，因此，对平台进行多元共治成为题中应有之义。不可否认，在数字经济的大发展过程中，由于缺乏对数字平台、数据安全等新模式的认知，数字经济领域出现了很多乱象，近年来，中央和地方出台了相关法规治理乱象。自2015年起，多元共治成为我国政府治理中的重要内容，2018年十三届人大常委会第五次会议提出，要建立多元共治模式来管理电子商务，多元共治理念正式进入数字经济领域。2019年，国务院发布的《关于促进平台经济规范健康发展的指导意见》提出，社会组织要制定行业规范、出台自律公约，构建多元共治的监管格局。2020年《中华人民共和国民法典》制定，对数据、电子合同、虚拟财产、个人信息保护和网络侵权进行了规定，为提高网络综合治理能力提供了法律依据。《中华人民共和国数据安全法（草案）》和《中华人民共和国个人信息保护法（草案）》的实施，填补了数据安全领域的法律空白，使数字治理有法可依。《关于平台经济领域的反垄断指南》的出台加强了反垄断监管，促进互联网产业健康发展。在网络治理方面，《互联网信息内容管理行政执法程序规定》《互联网新闻信息服务管理规定》《微博客信息服务管理规定》《网络信息内容生态治理规定》等制度相继出台，对互联网信息内容进行规范管理，清朗网络空间，端正舆论导向，高扬正能量。③

技管结合就是应用数字技术提升政府治理能力和管理水平。党的十八大以来，党和国家推进数字政府建设。数字政府就是运用云计算、人工智能、大数据、区块链等新一代数字技术，通过建设数字化平台重塑政务流程，创新政务模式，推进政府办公、社会治理向数字化、智能化发展的新型政府运行模式。④ 2013年，国家发展和改革委员会（以下简称"国家发改委"）发布《关于加强和完善国家电子政务工程建设管理的意见》，鼓励各级政府把云计算、大数据等数字技术运用于电子政务项目中。经过10年的建设，政务服务平台、监督平台和信用体系已经初步形成，到2021年，所有省、自治区、直辖市（港澳台除外）建立了覆盖省、市、县三级政府的政务服务平台，正在朝

---

① 于省元：《北大荒集团智慧农业发展额现状与对策》，载于《现代农业》2022年第6期。
② 何伟、孙克、胡燕妮、张琳、续继：《中国数字经济政策全景图》，人民邮电出版社2022年版，第139页。
③ 《第48次〈中国互联网络发展状况统计报告〉发布：我国网民规模超十亿》，央视网，2021年8月27日，https://news.cctv.com/2021/08/27/ARTIAQ8bIAmQ68Vs88OMHnRa210827.shtml。
④ 云计算开源产业联盟、数字政府建设赋能计划：《数字政府行业趋势洞察报告（2022年）》，2022年，第1页。

着省、市、县、乡、村五级全覆盖努力，全国一体化政务服务平台用户超过 10 亿人，所推出的"助企纾困服务专区"为企业提供个性化、精准化的纾困服务。浙江"最多跑一次"改革、上海"一网通办"改革、江苏"不见面审批"改革等政务服务新模式，都是数字政府建设的典范，有效地解决了群众和企业办事难问题。政务服务平台以"制度创新 + 技术创新"推动政府治理能力的提升。据联合国的数据，中国电子政务发展指数由 2018 年的 0.6811 提高到 2021 年的 0.7948，在全球排第 45 位，比 2018 年上升了 20 位，达到全球电子政务发展"非常高"的水平。[1] 以政务云为核心形成了数字政府产业，其内涵涉及政务云、智慧中台、行业应用、城市大脑等领域，到 2021 年，我国政务云市场规模达 802.6 亿元。[2] 阿里、腾讯等互联网企业和电信运营商与政府合作，充分利用政府开放数据资源，推出移动终端便民服务平台，实现政府、企业和市民的多赢，例如，微信基于政务服务公众号的轻量级 App 服务模式，极大地便利了群众，各级地方政府部门公开的政务微信公众号由 2014 年的 4 万个，增加到 2016 年的 10 万多个，提供入出境、交通、税务等 800 多项服务，2 亿多民众受惠。[3]

近年来，数字技术加速向社会生活领域渗透，公共服务数字化转型势在必行。党的十八大以来，从中央到地方出台数字化公共服务政策，在智慧城市管理、智慧医疗、智慧交通三个领域取得了比较显著的成绩。数字技术被广泛应用于分析城市人口、建筑、街道、环境、交通等大数据，以此对城市电力、交通、物流、燃气等公共设施进行精细化管理。"互联网 + 医疗健康"服务体系和支撑体系不断完善，二级以上的医疗机构基本实现了分时段预约诊疗、候诊提醒、检验检查结果查询、诊间结算、移动支付等线上服务功能的全面推进，电子健康卡普及应用，人民群众看病就医获得感和满意度得到大幅度提升。在数字技术的驱动下，形成了以数据为关键要素和核心驱动，物理空间和虚拟空间的交通活动不断融合的数字交通体系。

（5）城乡"数字鸿沟"有效弥合。

城乡"数字鸿沟"缩小首先体现在农村数字基础设施的改善，与城市的差距缩小。中国互联网络信息中心 2001 年的调查结果显示，尽管我国网络用户的增长率较高，但是网络普及和应用的增长主要发生在城市。网民中学生所占比例最大，达到了 32.4%；其次是专业技术人员，占总数的 12.6%；农民在网络用户中只占 1%，成为数字革命中的"数字贫困"人口。[4] 城乡之间的"数字鸿沟"从信息获得的角度反映了城乡居民发展机会的严重不平等性，不利于农业现代化、农村产业结构调整以及农民收入的增加。因此，积极缩小城乡数字鸿沟是我国政府面临的重要任务。2008 年，农村网民 8 460 万人，农村互联网普及率 11.6%，城镇普及率 55.1%，相差 43.5 个百分点。2012 年底，

① 中国互联网络信息中心：《第 46 次中国互联网络发展状况统计报告》，2020 年，第 54 页。
② 云计算开源产业联盟、数字政府建设赋能计划：《数字政府行业趋势洞察报告（2022 年）》，2022 年，第 4 页。
③ 电子政务理事会：《中国电子政务年鉴 2014》，2015 年。
④ 中国互联网络信息中心：《第十五次中国互联网络发展状况调查统计报告》，2005 年，第 14 页。

农村网民 1.56 亿人，城乡二元结构导致城乡互联网普及率差距较大，农村互联网普及率为 23.7%，比城镇相差 35.4 个百分点，不及城镇的一半。① 党的十八大以来，党和国家投入巨资建设农村信息基础设施，城乡数字鸿沟有效弥合。截至 2021 年 6 月，我国农村网民规模为 2.97 亿，农村地区互联网普及率为 59.2%，较 2020 年 12 月提升 3.3个百分点，城乡互联网普及率进一步缩小至 19.1 个百分点。农村地区通信基础设施逐步完善，推动农村互联网使用成本逐步下降。行政村通光纤和 4G 的比例均超过了99%，农村和城市"同网同速"，城乡"数字鸿沟"明显缩小，2021 年底实现未通宽带行政村动态清零。随着数字化应用日趋完善，广袤的下沉市场逐步享受到数字化带来的便利和实惠。② 农村数字基础设施的改善，带动了农村电商的快速发展。2019 年，农村电商进入规模化、专业化发展阶段，全国农村网络零售额达 1.7 万亿元，比 2018 年增长 19.1%，全国电子商务交易额达 34.81 万亿元，比上年增长 6.7%；农产品网络零售额 3 975 亿元，比 2018 年增长 27%，全国网上零售额达 10.63 万亿元，比上年增长16.5%。农村电商发展速度远快于全国电商发展速度。③ 全国 832 个国家级贫困县实现电子商务全覆盖，电商扶贫发挥的重要作用日益显著。④ 一批互联网企业投身于扶贫事业，帮助贫困地区打通农产品销路，以电商助力乡村振兴。淘宝网在国家级贫困县开通"脱贫直播频道"，快手实施"福苗计划"，帮助国家贫困地区向全国推销优质农产品，到 2020 年 7 月，已经开展 6 场专场扶贫活动，帮助 40 多个贫困县推销农产品，带动 18万多建档立卡户增收。2019 年 11 月到 2020 年 11 月，字节跳动帮助国家级贫困县销售商品 19.99 亿元。⑤

党的十八大以来，数字经济年均增速显著高于同期 GDP 增速，2012~2021 年，我国数字经济规模从 11 万亿元增加到 45.5 万亿元，占 GDP 的比重由 21.6% 上升到39.8%；我国数字经济年均增速为 15.9%，数字经济的整体投入产出效率由 2002 年的0.9 提升到 2020 年的 2.8。⑥ 上海社会科学院于 2017 年 12 月发布的《全球数字经济竞争力发展报告（2017）》显示，2016 年，美国数字经济总量达 11 万亿美元，居全球第一；中国为 3.8 万亿美元，居世界第二；日本为 2.3 万亿美元，英国为 1.43 万亿美元，分别居世界第三位和第四位。数字经济总量占 GDP 比重，美国最高，达 59.2%，英国和日本次之，分别为 54.5% 和 45.9%，中国只有 30.1%。⑦ 2020 年，中国的这一比率为 38.6%，德国、英国、美国均超过 60%。中国信息通信研究院对 2021 年 47 个主要国家数字经济规模的测算，当年总额 38.1 万亿美元，占 GDP 总量的 45.0%，高于中国

① 中国互联网络信息中心：《第 31 次中国互联网络发展状况统计报告》，2013 年，第 16 页。
② 中国互联网络信息中心：《第 48 次中国互联网络发展状况统计报告》，2021 年，第 27 页。
③ 商务部电子商务和信息化司：《中国电子商务报告 2019 年》，2020 年，第 1 页。
④ 商务部电子商务和信息化司：《中国电子商务报告 2019 年》，2020 年，前言。
⑤ 商务部电子商务和信息化司：《中国电子商务报告 2020 年》，2021 年，第 40 页。
⑥ 中国信息通信研究院：《全球数字经济白皮书（2022）》，2022 年，第 14 页。
⑦ 裴长洪、倪江飞、李越：《数字经济的政治经济学分析》，载于《财贸经济》2018 年第 9 期。

4.9 个百分点，中国排名第 9，处于第二梯队。[①] 中国信息通信研究院对全球主要经济体数字经济发展水平进行了分层，美国独处第一梯队；中国、日本、德国、英国、法国、韩国处于第二梯队；印度、巴西、加拿大、意大利、墨西哥、俄罗斯、澳大利亚、印度尼西亚、南非处于第三梯队。[②] 科列斯尼科夫等（Kolesnikov A. V. et al.,）从技术角度来看各主要国家数字经济发展水平，他认为，数字技术发展水平决定数字经济发展水平，美国、英国和德国可以被视为领先国家，日本、巴西和中国被认为是数字技术发展的前景国家。[③]

6.3　推动中国数字经济成长的动力

1994 年，中国数字经济发展才真正起步，彼时，美西方国家数字经济发展已经具备较高的水平。美国未来学家泰普思科说："信息网络是带动数字化经济及网络化智慧发展的主要动力"，衡量信息网络水平高低主要观察电脑拥有量和上网率，1993 年，美国正式启动信息高速公路建设，美国 2 100 万户家庭拥有个人电脑，1994 年增加到 3 000 万户，增长率高达 43%，1995 年达到 4 500 万户，网络使用增长率更快，1994 年，美国家庭中个人电脑配备网络数据的约为 5%，1995 年翻一番，达到 10%，到 1998 年，绝大部分电脑都连接上了网络。1993 年，因特网使用者全球约有 1 000 万人，1995 年接近 5 000 万人次。[④] 美国数字产业增加值占 GDP 的比重在 1997 年达到 65%，工业生产实现了自动化和网络化，制造业增加的 40% 左右由数字产业贡献，直接或间接从事数字产业的人数占总就业人数的 80%，互联网普及率接近 50%。[⑤] 无论是数字技术还是产业模式，中国均处在学习模仿状态。尽管起步晚，但起步就加速，经过 10 年的发展，到 2003 年，中国数字经济出现了新的变化。这一年，阿里巴巴先是于 5 月创办淘宝网进军 C 端市场，然后于 10 月推出支付宝业务，率先创造了一套完整的全新电子商务模式。由于这套新模式全面超越了发达国家过去所推行的电商模式，其交易的便捷性使其迅速在国内外推广。中国在全球数字经济领域的地位发生了变化，即由过去的跟跑者变成了个别领域的领跑者。2002～2005 年，中国数字经济总规模以年均 33.76%

① 中国信息通信研究院：《中国数字经济发展白皮书（2022 年）》，2022 年，第 3 页。
② 中国信息通信研究院：《数字经济概论：理论、实践与战略》，人民邮电出版社 2022 年版，第 73 页。
③ Kolesnikov A. V., Zernova L. E., Degtyareva V. V., et al. Global trends of the digital economy development ［J］. *Opción*：*Revista de Ciencias Humanas y Sociales*，2020（26）：523 – 540.
④ ［美］泰普思科著，卓秀娟译：《泰普思科预言》，时事出版社 1998 年版，第 17、19、21 页。
⑤ 王湘东：《从信息经济到生物经济：经济形态变革的比较与对策》，载于《上海经济研究》2003 年第 6 期。

的速度增长。① 党的十八大以来，中国数字经济进入高质量发展阶段，量质齐升。从量上看，数字经济规模由 2011 年的 9.5 亿元增加到 2020 年的 39.2 亿元，10 年间翻了 4 倍，稳居世界第二。从质上看，支撑数字经济发展的数字技术，中国取得了前所未有的进步，特别是 5G 技术超越美国领先全球。1994 年以来的 20 多年间，中国数字经济保持持续快速增长，据中国社会科学院数量经济与技术经济研究所发布的《中国数字经济规模测算与"十四五"展望研究报告》数据，1993～2019 年，中国数字经济年均增速达 16.6%，同期 GDP 年均增速为 9.1%，创造了增长的奇迹。② 在国际上，完成了从跟跑者到并跑者再到部分领域领跑者的跃升，创造了发展的奇迹。

是什么在推动中国数字经济持续发展从而创造成长奇迹呢？学界对此尚未深究，本书试图从历史制度主义视角出发做出尝试性解释。

历史制度主义对制度变迁模式的理解与新制度经济学大体一致。人类历史上的制度变迁主要有三种模式：政府依靠行政力量推动的强制性制度变迁模式、社会大众自发推行的诱致性制度变迁模式、政府与社会大众共同推动的强制性制度变迁与诱致性制度变迁相结合的模式。更多的历史证据表明，第三种模式是最优的模式。第三种模式之所以最优，是因为它能更好地处理政府与市场的关系。世界经济史反复证明，落后国家实现经济发展的后发赶超，单纯依靠市场自发力量和政府强制力量都不可行。"二战"以后的发展中国家，起点相差无几，但后来的发展绩效却迥异，发展得好的国家都很好地处理了政府与市场的关系，发展得不好的国家把政府和市场对立起来，要么是过分依靠政府而排斥市场，要么是相信市场万能而削弱政府的作用。第三种模式的发生路径最好是先有社会大众的制度创造，然后再上升到政府意志，最后在社会中推广。林毅夫和蔡（Tsai）的研究都表明，改革开放以来，经济领域的制度变迁，大多数始于市场主体所创造的非正式制度，经实践检验并取得成绩以后逐渐扩大扩散，随着社会影响的扩大，政府将其确定为正式制度并在全国范围内推广。③ 譬如，先有安徽等个别地方农民自发实行土地承包经营，然后上升到中央政策，最后在全国推行家庭联产承包责任制，实现了解放和发展农村生产力的目的。

中国政府于 1994 年决定接入国际互联网，这个决定的巨大意义在于把中国汇入了世界数字经济发展的洪潮之中。当时国有企业并无强烈意识利用互联网，民间精英超前地嗅到互联网带来的无限商机，率先利用互联网创业兴业。1997 年，丁磊在广州创办网易公司，中国互联网行业由此扬帆起航。1998 年，张朝阳创办搜狐、马化腾创办腾讯、王志东创办新浪，2000 年李彦宏创办百度，叱咤中国互联网行业的五大门户网降

---

① 财新智库：《中国数字经济指数》，2017 年，第 3 页。
② 《我国数字经济已超 17 万亿元》，中国工信网，https：//www.cnii.com.cn/rmydb/202009/t20200908_214670.html，2020 年 9 月 8 日。
③ 林毅夫：《一个制度变迁的经济学理论：诱致性和强制性变迁》，引自科斯等编：《财产权利与制度变迁》，上海三联书店 1994 年版；Tsai, Kellee S. Adaptive Informal Institutions and Endogenous Institutional Change in China [J]. *World Politics*, 2006, 59 (1)：116 - 141。

世。马云于1999年在杭州创办阿里巴巴，开启了中国电商新阶段。2000年，纳斯达克股市崩盘，全球互联网泡沫被吹破，受此影响，尚在蹒跚学步的中国互联网企业也遭遇第一个寒冬，但这并没有打折互联网精英们的创新之腰。经过两三年的潜伏，2003年，中国互联网行业迎来新的发展春天。阿里巴巴在电子商务领域的系列技术创新，不仅强势带动了国内电子商务的迅猛发展，而且把中国数字经济推向了一个在个别领域可与发达国家比肩的新高度。2005年新浪"博客"兴起，使网民以个人身份深度参与互联网。同一年，腾讯推出的QQ经过6年的发展，注册用户过亿，成为网民标配。2008年，程炳皓创办第一家以办公室白领用户为主的社交网——开心网。2009年，新浪推出微博。博客、QQ、开心网、微博等社交媒体新平台的推出，一方面促进了以软件业为代表的数字产业化规模的扩大，另一方面推动了以网上零售为核心的网购额的井喷式增长以及促进了以网络音乐、网络文学、网络直播、线上教育、线上医疗为主要内容的数字内容产业的大发展。市场主体所创造的互联网平台和商业模式，降低了大众的创业门槛和从事经济活动的交易成本。譬如，在电子商务模式下，人人都可利用淘宝、京东、拼多多等平台开网店，人人都可以利用滴滴平台当的士司机，人人都可以通过抖音、快手、海淘、淘宝、多多、苏宁等平台直播带货。数以亿计的社会大众利用各种平台从事各种线上经济活动，形成了中国历史上前所未有的大众创业、万众创新的活跃局面，市场的伟力在数字经济时代得到了淋漓尽致的发挥。已经具备核心竞争力的互联网市场主体如阿里、腾讯、百度等头部企业，为了保持其行业地位，汇聚了一大批技术领军人才开展数字技术攻关，涉及人工智能、5G、云原生数据库、生物识别、芯片、区块链、自动驾驶、异构计算等各个领域，其中，阿里巴巴在人工智能领域已经取得40多项世界第一。市场主体的技术创新除了使自身获益以外还具有显著的正外部性，它推高了整个中国的数字经济发展水平。

市场主体从诱致性制度变迁过程中获得利益，既需要得到政府的支持与保护，又需要对部分扰乱市场秩序的野蛮行为进行法律规制，唯有如此才能形成良性的、持续的发展局面，否则就会陷入大发展与大混乱并存的局面之中。经过21世纪头10年的发展，中国数字经济总量在2011年达到9.5万亿元，占GDP的20.3%，成为推动经济增长的重要动力。[①] 在这种背景下，党中央决定把发展数字经济上升到国家战略层面，形成中央从国家战略层面进行顶层设计和全面规划，地方出台相应举措推动数字经济战略落地落实的全新格局。体现在以下三个方面。

一是中央高度重视，中央和地方政府纷纷出台促进数字经济发展的举措。党的十八大以来，习近平总书记站在统筹中华民族伟大复兴战略全局和世界百年未有之大变局的大局上，从构建新发展格局、建设现代化经济体系和提升国家竞争新优势的高度来部署

---

① 《加快推进数字经济高质量发展》，中华人民共和国财政部，2021年8月24日，http://sd.mof.gov.cn/zt/dcyj/202108/t20210824_3747643.htm。

我国数字经济发展。中央关于数字经济的政策起步于大数据政策。2014 年，大数据被首次写入当年的政府工作报告。2015 年，国务院印发《促进大数据发展行动纲要》，从国家层面对大数据应用、产业和技术发展进行统筹布局。2016 年发布的《中华人民共和国国民经济和社会发展第十三个五年规划纲要》，明确提出"实施国家大数据战略"。党的十九届四中全会首次提出把数据作为生产要素，五中全会进一步确立了数据要素的市场地位。2022 年 6 月，中央全面深化改革委员会审议通过的《关于构建数据基础制度 更好发挥数据要素作用的意见》对完善数据要素市场化配置机制作出安排。党的十九大提出要"建设数字中国、智慧社会"，中央从建设数字中国的高度来部署数字经济发展。[1] 2018 年 8 月，中共中央办公厅、国务院办公厅印发《数字经济发展战略纲要》，这是首个国家层面的数字经济整体战略。2021 年 3 月通过的《中华人民共和国国民经济和社会发展第十四个五年规划和 2035 年远景目标纲要》专设"加快数字化发展，建设数字中国"篇章，对数字技术创新、数字产业化、产业数字化转型、数字社会和数字政府建设提出了明确的目标。2021 年 12 月，国务院印发《"十四五"数字经济发展规划》，明确了"十四五"期间我国数字经济发展的指导思想、发展目标和重点任务。党的二十大再次强调要加快建设"网络强国、数字中国"[2]。按照中央的部署，国家发改委、工信部、财政部、科技部、农业农村部等国家部委制定实施上百个政策文件，其内涵主要包括数字产业化政策、产业数字化政策和数字化治理政策三个方面，涉及大数据、互联网、数字技术、数字产业发展、新型基础设施建设、电子商务、智慧农业、智能制造、数字金融、数字交通、数字市场监管、数字政府建设等，覆盖了经济社会的各个领域。[3] 各省以习近平总书记关于数字经济重要论述精神为指引，贯彻落实中央发展数字经济的政策，密集出台相关政策措施促进本地数字经济高质量发展。经济发达省份如浙江省把发展数字经济列为"一号工程"，广东省大力实施数字经济"128"发展战略[4]；经济欠发达的贵州省于 2017 年 2 月出台全国首个省级数字经济规划，将抢占数字经济发展新机作为推动经济社会实现跨越式发展的重要举措。各省纷纷出台有关政策文件，加大数字经济布局力度。各地政策既包括宏观层面的省域数字经济发展规划、行动计划和指导意见，也包括促进数字技术进步、数字化基础设施建设、数字产业发展、

① 习近平：《决胜全面建成小康社会 夺取新时代中国特色社会主义伟大胜利——在中国共产党第十九次全国代表大会上的报告》，央广网，2017 年 10 月 18 日，http://news.cnr.cn/native/gd/20171027/t20171027_524003098.shtml。
② 《习近平：高举中国特色社会主义伟大旗帜 为全面建设社会主义现代化国家而团结奋斗——在中国共产党第二十次全国代表大会上的报告》，求是网，2022 年 10 月 16 日，http://www.qstheory.cn/yaowen/2022-10/25/c_1129079926.htm。
③ 何伟、孙克、胡燕妮、张琳、续继：《中国数字经济政策全景图》，人民邮电出版社 2022 年版。
④ "128"发展战略，即以数据驱动为 1 个发展主线，引领带动数字产业化和产业数字化 2 个着力方向，以大数据、新一代信息技术产业、数字基础设施、制造业数字化、服务业数字化、融合新动能、政府数字治理、区域内联外达 8 大重点推进广东数字经济创新发展。详见广东经济和信息化委员会：《广东省数字经济发展规划（2018-2025 年）》，2019 年，http://www.100ec.cn/detail-6523651.html。

产业数字化转型、数字政府建设、数字化治理应用等中微观层面的政策。据有关统计，2021 年各省份出台的数字经济政策有 216 个，其中，省域数字经济顶层设计政策 32 个，数字产业和产业数字化政策分别为 35 个、54 个，数字化治理政策 89 个，数据价值化政策 6 个。① 已经初步形成了全面助推数字经济发展的地方政策体系。

二是政府加大对数字技术和信息基础设施的投资，为发展数字经济提供更好的基础条件。近年来特别是新冠疫情暴发以来，国家加快建设包括 5G、全国数据中心、高速泛在、天地一体、云网融合、智能便捷、绿色低碳在内的数字信息基础设施，打通信息大动脉。发挥制度优势、举国体制、超大市场规模三大优势，集中发展人工智能、芯片、仿真设计类工业软件等"卡脖子"技术，从而逐步打破数字经济高质量发展的技术约束。

三是健全法律法规，完善数字经济治理体系，法规规范数字经济发展。党的十八大以来，颁布实施《网络安全法》《数据安全法》《个人信息保护法》《国家网络空间安全战略》《政府网站发展指引》《关于平台经济领域的反垄断指南》《关于强化反垄断深入推进公平竞争政策实施的意见》《关于促进平台经济规范健康发展的指导意见》等法律法规，加强对数字经济的治理，防止互联网平台垄断和资本在数字经济领域的无序扩张，保护平台从业人员和消费者的正当合理收益。②

市场主体积极执行国家法令，共同推动平台积极健康发展。2019 年《电子商务法》《关于促进平台经济规范健康发展的指导意见》等法规实施以来，各电商平台采取措施对网商进行规范化管理，实力较强的电商平台如阿里巴巴通过对旗下的淘宝、天猫、阿里云、支付宝等平台进行资源整合，形成了庞大的电商用户群数据库，对消费者开展精准营销和精准服务，淘宝打造了包括量子恒道、金牌统计、云镜数据、数据魔方在内的多款数据平台产品，对淘宝卖家店铺的经营情况、销售情况、财务状况进行有效分析与监管。中小电商平台和商家从过去的获取流量向用户精细化运营转型，电商服务行业向最大化挖掘用户全生命周期价值的方向迈进。大数据显示，电子商务信用水平逐渐提高，2018 年，中国网络零售行业总体好评率为 93%，2019 年提高到 97%。③ 在 2020 年的中国电子商务大会上，商务部组织阿里、京东等 13 家头部企业联合发出"直播电商行业自律倡议"，号召平台经营者和主播认真遵守《电子商务法》《消费者权益保护法》等法律，加强平台自我管理，完善诚信经营、信用评价、投诉监督等制度，采取信用评价、违规罚处等方式对电商平台实行管理，平台自觉接受社会监督，配合政府监管部门

① 中国信息通信研究院：《中国数字经济发展报告（2022 年）》，2022 年，第 4 页。
② 2020 年 12 月，国家市场监管总局打响反平台垄断第一枪，对阿里巴巴投资、阅文和丰巢网络进行顶格处罚，同时对阿里巴巴集团涉嫌"二选一"的垄断行为进行立案调查。2020 年底举行的中央经济工作会议把"反垄断"确立为 2021 年八项重点任务之一，2021 年 3 月，腾讯、百度、美团、苏宁以及多家互联网科技公司被实施顶格处罚，7 月市场监管总局依法禁止斗鱼和虎牙合并，对腾讯音乐"独家版权"行为实施处罚。详见华为云、艾瑞：《2021 互联网行业挑战与机遇白皮书》，2021 年，第 35～36 页。
③ 商务部电子商务和信息化司：《中国电子商务报告 2019 年》，2020 年，第 21 页。

的执法活动。2020 年 12 月，罗永浩主动承认其"交个朋友"直播间所带的羊毛衫是伪劣产品，主动提出"退一赔三"、整顿直播间，成立质量控制实验室，对直播间所带货物进行质量管控。① 中国国际贸易促进委员会和百度外卖共同发布《外卖配套服务规范》，对外卖配送的服务机构、人员、流程等方面的内容提出要求。② 电商的自律行为有效减少了出于短期利益的机会主义行为，提高了市场主体的诚信意识。行业组织积极推进行业自律，2020 年 10 月，中国网络社会组织联合会在国家发改委、中央网络安全和信息化委员会办公室与商务部的指导下，建立平台经济信用建设合作机制，打击平台炒信失信行为，组织阿里、腾讯、京东等企业签订《电子商务诚信公约》，组织 22.4 万多家平台签订承诺书③，共同形成并维护数字经济良性有序发展的局面。

政府以行政和法制手段推动数字经济领域的强制性制度变迁，既保证了数字经济有序健康发展，又为加快发展数字经济提供了坚实的政策、资金、技术保证。市场和政府的联动，使数字经济既有活力又有动力还有创新力。这便是中国数字经济"弯道超车"，创造成长奇迹的奥秘所在。

那么，中国为何能形成市场主体和政府联袂推动数字经济发展的局面呢？历史制度主义认为，不能孤立地看待历史事件的演变，只有把特定的事件置于宏阔的社会环境和历史长河中去理解，才能廓清事件发生的因果链条和推动事件前进的动力机制。④ 因此，只有把数字经济置于党和国家开创社会主义现代化事业的大格局中才能深刻理解为何出现双重力量共同推动数字经济发展的局面。为中华民族谋复兴、为中国人民谋幸福是中国共产党的初心使命。民族复兴和人民幸福建立在高度发达的生产力之上，没有强大的经济基础，不可能有中华民族的伟大复兴和中国人民的幸福生活。改革开放以来，党把领导经济建设作为工作重心。无论国际国内形势怎么变，党始终扣住经济建设这个主题不变。中国经济之所以能取得举世瞩目的伟大成就，是因为：始终坚持党的领导为经济建设把舵定向、发挥举国体制优势攻克制约经济发展的难点堵点、发展社会主义市场发挥市场机制在资源配置中的决定性作用、尊重群众的首创精神从而激发全社会的创新活力。前两者体现了"有为的政府"，后两者体现了"有效的市场"，这便是中国经济发展的宏观环境。把数字经济发展置于这个大环境之中考察，我们发现，1994 年，党作出的接入国际互联网的重要决策，为数字经济发展提供了主要载体，假设当年没有接入国际互联网，不可能有今天的数字经济。党的十六大确立工业化与信息化融合发展思路，在"两化融合"发展思路下，以举国之力加强信息化基础设施建设，为互联网行业发展和工业数字化转型提供了基础条件。党的十八大以后，党更是把发展数字经济上升为国家战略，以举国之力建设 5G、开展人工智能和芯片等领域的关键数字技术攻

---

① 商务部电子商务和信息化司：《中国电子商务报告 2020 年》，2021 年，第 67 页。
② 中国信息通信研究院：《中国数字经济概论：理论、实践与战略》，人民邮电出版社 2022 年版，第 44 页。
③ 商务部电子商务和信息化司：《中国电子商务报告 2020 年》，2021 年，第 84 页。
④ 马得勇：《历史制度主义的渐进性制度变迁理论》，载于《经济社会体制比较》2018 年第 5 期。

关、密集出台支持数字经济发展的政策和规范数字经济发展的法规制度，党的十九大报告总结了党的十八大以来中国经济建设取得的重大成就，肯定了数字经济等新兴产业蓬勃发展对经济结构优化的深远影响。习近平总书记在中共中央政治局第二次集体学习时的讲话中指出，要加快发展数字经济，推动实体经济和数字经济融合发展，推动互联网、大数据、人工智能同实体经济深度融合，继续做好信息化和工业化深度融合这篇大文章，推动制造业加速向数字化、网络化、智能化发展。无疑，数字经济发展已经成为中国落实国家重大战略的关键力量。中央政治局第三十四次集体学习以后，从中央到地方，密集出台促进数字经济发展的措施法规，为数字经济高质量发展注入强大动力。1992 年党的十四大确立了社会主义市场经济体制，为市场主体大展身手提供了体制保障，马云、李彦宏等互联网巨头正是利用了时代机遇才成就自身事业，党的十八大以后，党和政府倡导大众创业、万众创新，鼓励支持社会大众在数字经济领域创新创业，社会大众发挥创造精神，利用互联网平台开网店、开直播间、开通抖音、传视频，各种新业态、新模式不断推陈出新，形成了生动活泼的发展局面。

在政府和市场的双轮驱动下，为中国数字经济发展注入了强大的动力，这是中国数字经济成长奇迹的关键所在。数字经济成长奇迹是改革开放的必然产物，是中国共产党践行初心使命的生动实践，是亿万人民共同创新创业的必然结果。

政府与市场双轮驱动着中国数字经济滚滚向前，但数字经济的成长过程并非一帆风顺，在 20 多年的发展过程中，也出现了路径依赖问题。

历史制度主义者注意到，初始制度的选择十分重要，因为它会强化后面的制度变迁路径，一个国家一旦选择某一条发展道路，就会沿着这条道路发展下去，只有出现了重大转折点，既定的发展道路才能切换而且切换成本非常高昂，这就是所谓的路径依赖问题。[1] 数字经济以数字技术为基础，它在本质上是技术经济，其核心内涵是数字技术的产业化和数字技术在传统产业中的应用。数字技术每进一步，数字经济就向前发展一步，当数字技术落伍于世界时，数字经济也必然落伍于世界。美西方国家数字经济植根于先进的通信计算技术和互联网技术，然后才是把先进的数字技术广泛地应用到农业、工业和第三产业，实现产业数字化转型。通信计算产业是发达国家数字经济的底座，美国凭借技术优势长期居于全球数字经济链条的顶端，以此来约束其他国家数字经济的发展。正因为如此，美国于 2021 年 3 月发布的《临时国家安全战略纲要》提出，人工智能、量子计算等新兴技术将全面塑造人类社会，世界主要大国正在围绕人工智能、量子计算等新兴技术展开激烈竞争。[2]

与美西方国家不同的是，20 世纪 90 年代中国数字经济起步之时，本国数字技术异常落后，通过从国际上引进数字技术并把其应用到产业领域特别是商贸、物流、金融等

[1]　马得勇：《历史制度主义的渐进性制度变迁理论》，载于《经济社会体制比较》2018 年第 5 期。
[2]　孙学峰：《数字技术竞争与东亚安全秩序》，载于《国际安全研究》2022 年第 4 期。

领域。这种初始制度的选择，使得中国数字经济在此后的成长过程中，无论是政府还是企业，更多地关注既有数字技术在产业领域和社会治理领域的应用推广，对最底层的数字技术创新则关注不够，譬如，工业数字化转型必须以工业互联网为基础，但工业互联网的核心技术受制于人，其"所依赖的智能装备、自动控制、通信协议、高端工业软件等产业链命门还掌握在别人手里"，从而形成了"大而不强""快而不优"的路径依赖。① 尽管中国也创造了扫码支付、共享单车和网络购物等新的商业模式，但这并非技术创新，只不过是国际上已成熟的数字技术在中国应用得较为领先而已。

如果不打破过分强调数字技术应用而缺乏数字技术创新的路径依赖，中国数字经济的成长不可能出现今天的奇迹。在历史制度主义者看来，路径依赖是一种因果机制，关键节点上的重大事件往往能打破路径依赖。② 2018 年美国制裁中兴通讯，2019 年又制裁华为，时任美国总统特朗普（Donald Trump）宣称美国在 5G 领域不能落后于任何国家，并直接向英国、德国等国家施压，要求其盟友禁用中国企业华为的 5G 设备。美国还牵头召开"布拉格 5G 安全大会"，讨论如何在经济和安全等领域排斥中国 5G 技术产品。③ 美国剑锋直指中国数字技术企业，尽显"一剑封喉"之企图。面对美国的无理制裁，中国展开了针锋相对的斗争。在这一过程中，中国政府和企业意识到数字技术特别是关键技术方面的差距。美国技术制裁是中国数字经济发展史上的一个关键节点，在此之前，中国对数字技术重要性和中美数字技术差距的认识并不深刻，正因为如此，中国把主要精力放在引进数字技术和推动数字技术应用方面。在此之后，中国意识到关键核心技术创新的重要性，《"十四五"国家信息化规划》指出，数字核心技术的竞争已经成为国际竞争的新焦点。政府开始调整产业政策，由过去的支持线上消费转变为重点支持数字技术研发、信息基础设施建设以及实体经济的数字化转型。经过几年来的努力，中国在 5G 技术、芯片制造、工业软件开发等领域取得了重大进展。在芯片领域，华为、寒武纪、百度等企业研发出新一代人工智能芯片，打破美国的芯片垄断格局。更难能可贵的是，美国的技术制裁使全社会认识到，关键技术是买不到、讨不来的，只有做到关键技术自主可控，才能在斗争中立于不败之地。这种认识促成了中国数字经济发展路径的切换，摆脱了自 20 世纪 90 年代以来形成的路径依赖。当然也要清醒地看到，关键技术进步不可能一蹴而就。在"核高基"关键环节，中国尚未取得突破性进展，在"大云物移"等领域的技术创新还比较落后。中美之间在数字技术领域的差距还比较大，这是一个毋庸争辩的事实，中国数字经济领域的产业链和供应链稳定仍受到外部的威胁也是一个短期内难以改变的事实。

① 李毅中：《推动工业数字化转型》，http://www.caict.ac.cn/xwdt/hyxw/201904/t20190415_197769.htm，2019 年 4 月 15 日。
② 乔瓦尼·卡波奇、R. 丹尼尔·凯莱曼：《关键节点研究：历史制度主义中的理论、叙事和反事实分析》，彭号阳、刘义强译，载于《国外理论动态》2017 年第 2 期。
③ 孙学峰：《数字技术竞争与东亚安全秩序》，载于《国际安全研究》2022 年第 4 期。

那么，是什么力量推动着在关键节点上解除数字经济发展的路径依赖呢？历史制度主义认为，观念对制度变迁起着重要的作用，特别是在关键节点上，决策者的观念对制度变迁所起的作用尤其显著，因为掌握决策权力的政治领导人通过政策支持补齐短板拉长长板，从而切换发展路径，解除路径依赖（马雪松，2022）。习近平总书记关于发展数字经济的论述走在时代前列，他说："长期以来，我一直重视发展数字技术、数字经济。2000年我在福建工作期间就提出建设'数字福建'，2003年在浙江工作期间又提出建设'数字浙江'。党的十八大以来，我多次强调要发展数字经济。"① 在2018年5月28日的两院院士大会上的讲话中，习近平总书记指出："世界正在进入以信息产业为主导的经济发展时期。我们要把握数字化、网络化、智能化融合发展的契机，以信息化、智能化为杠杆培育新动能"，"要推进互联网、大数据、人工智能同实体经济深度融合，做大做强数字经济"。② 习近平总书记关于发展数字经济的重要论述，所提出的一系列新理念、新思想，为我国实现从数字经济大国到数字经济强国的跨越提供了重要的思想启迪、理论支撑和实践指导，是推动我国数字经济高质量发展的根本遵循。

2021年10月18日，习近平总书记在中共中央政治局第三十四次集体学习的讲话中再次强调了发展数字经济的重要战略意义，他说："要站在统筹中华民族伟大复兴战略全局和世界百年未有之大变局的高度，统筹国内国际两个大局、发展安全两件大事，充分发挥海量数据和丰富应用场景优势，促进数字技术与实体经济深度融合，赋能传统产业转型升级，催生新产业新业态新模式，不断做强做优做大我国数字经济"，"发展数字经济是把握新一轮科技革命和产业变革新机遇的战略选择"，习近平总书记用"三个有利于"概括发展数字经济对中国经济高质量发展的意义，"有利于推动构建新发展格局""有利于推动建设现代化经济体系""有利于推动构筑国家竞争新优势"。③ 数字技术是当下全球科技革命的先机，是新一轮国际竞争的重点。谁占领了数字技术的前沿领域，谁就具有产业链控制力和产业链环节的强大竞争力。习近平总书记紧握时代脉搏，洞悉全球数字经济走向，他指出："提高数字技术基础研发能力，打好关键核心技术攻坚战，尽快实现高水平自立自强，把发展数字经济自主权牢牢掌握在自己手中。"④ 在习近平总书记的部署推动下，中央和地方近年来出台系列措施，支持企业和科技工作者开展技术攻关，扎牢数字经济技术底座，为数字经济高质量发展奠定坚实基础。

---

① 习近平：《不断做强做优做大我国数字经济》，载于《求是》2022年第2期。
② 习近平：《在中国科学院第十九次院士大会、中国工程院第十四次院士大会上的讲话》，http://cpc.people.com.cn/n1/2018/0528/c64094-30019215.html。
③ 新华社：《习近平主持中央政治局第三十四次集体学习：把握数字经济发展趋势和规律 推动我国数字经济健康发展》，http://www.gov.cn/xinwen/2021-10/19/content_5643653.htm?jump=true。
④ 习近平：《不断做强做优做大我国数字经济》，载于《求是》2022年第2期。

6.4　推动数字经济高质量发展必须直面的问题

我国数字经济取得了举世瞩目的成就，总体发展态势很好但风险与隐患也在不断累积，推动中国数字经济高质量发展，必须直面如下问题，并在发展中逐步解决。

6.4.1　"卡脖子"问题

以新一代数字技术为底层技术的第四次科技革命，将改变大国之间的实力对比，重塑世界政治经济格局。白宫科技政策办公室 2019 年发布的《美国将主导未来产业》将量子信息技术、5G、人工智能、先进制造列为核心数字技术，把其定义为美国的"基础设施"。2021 年 3 月美国发布《临时国家安全战略纲要》，该文件认为，人工智能、量子计算等新兴数字技术将全面塑造人类社会，它给人类社会带来的影响是全方位的，包括国家之间综合实力的对比、未来的工作方式和财富积累等。[1] 正因为如此，美国倾其国力采取"小院高墙"政策遏制、封锁中国数字技术发展，其主要手段则是限制或禁止中国数字技术企业与美国企业以及使用美国软件或技术的其他国家企业进行相关交易。主要行动包括：拒绝或撤销中国通信公司在美国的经营授权；要求美国企业禁止使用中国通信技术，谷歌禁止华为手机安装其移动服务组件；限制中美互联网企业之间的正常交易，抖音（TikTok）和微信（WeChat）与美国公司的交易全面遭禁；禁止中国公司经营的云系统访问美国公民和企业的个人数据和敏感信息等。2021 年 3 月，美国联邦通信委员会勒令拆除华为、中兴等五家中国企业在美国境内的设备并强行停止其服务，此后不久，又撤销了中国电信和中国联通两家公司在美国的国际电信服务牌照。[2] 2022 年 8 月 25 日，美国总统拜登签署一项旨在实施《2022 年芯片和科学法案》的行政命令，这个法案对美国本土芯片产业提供巨额补贴，限制有关企业在华正常投资与经贸活动。美国还动员其盟友对中国进行数字技术围剿，2021 年 9 月，美国、日本、澳大利亚和印度组成"印太"四国合作框架，在印太地区开展排斥中国的数字技术合作。其追随者澳大利亚采取禁止使用中国 5G 技术和设备、智能监控设备的政策，澳大利亚还鼓励其他国家抵制华为 5G。日本政府于 2018 年采取禁止使用华为 5G 政策，后来有所调整，表示政府不采取禁止政策，由运营商选择，实际上，日本运营商没有选用华为的 5G 技术和设备。我们可以从美国的极度施压清楚地看到数字技术领域的竞争是何其

---

① 孙学峰：《数字技术竞争与东亚安全秩序》，载于《国际安全研究》2022 年第 4 期。
② 张薇薇：《美国对华"脱钩"：进程、影响与趋势》，载于《当代美国评论》2021 年第 2 期。

惨烈！

近年来，我国数字技术在若干领域取得了飞跃式进展，但总体水平还不高，习近平总书记指出："虽然我国网络信息技术和网络安全保障取得了不小成绩，但同世界先进水平相比还有很大差距。"[①] 很多领域受制于人，被美西方国家"卡脖子"。数字技术是世界科技革命的先机，是新一轮国际竞争的重点领域。在全球数字技术的产业链中，美国占据核心技术垄断优势，中国处于显著劣势。美国 SpaceX 的 Starlink 和亚马逊的 Kuiper 计划发射卫星分别达到 1.2 万颗和 3 236 颗，无论是在轨卫星数量还是计划发射数量，中国均远低于美国。[②] 因此，我国卫星互联网行业与全球领先水平存在较大差距。在全球半导体产业链上，美国在最上游的研发和设计端居于绝对优势，据此又控制着下游的制造和组装。在 2019 年的全球半导体市场份额中，美国占 45%，中国台湾占 6%，中国大陆占 5%。[③] 在半导体技术的全球分工体系中，中国企业经过多年的努力，攀升到研发和设计的上游环节，但核心技术仍然受制于美国，如华为海思麒麟拥有自主设计芯片的能力，但其电子设计自动化（EDA）工具软件仍然被美国"卡脖子"。正因为中国对美国有技术依附，美国滥用出口管制打压中国。在人工智能领域，从技术到伦理准则，话语权都操控于美国，中国则很弱，美国主导的"阿西洛马人工智能 23 条原则"和谷歌发布的人工智能原则，成为全球伦理准则。[④] 计算机、手机操作系统长期被谷歌的安卓系统、苹果的 iOS 系统、微软的 Windows 等美国产品主导，相较于芯片、应用软件等，操作系统是国产化程度最低的领域，近年来，"麒麟""统信"等国产桌面端操作系统和"鸿蒙""鲸鲮"等移动端操作系统迅速崛起，但在技术上与美西方国家还存在明显的差距。[⑤] 高档数控机床是智能装备的基础构件，但其发展却受制于核心零部件、数控系统技术落后等诸多问题，工业传感器产品及标准由霍尼韦尔、意法等国际公司主导。在工业互联网领域，尽管涌现了数以百万计的平台，但支撑互联网平台的核心技术普遍偏弱，芯片、操作系统和工业软件等关键环节的技术与美西方国家差距较大，面向各领域的解决方案提供能力不强。虽然出口规模比较大，但是中国数字产品的附加值低，据 OECD 的数据，2017 年，ICT 创造的增加值占整体经济增加值的比重，中国仅为 5.7%，OECD 平均水平为 8.2%，日本和韩国分别为 11.3% 和 13.1%。[⑥] 中国新一代信息技术标准水平与第二大经济体的国际地位不相称，中国提交 ISO、IEC[⑦] 并正式发布的国际标准占比仅为 1.58%，承担的 ISO、IEC 技术机构秘书处数量低于德国、

---

① 《习近平关于网络强国论述摘编》，中央文献出版社 2021 年版，第 39 页。
② 《亚马逊将斥资数十亿美元发射 3236 颗卫星》，电商报，2022 年 5 月 2 日，https：//www.dsb.cn/184614.html。
③ 余南平、戴仕铭：《技术民族主义对全球价值链的影响分析：以全球半导体产业为例》，载于《国际展望》2021 年第 1 期。
④ 周念利、吴希贤：《中美数字技术权力竞争：理论逻辑与典型事实》，载于《当代亚太》2021 年第 6 期。
⑤ 石勇：《数字经济的发展与未来》，载于《中国科学院院刊》2022 年第 1 期。
⑥ 刘方、孟祺：《数字经济发展：测度、国际比较与政策建议》，载于《青海社会科学》2019 年第 4 期。
⑦ 国际电工委员会（International Electrotechnical Commission，IEC）成立于 1906 年，是世界上成立最早的非政府性国际电工标准化机构，是联合国经社理事会（ECOSOC）的甲级咨询组织。

美国、日本等发达国家。① 中国缺乏在世界上有国际影响力的标准发展组织，即使在亚洲地区，在新一代信息技术领域，也尚未形成以中国为主导的区域性标准发展组织，除5G 等少数领域外，中国没有掌握国际标准或区域标准制定权与选择权。②

习近平总书记深刻地指出："提高数字技术基础研发能力，打好关键核心技术攻坚战，尽快实现高水平自立自强，把发展数字经济自主权牢牢掌握在自己手中。"③ 因此，尽快实现数字关键核心技术的自立自强，是中国数字经济实现高质量发展首先需要解决的重大问题。

6.4.2 监管问题

数字经济是一个新生的事物，在其成长之初，无论是政府还是民众，对数字经济的认识都非常有限，只能采取"先发展、后监管"以及"有所为有所不为"的灵活监管策略。这种策略，一方面为数字经济发展提供了广阔的空间；另一方面数字经济失序发展的风险必然随之而来，导致数字经济领域出现乱象。乱象突出地表现在两个方面：一是平台制造的乱象。数字经济以平台为依托，平台垄断问题已很突出，视频、即时通信、网购、新闻等大赛道大都被头部企业所控制，中小互联网企业很难进入；消费金融、生鲜电商、数字营销的市场集中度很高，形成了阿里、京东、唯品会、网易、拼多多等把控市场的寡头垄断格局。有的平台利用其行业垄断地位强迫实施"二选一"、滥用市场支配地位、实施"掐尖并购""烧钱"抢占社区团购市场。有的平台实施"大数据杀熟"，平台利用自身所掌握的大数据，对消费者的购买能力与偏好进行分析，针对新老客户实行价格歧视，这就导致老客户看到的价格高于新客户，会员客户购买商品的价格高于普通客户。如果放任不公平算法应用无序发展，不仅会损害公平有序的市场环境，而且会使消费者面临数据算法压榨，成为技术欺凌的对象。数据是数字经济最基本的要素，但有的平台利用其技术优势进行不正当数据交易，导致数据泄露、数据窃取现象层出不穷，消费者的合法利益受到损害。二是电子商务领域特别是直播短视频的欺骗现象比较严重。被"315"晚会曝光的聚享互娱传媒有限公司号称"全国十强直播公会"，下辖30 多家分公司和加盟伙伴，有3 000 多名签约艺人、2 000 多间直播间。其直播间中，由男运营冒充的女主播通过在直播平台与粉丝聊天互动，骗取粉丝打赏。而翡翠直播间则上演"偷梁换柱"，借高价原石卖廉价成品，所有主播的"专业"身份都是捏造，亏本买卖的商品实际上比进货价高出一倍以上，所谓的"出血砍价"，全是主

---

① 《我国国际标准化贡献率居世界第五》，中华人民共和国中央人民政府网，2018 年 1 月 16 日，https：//www. gov. cn/xinwen/2018 –01/16/content_5256946. htm。

② 杜传忠、陈维宣：《全球新一代信息技术标准竞争态势及中国的应对战略》，载于《社会科学战线》2019 年第 6 期。

③ 习近平：《不断做强做优做大我国数字经济》，载于《求是》2022 年第 2 期。

播和货主导演的"双簧".①

适应数字经济发展的制度建设滞后造成了监管真空地带。正因为数字经济是一种新的经济形态，老制度势必难以适应新形势，如果制度创新跟不上新形势，就可能阻碍数字经济的发展，同时给国家造成损失。数字经济对税收制度造成冲击，如难以对纳税主体实施有效监管、课税对象难以准确评估、纳税地点难以合理确定。电子商务发展起来之后，C2C 模式快速兴起，商业经营几乎无门槛，人人都可成为微商，相较于传统经济而言，数字经济经营主体更加分散，税务部门难以获取个体经营者真实的交易资料，无法对经营者进行有效监管和征税。数字化水平高的企业，通过网络平台突破业务范围和地域限制，税务部门难以对课税对象进行合理确定和准确计量。新业态层出不穷，从现行税法难以找到征税依据，例如网约车，同时向司机和乘客提供双向信息服务，在现行税制中，交通运输服务和普通人信息技术服务是两类课税对象，那么，网约车到底应界定为哪一类课税对象，存在争议。数字企业通过跨国界重组价值链，向低税收国家转移，谷歌、苹果、脸书等数字巨头采用"爱尔兰—荷兰三明治架构"，通过转移知识产权，将收入和利润转移到设立在爱尔兰的分公司，达到避税的目的。2018 年，财政部的一份检查报告透露，部分互联网企业跨境转移利润和逃避税收的问题较为突出，2007～2014 年，网络零售税收净流失近万亿元.② 在传统经济模式下，跨地区经营一般通过设立分支机构来实现，这样一来，纳税地点与销售和消费地点基本上一致；在数字经济模式下，经营者通过电子支付和互联网平台，可以在不设立分支机构的条件下向不同国家和地区的消费者销售商品，销售地与消费地分离，无法准确确定纳税义务发生地，因而无法合理划分税收管辖权。这些问题的存在，对经济社会发展带来负面影响，负面影响包括扭曲市场机制、财政收入减少、分配不公、税负不均衡。据 2020 年统计数据，我国 135 家互联网上市企业中，有 66.6% 集中在北京、上海、杭州、深圳、广州五地，但企业用户分散在全国，北京、上海、深圳、广州等地的数字用户只有 12%，88% 的用户分布在全国各地，数字经济带来的增值、企业所得税集中在发达地区，欠发达地区在税收分配中处于劣势，区域发展不平衡因之加剧.③

习近平总书记指出，"我国数字经济在快速发展中也出现了一些不健康、不规范的苗头和趋势，这些问题不仅影响数字经济健康发展，而且违反法律法规、对国家经济金融安全构成威胁，必须坚决纠正和治理"④。为保证数字经济持续健康发展，近年来，

---

① 《央视 315 晚会｜第一炮打向直播运营》，中国经济网，2022 年 3 月 15 日，http://finance.ce.cn/stock/gsgdbd/202203/15/t20220315_37405109.shtml；《315 晚会曝光！翡翠直播间借高价原石发廉价成品》，中国新闻网，2022 年 3 月 15 日，https://www.chinanews.com.cn/cj/2022/03–15/9702788.shtml。

② 中国信息通信研究院政策与经济研究所：《数字经济对税收制度的挑战与应对研究报告（2020 年）》，2020 年，第 5 页。

③ 中国信息通信研究院政策与经济研究所：《数字经济对税收制度的挑战与应对研究报告（2020 年）》，2020 年，第 7 页。

④ 习近平：《不断做强做优做大我国数字经济》，载于《求是》2022 年第 2 期。

国家采取系列措施整治乱象。这些措施主要包括三条：一是制定并实施《关于平台经济领域的反垄断指南》《关于强化反垄断深入推进公平竞争政策实施的意见》《"十四五"市场监管现代化规划》等法规，为数字经济的监管奠定了重要法治基础。二是完善监管体制。2021 年 11 月，国家市场监督管理总局加挂国家反垄断局名牌，并设立专门的反垄断部门，进一步厘清监管部门的职能，充实监管力量。三是加大监管力度，依法查处违规经营行为。2020 年，全国查处垄断案件 109 件，罚没金额 4.5 亿元，2021 年加大查处力度，所查处的案件上升至 176 件，罚没的金额增加到 235.9 亿元。① 2021 年，国家市场监督管理总局对阿里的"二选一"行为进行行政处罚，罚款 182.28 亿元，同时对美团垄断行为进行调查。滴滴全球股份有限公司（以下简称"滴滴公司"）违法收集用户手机相册中的截图信息，过度收集用户剪切板信息、应用列表信息，过度收集乘客人脸识别信息、年龄段信息、职业信息、亲情关系信息，过度收集司机学历信息和身份证号信息。2022 年 7 月 21 日，国家互联网信息办公室依据《网络安全法》《数据安全法》《个人信息保护法》《行政处罚法》等法律法规，对滴滴公司处人民币 80.26 亿元罚款，对滴滴公司董事长兼 CEO 程维、总裁柳青各处人民币 100 万元罚款。这些措施的实施，规范了数字企业的经营行为，进一步优化了数字经济营商环境。我们也要清醒地看到，虽然数字经济的相关法律法规日趋完善、监管力度日益加强，但由于其发展对传统的监管理论与模式提出很大挑战，因而监管尚需进一步细化，体系尚需进一步完善。对于数字经济的监管，既不能放任不管任其野蛮生长，也不能遏制其活力，要打破"一放就乱，一乱就收，一收就死"的治乱循环。坚持促进发展与监管规范两手抓、两手都要硬，如何正确处理好两者的关系，是数字经济高质量发展的核心问题之一。

6.4.3　鸿沟问题

新世纪特别是党的十八大以来，城乡的数字鸿沟在不断缩小，但区域之间特别是省域的数字鸿沟问题依然没有得到有效的解决。在数字经济的起步时期，各地区之间因特网普及水平极不平衡，东部、东南部地区是因特网普及的领先地区，因特网普及率远远高于中部地区和西部地区，呈现出明显的区位数字鸿沟。国家统计局 2001 年发布的《中国信息年鉴》显示：东部 11 省份的信息化指数平均值是 41.13，而西部 14 省份的信息化指数平均值仅为 18.81。从网民分布看，截至 2004 年 12 月 31 日，我国上网计算机总数为 4 160 万台，上网用户人数为 9 400 万人。上网用户主要分布在华北、华东和华南，其中，广东、山东、江苏、上海、北京网民数占全国网民数的比例分别为12.6%、9.0%、7.0%、4.7%、4.3%，居全国前 5 位；从 www 站点数的地域分布看，华北、华东、华南的 www 站点数比例占 88.8%，其中，北京、广东和上海分别为18.7%、18.2% 和 8.7%，而东北、西南、西北 www 站点数仅为 11.2%，云南、贵州、

---

① 谢思、和军：《数字经济监管现状及变革研究》，载于《中国特色社会主义研究》2022 年第 3 期。

青海、西藏、宁夏、新疆六省区总和仅为 2.0%，相当于北京网站数的 1/9。CN 域名分布（不含 EDU）亦是极不平衡，华北、华东和华南三地区占域名总数的 78.5%，广大中西部地区却仅占 12.7%。[①] 数字经济发展水平取决于数字化基础设施、产业发展水平、人口规模等众多因素，在东南沿海发达地区，各类数字化基础设施条件相对优越、产业发展水平特别是工业和第三产业的发展水平高、人口密集且收入高。在西部地区，地广人稀、产业欠发达、数字化基础设施相对落后，由此决定了东部地区的数字经济发展水平高，西部各省、区则要低得多。

近年来，中国数字经济发展出现了三大延伸：一是政策由中央、省向市、县（区）延伸，过去主要由中央政府和省政府出台政策支持数字经济发展，随着数字经济日益成为一种全新的经济形态，数字经济成为市、县发展重点；二是向细化领域（如工业数字经济、数字农业等）延伸，过去，主要是发展数字内容产业和电子商务，随着数字化与实体经济的融合不断加深，各行各业都在推进数字化转型；三是向与传统经济结合落地的方向延伸，传统农业、工业、第三产业如果不插上数字化翅膀，就可能被市场淘汰，企业、政府都在力推传统经济的数字化转型。数字经济与实体经济之间的融合度越高，越能够有效实现经济的升级，在换挡中保持经济增速。2017 年，数字经济总量排名前十位的省份分别为广东、江苏、山东、浙江、上海、北京、湖北、福建、河南、四川，上述十个省份当年的数字经济总量分别是 36 648 亿元、31 395 亿元、25 473 亿元、19 577 亿元、14 746 亿元、13 910 亿元、12 055 亿元、11 634 亿元、10 957 亿元、10 872 亿元[②]，占当年全国数字经济总量的 68.16%。

2019 年，全国数字经济发展指数均值为 32.0，各省发展指数分别为：广东 69.3、北京 56.5、江苏 56.1、上海 52.7、浙江 50.8、山东 48.1、福建 42.6、四川 40.6、河南 35.3、湖北 34.8、安徽 33.1、湖南 31.8、辽宁 31.4、重庆 29.4、江西 28.6、河北 27.7、贵州 27.4、广西 27.1、陕西 26.5、天津 24.9、山西 24.4、黑龙江 23.9、吉林 23.3、云南 22.0、海南 19.5、内蒙古 19.5、甘肃 19.2、宁夏 18.8、新疆 18.2、青海 16.1、西藏 12.7。[③] 2019 年，全国网络零售额达 10.63 万亿元，网络零售市场零售额构成如下：东部地区零售额占全国零售总额的 84.3%，中部地区占 8.8%、西部地区占 5.6%、东北地区占 1.3%。排名前十的省市网络零售额占全国网络零售总额的比重分别是：广东 23.8%、浙江 16.5%、上海 11.6%、北京 11.4%、江苏 9.0%、福建 4.2%、山东 3.7%、四川 2.2%、安徽 2.0%、天津 1.9%。[④]

上述数据显示，省域数字经济发展水平差异大，省域数字鸿沟不缩小，可能会加剧

---

① 何枭吟：《美国数字经济研究》，吉林大学博士学位论文，2005 年，第 166 页。
② 《〈2017 年中国数字经济报告〉发布：中国数字经济发展呈现明显的省域差距》，人民网，http://it.people.com.cn/n1/2018/0325/c1009-29887206.html，2018 年 3 月 25 日。
③ 中国电子信息产业发展研究院：《2019 年中国数字经济发展指数白皮书》（2019 年），第 6 页。
④ 商务部电子商务和信息化司：《中国电子商务报告 2019 年》，2020 年，第 4 页。

区域发展不平衡，不利于整个国民经济的高质量发展。

6.4.4 转型难问题

数字化转型是三次产业所面临的必答题。无论国际国内，总的形势是三产优于二产，二产优于一产，服务业一直是产业数字化发展最快的领域。2019 年，服务业数字经济增加值占行业增加值的比重为 37.8%，工业数字经济增加值占行业增加值的比重为 19.5%，农业由于行业生产的自然属性，数字化转型需求相对较弱，2019 年农业数字经济增加值占行业增加值的比重为 8.2%。[1] 2019 年我国产业数字化增加值约为 28.8 万亿元，占 GDP 的比重为 29.0%。其中，服务业、工业、农业的数字经济渗透率分别为 37.8%、19.5% 和 8.2%。[2]

数字技术对农业、制造业、服务业的改造已经启航，特别是数字技术在商业领域的应用水平较高，电商经济一马当先。但是，农业领域的数字化水平很低，在湖南省的一些地级市，全市居然找不到一家具有代表性的智慧农场，我国绝大多数智慧农场的智能化水平就是安装一个线上 App，主要用于原料采购和订货，生产环节的智能化尚未起步。工业企业的数字化转型，主要是上市公司，其他企业包括很多"小巨人"企业尚未真正启动数字化转型。湖南某农业机械集团有限公司，成立于 1995 年，2009 年重组，目前，旗下拥有 7 家企业，生产、检测设备 300 多台（套），年生产能力达 40 万台（套），年销售额 3 亿元以上，是被工信部认定的"小巨人"企业，所生产的烘干机、脱粒机、碾米机等业内具有较大影响，是农机产业龙头企业。2022 年 7 月，笔者在该公司调研时发现，该公司已经充分意识到了数字化转型的重要性，计划着手进行数字化再造。再造拟从两个方面开展：一是生产线上安排机器人，即电焊、锻造等工序环节大量使用机器人；二是与用友联合开发 MES 管理信息系统，实现管理智能化。规上企业的数字化水平尚且如此，中小微制造型企业的数字化水平自不用说，因此，工业企业的数字化转型还任重道远。

腾讯研究院及工信部电子科学技术情报研究所联合发布的《数字白皮书》认为，数字化过程包括信息数字化、业务数字化、数字转型三个阶段，数字转型是数字化发展的新阶段，它不仅拓展新的发展空间，而且还能推动传统产业转型升级，促进整个社会转型发展。目前，中国数字经济各行业所处的阶段不尽相同，工业 4.0、新零售等行业仍处于萌芽期，在线视频、网络营销、网络购物等行业已经步入成熟期。不可否认，互联网行业仍然是数字经济最为重要的组成部分，对传统产业转型升级的推动力虽然已经显现，但仍任重而道远。在三次产业的数字化转型过程中，农业是短板，工业是目前的主战场，在工业领域，技术含量高、信息化水平高的装备制造业的大型

---

① 中国信息通信研究院：《中国数字经济发展白皮书（2020 年）》，2020 年，第 22~23 页。
② 中国信息通信研究院：《中国数字经济发展白皮书（2020 年）》，2020 年，前言。

企业数字化转型走得比较快，非装备制造业领域的广大中小企业普遍面临想转但不会转、不敢转、不能转的问题，这些问题如果得不到有效解决，广大中小企业将面临倒闭的危险，中小企业是吸纳就业、创造税收的生力军，生力军转不好就会影响整个经济的高质量发展。

数实融合由数字技术水平和产业发展水平共同决定，一方跛脚就不能顺利行进。近年来，我国数实融合不断向纵深推进但远未达到颠覆传统产业价值创造模式的程度。据有关机构的测算，2019～2020 年，金融、零售、文娱、教育、医疗、物流、制造七大行业的产业互联网指数分别为 30.2、21.5、19.5、16.1、15.5、11.2、5.5，制造业是实体经济的核心部分，产业互联网指数得分仅 5.5，从设计到生产到销售再到运维，全过程互联网渗透率低于 15%。① 这就说明，数实融合的前路还很漫长，5G、机器人、工业互联网、云计算等数字技术与制造业融合的空间十分广大。

6.4.5　政府与市场关系问题

数字经济是高度发达的市场经济，在市场经济社会，政府与市场关系是永恒的主题。对于政府而言，要做有为的政府。这种"有为"体现在几个方面：一是规范数字经济发展。坚持促进发展和监管规范两手抓、两手都要硬，建立并健全市场准入制度、公平竞争审查制度、公平竞争监管制度，实现事前、事中、事后全链条、全领域监管，形成全方位、多层次、立体化监管体系。二是纠正损害群众利益、妨碍公平竞争的行为和做法，防止平台垄断和资本无序扩张，依法查处垄断和不正当竞争行为，保护平台从业人员和消费者合法权益。三是适应数字经济发展的新形势、新要求，尽快出台与数字企业特性相符的法律法规，特别是征税条例和补贴制度。目前，尚无专门针对电商企业的税收法规，但电商企业的经营行为与传统商业企业的经营行为存在明显差别。笔者在一家电商企业调研时发现，该电商企业通过直播带货销售酱板鸭，酱板鸭由常德企业生产，电商企业负责销售，产销链条是生产企业到电商企业再到消费者。由于减少了传统线下模式的经营环节，电商企业销售的酱板鸭价格比商场销售价格要低 20% 以上，给消费者带来了福利。到达消费者手中的酱板鸭价格，由电商和消费者共同决定。对具有定价权的电商如何征税？目前尚无专门税法，只能参照线下企业征税，这显然不符合实际。因此，电商企业经常收到税务部门和市场监管部门的罚款单，罚款额一般在 2 万～5 万元，这对于处于起步时期的电商企业而言是一笔沉重的负担，很多电商企业在起步期便被罚倒。更有甚者，一些网络操纵者利用这个法律空子，对电商企业的"违规行为"进行敲诈，电商企业不堪骚扰。

调动市场主体积极性的关键是尊重群众的首创精神。社会主义现代建设过程中的很多新事物、新制度、新方法都是群众在实践中创造，然后党和政府再予以规范化、体系

① 清华大学互联网产业研究院：《中国产业互联网发展指数（2019–2020）》，2020 年，第 48 页。

化，最后推广的，做到了诱致性制度变迁与强制性制度变迁的结合。2021年3月23日，习近平总书记在福建三明考察时强调，"共产党做事的一个指导思想就是尊重群众首创精神，群众是真正的英雄"①。在短短二十余年的时间里，中国数字经济完成了跟跑、并跑、部分领域领跑三连跳，与人民群众的创造密不可分。网易、京东、天猫、淘宝、支付宝、微信等数字平台，都是由人民群众首创。而且这种创造，是各个阶层群众都参与创造，万众创新，大众创业。如果说数字平台由精英所创，那么把平台触角深入基层、农村社区则由普通民众所创。如湖南省新化县的"90后"农村女孩"湘妹心宝"，本名曾庆欢，职业中学毕业后跟随打工大军外出务工，在服装厂做过衣服，在电子厂干过流水线作业，2018年春节，"湘妹心宝"辞职回乡，与"70后"表哥杨博一起干新媒体。最初，他们一起拍摄记录农村生产生活的视频，引起了各方的关注。在一次拍摄途中，"湘妹心宝"看到，因销售渠道十分有限，90%的梨子烂在山里卖不出去，农民利益受到极大损害。有着极强社会责任感的"湘妹心宝"决定直播带货，帮助农民推销农产品，效果非常好。在接下来的实践中，"湘妹心宝"和她的团队不断创新，首创"一村一品一主播"模式。改革开放以后，为搞活农村经济，政府鼓励并支持农村因地制宜发展农业经济，作为生产问题的"一村一品"问题在各地能得到很好的解决，生产出来的产品如何销售却是摆在农民面前的又一个新难题。为了解决这个问题，各界想尽办法，如把农民组织起来成立专业合作社，把农户与涉农企业联结起来实施农工一体化，但时至今日，小农户与大市场的矛盾也没有得到很好解决。"湘妹心宝"在新化县双井村，流转土地300余亩，打造乡村主播培训基地，免费为每个村培训一个主播。手机成为新农具，直播成为新农活。通过主播带货，向外界推介农产品，利用快递运销农产品，有效地解决了农产品滞销问题，增加了农民收入，带动了乡村经济发展。新化白溪腐乳以其香、辣、爽口享誉当地，但全国的腐乳遍地开花，白溪腐乳长期打不开销售渠道，腐乳厂家常年惨淡经营。2019年10月，"湘妹心宝"开始在抖音电商带货白溪腐乳，曾创下一场直播带货40万元的佳绩，这相当于一家腐乳厂3个月的产量。"湘妹心宝"培训更多的带货达人销售白溪腐乳，白溪腐乳销售额在3年内增长了5倍以上。"湘妹心宝"以一己之力带动当地腐乳产业发展，被网友称为"豆腐西施"。②

经济高质量发展在一定程度上就是数字经济的高质量发展，至少可以这样理解，没有数字经济的高质量发展不可能有经济高质量发展。上述问题，是数字经济实现高质量发展必须破解的主要难题，当然，问题不止于此。

---

① 张晓松、朱基钗：《习近平谈改革：尊重群众首创精神》，新华社，2021年3月24日，http://www.qstheory.cn/yaowen/2021－03/24/c_1127248893.htm。

② 《"湘妹心宝"：让腐乳成家乡"致富宝"》，中国经济网，2022年6月6日，http://www.ce.cn/cysc/sp/info/202206/06/t20220606_37722300.shtml。

6.5 小　　结

　　中国数字经济的成长经历了融入世界全面发展和高质量发展两个阶段。尽管起步晚但发展速度快，特别是党的十八大以来，中国数字经济规模先后赶超英国、德国、法国、日本等发达国家，2015 年成为仅次于美国的第二号数字经济大国。中国信息通信研究院发布的《全球数字经济白皮书（2022 年）》显示，2021 年，全球 47 个主要国家数字经济增加值规模达到 38.1 万亿美元，其中，美国 15.3 万亿美元，中国 7.1 万亿美元，占 47 个国家总量的 18.5%，中国数字经济规模相当于美国的 46%。而且，在新一代数字技术方面，中国后发赶超，在 5G 技术等领域领先全球，创造了数字经济成长的奇迹。中国数字经济的成长奇迹，是政府与市场协力创造的，协力创造局面的形成，是中国共产党初心实践和人民群众首创精神充分发挥的结果。目前，全球数字经济领域已经形成了中美"双核"格局，在互联网行业、人工智能产业等数字经济的重点领域，中美在产业体量、人才集聚、技术创新、影响力等方面均表现出较强的竞争优势。改革开放初期，我们采取"以市场换技术"的办法引进国外技术，这种办法的好处是以低成本获得了部分技术，缺点是使我国缺乏技术原始积累，导致前沿技术创新方面处于弱势地位，中国企业难以向国际高端产业领域拓展业务。党的十八大以来，我国加大力度开展技术自主创新，中国在多个领域的研发实力已处于世界领先水平，包括量子通信在内的一批成果获得国际认可，华为等一批高新技术企业走出国门成为真正意义上的跨国企业，特别是中国在数字经济应用端的模式创新十分活跃，甚至超越美国实现"领跑"。因此，自主创新是中国数字经济发展的生命线。未来中国在数字经济领域将更多地面临来自国际竞争者的压力，美国在技术创新方面的优势依旧明显，德国和日本在智能制造、电子电气等领域的实力也比较雄厚，如何依托中国数字经济的良好发展态势，在稳固"双核"格局的基础上，进一步增强自主创新能力，开拓国际市场，是中国数字经济的发展目标。

参 考 文 献

［1］艾瑞咨询：《2021 年中国保险行业数字化升级研究报告》，2021 年。

［2］艾瑞咨询产业数字化研究部人工智能研究组：《中国半导体 IC 产业研究报告》，2022 年。

［3］艾瑞咨询研究院：《2021 年中国人工智能产业研究报告》，2022 年。

［4］艾瑞咨询：《银行 4.0 时代——2021 年中国数字银行白皮书》，2021 年。

［5］《案例｜特斯拉利用数字孪生体获得领先地位》，工业 4.0 研究院，2020 年 2 月 3 日，https：//www. innovation4. cn/toutiao/022220 - 0404861531/。

［6］白寿彝主编：《中国通史》第一卷（导论），上海人民出版社 1989 年版。

［7］白云：《博客：专业化研究进程的展开——2006 年博客研究综述》，载于《新闻实践》2007 年第 3 期。

［8］蔡方萍、许榕生：《Skype 安全性分析》，载于《计算机工程》2006 年第 13 期。

［9］蔡跃洲、牛新星：《中国数字经济增加值规模测算及结构分析》，载于《中国社会科学》2021 年第 11 期。

［10］《餐饮业迎来大变局！科技创新正彻底改变你的"食物链"》，载于《经济日报》2019 年 1 月 4 日，https://www. sohu. com/a/286656085_797399。

［11］常国新、彭晓南：《I - DEAS 软件应用研究》，载于《机械》2005 年第 1 期。

［12］常衫：《工业 4.0：智能化工厂与生产》，载于《化工管理》2012 年第 11 期。

［13］陈大庆：《一颗国防通信卫星 - Ⅲ发射成功》，载于《国外空间动态》1983 年第 1 期。

［14］陈菲：《服务外包动因机制分析及发展趋势预测——美国服务外包的验证》，载于《中国工业经济》2005 年第 6 期。

［15］陈楠、蔡跃洲、马晔风：《制造业数字化循环性动机、模式与成效》，载于《改革》2022 年第 6 期。

［16］陈姝、方滨兴、周勇林：《P2P 技术的研究与应用》，载于《计算机工程与应用》2002 年第 13 期。

［17］陈潭等：《工业 4.0：智能制造与治理革命》，中国社会科学出版社 2016

年版。

[18] 陈伟：《中外智慧物流发展的差异比较及经验借鉴》，载于《对外经贸实务》2016 年第 6 期。

[19] 陈晓红、李扬扬、宋丽洁、汪洋洁：《数字经济理论体系与研究展望》，载于《管理世界》2022 年第 2 期。

[20] 陈晓勤等：《移动支付改变生活：电信运营商的移动支付创新与实践》，人民邮电出版社 2012 年版。

[21] 陈媛媛、游炯、幸泽峰、胡华浪、梅国涛、石智峰、刘海启：《世界主要国家精准农业发展概况及对中国的发展建议》，载于《农业工程学报》2021 年第 11 期。

[22] 陈悦、姜照华：《比较中美农业经济：看知识与经济形态的历史演变》，载于《科学学与科学技术管理》2001 年第 3 期。

[23] 陈章全、吴勇、陈世雄、边全乐、曹崇建等：《德国精准农业做法及启示——以百年农场 Gut Derenburg 为例》，载于《中国农业资源与区划》2017 年第 5 期。

[24] 程驰、郭江霞：《电子商务基础》，重庆大学出版社 2021 年版。

[25] 程光等：《工业工程与系统仿真》，冶金工业出版社 2007 年版。

[26] 崔邦军：《数字经济的概念后认识与基本面向》，载于《新经济》2022 年第 7 期。

[27] 崔旭、邵力军：《美国地方政府在电子政务建设中的困境与出路》，载于《图书馆理论与实践》2009 年第 4 期。

[28]《大数据的前身：美国国家航空航天局与大数据》，统计学之家网，2020 年 8 月 2 日，http：//www. tjxzj. net/1060. html。

[29] 戴宴清：《美国、日本都市农业信息化实践与比较》，载于《世界农业》2014 年第 5 期。

[30] 邓美州、孙江宏、王军见：《高铁机械可加工零部件机床应用现状综述》，载于《制造技术与机床》2022 年第 10 期。

[31] 丁克奎、钟凯文：《基于"3S"的精准农业管理系统设计与实现》，载于《江苏农业科学》2015 年第 1 期。

[32] 董国芳：《我国电子商务的空间特征及其对实体经济的影响》，河南大学博士学位论文，2018 年。

[33] 董军、张凯皓：《浅谈 P2P 网络技术的现状与展望》，载于《通讯世界》2017 第 21 期。

[34] 董婷婷：《中印信息服务业比较研究》，载于《江苏教育学院学报》（社会科学版）2009 年第 3 期。

[35] 杜传忠、陈维宣：《全球新一代信息技术标准竞争态势及中国的应对战略》，载于《社会科学战线》2019 年第 6 期。

［36］杜岳山、张朝明：《雷达技术在城市管理中的应用》，载于《科技资讯》2012年第12期。

［37］樊重俊：《人工智能基础与应用》，清华大学出版社2020年版。

［38］付宇涵、王丹、柴雯、王庆瑜：《中国工业互联网发展历程与展望》，载于《科技导报》2021年第12期。

［39］《Google的数据挖掘行为给他们引来了新官司》，云聚网，2014年3月14日，https：//www.yunjuu.com/info/26552.html#。

［40］《Google给了我们展示了下一代搜索引擎的样子》，知乎，2019年5月9日，https：//zhuanlan.zhihu.com/p/65156937。

［41］《Google后Hadoop时代的新"三驾马车"——Caffeine（搜索）、Pregel（图计算）、Dremel（查询）》，腾讯云开发者社区，2019年5月8日，https：//cloud.tencent.com/developer/article/1422319。

［42］高吉涛、李军：《我国电子政务发展概况分析》，载于《现代经济信息》2009年第18期。

［43］葛继平、林莉、黄明：《中国轨道交通装备制造业两化融合现状调查及发展策略探析》，载于《中国科技论坛》2010年第6期。

［44］耿艳栋、杨娟、罗小明：《争夺信息化战争第一制高点——卫星军事应用系统参战的作用》，载于《中国国情国力》2002年第3期。

［45］工信部等：《"十四五"智能制造发展规划》，2021年。

［46］《工业4.0落地战略：一个网络两大主题三项集成》，豆丁网，2020年10月16日，https：//www.docin.com/p－2474406540.html。

［47］《工业4.0再度引发热议，超级智能工厂将出现》，百度文库，2014年，https：//wenku.baidu.com/view/e382c15809a1284ac850ad02de80d4d8d15a01a5.html？。

［48］《工业4.0智能工厂解决未来社会问题》，控制工程网，2014年8月5日，http：//article.cechina.cn/14/0805/09/20140805090306.htm。

［49］龚炳铮：《EDI与电子商务》，清华大学出版社1999年版。

［50］龚四相、秦航、王同喜：《区块链发展现状及其在金融领域的应用前景》，载于《科学技术创新》2020年第5期。

［51］顾新建、祁国宁、陈子辰：《网络化制造的战略和方法制造业在网络经济中的生存和发展》，高等教育出版社2001年版。

［52］郭沙等：《数字孪生：数字经济的基础支撑》，中国财富出版社有限公司2021年版。

［53］郭伟民、赵新国、李强：《卫星军事应用系统支援常规导弹作战Petri网建模》，载于《系统工程与电子技术》2009年第2期。

［54］郭兴安：《国外网络化制造的发展及现状分析》，载于《硅谷》2009年第

10 期。

［55］国家互联网信息办公室：《数字中国发展报告（2021 年）》，2022 年。

［56］韩凤芹、陈亚平：《数字经济的内涵特征、风险挑战与发展建议》，载于《河北大学学报》2022 年第 2 期。

［57］韩李云：《微信政务民生为本，智慧政务再上新台阶》，载于《网络传播》2019 年第 3 期。

［58］韩涛、耿玉水：《P2P 技术的发展与应用》，载于《电脑与信息技术》2009 年第 3 期。

［59］郝为民：《蓬勃发展中的中国卫星通信事业》，载于《世界电信》1994 年第 6 期。

［60］何迪：《美国、日本、德国农业信息化发展比较与经验借鉴》，载于《世界农业》2017 年第 3 期。

［61］何俊志：《结构、历史与行为：历史制度主义对政治科学的重构》，复旦大学出版社 2004 年版。

［62］何蒲等：《区块链技术与应用前瞻综述》，载于《计算机科学》2017 年第 4 期。

［63］何伟、孙克、胡燕妮、张琳、续继：《中国数字经济政策全景图》，人民邮电出版社 2022 年版。

［64］何枭吟：《美国数字经济研究》，吉林大学博士学位论文，2005 年。

［65］何玉德：《信息研究中的几个问题》，载于《内蒙古社会科学》1985 年第 5 期。

［66］贺海武、延安、陈泽华：《基于区块链的智能合约技术与应用综述》，载于《计算机研究与发展》2018 年第 11 期。

［67］红亮：《国内外计算机软件行业，应用软件发展道路研讨会》，载于《计算机应用研究》1984 年第 1 期。

［68］宏睿：《关于波普尔三个世界理论的信息学阐释》，载于《图书馆理论与实践》2022 年第 2 期。

［69］侯晓娜：《电子商务概论》，北京理工大学出版社 2016 年版。

［70］胡方霞、曾一、高旻：《Web Services 技术应用与探讨》，载于《计算机科学》2007 年第 3 期。

［71］胡曙光：《〈浮现中的数字经济〉评介》，载于《经济理论与经济管理》1999 年第 1 期。

［72］胡雯：《中国数字经济发展回顾与展望》，载于《网信军民融合》2018 年第 6 期。

［73］胡小玉：《人类如何应对人工愚蠢》，载于《中国社会科学报》2022 年第

2352 期。

[74] 华为云、艾瑞：《2021 互联网行业挑战与机遇白皮书》，2021 年。

[75] 黄海、庞涛、武娟：《P2P 网络技术研究现状与展望》，载于《计算机科学》2012 年第 1 期。

[76] 黄焕山、刘帆：《知识经济与农业工业经济的区别》，载于《经济问题》1998 年第 7 期。

[77]《IBM 沃森十年：AI 医疗，黄粱一梦》，科创中国网，2021 年 7 月 21 日，https：//www. kczg. org. cn/article/detail? id = 5793266。

[78]《ILSVRC - ImageNet 历年竞赛冠军》，CSDN，2020 年 8 月 9 日，https：//blog. csdn. net/ zephyr_wang/article/details/107892280。

[79]《加拿大和香港电子商务发展情况介绍》，中华人民共和国商务部官网，2014 年 1 月 20 日，http：//dzsws. mofcom. gov. cn/article/d/201401/20140100465730. shtml。

[80]《加州电子政府建设失败的启示》，知乎，2020 年 12 月 19 日，https：//zhuanlan. zhihu. com/p/338018537。

[81] 简新华：《知识经济的主要特征》，载于《学习与实践》1998 年第 7 期。

[82] 江平宇、朱琦琦、张定红：《工业产品服务系统及其研究现状》，载于《计算机集成制造系统》2011 年第 17 期。

[83] 江小涓、靳景：《中国数字经济发展的回顾与展望》，载于《中共中央党校（国家行政学院）学报》2022 年第 1 期。

[84] 江小涓、靳景：《中国数字经济发展的回顾与展望》，载于《中共中央党校（国家行政学院）学报》2022 年第 2 期。

[85] 江晓翠：《智慧文旅：起源、内涵与建设框架探析》，载于《旅游纵览》2022 年第 14 期。

[86] 姜靖、刘永功：《美国精准农业发展经验及对我国的启示》，载于《科学管理研究》2018 年第 5 期。

[87] 蒋敏娟、黄璜：《数字政府：概念界说、价值蕴含与治理框架——基于西方国家的文献与经验》，载于《当代世界与社会主义》2020 年第 3 期。

[88] 杰里米·里夫金著，赛迪研究院专家组译：《零边际成本社会：一个物联网、合作共赢的新经济时代》，中信出版社 2014 年版。

[89] 井浩：《网络化制造集成平台若干关键技术研究与应用》，西安理工大学博士学位论文，2007 年。

[90] 井浩、张璟：《网络化制造集成平台关键技术及应用》，陕西科学技术出版社2007 年版。

[91] 瞿中、吴渝、刘群、刘冰：《软件工程》，机械工业出版社 2007 年版。

[92] 兰春玉：《中国的电商为什么能够赶超美国?》，载于《财经研究》2016 年第

12 期。

［93］兰宜生：《电子商务与经济变革》，汕头大学出版社 1998 年版。

［94］李伯虎、吴澄、刘飞、戴国忠、张申生、齐二石、李华、张霖、田雨华、李永戎：《现代集成制造的发展与 863/CIMS 主题的实施策略》，载于《计算机集成制造系统 – CIMS》1998 年第 5 期。

［95］李婵：《分散式工程项目通信系统探讨》，载于《信息通信》2012 年第 5 期。

［96］李昌春、张薇薇：《物联网概论》，重庆大学出版社 2020 年版。

［97］李长江：《关于数字经济内涵的初步探讨》，载于《电子政务》2017 年第 9 期。

［98］李道亮：《智慧农业：中国的机遇和挑战》，载于《高科技与产业化》2015 年第 5 期。

［99］李国琛：《数字孪生技术与应用》，湖南大学出版社 2020 年版。

［100］李海舰、朱芳芳、李凌霄：《对新经济的新认识》，载于《企业经济》2018 年第 11 期。

［101］李杰、吴景新：《供应链管理系统中 EPC 物联网的实现》，载于《物流技术》2012 年第 18 期。

［102］李京文：《关于知识经济的六个问题》，载于《经济学家》1999 年第 1 期。

［103］李括、余南平：《美国数字经济治理的特点与中美竞争》，载于《国际观察》2021 年第 6 期。

［104］李莉、高峰：《WEB Service 技术综述》，载于《信息系统工程》2014 年第 1 期。

［105］李丽、张东旭、薛雯卓、张兼芳：《数字经济驱动服务业高质量发展机理探析》，载于《商业经济研究》2022 年第 3 期。

［106］李奇峰等：《我国农业物联网应用情况、存在问题及发展思路》，载于《农业经济》2014 年第 4 期。

［107］李天颖、贾周：《我国农业一体化建设中的问题及对策研究》，载于《农业经济》2016 年第 4 期。

［108］李文军、赵天昊：《中国卫星通信产业发展的意义与建议》，载于《价格理论与实践》2021 年第 6 期。

［109］李晓东：《电子商务——21 世纪全球商务主导模式》，载于《国际贸易问题》2000 年第 5 期。

［110］李晓华：《数字经济新特征与数字经济新动能的形成机制》，载于《改革》2019 年第 11 期。

［111］李燕：《关于酒店管理信息化实现的方法分析》，载于《中国管理信息化》2019 年第 22 期。

［112］李祖鹏、黄建华、黄道颖、庄雷：《P2P 网络技术的发展与展望》，载于《电信科学》2003 年第 3 期。

［113］《联合国报告显示：全球网民数量大增数字鸿沟未减》，中国新闻网，2002年 11 月 21 日，https：//www. chinanews. com. cn/2002－11－21/26/245642. html。

［114］林亦平、滕秀梅：《精准农业支持政策的打造路径探究》，载于《农业经济》2017 年第 9 期。

［115］林毅夫：《一个制度变迁的经济学理论：诱致性和强制性变迁》，引自科斯等编：《财产权利与制度变迁》，上海三联书店 1994 年版。

［116］林毅夫：《中国经济专题》第二版，北京大学出版社 2012 年版。

［117］临风：《欧美通信卫星的发展简史和市场竞争现状》（一），载于《中国航天》2001 年第 7 期。

［118］刘东升、宋革联、董越勇：《融合无良安置与移动监控的智慧农业公共服务技术研究》，浙江工商大学出版社 2015 年版。

［119］刘方、孟祺：《数字经济发展：测度、国际比较与政策建议》，载于《青海社会科学》2019 年第 4 期。

［120］刘继芬、聂凤英、王平、曲春红、李淑云、薛桂霞：《世界主要国家农业数据库及其网络系统应用现状》，载于《农业网络信息》2004 年第 3 期。

［121］刘健、黄丽华、周正曙：《上海市企业信息化与工业化融合实践与探索》，复旦大学出版社 2011 年版。

［122］刘婧：《移动通信技术演变史》，山西大学硕士学位论文，2010 年。

［123］刘丽伟：《农业信息化与农业经济增长》，东北大学出版社 2009 年版。

［124］刘列励：《信息网络经济与电子商务》，北京邮电大学出版社 2001 年版。

［125］刘敏、严隽薇：《智能制造：理念、系统与建模方法》，清华大学出版社 2019 年版。

［126］刘芃：《论美国信息服务业的发展特色》，载于《秘书》2002 年第 3 期。

［127］刘强、崔莉、陈海明：《物联网关键技术与应用》，载于《计算机科学》2010 年第 6 期。

［128］刘强：《数控机床发展历程及未来趋势》，载于《中国机械工程》2021 年第 7 期。

［129］刘伟、许宪春、熊泽泉：《数字经济分类的国际进展与中国探索》，载于《财贸经济》2021 年第 7 期。

［130］刘莹：《P2P 网络技术应用中常见问题的分析和解决》，载于《计算机光盘软件与应用》2012 年第 3 期。

［131］刘知青、吴修竹：《解读 AlphaGo 背后的人工智能技术》，载于《控制理论与应用》2016 年第 12 期。

［132］刘志峰等：《基于 RFID 技术的 EPC 全球网络的构建》，载于《计算机应用》2005 年第 1 期。

［133］卢开艳、李金鹿、马承禹：《雷达探测结合地表沉降分析在道路下方穿越施工中应用研究》，载于《大陆桥视野》2022 年第 11 期。

［134］吕廷杰、王元杰、迟永生、张解放：《信息技术简史》，电子工业出版社 2018 年版。

［135］吕政：《正确认识知识经济与传统产业的关系》，载于《光明日报》2000 年 10 月 17 日。

［136］《MEMS 未来发展的趋势解析》，电子发烧友网，2020 年 7 月 22 日，https://www.elecfans.com/article/88/142/2020/202007221256074.html。

［137］《MES 打造企业生产管理智能化》，知乎，2022 年 2 月 12 日，https://zhuanlan.zhihu.com/p/466472197。

［138］马春光等：《区块链中的智能合约》，载于《信息网络安全》2018 年第 11 期。

［139］马得勇：《历史制度主义的渐进性制度变迁理论》，载于《经济社会体制比较》2018 年第 5 期。

［140］马费成、卢慧质、吴逸姝：《数据要素市场的发展及运行》，载于《信息资源管理学报》2022 年第 12 期。

［141］《马克思恩格斯选集》第 1 卷，人民出版社 1995 年版。

［142］马晓亮：《谁是博客时代的主导——浅谈微型博客与传统博客的发展趋势》，载于《新闻知识》2010 年第 6 期。

［143］美国商务部报告：《浮现中的数字经济》，姜奇平译。

［144］［美］尼古拉·尼葛洛庞帝著，胡冰等译：《数字化生存》，海南出版社 1996 年版。

［145］［美］泰普思科著，卓秀娟译：《泰普思科预言》，时事出版社 1998 年版。

［146］［美］约瑟夫·派恩、詹姆斯·吉尔摩著，毕崇毅译：《体验经济》，机械工业出版社 2002 年版。

［147］蒙继华、程志强、董文全、徐晋、王一明、游行至：《面向精准农业的农田信息遥感获取系统》，载于《高技术通讯》2018 年第 6 期。

［148］孟宪煌、郭奕星、章学拯、袁靖：《电子商务的核心技术：EDI》，上海科学普及出版社 1999 年版。

［149］欧阳丽炜等：《智能合约：架构及进展》，载于《自动化学报》2019 年第 3 期。

［150］潘云洪、郭红明：《农业信息化知识读本》，浙江科学技术出版社 2012 年版。

［151］逄健、朱欣民：《国外数字经济发展趋势与数字经济国家发展战略》，载于《科技进步与对策》2013 年第 8 期。

［152］裴长洪、倪江飞、李越：《数字经济的政治经济学分析》，载于《财贸经济》2018 年第 9 期。

［153］齐从谦：《制造业信息化导论》，中国宇航出版社 2003 年版。

［154］前瞻产业研究院：《2018－2023 年中国零售行业市场前瞻与投资战略规划分析报告》，2018 年。

［155］前瞻产业研究院：《2021 年中国外卖行业市场规模及竞争格局分析》，2021 年。

［156］钱凤娟：《敏捷制造及其实现》，载于《企业经济》2005 年第 12 期。

［157］钱慧敏、何江、关娇：《"智慧＋共享"物流耦合效应评价》，载于《中国流通经济》2019 年第 33 期。

［158］钱继祖：《法国电信－1 卫星控制系统》，载于《中国航天》1986 年第 4 期。

［159］《浅析 MEMS 传感器产业发展历程》，杰成物联网，2020 年 10 月 27 日，http://www. sensorjc. com/article － 57247 － 114360. html。

［160］《浅析：国内外 RFID 技术的现状及发展趋势》，RFID 世界网，2020 年 7 月 10 日，http：//news. rfidworld. com. cn/2020_07/9462e46466a0a74b. html。

［161］乔瓦尼·卡波奇、R. 丹尼尔·凯莱曼著，彭号阳、刘义强译：《关键节点研究：历史制度主义中的理论、叙事和反事实分析》，载于《国外理论动态》2017 年第 2 期。

［162］秦银河：《研究型医院的人工智能思考》，载于《中国研究型医院》2019 年第 6 期。

［163］清华大学互联网产业研究院：《中国产业互联网发展指数（2019－2020）》，2020 年。

［164］任小燕：《中美计算机产业发展比较》，载于《中国国情国力》2000 年第 1 期。

［165］阮锋儿：《加速我国现代农业一体化创新的路径与对策》，载于《农业现代化研究》2006 年第 5 期。

［166］芮廷先、郑燕华：《电子商务与信息技术》，上海财经大学出版社 2000 年版。

［167］赛迪顾问物联网产业研究中心与新浪 5G：《"新基建"之中国卫星互联网产业发展研究白皮书》，2020 年 5 月 29 日。

［168］商务部电子商务和信息化司：《中国电子商务报告 2019 年》，2020 年。

［169］商务部电子商务和信息化司：《中国电子商务报告 2020 年》，2021 年。

［170］《商业周刊：MySpace 兴衰沉浮启示录》，CSDN，2011 年 6 月 24 日，

https://blog. csdn. net/hanxin 1987216/article/details/6565451。

［171］上海财经大学产业经济研究中心：《2010 中国产业发展报告（中国装备制造业的发展现状环境与政策)》，2010 年。

［172］邵奇峰等：《区块链技术：架构及进展》，载于《计算机学报》2018 年第5 期。

［173］邵水浩：《信息论、控制论、系统论的若干哲学问题》，载于《社会科学》1982 年第 10 期。

［174］沈福金：《国外发展模块化机床的趋势值得关注》，载于《制造技术与机床》2011 年第 3 期。

［175］沈江、徐曼：《新一代信息技术产业》，山东科学技术出版社 2018 年版。

［176］沈奎：《关于数字经济的几个理论问题》，载于《南方经济》2021 年第10 期。

［177］《生鲜产业加速扩张，智慧物流行业升级》，载于《商业贸易行业周报》2018 年 6 月 5 日，https：//vip. stock. finance. sina. com. cn/q/go. php/vReport_Show/kind/industry/rptid/4223015/index. phtml。

［178］石勇：《数字经济的发展与未来》，载于《中国科学院院刊》2022 年第1 期。

［179］侍霞：《构建 P2P 技术创新应用模式研究》，载于《情报杂志》2006 年第6 期。

［180］《数字经济对中国经济增长的贡献有多大?》，界面新闻，2022 年 7 月 19 日，https：//www. jiemian. com/article/7772332. Html。

［181］斯泽夫：《从美国去工业化过程看中国数字经济发展》，载于《人民政协报》2022 年 10 月 13 日第 2 版。

［182］宋超、孙胜凯等：《世界主要国家工程科技重大计划与前沿问题综述》，载于《中国工程科学》2017 年第 19 期。

［183］宋万女：《信息技术应用研究》，中国商业出版社 2018 年版。

［184］孙昌璞：《量子力学诠释与波普尔哲学的"三个世界"》，载于《中国科学院院刊》2021 年第 3 期。

［185］孙学峰：《数字技术竞争与东亚安全秩序》，载于《国际安全研究》2022 年第 4 期。

［186］孙玉芳：《软件——21 世纪信息技术的基础》，载于《中国信息导报》2001 年第 1 期。

［187］覃肖云：《Web 服务技术及其发展趋势》，载于《广西医科大学学报》2008 年第 S1 期。

［188］唐红涛、谭颖：《跨境电子商务理论与实务》，对外经济贸易大学出版社

2019 年版。

[189] 唐荣锡、王亚平：《对 CAD/CAM 软件产业的再认识》，载于《航空制造工程》2010 年第 10 期。

[190] 唐振韬等：《深度强化学习进展：从 AlphaGo 到 AlphaGo Zero》，载于《控制理论与应用》2017 年第 12 期。

[191] 陶飞等：《数字孪生十问：分析与思考》，载于《计算机集成制造系统》2020 年第 1 期。

[192] 陶建华、刘瑞挺、徐恪、韩伟力、张华平、于剑、田丰、梁晓辉：《中国计算机发展简史》，载于《科技导报》2016 年第 34 期。

[193]《特斯拉 Model 3 编年史：一个时代的开始、一个时代的结束》，IT168 网，2017 年 7 月 30 日，https：//auto. it168. com/a2017/0730/3157/000003157509. shtml。

[194] 田丽：《各国数字经济概念比较研究》，载于《经济研究参考》2017 年第 40 期。

[195] 田正：《日本数字经济发展动因与趋势分析》，载于《东北亚学刊》2022 年第 2 期。

[196] 涂勤：《新兴的数字经济 II》，载于《世界经济》1999 年第 8 期。

[197]《VR 智慧文旅强势崛起，让你的 VR 景区震撼人心》，百家号，2023 年 1 月 11 日，https：//baijiahao. baidu. com/s？ id = 1754713310431435423&wfr = spider&for = pc。

[198] 万勇、李典军：《发达国家的农业一体化结构及其政策》，载于《农业经济问题》1998 年第 4 期。

[199] 汪凤兰、杨晓华、苏艳：《P2P 网络技术的研究与应用》，载于《信息与电脑》（理论版）2011 年第 4 期。

[200] 汪蕙：《物联网"联动"现代农业》，载于《农经》2013 年第 7 期。

[201] 汪秀英：《体验经济与非体验经济的比较分析》，载于《中国工业经济》2003 年第 9 期。

[202] 王洪：《大气层通信技术在军事通信中的应用》，载于《国防科技》2004 年第 11 期。

[203] 王轲：《基于互联网的电子商务创新研究》，旅游教育出版社 2021 年版。

[204] 王楠、王国强：《智能时代的算法发展》，载于《张江科技评论》2021 年第 5 期。

[205] 王鸥：《中国电信业的发展与体制变迁（1949—2000）》，中国社会科学院研究生院，2011 年。

[206] 王蕊、张顺颐：《基于 P2P 的 Skype 与常规业务的流量分析和识别》，载于《通信技术》2007 年第 5 期。

[207] 王瑞娟：《网络化制造动态联盟访问控制的研究与实现》，吉林大学硕士学

位论文，2007 年。

［208］王硕、赵梦：《美国军事卫星通信系统应用机制研究》，载于《航天器工程》2018 年第 1 期。

［209］王宛山、巩亚东、郁培丽：《网络化制造》，东北大学出版社 2003 年版。

［210］王宛山：《网络化制造》，东北大学出版社 2003 年版。

［211］王先逵、刘强：《机床数字控制技术手册·技术基础卷》，国防工业出版社 2013 年版。

［212］王湘东：《从信息经济到生物经济：经济形态变革的比较与对策》，载于《上海经济研究》2003 年第 6 期。

［213］王新才、丁家友：《大数据知识图谱：概念、特征、应用与影响》，载于《情报科学》2013 年第 9 期。

［214］王艺：《有线通信技术和无线通信技术的对比探析》，载于《电子测试》2022 年第 5 期。

［215］王玉、张占斌：《数字经济、要素配置与区域一体化水平》，载于《东南学术》2021 年第 5 期。

［216］王元地、卢洋：《基于文献计量分析的中外数字经济研究评述》，载于《中国矿业大学学报》2022 年第 4 期。

［217］王媛媛、张华荣：《全球智能制造业发展现状及中国对策》，载于《东南学术》2016 年第 6 期。

［218］王琢：《广东农业经济形态的变化与启示》，载于《中国农村经济》1993 年第 9 期。

［219］《微软对话语音识别技术达至人类专业水平，开启人工智能新征程》，2016 年 10 月 19 日，https：//www. msra. cn/zh－cn/news/features/speech－recognition－20161019。

［220］魏长宽：《物联网：后互联网时代的信息革命》，中国经济出版社 2011 年版。

［221］《我国数字经济规模超 45 万亿元》，载于《人民日报》2022 年 7 月 3 日，https：//www. gov. cn/xinwen/2022－07/03/content_5699000. htm。

［222］《沃尔玛的应用：EPC 标准以及 RFID 的应用解析》，电子发烧友网，2017 年 12 月 1 日，https：//www. elecfans. com/tongxin/rf/20171201590321_3. html。

［223］吴迪、陈钢：《新一代的 Web Services 技术》，载于《计算机应用研究》2003 年第 3 期。

［224］吴静、张凤：《智库视角下国外数字经济发展趋势及对策研究》，载于《科研管理》2022 年第 8 期。

［225］吴伟陵：《通信系统的优化理论基础——纪念 Shannon 信息论四十周年》，载于《电子学报》1990 年第 3 期。

［226］《物联网数据量呈现惊人的增长到 2020 年产生的数据量将达到 4.4ZB》，21IC 电子网，2020 年 6 月 13 日，https：//www.21ic.com/article/783858.html。

［227］《物联网溯源，诞生多年终于要爆发了》，21IC 电子网，2020 年 8 月 20 日，https：//www.21ic.com/article/851210.html。

［228］习近平：《不断做强做优做大我国数字经济》，载于《求是》2022 年第 2 期。

［229］《习近平关于网络强国论述摘编》，中央文献出版社 2021 年版。

［230］夏安邦：《制造业信息化工程原理和案例》，东南大学出版社 2002 年版。

［231］夏天等：《我国智慧医疗发展概况》，载于《生物医学转化》2022 年第 1 期。

［232］鲜祖德、王天琪：《中国数字经济核心产业规模测算与预测》，载于《统计研究》2022 年第 1 期。

［233］谢思、和军：《数字经济监管现状及变革研究》，载于《中国特色社会主义研究》2022 年第 3 期。

［234］谢雨蓉：《国内外电商物流发展模式及趋势分析》，载于《综合运输》2014 年第 11 期。

［235］谢智刚：《数字经济与中国经济数字化转型》，载于《财政科学》2021 年第 11 期。

［236］《新兴经济和"三新"经济定义》，广东统计信息网，2022 年 2 月 11 日，http：//stats.gd.gov.cn/cgmjjhs/content/post_3813520.html。

［237］徐福祥：《中国 48 颗人造卫星的成长历程》，载于《中国国情国力》2001 年第 4 期。

［238］徐恒：《工业互联网：制造业数字化转型重要力量》，载于《中国电子报》2022 年 8 月 17 日。

［239］徐宏潇：《习近平关于发展数字经济重要论述的创新性贡献》，载于《马克思主义理论学科研究》2022 年第 8 期。

［240］徐晓林、朱国伟：《智慧政务：信息社会电子治理的生活化路径》，载于《自然辩证法通讯》2012 年第 5 期。

［241］许慧玲：《中国产业信息化道路研究》，东南大学出版社 2007 年版。

［242］许宪春、张美慧：《中国数字经济规模测算研究：基于国际比较的视角》，载于《中国工业经济》2020 年第 5 期。

［243］许越先、周义桃、刘世洪：《面向 21 世纪的中国农学计算机农业应用分会 98 年会论文集》，中国农业科技出版社 1998 年版。

［244］续继、唐琦：《数字经济与国民经济核算文献评述》，载于《经济学动态》2019 年第 10 期。

［245］薛红芳、禹继国：《P2P 网络技术优势及其发展趋势探析》，载于《科技信息》2009 年第 35 期。

［246］薛炎华：《微型机在军事方面的应用》，载于《火力与指挥控制》1989 年第 3 期。

［247］鄢萍、阎春平、刘飞、何龙、蒋林：《智能机床发展现状与技术体系框架》，载于《机械工程学报》2013 年第 21 期。

［248］晏敏：《软件技术的发展历程和发展趋势》，载于《今日科技》2003 年第 2 期。

［249］杨虎涛：《数字经济的增长效能与中国经济高质量发展研究》，载于《中国特色社会主义研究》2020 年第 3 期。

［250］杨涛、刘锦德：《Web Services 技术综述——一种面向服务的分布式计算模式》，载于《计算机应用》2004 年第 8 期。

［251］《咬文嚼字公布 2019 年十大流行语：硬核、996 等入选》，澎湃新闻，2019 年 12 月 2 日，https：//www. thepaper. cn/newsDetail_forward_5119368。

［252］《一文读懂云计算：发展历程、概念技术与现状分析》，知乎，2021 年 3 月 9 日，https：//zhuanlan. zhihu. com/p/355766317。

［253］《英国零售巨头 Shop Direct 转型数字化零售商》，TechTarget 信息化，2014 年 11 月 6 日，https：//searchcio. techtarget. com. cn/8 – 23151/。

［254］于省元：《北大荒集团智慧农业发展额现状与对策》，载于《现代农业》2022 年第 6 期。

［255］于勇、陶剑、范玉青：《大型飞机数字化设计制造技术应用综述》，载于《航空制造技术》2009 年第 11 期。

［256］余南平、戢仕铭：《技术民族主义对全球价值链的影响分析：以全球半导体产业为例》，载于《国际展望》2021 年第 1 期。

［257］俞阳：《欧盟数字医疗发展的政策措施及现状》，载于《全球科技经济瞭望》2012 年第 4 期。

［258］袁霞：《刍议现代通信技术与计算机技术的融合》，载于《信息通信》2015 年第 4 期。

［259］袁勇、王飞跃：《区块链技术发展现状与展望》，载于《自动化学报》2016 年第 4 期。

［260］袁正光：《数字革命：一场新的经济战——世界数字技术发展的趋势及我们的对策》，载于《自然辩证法研究》1993 年第 4 期。

［261］云计算开源产业联盟、数字政府建设赋能计划：《数字政府行业趋势洞察报告（2022 年）》，2022 年。

［262］曾凌静、黄金凤：《人工智能与大数据导论》，成都电子科技大学出版社

2020 年版。

[263] 曾诗钦等：《区块链技术研究综述：原理、进展与应用》，载于《通信学报》2020 年第 1 期。

[264] 翟秀文、郭萍、杨玉修：《21 世纪的全新经济形态》，军事科学出版社 2003 年版。

[265] 张化尧、金波、许航峰：《数字经济的演进：基于文献计量分析的研究》，载于《燕山大学学报》2020 年第 3 期。

[266] 张利斌、钟复平、涂慧：《众包问题研究综述》，载于《科技进步与对策》2012 年第 29 期。

[267] 张连仲、王炳如、陈玲、张光义：《军用雷达技术在现代战争中的应用》，载于《现代雷达》2008 年第 4 期。

[268] 张亮等：《区块链技术综述》，载于《计算机工程》2019 年第 5 期。

[269] 张民、李俊涛：《生成式预训练模型》，载于《中国科学基金》2021 年第 3 期。

[270] 张薇薇：《美国对华"脱钩"：进程、影响与趋势》，载于《当代美国评论》2021 年第 2 期。

[271] 张锡濂：《应用空中雷达勘探矿产和能源资源》，载于《国外地质勘探技术》1991 年第 1 期。

[272] 张孝德：《主导 21 世纪的三大经济形态：信息经济、知识经济与生态经济》，载于《内蒙古社会科学》1998 年第 6 期。

[273] 张新、杨建国：《智慧交通发展趋势、目标及框架构建》，载于《中国行政管理》2015 年第 4 期。

[274] 张璇、吴帅帅：《数字中国发展史：从"追随"到"引领"》，载于《经济参考报》2019 年 9 月 30 日。

[275] 张永军：《P2P 技术应用创新建构探究》，载于《现代情报》2006 年第 8 期。

[276] 张永明：《解读智慧地球与智慧城市》，载于《中国信息界》2010 年第 10 期。

[277] 张哲：《美国农产品电子商务发展及对我国的启示》，载于《中国商贸》2014 年第 9 期。

[278] 赵春江：《智慧农业的发展现状与未来展望》，载于《华南农业大学学报》2021 年第 42 期。

[279] 赵玎：《从电子政务到智慧政务：范式转变、关键问题及政务应对策略》，载于《情报杂志》2013 年第 1 期。

[280] 赵鹏等：《面向能源互联网数字孪生的电力物联网关键技术及展望》，载于《中国机电工程学报》2022 年第 2 期。

[281] 赵小兵：《方舟：数字经济创新史》，中信出版集团 2020 年版。

[282] 赵亚辉：《我国信息技术产业规模世界第二仅次于美国》，载于《人民日报》2004 年 7 月 16 日。

[283] 郑力、莫莉：《智能制造：技术前沿与探索应用》，清华大学出版社 2021 年版。

[284] 郑丽敏、刘忠、吴平：《农业信息系统原理及其应用》，化学工业出版社 2006 年版。

[285]《制造业数字化高质量发展 工业管理软件跃入新时代》，金融界，2022 年 10 月 14 日，https：//biz. jrj. com. cn/2022/10/14155837056118. shtml。

[286]《智能工厂：自动化制造的未来》，Messe Frankfurt，2019 年 1 月 7 日，https：// siaf. gymf. com. cn/ newslist/ industrynews/36842。

[287] 中共中央党史和文献研究院：《习近平关于网络强国论述摘编》，中央文献出版社 2021 年版。

[288] 中国电子信息产业发展研究院：《2019 年中国数字经济发展指数白皮书》，2019 年。

[289] 中国互联网络信息中心：《第 30 次中国互联网络发展状况统计报告》，2012 年。

[290] 中国互联网络信息中心：《第 31 次中国互联网络发展状况统计报告》，2013 年。

[291] 中国互联网络信息中心：《第 34 次中国互联网络发展状况统计报告》，2014 年。

[292] 中国互联网络信息中心：《第 46 次中国互联网络发展状况统计报告》，2020 年。

[293] 中国互联网络信息中心：《第 47 次中国互联网络发展状况统计报告》，2021 年。

[294] 中国互联网络信息中心：《第 48 次中国互联网络发展状况统计报告》，2021 年。

[295] 中国互联网络信息中心：《第 49 次中国互联网络发展状况统计报告》，2022 年。

[296] 中国互联网络信息中心：《第 50 次中国互联网络发展状况统计报告》，2022 年。

[297] 中国互联网络信息中心：《数字中国产业发展报告：信息通信产业篇（2020 年）》，2020 年。

[298] 中国机床工具工业协会：《浅谈中国数控机床行业发展历程》，载于《今日制造与升级》2018 年第 9 期。

236

［299］中国机床工具工业协会：《中国机床工具工业 70 年巨变》，载于《世界制造技术与装备市场》2019 年第 5 期。

［300］中国社会科学院财经战略研究院、农业农村部信息中心、京东科技：《2021 年数智乡村白皮书》，2022 年。

［301］中国信通院：《区块链白皮书（2022 年）》，2023 年 1 月 5 日，第 30 页。

［302］中国信通院：《全球数字经济白皮书（2022）》，2022 年。

［303］中国信息通信研究院：《数字经济概论：理论、实践与战略》，人民邮电出版社 2022 年版。

［304］中国信息通信研究院政策与经济研究所：《数字经济对税收制度的挑战与应对研究报告（2020 年）》，2020 年。

［305］中国信息通信研究院：《中国信息经济发展白皮书（2016 年）》，2016 年。

［306］中国信息通信研究院：《中国数字经济发展白皮书（2017 年）》，2017 年。

［307］中国信息通信研究院：《中国数字经济发展白皮书（2018 年）》，2018 年。

［308］中国信息通信研究院：《中国数字经济发展白皮书（2019 年）》，2019 年。

［309］中国信息通信研究院：《中国数字经济发展白皮书（2020 年）》，2020 年。

［310］中国信息通信研究院：《中国数字经济发展白皮书（2021 年）》，2021 年。

［311］中国信息通信研究院：《中国数字经济发展报告（2022 年）》，2022 年。

［312］中和：《美国最后 1 颗国防通信卫星 - 3 升空》，载于《国际太空》2003 年第 11 期。

［313］周承波、侯传本、左振朋：《物联网智慧农业》，济南出版社 2020 年版。

［314］周理乾：《西方信息研究进路述评》，载于《自然辩证法通讯》2017 年第 1 期。

［315］周念利、吴希贤：《中美数字技术权力竞争：理论逻辑与典型事实》，载于《当代亚太》2021 年第 6 期。

［316］周荣庭、张燕翔：《信息技术及其应用》，中国科学技术大学出版社 2006 年版。

［317］朱文利、曹增光、张晓华：《2010 年全球互联网容量彻底耗尽?》，载于《计算机与网络》2007 年第 23 期。

［318］《资本论》第 3 卷，人民出版社 1975 年版。

［319］訾豪杰：《电子商务概论》，北京理工大学出版社 2020 年版。

［320］《2010 年电子商务发展现状》，产业信息网，2010 年 7 月 27 日，http：//www. cction. com/info/201007/44545. html。

［321］《2020 年全球联盟链平台一览》，知乎，2020 年 2 月 18 日，https：//zhuan-lan. zhihu. com/p/107614511。

［322］《2023 - 2028 年中国数字货币行业市场前瞻与投资战略规划分析报告》，前

瞻产业研究院, 2022 年。

[323] Afonasova M. A. , Panfilova E. E. , Galichkina M. A. , et al. Digitalization in economy and innovation: The effect on social and economic processes [J] . *Polish Journal of Management Studies*, 2019, 19.

[324] Barefoot, K. , Curtis, D. , Jolliff, W. , Nicholson, J. R. , and Omohundro, R. , Defining and Measuring the Digital Economy. BEA Working Paper, 2018.

[325] Bukht, R. , Heeks, R. *Defining, Conceptualising and Measuring The Digital Economy* [D] . Manchester: University of Manchester, 2017.

[326] Byrne G. , Dornfeld D. , Denkena B. Advancing Cutting Technology. CIRP Annals – Manufacturing Technology, 2003.

[327] Daniel Nations. What Is Safari? Lifewire Tech for Humans 2020. 7. 5.

[328] DBCD, Advancing Australia as a Digital Economy: An Update to the National Digital Economy Strategy. Canberra, 2013; European Parliament, Challenges for Competition Policy in a Digitalized Economy. Brussels, 2015.

[329] Economist Intelligence Unit (EIU) . Digital economy rankings 2010 [EB/OL]. http: //www – 935. ibm. Com/services/us/gbs /bus/html/ibv – digitaleconomy2010. html.

[330] Eisenmann, T. , Parker, G. G. , and Van Alstyne, M. , Strategies for Two – Sided Markets [J] . *Harvard Business Review*, 2006, 84 (10): 92 – 101.

[331] John R. Allen: Disrupting the International Order. Shaping a Multi – concetual Wodid 2020, World Economnic Forum, 2020: 15.

[332] Johnson M. R. . Inclusion and exclusion in the digital economy: Disability and mental health as a live streamer on Twitch. tv [J] . *Information, Communication & Society*, 2019, 22 (4): 506 – 520.

[333] Jolliff, B. , and Nicholson, J. R. , Measuring the Digital Economy: An Update Incorporating Data from the 2018 Comprehensive Update of the Industry Economic Accounts [EB/OL]. https: //www. bea. gov/system/files/2019-04/digital-economy-report-update-april-2019_1. pdf, 2019.

[334] Kim, B. Virtual field experiments for a digital economy: a new research methodology for exploring an information economy [J]. *Decision Support Systems*, 2002 (32): 215 –231.

[335] Klaus Schwab. *The Fourth Industrial Revolution* [M]. Currency, 2017.

[336] Knickrehm, M. , Berthon, B. , Daugherty, P. *Digital Disruption: The Growth Multiplier* [M] . Dublin: Accenture, 2016.

[337] Kolesnikov A. V. , Zernova L. E. , Degtyareva V. V. , et al. Global trends of the digital economy development [J] . *Opción: Revista de Ciencias Humanas y Sociales*, 2020 (26): 523 – 540.

[338] Marshall Reinsdorf and Gabriel Quirós. Measuring the Digital Economy [R]. IMF Staff Report, Washington, D. C. , February, 2018.

[339] Mckeown P. A. *The Role of Precision Engineering in Manufacturing of the Future*. CIRP Annals – Manufacturing Technology, 1987.

[340] Mesenbourg, T. L. Measuring the Digital Economy [EB/OL]. 2001, http:// www. census. gov/econ/ estats/papers/umdigital. pdf, 2022.

[341] Miller, P. , Wilsdon, J. Digital Future: An agenda for a sustainable digital economy [J]. *Corporate Enviromental Strategy*, 2001, 8 (3): 275 –280.

[342] Pradhan R. P. , Arvin M. B. , Nair M. , et al. Short – term and long-term dynamics of venture capital and economic growth in a digital economy: A study of European countries [J]. *Technology in Society*, 2019, 57: 125 –134.

[343] Research and Markets. Smart agriculture market by type, and component: Global opportunity analysis and industry forecase. 2021—2027 [R/OL]. 2020 –09 –10.

[344] Rumana Bukht and Richard Heeks. Defining, conceptualising and measuring the digital economy [J]. *International Organisations Research Journal*, 2018, 13 (2): 143 –172.

[345] Swan M. Blockchain: Blueprint for a new economy. USA: O'Reilly Media Inc. , 2015.

[346] Tapscott, T. *The Digital Economy: Promise and Peril in the Age of Networked Intelligence* [M] . New York: McGraw – Hill, 1996.

[347] Teo, T. S. Understanding the digital economy: data, tools, and research [J]. *Asia Pacific Journal of Management*, 2001 (18): 553 –555.

[348] Tsai, Kellee S. Adaptive informal institutions and endogenous institutional change in China [J]. *World Politics*, 2006, 59 (1): 116 –141.

[349] Xu X. Machine tool 4. 0 for the new era of manufacturing [J]. *The International Journal of Advanced Manufacturing Technology*, 2017.

[350] Yuan S. , Musibau H. O. , Genç S. Y. , et al. Digitalization of economy is the key factor behind fourth industrial revolution: How G7 countries are overcoming with the financing issues? [J] . *Technological Forecasting and Social Change*, 2021, 165: 120533. 1 –120533. 7.